幼儿品格教育理论与实践丛书

幼儿园品格教育
实践指导

中 班

总主编　陈会昌

主　编　夏　婧

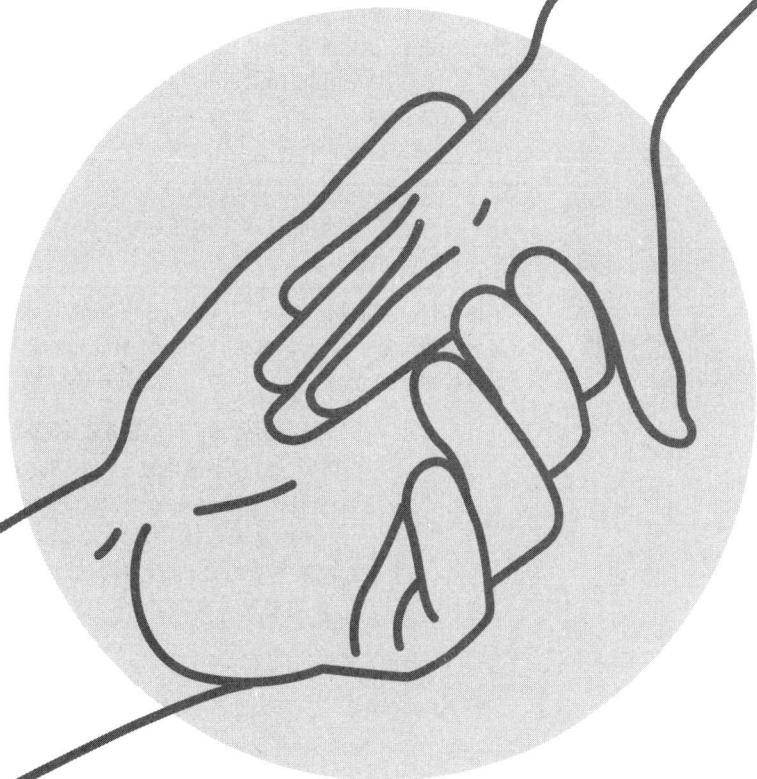

北京师范大学出版集团
BEIJING NORMAL UNIVERSITY PUBLISHING GROUP
北京师范大学出版社

图书在版编目（CIP）数据

幼儿园品格教育实践指导．中班／夏婧主编．—北京：北京师范大学出版社，2024.2

（幼儿品格教育理论与实践丛书）

ISBN 978-7-303-29408-4

Ⅰ．①幼…　Ⅱ．①夏…　Ⅲ．①品德教育－学前教育－教学参考资料　Ⅳ．①G611

中国国家版本馆 CIP 数据核字（2023）第 183254 号

营 销 中 心 电 话　010-58808083　58805532
图书意见反馈 gaozhifk@bnupg.com　010-58805079

YOU'ERYUAN PINGE JIAOYU SHIJIAN ZHIDAO ZHONGBAN

出版发行：北京师范大学出版社　www.bnupg.com
　　　　　北京市西城区新街口外大街 12-3 号
　　　　　邮政编码：100088
印　　刷：唐山玺诚印务有限公司
经　　销：全国新华书店
开　　本：787mm×1092mm　1/16
印　　张：19
字　　数：446 千字
版　　次：2024 年 2 月第 1 版
印　　次：2024 年 2 月第 1 次印刷
定　　价：68.00 元

策划编辑：张丽娟　　　　责任编辑：郭凌云
美术编辑：陈　涛　李向昕　装帧设计：陈　涛
责任校对：段立超　　　　责任印制：马　洁　赵　龙

编 委 会

案例提供单位（排名不分先后）

盘锦新世纪生态幼儿园
赤峰市松山区第八幼儿园
北京市海淀区富力桃园幼儿园
北京市大兴区第六幼儿园
沈阳市铁西区实验幼儿园繁荣里分园
沈阳市沈河区朝阳街第一小学沈北分校幼儿园
成都市第十幼儿园
成都市温江区共和路幼儿园
中北大学附属学校幼儿园
济南市槐荫区实验幼儿园
石家庄市直机关第一幼儿园
清远市佛冈县汤塘镇中心幼儿园
阳江市政府机关幼儿园
成都市双流区机关幼儿园
武警广东省总队幼儿园
广东省育才幼儿院二院
北京市第一幼儿园
儋州市那大镇中心幼儿园
东莞市横沥镇实验幼儿园
成都市双流区东升丰乐幼儿园
长沙市芙蓉区教育局农园路幼儿园
中共中央办公厅警卫局北长街幼儿园
北京市公安局幼儿园
清远市连州市实验幼儿园
沈阳市铁西区教工第二幼儿园
中国人民解放军 96605 部队长缨幼儿园
长治市壶关县职工幼儿园
威海市机械工业局幼儿园
山西省康乐幼儿园
广东省育才幼儿院一院
北京市大兴区亦庄镇中心幼儿园

1

中国人民解放军战略支援部队信息工程大学第四幼儿园

清远市清城区玉腾万科华府幼儿园

滨州市滨城区国昌幼儿园

青岛市崂山区沙子口街道姜哥庄幼儿园

青岛市崂山区中韩街道张家下庄幼儿园

济南市槐荫区幸福童年幼儿园

盘锦新世纪蓝色康桥幼儿园有限公司

公安部幼儿园

济南市槐荫区青少年宫第一幼儿园

威海经济技术开发区凤林街道办事处中心幼儿园

中国农业大学西校区幼儿园

晋中市榆次区博乐幼儿园

太原市育蕾幼儿园

泰安市泰山区泓源双龙幼儿园

济南市槐荫区第二实验幼儿园

济南市槐荫区济水上苑幼儿园

北京北外幼儿园海淀有限公司

绥化市机关幼儿园

北京市朝阳区群星幼儿园

山西省直机关新建路幼儿园

沈阳市艺术幼儿师范学校幼儿园

沈阳市铁西区实验幼儿园光明新村分园

沈阳市浑南区教育局花语幼儿园

中国人民解放军 65016 部队幼儿园

沈阳工业大学幼儿园

沈阳市铁西区实验幼儿园

泰安市泰山区泮河幼儿园

威海市文登师范学校实验幼儿园

青岛市崂山区沙子口街道南龙口幼儿园

威海经济技术开发区皇冠幼儿园

成都市实验小学附属幼儿园高坎分园

东营市东营区辽河幼儿园

威海市环翠区机关幼儿园

东莞市南城中心幼儿园

北京儿童品格教育研究院

本书编写说明

一、本书主题内容

"幼儿品格教育理论与实践丛书"是立德树人教育根本任务在幼儿园的实践探索与实施总结，凝聚了广大幼儿园教师品格教育实践的智慧与思考。本书是该丛书中班（4～5 岁）的内容，由 8 个品格主题和 14 个社会技能构成，具体分布情况见"中班品格主题与社会技能分布一览表"。

中班品格主题与社会技能分布一览表

年龄班	主题名称	品格	社会技能
中班	1. 诚实孩子人人夸	诚实	承认错误和道歉、诚实
	2. 争做礼貌小标兵	礼貌	说"劳驾"、插话
	3. 做个有责任心的孩子	责任	避免再犯错误
	4. 认真做事不分心	专注	忽视、学会放松
	5. 遇事主动想办法	机智	寻求帮助、对付攻击
	6. 我有我的样	自信	自我奖赏、大胆地说
	7. 知足常乐	节制	自我克制
	8. 独乐乐不如众乐乐	分享	分享、我的卡片盒

二、本书章节构成及编写说明

本书基于全环境育人的理念，围绕品格和社会技能，从主题说明、主题目标、环境创设、教学活动案例及反思、区角活动案例、一日生活指导、家园共育指导七方面逐一进行梳理，帮助教师系统地、全面地掌握该品格主题和社会技能的培养重点和实施策略。各部分编写说明如下。

（一）主题说明

阐述每一个主题中的品格和社会技能的内涵及培养重点，同时围绕品格主题和社会技能梳理幼儿的发展特点与需求，帮助教师明确课程实施的重点与难点，这也是确保课程实施效果的起点与关键。

(二)主题目标

基于幼儿年龄特点、认知发展水平及生活经验，明确每个主题活动应当达成的发展目标和教育目标，让教师能够准确把握并掌握好教育教学的边界。

(三)环境创设

浸润式的品格环境对幼儿良好品格养成有重要作用。本书的环境创设部分主要从班级主题墙、家园共育栏以及幼儿成长(学习)记录墙三部分来梳理环境创设的思路，每个部分都会简要阐述背后的设计意图，旨在为一线教师提供大致的环境创设框架，为教师的实践工作提供借鉴与参考。

(四)教学活动案例及反思

品格教育是幼儿园的底色，应当贯穿于幼儿园一日生活的各个环节，同时也应当体现在幼儿园的五大领域教学活动中。

本书的教学活动案例及反思主要由两大部分构成。第一部分主要与品格主题相关，分别是品格绘本阅读活动(语言领域)、品格社会领域活动(社会领域)和品格综合领域活动(主要是指围绕品格主题开展的健康、科学、艺术领域的教学活动)，每个活动以表格的形式呈现并明确标注活动中的品格元素，旨在帮助教师了解品格教学活动的组织要点。第二部分是专门针对社会技能设计的教学活动，由于社会技能的教学策略与品格培养略有不同，所以活动方案的呈现形式与品格教学的活动方案也不一样。

(五)区角活动案例

这部分根据每个主题的品格元素、培养目标及幼儿的年龄特点，选择三个有代表性的区角并设计相应的区角活动方案，强化教师在幼儿自由游戏中的观察和随机实施品格教育的能力。

(六)一日生活指导

这部分将每一个主题中的品格培养目标与社会技能培养重点与幼儿园一日生活流程相对应，然后根据幼儿的年龄特点梳理出培养重点，帮助教师更好地抓住保教工作中的教育契机，对幼儿进行生活化、渗透性、随机性的引导。此外，这部分还呈现了幼儿园教师日常指导的情境案例以及幼儿园开展的品格与社会技能体验活动，让读者进一步感知生活中的品格教育策略与方法。

(七)家园共育指导

家园共育是幼儿教育的主旋律，幼儿良好品格的发展和社会技能的习得离不开家长的支持。幼儿园作为专门的教育机构承担了对家长进行家庭教育指导的重要责任，因此，每月主题在家园共育指导部分梳理了"品格指导要点"和"社会技能指导要点"，帮助教师更深入、专业地开展家园共育工作。

此外，为了更好地解答教师、家长在品格家园共育中的困惑，本书在家园共育指导部分还设计了"你问我答"板块，梳理了教师、家长在品格培养及家园沟通中的常见问题并给予指导，希望能够从教育理念、教育方法等方面为一线教师与家长的沟通互动提供帮助与支持。

我们衷心希望本书能够为幼儿园落实立德树人教育根本任务、实践品格教育提供思路和启发；也希望广大一线教师能够在实践中不断探索，寻找到适宜、科学、有效的路径、策略与方法，以促进幼儿良好品格的发展。

目　录

第一章　概　述

一、幼儿品格教育的背景与价值

品格是指个体在遗传和环境交互作用下，形成的道德品质、人格特质及社会性方面的情感、认知与行为特征。品格是一个大概念，既包括一个人的道德与人格，也包括参与社会生活所必需的社会技能，更包括以爱党爱国为核心的政治思想素养。品格教育是指通过教育者与受教育者相互的、具有教育性的活动，引导和促进受教育者形成符合社会期待和评价标准的道德，形成有助于个体终身发展的健全人格以及良好的社会性品质与行为。品格教育是根基性教育，是贯彻落实立德树人根本任务的重要内容，为一个人终身优质、健康和可持续发展奠定基础。

（一）落实立德树人根本任务

马克思主义关于人的全面发展学说认为，人的全面发展必须是人的全部特征的发展。在马克思看来，全面发展的人是具备适应社会各种需求能力和素质的"全人"。《中华人民共和国教育法》第五条明确规定"教育必须为社会主义现代化建设服务、为人民服务，必须与生产劳动和社会实践相结合，培养德智体美劳全面发展的社会主义建设者和接班人"。其中，德育被放在了首要位置，这充分体现了"教育是根本，德育是前提"这一核心理念。

人无德不立，业无德不兴，国无德不威。2021 年，十三届全国人大四次会议通过了《中华人民共和国国民经济和社会发展第十四个五年规划和 2035 年远景目标纲要》，指明建设高质量教育体系应"全面贯彻党的教育方针，坚持优先发展教育事业，坚持立德树人，增强学生文明素养、社会责任意识、实践本领，培养德智体美劳全面发展的社会主义建设者和接班人"。党的二十大报告明确提出，"全面贯彻党的教育方针，落实立德树人根本任务，培养德智体美劳全面发展的社会主义建设者和接班人"。"立德树人"作为我国教育的根本任务和时代主题，从根本上解决了"培养什么人、怎样培养人、为谁培养人"的问题。落实立德树人根本任务，要从儿童青少年抓起，"扣好人生第一粒扣子"。落实立德树人根本任务，需要弘扬社会主义核心价值观，培养具有中华优秀文化底蕴、中国特色社会主义共同理想和国际视野，以及道德情操和人格魅力的社会主义建设者和接班人。

从国家发展来看，品格教育是培育和践行社会主义核心价值观的重要体现，是落实立德树人教育根本任务的基础。开展好品格教育才能为国家培养出具有家国情怀、政治素养、远大理想，并能够脚踏实地、德才兼备的社会主义建设者和接班人。

（二）践行社会主义核心价值观

和谐社会是一种具有民主法治、公平正义、诚信友爱、充满活力、安定有序、人与自然和谐相处等基本特征的社会发展模式。建设社会主义和谐社会需要全体人民达成道德共识，遵循共同的道德规范和伦理精神。没有道德共识的社会将是一个没有道德追求和道德行为底线的社会，也将是无序和混乱的社会。如果不能达成道德规范和准则的共识，没有主流价值和道德共识作导向和支撑，整个民族的意志就会涣散，难以形成凝聚力和向心力，更难以实现不同群体之间的和谐。

建设和谐社会需要培育和践行社会主义核心价值观。党的二十大报告明确提出要"广泛践行社会主义核心价值观。社会主义核心价值观是凝聚人心、汇聚民力的强大力量。弘扬以伟大建党精神为源头的中国共产党人精神谱系，用好红色资源，深入开展社会主义核心价值观宣传教育，深化爱国主义、集体主义、社会主义教育，着力培养担当民族复兴大任的时代新人"。"富强、民主、文明、和谐"作为国家层面的价值目标，回答了"建设怎样的国家"这一命题。这一维度表达了我们国家所要追求的发展图景，即国家富强，实现普遍且大多数人的民主，要达到物质、精神和环境的高度文明以及社会的长治久安。"自由、平等、公正、法治"作为社会层面的价值取向，对"构建怎样的社会"做了明确的阐述，即物质生活和精神生活的自由，法律面前人人平等，社会制度给每个人以公平和正义以及能够依法治国、法制健全的美好愿景。"爱国、敬业、诚信、友善"作为个人层面的价值准绳，实质上是回答"培养怎样的公民"这一命题，是每个公民必须恪守的基本道德准则。只有每个公民成为"爱国、敬业、诚信、友善"的个体，国家才能实现"富强、民主、文明、和谐"，社会才能真正"自由、平等、公正、法治"。对幼儿的仁爱、感恩、责任、分享、合作、尊重、友爱、诚实、乐观、积极等品格的培养都是对其"爱国、敬业、诚信、友善"等重要品质的启蒙。

（三）为个体的终身发展奠基

儿童青少年是祖国的未来和民族的希望。当前我国儿童青少年发展状况总体较好，但依然存在着一些心理问题和道德问题。这些问题很大程度上是时代的变迁导致的，主要表现为：经济全球化时代的多样文化容易导致儿童青少年的主流价值观迷失；信息化、网络化容易导致儿童青少年交流的减少和道德的冷漠；功利化教育容易导致儿童青少年成"才"有余，成"人"不足。

学前儿童由于年龄小，各项能力尚处于启蒙与发展阶段，典型表现为自我服务的意识与能力较弱，规则意识不强；自制力、专注力、抗挫能力等方面不足；部分学前儿童还会出现做事急躁、缺乏耐心、情绪控制能力较弱等情况。此外，这个阶段的儿童还具有"自我中心"的心理发展特点，因而他们很难自发地表现出分享、助人、合作、友爱、慷慨等亲社会行为。但大量的科学研究与生活实践都无一例外地印证了"人生百年，始于幼学"的基本理念，"三岁看大，七岁看老"，幼年时期形成的良好品格将是幼儿一生受益不尽的财富。"扣好人生第一粒扣子"，在学前阶段帮助儿童树立正确的世界观、人生观、价值观，对他们进行良好品格的启蒙也是助力其在人生旅程中健康长期发展的内在要求。

大量教育学、心理学研究表明，儿童期是一个人品格形成最重要的启蒙期与发展期。因此，从 0～12 岁的儿童品格发展过程来看，学前阶段应注重其社会技能和行为习惯的培养，以及良好品德的启蒙、健全人格的初步塑造，培养幼儿的是非观、规则意识、自我控制能力、学习品质等。小学生阶段应注重品德养成，以及与之相关的社会技能培养，并强化以自制、主动、创造等为核心的人格特质，建立初步的国家、集体概念以萌发儿童的国家认同感和家国情怀，形成一定的法治意识及个体发展信念。

二、幼儿品格教育的核心目标

"品格"的英文一般用 Character 表示。从词源上来看，Character 源于古希腊语的 Karacter，意思是"雕刻"。因此，从"品格"这一词语产生伊始，就渗透着"品格可教"的概念。

奥地利哲学家马丁·布贝尔认为"名副其实的教育，本质上就是品格教育"。品格就是介于一个人的本质与他的外表之间的这种特殊纽带，介于他为人的统一性与他的一连串行为与态度之间的这种特殊关系。[①] 为了进一步区分品格与个性，他认为个性是指一个人身上所潜伏着的各种力量的独特结构，是一个"成品"，在其成长方面实质上是不受教育者影响的；而品格却不是"成品"，需要通过教育进行塑造。[②] 美国品格教育的代表人物托马斯·里克纳和马修·戴维森对品格的概念进行了重新界定，认为品格包括两部分：优越品格与道德品格。要拥有优越品格，应该首先知道优秀需要什么，要关注、关心优秀，还要努力做到优秀；要拥有道德品格，就必须了解优秀的道德标准是怎样，并用实际行动来践行。一个有品格的人身上往往可以实现优越品格和道德品格的融合。我国学者丁锦宏认为"品格"应该是指"内在于个体的道德品性"，品格具有个体性、道德性、统整性、稳定性、发展性等特点。[③] 潘光旦认为品格概念是从品性的事实中产生……而"格"具有典型、规范、标准的含义，所谓品格就是合乎道德行为标准的品性。[④]

基于以上学者对于品格的界定及品格教育的时代需求与特征，本套丛书将品格界定为"个体在遗传和环境交互作用下，形成的道德品质、人格特质和社会性方面的情感、认知和行为特征"。这一界定从根本上指明了个体品格形成的机制和影响因素，即受到遗传和环境（包括教育）的双重影响而产生；品格具有三结构，包括道德属性、心理属性和社会心理属性；个体品格主要表现为认知建立、情感体验、行为表达（图 1-1）。

---

① 张人杰、王卫东：《20 世纪教育学名家名著》，254 页，广州，广东高等教育出版社，2002。
② 张爱华、狄伟、宋跃：《马丁·布贝尔品格教育思想研究》，载《河北师范大学学报（教育科学版）》，第 9 期，2010。
③ 丁锦宏：《品格教育论》，49～53 页，北京，人民教育出版社，2005。
④ 参见蔡春：《德性与品格教育》，博士学位论文，复旦大学，2010。

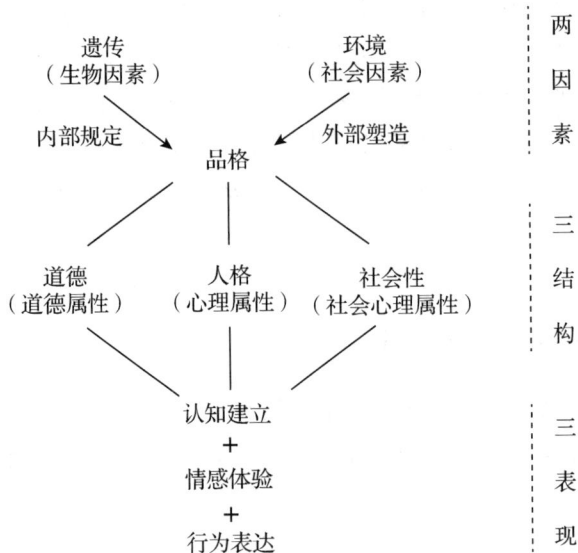

图 1-1　品格的两因素、三结构与三表现

(一)品格结构

无论是何种范畴的品格，都会呈现为一种具体的外在形态，这种形态有其相对稳定的外延和内涵，如勇气、自制、智慧等。体现为具体的品格规范的品德条目包含着丰富的价值和文化内涵，也就是说，品格是既具有其外在形态又具有其实质性的德性内容的架构或结构①。

幼儿品格结构的提出是基于前人的道德、人格以及社会性发展的理论与研究，尤其是幼儿身心发展的年龄规律和基本特点。结合教育实践，本套丛书选取并确立了3～6岁幼儿阶段最重要的三个方面(做人、做事、共处)的品格，构建其中的关键经验，即30个需要重点培养的品格(图1-2)。其中包括以乐观、自制、主动、创造、仁爱、尊重为主的核心品格，以及与之相关的24个一般品格。从品格结构中可以看出，品格教育就是让幼儿逐渐学会做人、做事和共处。做人，应该需要具有乐观的思维方式并且拥有自制力和自控力；做事，应该具有主动性且具有创造性；共处，需要以仁爱之心为基础，并且懂得尊重。

核心品格与一般品格具有相同或相似的心理结构。品格结构中有六个核心品格，为乐观、自制、主动、创造、仁爱以及尊重。在六个核心品格中，每个核心品格下面都有四个跟这个核心品格有关的、支撑这个核心品格培养的一般品格，也可以说核心品格与其一般品格具有相同或者相似的心理能力，或有共同的培养目标。例如，自制这一核心品格，其实现需要个体的"意志力"，而自制对应的一般品格包括专注、秩序、节俭和节制，其实现都需要意志力的支撑，也可以说五个品格的培养都能促进意志力的形成，见表1-1。

---

① 谢狂飞：《比较视野下的品格教育研究：以美国为例》，25 页，北京，中国社会科学出版社，2021。

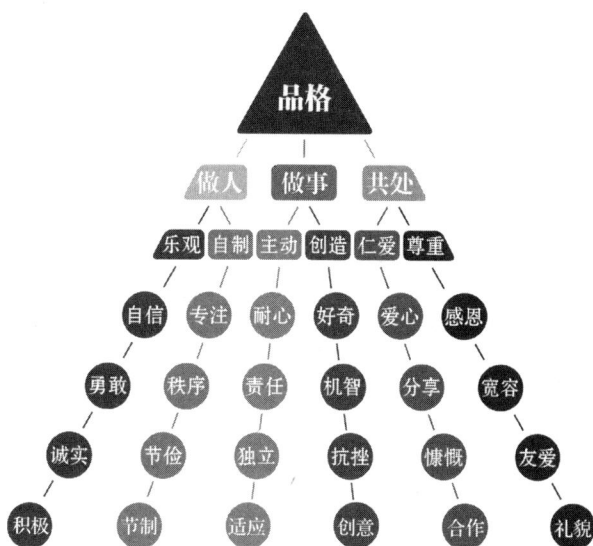

图 1-2　品格结构

表 1-1　核心品格与一般品格释义

核心品格	一般品格
乐观 乐观是一种力量，可以赋予幼儿能量，让幼儿在面对问题、挫折以及未来时充满希望，形成稳定的乐观心态和思维能力，乐享生活。	**自信**：能够正确地认识自己，相信自己有能力实现目标，因而不断激发自己的潜能。这是一种健康的心理状态，是每名幼儿都应该形成的良好品格。 **勇敢**：勇于做力所能及的事情，勇于表现和表达，敢于尝试一些新的事情，在新的环境中不害怕、能适应，愿意跟陌生的同龄人交朋友。 **诚实**：在言语上的诚实和行为上的诚实，敢于承认错误，主动向别人说"对不起"，在游戏和活动中不作弊。 **积极**：一种具有正向价值的情绪情感，积极心态能够提高一个人主观能动性和整体能力，对于幼儿步入小学以后学习能力的发展尤为重要。
自制 自制是幼儿心理发展的宝贵种子，是学习、交往与发展的基础，让幼儿学会等待，学会抵制诱惑，学会自我管理和自我控制。	**专注**：一项重要的学习型品质，如专注地做一件事情，不受外来事情的干扰，认真听他人讲话等。 **秩序**：在有序的生活环境中，形成自身的行为规律，物归原位、做事有序、自我管理和约束。 **节俭**：既是一种道德品质，也是一种人格特点。重点在于懂得物尽其用，珍惜财物，同时做到不浪费，不攀比。 **节制**：对于幼儿来说，节制就是指少看一会儿动画片，不任性哭闹，不暴饮暴食，不霸占玩具等。节制培养能够提高幼儿的自我控制能力，在今后处理事情的过程中逐渐做到恰到好处。
主动 主动是幼儿心理发展的宝贵种子，让幼儿摆脱依赖，更加积极地想问题、做事情，遇到问题自己解决，也为积极、好奇、创造、抗挫等品格培养奠定基础。	**耐心**：遇到困难时不哭不闹，情绪稳定不急躁，能够等待，集体活动时能够按顺序依次完成，不争抢物品等。 **责任**：体现在自我责任心、任务责任心、过失责任心、承诺责任心、他人责任心和集体责任心六个方面。 **独立**：减少对他人的依赖，做到自己的事情自己做，独立穿衣、吃饭、如厕、助人等，同时培养独立思考与问题解决能力。 **适应**：在从家庭到幼儿园这个过渡时期中，逐渐熟悉幼儿园的环境及要求，在心理和行为上做出相应调整，接纳和融入幼儿园生活，做到生活自理、情绪稳定、遵守规则和乐于与人交往。

续表

核心品格	一般品格
创造 创造就是用新奇的方法解决问题的思维品质,能够培养幼儿与众不同的想法,使其做独特的自己从而成为更有价值的人。	**好奇**:善于问问题、想办法,爱探索并且注意力集中。 **机智**:脑筋灵活,能够随机应变,尤其是在紧急或者困难情形下能又快又好地产生想法以解决问题,能够提高问题解决能力和创造力。 **抗挫**:在遇到问题时不消极、不低落,具有积极向上的心态并勇敢地面对问题,想办法解决问题,而非逃避问题。 **创意**:4~6岁的幼儿就具有了创造性思维,而且随着年龄的增长,他们的创意能力不断提高,不仅体现在"与众不同"的想法中,还体现在遇到问题、解决问题时具有创意精神。
仁爱 当幼儿拥有仁爱品格,就会表现出尊重长辈、关爱他人,并富有责任感与同情心,这是幼儿拥有良好的人际关系的前提,对其身心发展和个性养成具有重要的意义。	**爱心**:具有爱护自己、关爱他人、保护物品和环境等情感和行为。 **分享**:把自己喜欢的物品、美好的情感体验及劳动成果与他人共享。乐于分享能够让幼儿拥有快乐和友谊,逐渐成为一个乐观、自信的人。 **慷慨**:一个不吝啬帮助他人的人,通常被认为是友好的、真诚的,他会拥有更好的人际关系,得到更多的认同。慷慨还能让幼儿学会站在他人的角度考虑问题。 **合作**:二人或多人一起分工协作以达到共同目的。合作品格的培养能让幼儿体会合作的快乐和集体精神,并有利于其认知发展、自律性以及社会交往能力的提升。
尊重 尊重是人际交往的基本行为准则,也是重要的心理需求。具有尊重品格的幼儿懂得换位思考、体谅别人,能够欣赏并接受人与人之间的差异。	**感恩**:感恩作为一个人积极的个性品质,也是维护其心理健康的重要内在力量。感恩品格的培养需要让幼儿愿意向帮助自己的人表达感谢并付诸实际行动。 **宽容**:大班幼儿已逐步摆脱"自我中心",对宽容有了一定的理解与认识。宽容能让幼儿自主地接纳他人与自己不同的地方,并能在人际交往中通过协商等方式处理同伴之间的矛盾与冲突。 **友爱**:一个人能否与他人友好地相处,是决定一个人是否能在社会上立足的关键。大班幼儿逐渐表现出亲社会行为,并且友爱意识逐渐萌发。友爱品格能够让幼儿在幼儿园和小学里成为更受欢迎的人。 **礼貌**:礼貌是幼儿与人交往必备的技能,不仅能够促进幼儿的社会发展,还让其需求容易被人理解和接受,从而形成自信和自尊。

品格结构与中华传统价值观一脉相承。中华传统价值观倡导的天人合一、民本、和为贵、和而不同、中庸、乐群、均富、诚信等是历经几千年变迁和社会实践而被证明有利于人类生存发展及社会进步的精神财富。其中,君子文化作为中华优秀传统文化的重要组成部分,在一定程度上承载和积淀了中华传统价值观,同时也蕴含着家国情怀、道德遵循、人格力量等时代内涵。牟钟鉴通过对君子道德人格的概括,认为君子文化主要表现为"'六有',即有仁义,立人之基;有涵养,美人之性;有操守,挺人之脊;有容量,扩人之胸;有坦诚,存人之真;有担当,尽人之责"[①]。冯国栋从君子文化的当代价值的视角,提出君子文化主要包括"自强不息的人生态度、厚德载物的人生格局、惩忿窒欲的人生修养以及居德善俗的人生责任"[②]。君子文化中所蕴含的对国家、社会、个人的教养功能在今天依旧焕发光彩。本套丛书提出的品格正是对中华优秀传统价值观与君子文化的继承与发扬,见表1-2。

---

① 牟钟鉴:《重铸君子人格 推动移风易俗》,载《孔子研究》,第1期,2016。
② 冯国栋:《从〈周易·大象传〉看君子精神的现代价值》,载《光明日报》,2017-10-11。

表 1-2 品格德目与中华优秀传统价值观的对应关系

中华优秀传统价值观	释义	对应品格德目
仁	仁人、爱人、仁爱	仁爱、爱心、感恩
义	大义、正义、公平、公正、公道	分享、合作、责任、秩序
礼	明礼、礼貌、礼让、礼节、礼仪	尊重、友爱、礼貌
智	知者、明智、智慧、机智	创造、好奇、机智、创意
信	诚信、信任	诚实
勇	勇敢、坚强、刚毅	抗挫、勇敢
节	节气、名节、操守、节制	自制、专注、节俭、节制
恕	己所不欲，勿施于人	宽容、慷慨
宽	事宽则圆	乐观、自信、积极
敏	敏而好学、敏则有功	主动、耐心、独立、适应

(二)社会技能

社会技能是儿童社会性发展的重要方面。格雷沙姆和埃利奥特认为，社会技能是社会可接受的习得行为，它能使个体与他人积极互动，并且知道如何回避那些不被社会接受的行为，同时指出社会技能对个人的成功起着关键作用；随着幼儿的成长，他们会与不同环境、不同情境中的许多人（包括家庭成员、同龄人、教师、其他人）交往，在与他人交往时，一些幼儿能够熟练地使用这些社会技能，而另外一些幼儿却缺乏使用这些积极社交行为的能力或者动机。[1] 已有研究表明，社会技能水平显著影响儿童的同伴关系、社会支持、身心健康乃至未来的学业适应和社会适应[2]，幼儿社会技能水平低下将与其无法适应学校、同伴拒绝和未来的消极行为等相联系[3]，因此幼儿需要有机会去学习并提高自己的社会技能。

本套丛书提出的幼儿 40 项社会技能是陈会昌教授主持的国家自然科学基金重点课题"儿童早期社会化"的核心研究成果，包含了幼儿乃至整个儿童期应该具有的 40 种社会规则、交往技能以及心理能力。按照社会技能的基本内涵，40 项社会技能可以分为六个单元，见表 1-3。

---

① Gresham，F. M. and Elliott，S. N.，*Social Skills Improvement System*：*Rating Scales*，Bloomington，MN：Pearson Assessments，2008，pp. 1-30.

② 张承芬、曹月勇、常淑敏：《学习困难儿童与非学习困难儿童问题行为、社会技能的对比研究》，载《心理学探新》，第 1 期，2000。

③ 张琴：《儿童社会技能的培养》，载《吉林省教育学院学报·上旬刊》，第 1 期，2013。

表 1-3　40 项社会技能及其结构划分

单元	40 项社会技能
基本社会技能	倾听、好好说、大胆地说、说"谢谢"、自我奖赏、寻求帮助、说"劳驾"、忽视
与学习有关的技能	问问题、按要求做、遇到困难多尝试、插话
交友技能	打招呼、分辨体态语言、加入、按顺序来、分享、提供帮助、邀请别人玩、学会称赞
调节情绪的技能	了解自己的情绪、感到被忽视、表达烦恼、害怕时怎么办、判断别人情绪、表达爱
攻击的替代办法	对付攻击、消除坏心情、判断是否公平、自我克制、承认错误和道歉
应对压力的技能	学会放松、避免再犯错误、诚实、请大人帮忙、抗挫能力、争当第一、拒绝、接受拒绝、我的卡片盒

　　40 项社会技能基本属于品格行为范畴，但是除了行为成分之外，其也存在心理能力的成分，如抗挫能力既包括行为，也包括抗挫的意识和态度。总之，40 项社会技能是极为重要的品格行为，是品格行为的强化版，并可以通过一定的训练而直接表现出来。

(三)分龄渐进的品格养成

　　品格结构内容丰富，落实到实操层面，则需要有一定的主线或主题，否则教育活动无法有效开展，效果也无法评价，教师和家长缺少抓手。同时，3～6 岁学前儿童的发展也存在着明显的阶段性，因此在不同的年龄发展阶段，品格培养的重点也有所不同。此外，某些品格的培养需要其他品格作为基础，如"合作""慷慨"的培养需要以"爱心""分享"为基础。因此，本套丛书以幼儿发展特点和规律为出发点，遵循品格培养的一般规律，形成了每个年龄段的品格教育重点以及 40 项社会技能培养重点，见表 1-4。

表 1-4　品格教育与社会技能培养各年龄段重点

年龄	品格教育重点	40 项社会技能培养重点
小班	适应、耐心、勇敢、爱心、主动、仁爱	倾听、好好说、说"谢谢"、按要求做、打招呼、害怕时怎么办、表达爱、请大人帮忙
小班	独立、节俭、秩序、好奇、自制、尊重	拒绝、邀请别人玩、按顺序来、学会称赞、问问题
中班	诚实、礼貌、专注、机智、乐观、创造	承认错误和道歉、诚实、说"劳驾"、插话、学会放松、寻求帮助、对付攻击、忽视
中班	分享、责任、节制、自信、主动、仁爱	分享、自我克制、自我奖赏、大胆地说、我的卡片盒、避免再犯错误
大班	合作、抗挫、感恩、友爱、自制、尊重	加入、接受拒绝、判断别人情绪、分辨体态语言、抗挫能力、遇到困难多尝试、表达烦恼
大班	创意、慷慨、积极、宽容、乐观、创造	提供帮助、了解自己的情绪、争当第一、感到被忽视、判断是否公平、消除坏心情

三、幼儿品格教育的基本理念

(一)在尊重儿童天性的基础上肯定"品格可教"

对于个体天性的尊重最早其实来源于哲学思想。我国古代哲学家、思想家老子在《道德经》中提出"人法地、地法天、天法道、道法自然",道法自然指万事万物的运行法则都是遵守自然规律的,这个自然规律包括自然之道,社会之道,人为之道。人是自然的产物,人的发展也必然遵循基本规律,因此教育也要顺势而为,尊重天性。18世纪中期,启蒙运动思想家卢梭在其代表作《爱弥儿》中指出,"在自然秩序中,所有的人都是平等的",他对旧教育提出了尖锐的批评,并提出教育要回归天性,要"以儿童为中心""天性为师"。我国著名教育家陶行知先生基于杜威思想提出了"生活即教育""社会即学校""教学做合一"等理念主张,成为我国最早呼吁解放儿童天性的学者。我国著名教育家、心理学家陈鹤琴先生从儿童心理发展角度认识到儿童区别于成人的独特性,以及儿童教育应该具有的独特方法,提出了教育的根本目的是"做人,做中国人,做现代中国人"。

尊重天性不仅在哲学或者教育领域被推崇,更为大量的研究所证实。例如,大样本的双生子遗传特性研究发现,在人类一些生理特征方面遗传具有较强的解释性,包括身高、体重、先天性疾病等。值得注意的是,遗传所带来的"天性"也体现在人格、气质等方面。因此,认识儿童品格或者开展儿童品格教育,要建立在尊重儿童的天性,也就是遗传带来的内部规定性的基础上:一方面,尊重个体道德、人格和社会性发展的规律,从一般规律出发,实施教育;另一方面,尊重个体差异性,遗传表现为两种主要方式,即每个人的最大限度能力不同以及每个人在每种心理能力上表现和发挥的时间表不同。因此,幼儿品格教育需要因材施教,需要个性化指导。

正视并正确认识天性,从天性出发,并非意味着教育在天性面前无能为力。相反,我们应该始终认识到"品格可教""品格需教"。《学记》中说"玉不琢,不成器;人不学,不知道。是故,古之王者,建国君民,教学为先"[①]。品格的三结构中,道德形成主要靠后天的培养,人格中除了先天遗传因素之外也依靠后天塑造,而社会性更主要依赖环境与教育。

(二)品格教育具有教育性,是活动,更是过程

并非一切活动都具有教育性,也并非一切具有教育性的活动都发生在正规的学校教育中。教育的本质其实是"规范引导"和"自主建构",其中"规范引导"是教育的职能,"自主建构"是教育的目的和结果,过程中的教育者与受教育者的关系极其重要,因此品格教育从根本上首先是一种"教育活动",具有"引导性""社会性"功能。

品格教育的过程性主要体现在两个方面。首先,品格教育是在活动过程中展开,具有活动性,因此也强调受教育者的主体性。其次,一个人良好品格的养成并非一朝一夕之功,而是需要贯穿一个人生命的始终。

---

① 高时良:《中国教育名著丛书·学记》,53页,北京,人民教育出版社,2016。

(三)品格教育强调教育者与受教育者之间的平等共生关系

无论从哪个角度讲，教育者都该是教育过程的引导者、受教育者的引路人。真正的教育是在教育者与受教育者之间架起心灵的桥梁，彼此产生深刻的影响。在品格教育中，教师既不是"主人"，也不是"仆人"，而是"平等中的首席"(first among equals)，师生之间是平等共生的关系，在过程中彼此实现教育与精神的共同成长。

(四)品格教育重视对受教育者核心价值的传递

人类社会发展的历史证明，在一定的时空范围和文化背景下，核心价值有其普遍性和共同性。教育的社会属性决定了品格教育必定要赋予受教育者特定的、能为所有文化所接受的、具有共同性和普遍性的核心价值(core values)。托马斯·里克纳就非常强调核心价值在品格教育中的作用，他认为核心价值肯定了人类的尊严，促进个人和群体向善的方向发展，并且保护了人类的权利。核心价值规定了社会中个人的责任，为人类文明所公认，同时具有一定的文化性、民族性和时代性，并将被文明所传承。

(五)品格教育反对简单灌输，重视受教育者的品格形成过程

品格教育不是强调价值的唯一性，而是强调价值的共通性、同一性。因此品格教育的过程并不是教育者对受教育者的专制灌注的过程，而是教育者对受教育者的价值引导，并通过受教育者的自主建构价值，进而形成良好品格的过程。

在上述品格教育基本理念的基础上，本研究形成了具体的品格教育策略，见表1-5。

表 1-5 品格教育基本理念及对应教育策略

基本理念	对应教育策略
品格形成受先天遗传因素影响	◆ 品格教育内容建构需要遵循个体道德、人格、社会性发展的一般规律。 ◆ 充分考虑不同气质类型和不同人格特点的儿童品格发展的不同特点，教育方法力求有针对性。 ◆ 重视教师和家长的素养提升，最终实现个性化教育。
品格可教、品格需教	◆ 重视品格教育，使其成为全社会的基本共识。 ◆ 把握儿童品格发展关键期，积极实现教育引导。 ◆ 将品格教育作为幼儿园教育、家庭教育和社会教育的重点。
品格教育是具有教育性的活动	◆ 设计有目的、有针对性的教育活动，系统开展品格教育。 ◆ 品格教育需要日常渗透，更需要专门性的教育活动。 ◆ 注重品格教育的引导性和社会性功能。
品格教育具有过程性	◆ 从整个生命历程认知品格教育，构建不同年龄阶段的品格教育重点。
强调教育者与受教育者之间的平等和共生关系	◆ 通过提升"重要他人"的教育素养，构建平等共生的师生、亲子关系。 ◆ 强调在品格教育过程中师生、亲子共同成长。
注重核心价值的传递	◆ 厘清核心价值，确立传递方法与路径。
反对简单灌输，重视受教育者品格形成过程	◆ 基于儿童发展特点，确立适宜的品格教育方式。

四、幼儿园品格教育的实现途径

(一)知情行相统一

品格指个体在遗传和环境交互作用下，形成的道德品质、人格特质和社会性方面的情感、认知和行为特征。从这一界定来看，无论是道德、人格还是社会性，其内部都包含了认知、情感和行为的成分。德性存在于生命个体的精神运动过程中，是知与行的统一，理性与情感的统一。在我国伦理文化中，王阳明基本上完成了"知行合一"的论证和界说，主要包括两个层面：(1)知就是行，行就是知，"知是行之始，行是知之成"；(2)真知必行，不行不知，即"知行合一"既不是一个既得的状态，也不是一个向往的理想，而是一种转化和完善自身品格的内在"决心"过程，两方面都统一于个体的品格形成过程。[①] 托马斯·里克纳也认为品格实际上是一个社会心理学中的"态度"概念，具有"认知""情感"和"行为"三方面要素成分，并且这三者不是分离或者分裂，而是统一和交融的。[②] 因此，品格教育的实施需要通过系统化的教育手段，培养幼儿对于品格的认知，体会到品格情感，并最终落实体现在品格行为上，尤其是强调行为的养成，因此会通过专门的社会领域活动及社会技能训练活动强化行为，最终实现"知行合一"。

借鉴道德认知、情感和行为的界定，品格认知其实就是"品格认识"，是指人们对客观存在的道德和社会关系及如何处理这种关系的原则和规范的认识，包括品格概念的掌握、品格评价和品格判断能力的发展、品格信念的产生及品格观念的形成等。其中，概念掌握、评价和判断能力的发展是认知形成和发展的重要阶段和主要标志。它是在实践的基础上，通过教育、训练和社会影响，在不断掌握概念、逐渐提高评价和判断能力的过程中而形成、发展和加深的。其形成使得人们在品格发展过程中能按照一定的原则和规范去行动，不但懂得应该怎样做，而且懂得为什么这样做，从而提高品格的自觉性、主动性和创造性。作为品格形成和发展的基础，其对品格情感和行为起着指导、调节和控制作用。例如，诚实品格具体到认知方面，就是指孩子知道诚实就是不说谎(品格概念)，知道什么情况属于诚实或者不诚实(品格评价与判断)，建立"说真话""不私自拿别人的东西""主动承认错误"等观念(品格观念)。

品格情感是指一种情感体验，是个体的一种主观态度，是在一定的社会条件下，人们根据准则要求进行活动时所产生的爱慕、憎恶、信任、同情等比较持久而稳定的内心体验。品格情感，尤其是其中的道德情感具有一定的社会历史性与阶级性。当品格情感与品格认知一致时，便产生积极稳定的内心体验；两者矛盾时，会产生消极的、不稳定的内心体验。品格情感要在社会实践和教育基础上逐步形成，品格情感教育主要包含两方面的任务：一是帮助幼儿形成和增强同所获得的品格认识相一致的品格情感；二是改变那种与应有的品格认识相抵触的品格情感。品格情感往往表现为自豪、内疚、羞耻和尴尬等。例

---

① 檀传宝、王啸：《中外德育思想流派》，80 页，北京，人民教育出版社，2015。
② 檀传宝、王啸：《中外德育思想流派》，417 页，北京，人民教育出版社，2015。

如，诚实品格具体到品格情感方面，就是指当孩子勇于承认自己的错误时，他的情感体验应该是高兴的、自豪的。

品格行为是个体品格认知的外在表现，其基本特征在于它是个体对自己、他人和社会利益的自觉认识和自由选择的表现。作为一种社会行为，它并不是孤立的、纯粹道德意义上的行为，而是可以进行善恶评价的行为。善恶评价的标准取决于它是否有利于他人和社会。因此，品格行为也可以说是能够按照一定的原则和规范进行评价的社会行为，它可以是一时性的，也可以是经常性的。那种已经巩固并且自动化了的品格行为变成了品格行为习惯。组织行为练习是使品格行为转化为品格行为习惯的重要途径。

(二)家园社协同育人

苏霍姆林斯基曾说："两个教育者——学校和家庭不仅要一致行动，向儿童提出同样的要求，而且要志同道合，抱着一致的信念，始终从同样的原则出发，在教育的目的、过程和手段方面，都不要发生分歧。"[①]2018年习近平总书记在全国教育大会上指出，"办好教育事业，家庭、学校、政府、社会都有责任"。教育部颁布的《3—6岁儿童学习与发展指南》也指出："家庭、幼儿园和社会应共同努力，为幼儿创设温暖、关爱、平等的家庭和集体生活氛围，建立良好的亲子关系、师生关系和同伴关系，让幼儿在积极健康的人际关系中获得安全感和信任感，发展自信和自尊。"家长是未成年人成长与发展的第一责任人，家庭是幼儿品格形成最重要的场所。因此，幼儿品格教育必须坚持家、园、社协同育人的基本路径，充分发挥幼儿园的主导和引领作用，带动并发挥家长的主体性责任，充分利用社区、社会资源，实现育人目标。

家长是幼儿品格培养的第一"重要他人"。家庭是人生的第一所学校，家长是孩子的第一任老师，家庭教育是人才培养的奠基工程。成功的家庭教育，需要正确价值观的不断引导，同时也有赖于优良家风的濡染。除此以外，家庭功能、家长教养方式、家长参与程度、家庭社会资本等与儿童发展各方面之间相互关系的研究一直以来也是教育学、心理学的重点研究方向，并取得了大量的实证结果。例如，周利娜等人研究发现母亲温情、积极教养及良好的家庭功能是儿童攻击行为发展的保护性因素[②]；李晓巍等人研究发现人格在儿童的问题行为和家庭功能之间起着中介作用，家庭中亲密关系需要通过人格因素来起到减少行为问题的作用[③]。同时，父母自身的人格对幼儿的人格形成和发展也起到重要影响。因此，家长需要在幼儿园的引导下，基于对幼儿心理和品格发展规律的了解，不断提升自己的家庭教育能力和素养，最终建立自身的家庭品格教育理念系统。

幼儿园教师需要不断提高其品格修养与专业能力。幼儿园教师的角色不仅是知识的传

---

① 肖甦主编译：《苏霍姆林斯基教育智慧格言》，333页，北京，人民教育出版社，2014。

② 周利娜、张文新、纪林芹：《儿童攻击与母亲教养及家庭功能的关系》，见《第十一届全国心理学学术会议论文摘要集》，河南开封，2007。

③ 李晓巍、邹泓、金灿灿等：《流动儿童的问题行为与人格、家庭功能的关系》，载《心理发展与教育》，第2期，2008。

递者，而且是幼儿学习活动的支持者、合作者、引导者。教师的言行举止是幼儿模仿的榜样，对幼儿起着潜移默化的作用。幼儿园教师的专业素养和师幼互动的质量直接影响着幼儿品格的形成与发展。师生关系是儿童进入学校环境后新建立的一种关系，儿童同教师关系的质量决定其在学校的社会交往和学业表现。积极的师生关系促进儿童发展和使用社会技能以应对挑战；消极的师生关系阻碍儿童良好发展。在关于母子关系与师生关系对儿童问题行为发展的影响的研究中发现，母子关系无法直接预测入园一年时的问题行为，但冲突性的师生关系却可以直接负向预测儿童的退缩和违纪问题。[①] 如果教师把幼儿当作有独立人格的人，爱护他们的自尊心，尊重他们的人格，就会与幼儿建立起和谐、平等的师幼关系，进而帮助幼儿建立起安全感、归属感，促进他们与同伴的正向交往。[②] 同时，幼儿园教师既是幼儿的直接教育者，又是家长的合作伙伴，因此其专业性还体现为与家长进行日常教育问题沟通，以及专门性的家庭教育指导。因此，幼儿园品格家园共育中非常重要的路径就是全面且持续提高教师的家庭教育指导能力、家长工作能力、幼儿园品格教育环境创设能力、品格活动开展能力、师幼互动素养以及幼儿品格的观察与评价能力等。

总之，在幼儿品格培养过程中，幼儿本身的道德发展阶段以及社会心理能力特点的影响，使得家长和教师天然成为影响幼儿品格的重要他人。家长和教师的观念、行为、态度直接影响亲子/师幼互动方式和质量，从而影响幼儿的道德认知和情感体验、自我意识、人格养成及社会性观念与行为表现。因此，品格家园共育的核心是提升家长和教师的教育素养，唯有如此，才能通过"重要他人"的直接和间接影响作用，促进幼儿品格发展。

(三)全环境渗透化

生态系统理论、重叠影响域理论，尤其是情境性理论，特别强调环境在幼儿发展，尤其是品格发展中的重要价值。所谓全环境育人即指在幼儿生活的环境中应无不渗透品格培养的要素，主要表现为物理与心理环境创设、品格教育在一日生活中的渗透培养、社会领域活动与其他领域活动的有机融合等。

1. 以经典图画书为切入和载体

图画书对于幼儿品格培养具有不可替代的价值。已有研究认为文学作品是品格教育的重要资源，教师应使用文学作品中所蕴含的多种道德故事来对学生进行品格教育。图画书作为文学作品的一种，用其独特的文字符号和精美的图画来呈现故事情节，丰富的故事内容不仅蕴含着教化人的意境，也能促使儿童反思自身的行为，并在一定程度上按照绘本中的故事情节进行实践活动。[③] 幼儿可以在愉悦的学习与体验中，通过与故事形象共情产生一定的品格情感，内化品格内涵。特别值得注意的是，这种教育过程是渗透式的、参与性的且基于幼儿发展特点、经验与需求，而不是单纯的说教或灌输。

---

① 张晓、陈会昌、张桂芳：《母子关系、师生关系与儿童入园第一年的问题行为》，载《心理学报》，第 4 期，2008。
② 姚铮：《幼儿园人际环境对幼儿社会性发展的影响》，载《幼儿教育》，第 2 期，1994。
③ 赵悦：《幼儿园品格教育中图画书的应用研究》，硕士学位论文，山东师范大学，2021。

2. 在一日生活中随机、灵活培养品格

幼儿的品格学习有很强的随机性，其中有相当一部分学习过程和学习结果不发生在课堂上，而是存在于现实生活中。幼儿园是幼儿生活的第二环境，幼儿在这里学会学习，学会做人，学会生活。因而，教师要充分发挥幼儿园的小型社会功能，有效地促进幼儿社会化，需要把社会教育内容渗透到幼儿的日常生活当中，以日常生活的各个环节为抓手，各环节之间的转换过程可以作为培养幼儿规则意识的重要契机来抓，把入园和离园、用餐和吃水果点心、如厕和盥洗、午睡和休息、整理床铺和自己的生活物品等生活情境都作为教育内容的重点。在培养幼儿生活常规教育中，教师要互相配合，按照生活的常规顺序培养幼儿有序而整洁的好习惯。对于人际交往和社会适应的渗透，有的是一天之内多次重复，有的是日复一日地重复，以促进幼儿早日养成良好的习惯。

3. 在主题活动中渗透品格养成

幼儿园的主题活动，是从幼儿的实际出发，按照科学性、趣味性和灵活性的原则，在一段时间内围绕一个中心选取某个主题，让幼儿在原有经验的基础上通过观察、探索、思考、动手操作和实践活动，获得有关该主题的完整经验，从而获得最佳的教育效果的活动过程。主题活动打破了学科界限，力求保证幼儿教育的生活化和完整性。品格教育不能与其他领域教育分割，它是一个综合领域，避免单纯的学科本位教育现象。品格教育也不能与儿童的技能、价值观等的发展相分离，要将品格培养目标与幼儿的发展目标有机地统一到教育教学活动中。主题活动的教育价值恰好符合品格教育的基本要求。品格教育活动从领域角度更加偏重社会领域，但是同时在健康、语言、科学、艺术等领域也应灵活渗透品格培养。

健康领域与品格教育。良好的师生关系与同伴关系可以促使幼儿获得安定与愉快的情绪，对周围的人和事产生信任感和依赖感，这是形成幼儿良好社会情感的基础。在开展相关活动时，除了实现健康领域本身的培养目标，教师还需适当考虑品格培养的目标。在认识情绪的相关活动中，教师除了引导幼儿了解不同情绪产生的原因、调节情绪的方式，还要引导幼儿关注身边人的情绪状态，进而学会关心、安慰、帮助他人。教师要在活动中有意识地培养幼儿的共情能力，让幼儿"眼中有他人，心中有温暖"。这样不仅能促进学前儿童社会性的成长，提高其人际交往和社会适应能力，还能提高教学活动实施的效果。

语言领域与品格教育。故事与文学是进行品格教育的重要资源，也是开展品格教育的主要途径。很多经典的诗歌、散文、故事都包含着品格教育的内容。例如，诗歌《轻轻地》反映了一种良好的行为习惯——不妨碍他人休息[①]；散文《云彩和风儿》不仅生动形象地呈现了彩云在风的吹拂下千变万化的姿态，更让幼儿在活泼的文字中萌发对云彩的想象，发展幼儿的创意思维；故事《小蝌蚪找妈妈》让幼儿知道仔细观察、耐心倾听的重要性。所以，在语言领域教育中渗透品格教育的内容不但能赋予语言活动以深刻的内涵，同时也将品格教育落到了实处，帮助幼儿形成品格认知与情感。

科学领域与品格教育。科学领域教育的主要任务是让幼儿在探索具体事物和解决实际

---

① 胡仙鸽：《幼儿园语言教育活动设计与指导》，112页，北京，北京师范大学出版社，2016。

问题的过程中，初步尝试发现事物之间的不同之处和相互联系的过程。在对自然事物的探究和运用数学解决实际问题过程中，务必要认识到引导幼儿学会认识与探索世界的最终目的是保护自然和服务社会，使他们学会关心周围的环境，爱护身边的动植物，珍惜宝贵的自然资源，形成初步的环境保护意识。例如，幼儿对"水"的学习和探究，不仅是将水作为一种化学物质来了解，更重要的是要让幼儿意识到水对生命的意义，进而提升到认识水的文化意义和社会意义；让幼儿明白节约用水的现实意义，在日常生活中能够身体力行，做到及时关闭水龙头，不浪费水资源，看到浪费水资源的行为能够及时制止。

艺术领域与品格教育。除了情感和生活内容的相互"类比"以外，审美方面的共同性也很容易通过相互"借鉴"的方式互相贯通，当幼儿学会用画笔或是音乐表达出他们内心美好的体会和感动时，当他们把自己的这些感受表达并分享给身边的人时，其品格认知和情感就有了提升。例如，教师引导幼儿画太阳，就可以带领幼儿在一天的不同时间段欣赏太阳的美景，观察太阳的特点：早晨的太阳是金灿灿的，中午的太阳是银光闪闪的，傍晚的太阳是红彤彤的。教师在观察和体验中引导幼儿用不同的色彩、线条表达自己的发现，同时鼓励幼儿大胆创作，积极与教师和同伴交流、分享，让幼儿在情境中体会与大家一起进行艺术创作的快乐。

4. 在区角活动中渗透品格养成

区角活动是幼儿园一日活动的重要组成部分，是基于幼儿全面和谐发展的需要及幼儿当前的兴趣，在考虑幼儿园正在进行的其他教育活动目标的基础上，规划相应的活动区角，如建构区、表演区、科学区等，在活动区角投放操作材料，设置进区规则，让幼儿可以自由选择喜欢的区角进行游戏，在自主游戏中以积极的方式进行个体学习和发展。

对幼儿而言，区角活动是一种开放性的、低结构性的活动，幼儿以自己的兴趣、需要、意志为导向自主活动，活动的内容、时间、节奏、顺序以及活动的伙伴、规则等都可由幼儿自己决定或与同伴商量、协调，在摆弄与操作、探索与发现、交流与询问等过程中实现和生成活动。在这个过程中，幼儿的社会性会自然而然得到飞速发展。对幼儿而言，另外一种自主性较高的活动类型就是游戏活动。游戏是幼儿最喜爱的活动之一，是培养幼儿良好个性的重要途径，游戏活动中蕴藏着幼儿发展的各种需要和丰富的教育契机。幼儿可以在游戏中了解不同的社会环境，熟悉不同的社会角色，认识不同的社会规则，提升社会交往的各种技能，产生符合规范的社会行为，形成良好的个性和社会情感。区角活动和游戏活动中品格养成的主要渗透方式是通过环境的渲染和熏陶以及制定活动规则来进行的。

5. 创设有利于品格培养的幼儿园环境

有利于幼儿品格发展的物质环境主要具有以下几点特征：优美、安全、卫生的整体环境；活动空间的设置有利于幼儿社会性发展；活动材料有利于促进幼儿之间积极的交往与交流、良好的社会性行为和情感的发生等。因此，教师要在幼儿园和班级环境创设中充分融合品格教育的元素，从主题墙打造、区角环境打造与材料提供、家园共育墙面打造等方面，构建品格物质育人环境。

第二章　诚实品格：诚实孩子人人夸

一、主题说明

　　幼儿的说谎可以分为无意说谎和有意说谎，前者是指幼儿没有说谎的动机而做出的行为，就如同情境中的念念；后者是指幼儿为了逃避惩罚或获得某种奖励(利益)而故意说谎，是一种明知不可为而为之的行为。幼儿时期是说谎行为的萌芽期，也是诚实品格形成的初始期。中班幼儿相比小班幼儿而言，语言表达能力以及问题处理能力都有较大进步，随之而来的"小心思"也越来越多，有时候他们可能会因为要达成某些小目的而"说谎"，并且往往意识不到自己的小谎言会第一时间被成人看穿。

　　《3—6 岁儿童学习与发展指南》强调"教育幼儿要诚实守信。如：对幼儿诚实守信的行为要及时肯定。允许幼儿犯错误，告诉他改了就好。不要打骂幼儿，以免他因害怕惩罚而说谎"。诚实是指一个人能够真实地表达出自己所拥有的信息的行为，能够做到言行一致、不虚假。诚实具体包含三个维度，即言语诚实，不说谎；行为诚实，不私拿别人的东西，游戏或活动中能够遵守规则，不作弊；勇于认错，不隐瞒、不推脱、不逃避。以上三方面也是诚实品格主题活动的重要组成部分。此外，本主题活动还将融入社会技能"承认错误和道歉""诚实"，通过朗朗上口的儿歌强化幼儿对诚实品格的认知与理解。

二、主题目标

第一，愿意做一个诚实的孩子并为自己的诚实感到自豪。

第二，知道不是自己的东西不能拿，实在喜欢要先征求别人的同意。

第三，做错事情能够主动承认，不隐瞒、不说谎。

第四，在游戏活动中能够遵守规则，不作弊。

第五，能够做到不包庇、不隐瞒事情的实情与真相，看到什么说什么。

第六，在跟别人交流时，能够做到实事求是，不夸大其词、不骗人。

三、环境创设

(一)主题墙

诚实是一种表里如一、言行一致的道德品质。基于诚实品格的内涵及中班幼儿认知发展特点，本期品格主题墙将围绕什么是诚实、为什么要诚实、我的诚实故事三部分展开。

1. 什么是诚实

这部分主要呈现诚实品格的内涵，由三小部分构成。首先，教师鼓励幼儿用绘画的方式描述自己理解的诚实。教师或家长可在幼儿作品旁边用文字帮助幼儿简要备注作品的含义。其次，教师可以和幼儿一起设计"诚实品格调查表"，鼓励幼儿用调查表了解周围人对诚实的看法，如幼儿园的老师、小朋友、门卫，家里的爸爸妈妈、爷爷奶奶（姥姥姥爷）等。教师在调查的过程中进一步加深幼儿对诚实品格的理解。最后，教师呈现本月品格绘本故事中的诚实，引导幼儿寻找故事里的诚实。

2. 为什么要诚实

这部分重在强化幼儿对诚实的意义的理解。首先，教师可以呈现幼儿集体讨论诚实的作用的场景及结论。其次，教师可以呈现幼儿对诚实的作用的调查记录，帮助幼儿感知诚实在人际交往中的重要作用。

3. 我的诚实故事

这部分主要呈现幼儿在生活、游戏和学习中应具备的诚实品格，帮助幼儿进行经验迁移。例如，生活中做错事勇敢承认，不说谎，不骗人，该自己做的事情就会努力去做，不会因为不想做而说谎；在游戏和学习中，能够遵守规则，不会为了获得好成绩而作弊或破坏规则等。

(二)家园共育栏

1. 主题内容告知

首先，教师可以给家长提供培养诚实品格的教育建议。

(1)做事情实事求是，不骗人

(2)做错事主动承认，不说谎

(3)幼儿说谎要问清缘由，严肃对待，不溺爱、不忽视

(4)不是自己的东西不能拿，实在喜欢要征求他人同意

其次，教师可以推荐"诚实"品格内容及相关绘本，如《这不是我的帽子》《萨拉和她的谎言》《好想吃榴莲》《毛喳喳的小药丸》《迟到的理由》等。

最后，教师可以公布本月品格家长课堂内容、时间及形式，提示家长提前做相关准备。

2. 日常亲子陪伴

教师引导家长在家里与幼儿一起阅读有关"诚实"品格的绘本，在阅读中强化幼儿对诚实的理解，知道诚实的重要性。教师可以开展家庭访谈活动，针对典型幼儿进行约谈，指导家长对幼儿诚实品格进行培养。亲子之间可以围绕"诚实"进行家庭活动，教师引导家长有意识地表扬幼儿诚实的行为，让幼儿感受"诚实"带给自己的收获。

(三)幼儿成长(学习)记录墙

幼儿成长(学习)记录墙主要从幼儿的视角出发呈现幼儿对于"诚实"的理解与感知体会。教师根据诚实品格主题活动以图、文、照片、幼儿作品等方式记录幼儿在课程实施过程中的收获与成长，呈现游戏中幼儿诚实的行为表现、展现学习过程、生活经验认知的真实体验，让幼儿能够直观地看到自己在教学活动、生活活动、游戏活动、体育活动中遵守规则不骗人、诚实守信不说谎、敢于认错不隐瞒的诚实表现。

1. 生活常规中的诚实表现

诚实品格的养成可渗入幼儿一日生活与游戏当中，通过与区角活动、主题墙互动等游戏形式，培养幼儿的诚实品格。例如，教师组织幼儿将自己一天中的喝水情况如实记录在互动墙上(图2-1)；鼓励幼儿将游戏过程按规则操作并如实标记在记录单上(图2-2)；鼓励幼儿放学回家后如实向爸爸妈妈讲述幼儿园真实发生的事情。教师通过简单的记录方式与幼儿日常行为习惯的培养，有的放矢地去引导幼儿，为家长在家有针对性地培养幼儿诚实品格提供教育方向。

图2-1　今天你喝水了吗

图2-2　幼儿绘画诚实记录单

2. 学习、游戏活动中的诚实表现

这部分主要记录幼儿在学习、游戏活动中学习到的诚实品格。教师可以组织幼儿把自己最喜欢的诚实品格绘本中的情节画下来(图 2-3、图 2-4)，并请幼儿给老师、小朋友们说一说这个故事。此外，教师可以记录幼儿在活动中讲诚实故事、制作诚实宣传海报、说诚实儿歌的过程和在游戏中遵守规则、不作弊的精彩瞬间以及答应别人的事情能够努力做到、实在做不到要如实告诉对方的诚实行为表现。

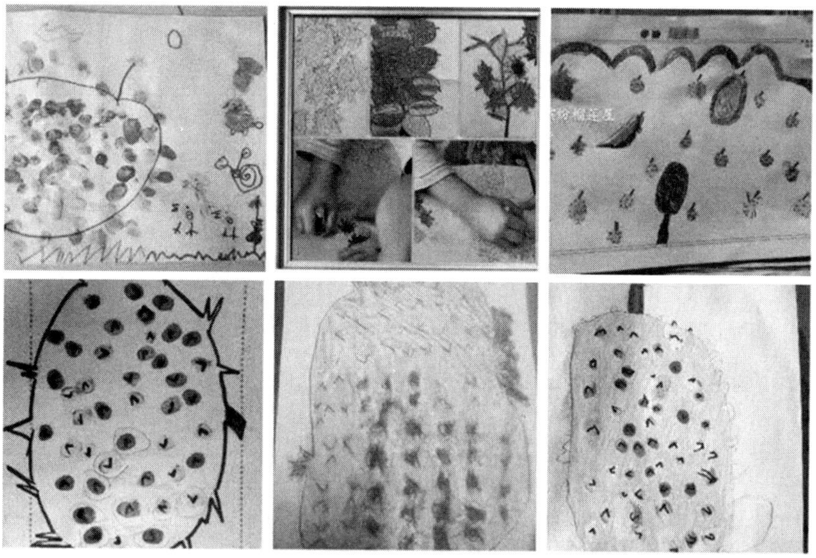

图 2-3 绘本《好想吃榴莲》

图 2-4 绘本《你真好》

(沈阳市沈河区朝阳街第一小学沈北分校幼儿园 王阳 徐洪娇)

四、教学活动案例及反思

(一)品格绘本阅读活动

1. 诚实品格绘本推介

幼儿时期是诚实品格形成的初始时期，对于 4～5 岁的幼儿来说，他们的心理和生理各方面还不够成熟，难免会犯错，在面对错误时，可能会用说谎来掩饰。因此，教师要在日常生活中有意识地培养幼儿的诚实品格，让幼儿知道说谎是不对的，知道勇于承认错误也是诚实的表现，要做到做错事情勇敢承认不隐瞒。基于此，本期主题我们筛选了 4 本诚实品格的绘本作为教师开展集体教学活动的载体，绘本的主题涵盖了"为逃避责任而不说谎""为了面子不能说大话""未经允许不拿别人的东西"等元素，具体见表 2-1。

表 2-1　诚实品格绘本推荐及解析

绘本名称	主要内容	绘本体现的"诚实"
《打破杯子的鼠小弟》	故事讲述了鼠小弟在不小心打破杯子后，害怕被妈妈骂而在内心进行的一系列挣扎直至最后勇敢地承认错误的故事。	犯了错要勇敢承认，不隐瞒。
《好想吃榴莲》	故事讲述了小老鼠突然想吃榴莲，于是去询问朋友们榴莲的味道，朋友们都没有吃过榴莲却骗小老鼠说自己吃过并说出了榴莲的味道，直到小老鼠自己买了榴莲尝过才知道榴莲真正的味道。	知之为知之，不知为不知，不能说谎。
《迟到的理由》	小猪上学迟到了，因为害怕被老师批评，他想出了好多的理由，但最后还是勇敢地说出了真相。	不能为了逃避批评而说谎，勇敢承认反而能够得到原谅和理解。
《这不是我的帽子》	一条小鱼偷了大鱼的帽子，它想拥有这顶帽子，因此想藏起来不让大鱼找到它。但是，最后大鱼还是找到它把帽子拿回去了。	不属于自己的东西，不能随便拿走。

2. 教学活动案例

接下来我们以语言活动"打破杯子的鼠小弟"为例阐述诚实品格语言领域教学活动的组织要点，见表 2-2。

表 2-2　诚实品格语言领域教学活动设计

打破杯子的鼠小弟		
活动环节	活动设计	
活动目标	认知目标：理解故事内容，感受鼠小弟为逃避责任而意图说谎的心理变化过程。	
	能力目标：能根据画面信息，用自己的语言大致描述故事情节。	
	情感目标：懂得做错了事，诚实坦白才是最好的方法。	
活动准备	经验准备	幼儿有过说谎的经历及做错事情被家长责备的经历。
	物质准备	1. 小老鼠图片。 2. 绘本课件《打破杯子的鼠小弟》。 3. 歌曲《好孩子要诚实》。

续表

	打破杯子的鼠小弟
活动环节	活动设计
活动过程	**一、谜语导入，引出故事主人公，激发幼儿活动的兴趣** 师：今天老师给大家带来一个好听的故事，但是故事的主人公藏在一个谜语里，我们一起来猜猜他是谁。 师：嘴尖尾巴长，偷油又偷懒，白天洞里躲，夜晚出来忙。 师：（出示小老鼠图片）故事的小主人公就是一只小老鼠，他的名字叫"鼠小弟"。现在我们一起来听一听在鼠小弟的身上发生了一件怎样有趣的故事吧。 **二、出示绘本封面，激发幼儿阅读的兴趣** 师：鼠小弟在干什么？他是怎么走路的？（手里端着杯子，走路很急） 师：鼠小弟走得这么快，会发生什么事呢？我们一起来看看吧！ **三、引导幼儿分段阅读绘本，理解故事内容** 1. 教师带领幼儿阅读扉页至第5页，了解鼠小弟打破杯子时的心理变化。 扉页至第4页： 师：发生了什么事？（杯子打碎了），鼠小弟现在的心情怎么样？从哪里可以看出来？（害怕，眼睛睁得大大的、嘴张得大大的） 师：鼠小弟为什么害怕？他害怕什么？（担心被妈妈骂） 师：鼠小弟打破了杯子，心里害怕极了，担心被妈妈骂。 第5页： 师：鼠小弟现在的心情怎么样？（高兴） 师：他为什么突然变高兴了？（想到了好办法） 师：鼠小弟会想到什么好办法呢？我们继续去故事中寻找答案吧。 2. 教师带领幼儿阅读第6至27页，了解鼠小弟想到的为自己开脱的办法。 第6至9页： 师：鼠小弟端着一杯水，遇到了谁？大象哥哥说了什么？ 师：结果怎么样？杯子被谁打破的？从哪儿可以看出是大象哥哥打破的？（大象哥哥很害怕，鼠小弟很生气） 第10至25页： 师：鼠小弟又遇到了谁？发生了什么事情？（长颈鹿姐姐、海狮哥哥、小鸟妹妹、鼠小妹） 师：这些动物真的来过吗？是他们打破杯子的吗？ 小结：这些小动物其实没有来过，也没打破杯子。这些都是鼠小弟为了不让妈妈骂想出来的办法。 第26至27页： 师：鼠小弟现在的心情发生了什么变化？他为什么又变得不高兴了？ 师：鼠小弟回到了现实，担心被妈妈骂。 师：鼠小弟接下来会怎么做呢？我们一起接着往下看！ 3. 教师带领幼儿阅读第28页至结束，感受鼠小弟承认错误后的坦然。 师：鼠小弟为什么敢大胆地告诉妈妈是他打碎的杯子呢？ 师：鼠小弟在承认了错误后心情怎么样？为什么很开心？ 小结：鼠小弟承认了自己的错误之后，心情反而变得很轻松。因为勇于承认错误是最好的办法。他是个非常诚实的孩子。这个故事的名字叫《打破杯子的鼠小弟》。

续表

打破杯子的鼠小弟	
活动环节	活动设计
活动过程	(品格元素：鼠小弟一系列的情绪变化真实地反映了他想要说谎时内心的恐惧。鼠小弟最终战胜了自己，勇敢地承认了错误) **四、引导幼儿结合生活，谈谈自己的经历** 师：小朋友们，你们在生活当中有没有不诚实的经历呢？当时心里是怎么想的？后来又是怎么做的呢？ 师：我们怎样才能成为诚实的孩子呢？ 总结：我们每个人都会犯错，只要我们像鼠小弟一样，勇敢地承认自己的错误，就是诚实的孩子。 (品格元素：教师通过提问引导幼儿将故事经验与真实生活相结合，联系自身，知道勇于承认错误就是诚实的孩子) **五、引导幼儿重温歌曲《好孩子要诚实》，感受歌词的含义** 师：歌曲当中唱到了什么？好孩子应该怎么做？ 师：我们一起来欣赏这首歌吧。 (品格元素：教师引导幼儿在学唱歌曲中进一步感受诚实的含义)
活动延伸	**一、领域延伸** 诚实品格比较抽象，教师可以通过具体的事情让幼儿感受诚实的重要。例如，教师可以开展社会活动，让幼儿说一说生活中哪些职业必须要做到诚实，他们的诚实体现在哪些方面(警察、医生等)；还可以开展音乐活动，让幼儿学唱关于诚实的歌曲，从歌词中体会诚实的含义。 **二、区角延伸** 教师可以在图书区投放关于诚实的绘本让幼儿阅读，如《狼来了》《拉拉说谎了吗？》等；可以在角色区投放绘本故事头饰，让幼儿进行角色扮演；还可以在美工区让幼儿用不同的材料绘制诚实小故事，可自由创作。 **三、家园共育** 教师可以鼓励家长在家中为幼儿讲述关于诚实的故事，让他们知道做错事情要勇于承认错误；同时引导家长也要以身作则，当幼儿犯错误时不要一味地批评，让幼儿有勇于改正错误的机会。 **四、生活渗透** 在餐前互动环节，教师可以鼓励幼儿讲述关于"诚实"的儿歌、故事等；也可自制《诚实小书》，用来记录发生在自己身上或者看到的生活中的诚实故事，用照片、绘画、符号、文字等形式进行粘贴或绘制，做成小书并进行讲述。 教师在日常生活中发现幼儿有说谎的行为要及时纠正，在幼儿承认错误之后要及时做出表扬。生活教育要体现及时性，抓住机会适时教育。

3. 活动反思

(1)活动特点

活动目标清晰，难度适宜，教师引导幼儿通过观察画面信息，感知鼠小弟的心理变化，深化了幼儿对诚实品格的理解。活动环节体现了层次性，教师以开放式提问启发幼儿的思维。教学过程中，教师采用声情并茂的表演方式讲述故事，让幼儿更加形象地感受鼠小弟的心理变化，调动幼儿的阅读兴趣。活动的结束部分和幼儿生活经验相结合，让幼儿进一步理解诚实的含义。

（2）活动实施建议

整个故事内容主线清晰，主题明确且符合幼儿的生活经验，但因为故事中没有明确的对话，因此，教师在讲述故事的过程中可以加入夸张的表情及丰富的语言，调动幼儿阅读的兴趣，从而加深幼儿对故事的理解。教师在提问的过程中一定要做到"提问的有效性"，让幼儿更加精准地捕捉到画面信息。教师在讲述故事的后半部分（当遇到小鸟、鼠小妹）时，可以让幼儿进行角色扮演，通过表演更加直观地体会到鼠小弟的心理变化，进一步激发幼儿活动的兴趣，也有利于加强师幼互动、幼幼互动。教师在讲述绘本的过程中，还可以尝试采用先进行重点图片的讲述，然后进行完整讲述的形式，这样更加有利于幼儿对绘本的深刻理解及教师对时间的把控。

（中北大学附属学校幼儿园　杨淑敏　贾凯燕）

(二)品格社会领域教学活动

1. 诚实品格的社会领域教学活动设计说明

《3—6岁儿童学习与发展指南》指出中班幼儿要能够"知道说谎是不对的"，但由于幼儿年龄小，常常会因为分不清现实与想象而出现"无意说谎"。因此，教师既需要在日常生活中有意识地关注幼儿言行并进行指导，也需要开展专门性的教学活动，逐步帮助幼儿进一步明确诚实在人际交往中的意义。诚实品格的社会领域教学活动可围绕言语诚实、行为诚实、勇于认错三方面进行设计。

2. 教学活动案例

接下来我们以"好孩子，要诚实"为例从言语诚实的角度阐述诚实品格社会领域教学活动的组织要点，见表2-3。

表 2-3　诚实品格社会领域教学活动设计

好孩子，要诚实		
活动环节	活动设计	
活动目标	认知目标：知道说谎是不对的，不能说谎、骗人。	
	能力目标：能够大胆表达自己对故事、情境的理解与认识。	
	情感目标：乐于做一个诚实的孩子，愿意诚实对待他人。	
活动准备	经验准备	1. 幼儿了解狼的外形特点及习性。 2. 幼儿对诚实的行为要求有基本的认识。
	物质准备	1. 故事课件《狼来了》。 2. 三幅情境图片（为逃避责任而说谎；为取得好成绩而作弊；看到别人的东西喜欢，未经许可就拿走）。 3. 儿歌《小兔乖乖》。 4. 歌曲《好孩子要诚实》。

续表

	好孩子，要诚实
活动环节	活动设计
活动过程	一、谜语导入，激发幼儿参与活动的兴趣 1. 教师播放儿歌《小兔乖乖》，调动幼儿的情绪状态。 2. 教师讲述谜语"不是狐狸，不是狗，前面架铡刀，后面拖扫帚，打一动物"（狼）。 二、讲述故事《狼来了》，引导幼儿感知说谎带来的不良后果 师：放羊的孩子前两次喊"狼来了"的时候，山下的人是怎么做的？又是怎么说的？放羊的孩子是怎么说的？ 师：放羊的孩子第三次喊"狼来了"的时候，山下的人是怎么做的？怎么说的？结果怎样？ 师：你们觉得放羊的孩子这样做对吗？为什么？ 小结：放羊的孩子由于说谎，他的羊全部被狼咬死了，自己也差点儿被狼吃掉。如果经常说谎，就很难再取得别人的信任，会给自己带来更大的麻烦。 （品格元素：教师引导幼儿理解故事内容，通过师幼互动的形式，在关键性的提问环节中，引出说谎会带来严重的后果） 三、师幼讨论自己说谎的经历，引起幼儿情感共鸣 师：小朋友们知道说谎还会带来哪些危害吗？ 师：你们有没有说过谎，是什么原因呢？ 小结：小朋友们说得很好，好孩子要诚实，不说谎、不骗人，做了错事要承认，希望我们都能做一个诚实的好孩子。 四、情境讨论，引导幼儿了解诚实的具体表现 1. 师幼进行情境讨论，明确诚实的行为要求。 情境一：为逃避责任而说谎 红红帮助妈妈打扫卫生，不小心把家里的花瓶打碎了。妈妈听到响声跑过来问："怎么回事呀？"红红怕妈妈责怪她，连忙说："不是我弄的，是小花猫跳到桌子上打碎的。"红红这样做对吗？ 情境二：为取得好成绩而作弊 户外活动开始了，今天进行抱球跨障碍接力跑。游戏规则是幼儿需要抱着球从起点跨过跨栏跑到终点，将球传给下一名幼儿。明明是第一个出发的小朋友，抱着球从起点没有跨过跨栏直接跑到了终点，成了第一名。明明这样做对吗？ 情境三：未经他人许可，把别人的东西拿走 妈妈发现妍妍头上多了一个漂亮的发卡，于是问："妍妍，你的发卡是谁的？"妍妍低着头小声地说："是萱萱的。这个发卡很漂亮，我就带来试试。"妍妍这样做对吗？ 小结：经常说谎的人说的话，大家不会相信；不遵守游戏规则获得第一名，大家不会认可；未经他人的允许，就拿别人的东西，那样做是不对的，所以我们要做个诚实的好孩子。 （品格元素：教师通过情境图片，以师幼讨论的形式让幼儿了解诚实的重要性，并借助生活经验来改正错误的做法） 2. 教师带领幼儿欣赏歌曲《好孩子要诚实》，强化主题，结束活动。
活动延伸	一、区角延伸 教师投放绘本《狼来了》及相关角色的衣服、道具、音乐到表演区，鼓励幼儿开展故事情境再现，深化对诚实品质的理解。 二、生活渗透 教师请幼儿为自己的班级设计一棵"诚实智慧树"，每日分享一件发生在身边的诚实的事件。幼儿每做到一次，就可以在"诚实智慧树"上粘贴一片叶子，将幼儿诚实品格的培养外显化，也让幼儿对自己的诚实行为感到自豪。

3. 活动反思

（1）活动特点

活动目标明确，从认知、能力、情感方面引导幼儿认识不诚实的行为，感知诚实的重要性。活动以诚实为主线，综合谜语、寓言故事、生活情境、儿歌等形式，在交流、讨论、思考中调动幼儿的活动参与性，有助于活动目标的达成。

（2）活动实施建议

由于中班幼儿的年龄较小，对于诚实的理解还比较表面，所以教师在本次教学活动中只需要引导幼儿认识到说谎是不对的，并且初步了解诚实的三个典型表现即可。关于这个品格的强化培养则需要教师在日常生活中不断提醒和引导，逐步让幼儿养成诚实的做事态度与行为方式。

（成都市双流区东升丰乐幼儿园　周应菊　杨静）

（三）品格综合领域教学活动

1. 诚实品格的综合领域教学活动设计说明

幼儿时期是说谎行为的萌芽期，也是培养诚实品格的关键时期，教师要将诚实教育融入五大领域的各类教学活动中。诚实品格主题中的健康领域活动会涉及生活习惯、行为规则养成方面的内容。例如，言语诚实，即不因为偷懒而说谎（饭前便后洗手、饭后漱口等）；行为诚实，即玩游戏时懂得遵守规则不作弊、未经同意不擅自拿他人东西；做错了事情能够勇于承认错误并道歉等。科学领域活动则围绕科学探究，如实事求是地记录观察结果等。艺术领域活动可以围绕诚实品格主题绘本开展美术、音乐方面的延伸活动。

2. 教学活动案例

接下来我们以艺术领域活动"好孩子要诚实"为例阐述诚实品格综合领域教学活动的组织要点，见表2-4。

表2-4　诚实品格综合领域教学活动设计

好孩子要诚实		
活动环节	活动设计	
活动目标	认知目标：知道说谎是不对的，意识到做错了事情要勇于承认错误。	
	能力目标：能通过图示记住歌词内容，感受歌曲《好孩子要诚实》的节奏，学唱歌曲第一段。	
	情感目标：体验歌唱活动的乐趣，愿意参加歌唱活动。	
活动准备	经验准备	1. 幼儿有逐句学唱歌曲的经验。 2. 幼儿已经知道做错了事情坦白才是最好的方法。
	物质准备	1. 歌曲《火车开了》《好孩子要诚实》。 2.《好孩子要诚实》的歌词图示。 3. 钢琴、展示板。

续表

好孩子要诚实	
活动环节	活动设计
活动过程	**一、歌曲导入** 教师播放歌曲《火车开了》，让幼儿跟随教师做开火车的动作一起入场。 师：请火车司机们准备好，呜呜呜，让我们一起开火车去旅行吧！ **二、发声练习游戏** 教师弹唱音阶并用升调唱出问题，让幼儿听伴奏用降调唱出答案。 师：小猫怎么叫？ 幼：喵喵喵喵喵。 **三、初步熟悉歌词，感受歌曲节奏** 1. 教师弹唱歌曲《好孩子要诚实》第一段。 师：今天老师带来了一段有趣的歌曲，请小朋友们仔细听。 2. 教师根据幼儿的记忆，出示歌词图示。 师："你们在歌曲里听到了什么？"（幼儿自由讲述记得的歌词，教师根据幼儿的回应，在展示板相应位置贴上相应的歌词图示） 3. 教师二次弹唱歌曲第一段，对于幼儿歌词记忆有疏漏的地方，放慢语速演唱，帮助幼儿记忆。 师：请小朋友们仔细听，这次小朋友们听到歌词中还唱了哪些事情？ 4. 教师带领幼儿共同回忆，完善歌词图示。 师：这次老师要公布答案了，请你们来听听我在空白的地方唱了什么？（教师清唱全部歌词内容，空白区域的歌词内容要放慢速度唱，引起幼儿的注意） 5. 教师引导幼儿感受歌曲的节奏。 师：这两次小花猫的叫声有什么不一样？谁来学一学小花猫这两次分别是怎么叫的？ （**品格元素**：教师通过"听—记—说—唱"的活动模式，加深幼儿对于歌词的记忆与理解；通过比较"两次小花猫叫声"真听真唱，让幼儿感受歌曲的节奏，感受诚实行为带来的情感体验） **四、学唱歌曲，用自然的声音演唱** 1. 教师范唱，幼儿跟唱。 师：小朋友们，我们已经知道歌曲讲了什么故事，我们现在来试一试能不能唱出来吧。 2. 教师结合歌唱中的问题给予指导，变换形式（逐句学唱、轮唱、齐唱）演唱2~3次。 （1）速度过慢或过快，卡不上节奏 师：请小朋友们跟着老师的节奏，不要唱得太慢。 （2）歌词不连贯 教师可以把容易中断、接不上的地方再重复2~3次，引导幼儿逐句学唱，帮助幼儿巩固。 （3）不开口演唱或者演唱声音过大 师：请小朋友们用好听的声音演唱，小花猫想要听到你们好听的声音哟。 （**品格元素**：教师通过逐句学唱的方式，进一步加深幼儿对于歌词、歌曲节奏的记忆；在幼儿基本掌握歌曲后，通过变换多种形式的演唱模式，逐个攻克幼儿演唱歌曲中出现的问题，加深对诚实品格的感知） **五、巩固歌曲第一段，预热歌曲第二段** 1. 教师弹唱歌曲《好孩子要诚实》的第二段。 师：小朋友们太棒了！这么快就掌握了歌曲第一段，如果是你打碎了花瓶应该怎么办？

好孩子要诚实	
活动环节	活动设计
活动过程	师：老师再给大家唱一唱歌曲第二段，请你们听一听打碎花瓶以后发生了什么事。 2. 幼儿根据记忆讲述第二段歌词，引出歌曲名称。 师：其实我们今天学的歌曲名字就藏在歌词里，这个好听的名字就是《好孩子要诚实》。 （品格元素：教师通过第二段歌词引导幼儿树立正确的是非观，鼓励幼儿犯了错误时要勇于承认，做一个诚实的好孩子） **六、巩固歌曲，结束离场** 幼儿跟随歌曲《好孩子要诚实》，边唱边做动作表演离场。 （**品格元素**：教师激发幼儿争做诚实孩子的愿望）
活动延伸	**一、区角延伸** 教师创设"诚实图书医院"，让幼儿懂得犯错之后要勇敢地承认错误并寻找解决办法，通过修补坏掉的图书，培养幼儿诚实的品质。 **二、家园共育** 教师开展"好孩子的诚实小故事"分享活动，鼓励家长在日常家庭生活中收集幼儿诚实的小故事，并分享到班级群。这样既有助于培养幼儿诚实的品格，又可以促进家长和幼儿间亲密的交流。

3. 活动反思

（1）活动特点

活动目标清晰明确，符合中班年龄段特点，从认知、能力和情感三方面进行阐述，巧妙融入诚实品格目标，难度适宜，易于实施。

活动准备细致，经验准备方面，教师通过品格绘本教学、音乐活动常规基础、逐句学唱活动的开展丰富幼儿已有经验。物质准备方面充分，通过幼儿熟悉的律动进场，准确定位诚实品格培养的内容，选择贴近幼儿生活的图片，为本次活动目标的达成给予支持。

活动的环节层层递进，通过音乐入场、发声练习、熟悉歌词、掌握节奏、学唱歌曲、预热延伸、音乐离场等环节，逐步推进音乐活动，潜移默化地加深幼儿对于歌词内容、歌曲节奏的掌握，让幼儿在歌曲情境下不断理解诚实的重要性。活动借助歌曲情境，师幼互动恰到好处，尊重幼儿为活动的主体，通过师幼互动使活动更具趣味性，使歌词内容更加直观化，加深理解的同时激发幼儿争做诚实孩子的愿望。

（2）活动实施建议

歌曲《好孩子要诚实》有两段歌词，且内容不同，因此在教学过程，教师可以将活动分为两个课时的教育活动来开展。第一次教育活动对应第一段歌词，教师引导幼儿说一说如果是自己打碎花瓶应该怎么做；借助歌曲情境，引导幼儿树立正确的是非观，加深对歌词内容及诚实品格的理解。第二次教学活动对应第二段歌词，在幼儿回忆歌词图示过程中，幼儿容易记忆混淆，所以教师可以着重放慢速度，单句弹唱，帮助幼儿回忆歌词。

（北京市大兴区第六幼儿园　韩晶晶　任志佳）

(四)幼儿社会技能教学活动

1. 活动设计说明

每个人都会犯错，幼儿更避免不了。针对幼儿年龄特点和认知水平，教师应指导家长在幼儿品德树立初期引导幼儿正确理解诚实品格，通过社会技能"承认错误和道歉"和"诚实"的训练培养诚实品格，鼓励幼儿做人做事要诚实守信，敢于承认错误。

2. 社会技能"承认错误和道歉"教学活动案例

社会技能"承认错误和道歉"的技能口诀是：做了错事不要紧；勇敢承认不隐瞒；还要真心道个歉。接下来我们以活动"主动承认错误"为例阐述社会技能"承认错误和道歉"教学活动的组织要点，见表 2-5。

表 2-5　社会技能"承认错误和道歉"教学活动

主动承认错误		
活动环节	**活动设计**	
活动目标	认知目标：知道做错事情要主动承认错误，不能说谎或隐瞒。	
	能力目标：能够用适宜的方式真诚地跟对方道歉。	
	情感目标：做错事情愿意主动认错并想办法补救。	
活动准备	经验准备	幼儿有做错事、承认错误的经验。
	物质准备	1. 与技能口诀相对应的三段情境视频(可以是本班幼儿生活中的视频，内容与主题相符即可)。 2. 歌曲《对不起，没关系》及歌词。 3. 带有"承认错误和道歉"口诀相关图片的三朵花，一个鼓。
活动过程	**一、播放歌曲《对不起，没关系》导入，激发幼儿的学习兴趣** 师：歌曲里的小朋友和小刚在做游戏的过程中发生了什么？ 师：你们觉得歌曲里的小朋友做得对吗？ 小结：歌曲中的小朋友把小刚绊倒了，但是还能主动把小刚扶起来并说"对不起"。我们应该像这个小朋友学习主动承认错误的好品质。 **二、播放情境视频，引导幼儿理解技能口诀** 师：接下来我们来看一段视频，看看视频当中的小朋友发生了什么事情。 1. 教师播放视频一，引导幼儿学习口诀"做了错事不要紧"。 视频内容：在一次集体教育活动中，幼儿 A 把幼儿 B 折的纸兔子弄坏了。幼儿 B 说："老师，她把我的小兔子撕坏了。"幼儿 A 说："老师，我不是有意的。"老师对幼儿 A 说："那你看看怎么解决这个问题呢？"幼儿 A 迅速去美工区找到固体胶棒，然后把纸兔子一点儿一点儿地粘好了，两只手拿着粘好的纸兔子还给幼儿 B，并说"对不起"。幼儿 B 说："没关系，你下次要小心一点儿哟！"(视频结束) 师：小朋友们，视频中的两个小朋友发生了什么事情？(视频中的人物均为本班幼儿) 小结：在这里老师要表扬一下幼儿 A，虽然她不小心把幼儿 B 的折纸弄坏了，但是她勇敢地承认自己的错误并且马上去弥补。做错事情不要紧，重要的是想一想怎么弥补自己的错误，争取下次不再犯同样的错。这也是我们今天要学习的第一句口诀，"做了错事不要紧"，小朋友们一起说一说。		

续表

主动承认错误	
活动环节	活动设计
活动过程	2. 教师播放视频二，引导幼儿学习口诀"勇敢承认不隐瞒"。 师：我们来看看下一段视频会有哪些小朋友。 视频内容：一次盥洗活动结束后，老师发现地面上有很大一摊水，于是问小朋友们："地上的水是哪个小朋友弄洒的呢?"全班鸦雀无声没有一个人承认，然后大家都说"不是我"。于是老师给大家讲解了地上有水的危险性，小朋友们容易滑倒，轻则身体疼痛，重则出血甚至是骨折。小朋友们听到这里都很害怕，这个时候老师注意到了一个低着头的小朋友。老师看出了他的心思并说道："其实我已经知道是哪个小朋友了，我希望一会儿小朋友们户外活动的时候，他可以主动来找我承认自己的错误。"户外活动时间，圆圆小朋友主动找到了老师，说自己接水的时候没拿稳杯子，结果把水洒到了地上，并告诉老师下次一定会注意。老师摸了摸他的头说："勇敢承认错误就是好孩子。"(视频结束) 师：小朋友们，你们知道盥洗室地上的水是谁洒在地上的吗?(圆圆) 师：你们怎么知道是圆圆洒的呢?(圆圆自己承认的) 师：你们觉得圆圆主动承认是自己洒的水，这样做对吗?(对) 小结：小朋友们说得非常好！做了错事要主动承认，不能隐瞒，也不能说谎，因为只要你勇敢承认并且及时改正，就可以得到别人的谅解。这也是老师要告诉大家的第二句口诀，"勇敢承认不隐瞒"。 3. 教师播放视频三，引导幼儿学习口诀"还要真心道个歉"。 师：我们来看看最后这段视频当中发生了什么。 视频内容：在一次桌面游戏活动中，石榴和朵朵一起玩乐高玩具。朵朵搭建了一座高楼，很漂亮。石榴看见了，特别喜欢高楼里面的乐高小人。于是她趁朵朵不注意的时候，直接拿了过来，由于力气过大，朵朵搭建的高楼有一个角被碰掉。朵朵哭着跟老师说："老师，石榴把我的高楼碰坏了。"石榴连忙解释："老师，我没想弄坏她的高楼。我想要拿那个小人。我不是故意的。"石榴一边说一边跟朵朵说："对不起，我不是故意弄坏你的高楼。我现在马上就帮你修好。"石榴一块一块地把朵朵的高楼重新搭好，虽然高楼和之前的不完全一样，但是看见朵朵露出了笑容，她们又继续一起游戏啦！(视频结束) 师：朵朵为什么会哭? 师：你们觉得石榴做得对吗? 如果你是石榴，你会怎么做? 小结：就像小朋友们说的一样，如果确实是我们自己做错了事情就要大胆地承认错误，还要真心地跟对方道歉。我们可以和别人说"对不起""不好意思""我不是故意的，你能原谅我吗"。所以，做错事情的第三句口诀就是"还要真心道个歉"。 **三、开展游戏"击鼓传花"，加深幼儿对技能口诀的理解和记忆** 师：刚刚我们看了三段关于"承认错误和道歉"口诀的视频，小朋友们还记得老师告诉大家的三句口诀吗?(教师引导幼儿回顾技能口诀"做了错事不要紧；勇敢承认不隐瞒；还要真心道个歉") 师：接下来，我们一起玩一个击鼓传花的游戏，游戏的口诀就是你们刚刚说的三句话。 游戏规则：幼儿围成圆圈坐下。一位老师选出三名幼儿，让他们每人拿一朵花。另一位老师背对着幼儿击鼓。鼓声响起时，幼儿开始依次按照顺时针方向传花(三朵花同时开始传递)至鼓声停为止。鼓声停时花落在谁手上，谁就要说花朵里面对应的口诀，说正确的幼儿得到奖励小贴画，说错误的幼儿站在圆圈中表演一个节目。(教师提前准备好带口诀图片的三朵花)

续表

主动承认错误	
活动环节	活动设计
活动过程	四、师幼总结，鼓励幼儿在生活中做诚实的孩子 师：小朋友们，通过今天的活动我们知道每个人都有犯错误的时候，像老师这么大了有时候也会犯错，做错事情只要能勇于承认错误并且努力改正就是好孩子。老师希望每个小朋友都能有面对自己的错误、主动认错的勇气，做一个诚实、坦率的人。
活动延伸	一、区角延伸 教师在语言区投放《承认错误不丢人》《迟到的理由》《谎话怪兽》等与诚实及承认错误相关的绘本，加深幼儿对社会技能"承认错误和道歉"的理解。同时，教师可将歌曲《对不起，没关系》投放到表演区，鼓励幼儿进行表演。 二、环境渗透 教师在教室的一角设置"我会主动认错"评比栏，用奖励小星星的方式记录幼儿主动认错的行为。每周教师都要评选出获得星星最多的幼儿，并颁发小奖品，让幼儿直观地体会到勇敢认错是对的，是好孩子的表现。

3. 活动反思

（1）活动特点

本次活动目标的设计凸显社会技能"承认错误和道歉"，通过观看多名幼儿主动认错的视频，既增强了活动的趣味性，也帮助了幼儿更加形象、直观地理解本次活动的三句口诀。本次活动延伸，利用"我会主动认错"评比栏和在区角投放绘本相结合的方式，使幼儿在本次活动结束后可以更深刻地掌握"承认错误和道歉"这项社会技能。

（2）活动实施建议

由于教师播放的视频当中只有班级内少数幼儿出现在镜头中，因此，教师可适当增加体验和操作的环节。例如，教师可根据技能口诀与幼儿一起表演、模仿等，让幼儿充分体验和感受，帮助幼儿记忆和理解。

（沈阳市艺术幼儿师范学校幼儿园　张　瑞）

4. 社会技能"诚实"教学活动案例

社会技能"诚实"的技能口诀是：好孩子，要诚实；不说谎，不骗人；做错事，要承认。接下来我们以活动"做个诚实的孩子"为例阐述社会技能"诚实"教学活动的组织要点，见表2-6。

表2-6　社会技能"诚实"教学活动

做个诚实的孩子	
活动环节	活动设计
活动目标	认知目标：知道诚实品格的典型行为表现。 能力目标：能够模仿小猪的口吻讲述迟到的不同理由。 情感目标：愿意在生活中做一个诚实的孩子。

续表

	做个诚实的孩子	
活动环节	**活动设计**	
活动准备	经验准备	幼儿有过说谎的经验。
	物质准备	1. 绘本故事课件《迟到的理由》。 2. 与"诚实"口诀对应的图片。 3. 绘本故事中大象、鳄鱼、长颈鹿的图片。
活动过程	一、提问导入，激发幼儿参与活动的兴趣 师：小朋友们，你们上幼儿园的时候有没有早上起晚，然后迟到的情况？如果遇到迟到的情况，你们会怎么做呢？ 小结：原来大家有这么多的方法应对迟到。今天有一只小猪上学的时候迟到了，它是怎么做的呢？我们一起来看看吧！ 二、讲述绘本故事封面至"一定要想个理由才行啊"，了解故事背景 师：星期一的早晨，小猪发生了什么？ 师：理由是什么意思？小猪会想一个什么样的理由呢？如果你们是小猪，你们会怎么做呢？ 三、出示绘本故事中大象、鳄鱼、长颈鹿的图片，引导幼儿观察并自主表达 师：小猪坐在墙角，终于想到了三个理由，大象、鳄鱼和长颈鹿的经历就是它想出来的理由。你们猜一猜，小猪会怎么说呢。 师：老师会相信小猪的理由吗？为什么？ 小结：小猪也想到了，它没有大象那么长的鼻子，没有鳄鱼那么多的牙齿，也没有长颈鹿那么长的脖子，老师肯定不会信的。那接下来它要想一个什么样的理由呢？（教师鼓励幼儿自由猜想，言之有理即可） 四、继续阅读小猪想出来的理由，引导幼儿体会小猪想要说谎时的心理过程 师：这一次小猪想到了哪些理由？小猪会用什么样的心情、语气和表情跟老师解释它迟到的理由呢？请小朋友们来模仿一下。（教师提示幼儿用小猪的口吻解释迟到的理由） 师：老师会相信小猪的理由吗？为什么？ 师：要让老师相信自己，小猪应该怎么做呢？ 五、阅读至最后，引导幼儿认识到诚实才是最好的理由 师：和小朋友们想的一样，当小猪诚实地告诉老师自己是因为起晚了才迟到的，老师并没有批评小猪，而是提醒它下次注意。你们觉得小猪做得对吗？ 师：小猪虽然想了很多理由来骗老师，但它最后还是选择做一个诚实的孩子，让我们为小猪鼓掌、点赞。 六、师幼讨论，学习"诚实"技能口诀 师：你们在生活中发生过想要说谎的事情吗？是什么呢？你当时是怎么做的？跟大家一起分享一下吧！（如果幼儿一时没有理解分享的主题，教师可先分享自身的案例来启发幼儿思考） 师：说谎的时候心情是什么样的？如果爸爸妈妈、老师知道你说谎了，会怎么样呢？ 师：一个诚实的孩子是什么样子的呢？（教师鼓励幼儿说出自己对诚实的理解） 小结：小朋友们说得真好，老师把大家的想法总结成了三句口诀，我们一起来看看。"好孩子，要诚实；不说谎，不骗人；做错事，要承认"。请小朋友们根据图片信息，一起来说一说诚实的口诀吧！希望大家能够记住这个口诀，努力做诚实的好孩子。	

做个诚实的孩子	
活动环节	活动设计
活动延伸	一、区角延伸 教师将绘本故事《迟到的理由》投放在图书区，鼓励幼儿和好朋友一起再次阅读，提示幼儿在阅读的过程中要仔细观察小猪的表情和神态，体会小猪想要说谎时的心情。教师还可以引导幼儿和同伴一起轮流扮演故事里的小猪，模仿小猪的口吻再现故事情节。 二、家园共育 教师鼓励幼儿回家后和爸爸妈妈分享当天的绘本故事内容，以及学习到的社会技能口诀，锻炼幼儿的语言表达能力和记忆力。同时，教师可将绘本故事课件与社会技能培养要点分享在班级群内，提示家长睡前与幼儿进行亲子阅读和讨论，强化幼儿对技能口诀的理解。

5. 活动反思

（1）活动特点

教师要将社会技能"诚实"融入有趣的绘本故事，让幼儿在感知小猪说谎的心理状态中意识到诚实的重要性。由于该社会技能口诀浅显易懂，而且教学对象是中班幼儿，因此活动目标重在引导幼儿理解诚实品格的典型表现，即不说谎、不骗人，做错事，勇敢承认，而不需要逐字逐句地解读技能口诀的含义。教师将社会技能"诚实"作为绘本故事结尾的凝练与总结，从而更加凸显整个活动的主题，使幼儿更好地感知诚实的重要性。

（2）活动实施建议

绘本故事情节简单，线索清晰，但小猪想要说谎的心理活动是很丰富的。因此，教学过程中，教师要根据活动主题引导幼儿观察、分析、体会小猪想要说谎时的心理状态，要注重活动过程的启发性，给予幼儿充足的时间去模仿、去表达、去推测，从而使诚实的主题在师幼互动中自然流露，让幼儿自己总结出诚实的典型行为表现。

（北京儿童品格教育研究院）

五、区角活动案例

《3—6 岁儿童学习与发展指南》中指出"教育幼儿要诚实守信。如：对幼儿诚实守信的行为要及时肯定"。4～5 岁的幼儿正处于人生中的初级阶段，认知与发展水平尚未达到较高阶段，因此教师要把握幼儿的这一年龄特点，及时了解原因，不要主观地认为幼儿是在说谎，明确区分幼儿的无意说谎和有意说谎，对待幼儿的说谎行为给予正确的引导以及相应的教育策略，以促进幼儿的身心健康发展。因此，在创设区角活动时，我们以"诚实"为主线，通过歌曲、益智游戏等方式引导幼儿懂得不说谎，愿意做一个诚实的孩子。

益智区

活动一：做诚实好宝宝

活动目标：知道诚实的行为有哪些，懂得如何做一个诚实的好孩子；能正确区分出诚实与不诚实的行为，提高辨别事情的能力。

活动准备：诚实与不诚实行为的操作卡片，标有"√"和"×"的操作底板，1个小盒子（图 2-5）。

活动过程：

1. 幼儿观察操作底板，说说"√"和"×"代表的含义。

2. 幼儿将操作卡片取出，观察卡片内容，将诚实行为的操作卡片摆放在"√"栏，将不诚实行为的操作卡片摆放在"×"栏。

3. 幼儿依次完成所有操作卡片的分类摆放，全部完成后与同伴逐一检查并说说操作卡片中的行为内容。

活动建议：

1. 操作卡片的情境选材最好来源于幼儿的日常生活情境，易于激发幼儿的活动兴趣，便于幼儿操作理解。

2. 教师投放的操作卡片不宜过多，否则容易干扰幼儿的注意力。

活动延伸：

教师在班级创设"诚实榜样栏"，引导幼儿争做诚实的好孩子，懂得如何做一个诚实的好孩子。

图 2-5　"做诚实好宝宝"活动材料

活动二：诚实棋

活动目标：了解诚实棋的游戏规则，能按照规则进行游戏；知道说谎是不诚实的行为，喜欢做诚实的孩子。

活动准备：自制棋盘 1 个，棋盘中方格里的内容为诚实与不诚实的场景；棋子 3～4 个，骰子 1 个（图 2-6）。

活动过程：

1. 幼儿 2～3 人一组，教师引导幼儿与同伴合作玩"诚实棋"游戏。

2. 教师介绍诚实棋的内容、玩法和规则。

游戏内容：棋盘内的场景为幼儿所熟悉的诚实与不诚实的情境，如打碎花瓶承认错误等，引导幼儿先观察诚实棋的内容。

玩法和规则介绍：游戏开始，幼儿将自己的棋子放在起点，轮流掷骰子，按照骰子上面的数字前进到相应的方格中，并观察方格里的内容，进行前进或后退。若棋子走到"打碎杯子不承认，后退两格"格内，幼儿就按照要求将棋子后退2步；若棋子走到"承认错误，前进两格"格内，就按要求将棋子前进2步，在游戏中进一步感受诚实的重要性。

图 2-6 "诚实棋"活动材料

活动建议：

1. 游戏前，教师鼓励幼儿先与同伴交流哪些是诚实的行为，哪些是不诚实的行为。

2. 游戏中，教师引导幼儿按照画面中的内容要求前进或后退，遵守游戏规则。

活动延伸：

教师请幼儿和爸爸妈妈按照自己的想法一起设计诚实棋，在家里和爸爸妈妈玩诚实棋，引导幼儿懂得要做诚实的孩子，享受亲子游戏的快乐。

活动三：诚实故事拼拼乐

活动目标： 观察绘本图片中的情境，能用不同的益智操作材料进行拼摆，演示故事情节；懂得做错事应主动承认，要向别人道歉，弥补自己的错误获得别人原谅。

活动准备： 益智操作材料；与诚实品格相关的绘本故事，如《这不是我的帽子》。

活动过程：

1. 教师鼓励幼儿自选诚实主题的绘本故事(如《这不是我的帽子》)，观察其中的情境。

2. 教师启发幼儿在观察的基础上，探究用不同形状的益智操作材料创造性地拼摆出故事中的角色、场景，完整地表现绘本情境，体验创作的快乐(图2-7)。

3. 教师鼓励幼儿大胆地分享自己拼摆出的故事情节。

活动建议：

1. 活动前，教师要引导幼儿熟悉故事情节，观察故事中的角色特点。

2. 教师可以从诚实品格的角度鼓励幼儿说一说自己想要拼摆的角色及原因。

3. 活动过程中，教师要鼓励幼儿大胆想象，基于自己的理解和感受增加、丰富故事场景或角色。

活动延伸：

教师可以鼓励幼儿根据自己了解的或教师提供的关于诚实的故事，用益智材料拼摆出更多的作品，并根据拼摆的图片内容自编、续编或创编关于诚实的故事。

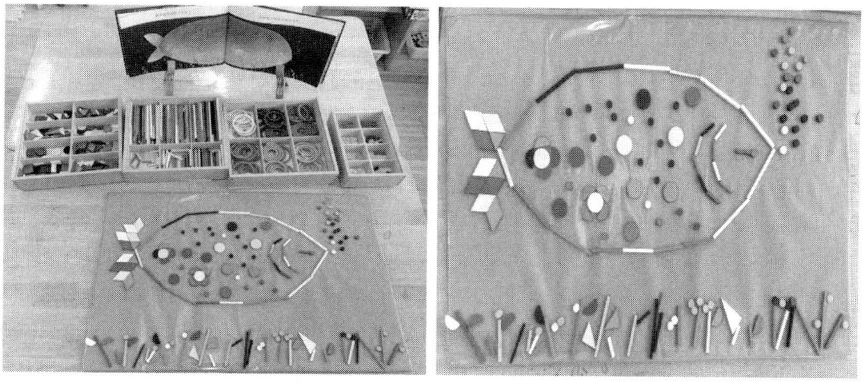

图 2-7　趣味拼摆《这不是我的帽子》中的情境

表演区

活动一：诚实的小狐狸

活动目标： 能用恰当的表情、动作、语气表现小狐狸、小兔子的性格特征；懂得做错事情不隐瞒，能主动承认错误并向别人道歉。

活动准备：《诚实的小狐狸》故事音频（备注：故事选自《山东省幼儿园课程指导教师用书　中班下》）；提前搭建好大树、房子等场景，小狐狸、小兔子的角色头饰，一盒水彩笔、一罐蜂蜜卡片等道具（图 2-8）。

活动过程：

1. 幼儿自主选择角色，根据同伴之间的想法共同布置演出的场景，如大树、房屋等，利用道具进行故事表演。

2. 故事表演时，教师引导幼儿用生动、夸张的语言，大胆想象动作，创造性地表演小狐狸、小兔子的对话和神态，重点表现出小狐狸说谎后的难过心情与承认错误后的开心，鼓励幼儿大胆表演故事情境。

3. 分享交流时，教师请参与表演的幼儿说说自己的活动感受以及下次表演时应注意的地方，懂得做错事能主动承认错误并道歉会获得别人的原谅。

活动建议：

1. 教师可带领幼儿一起制作表演道具，如小兔子的头饰等，激发幼儿参与表演的兴趣。

2. 教师可以提前熟悉故事内容，体会小狐狸做错事后难过的心情。

3. 表演结束后，教师可以引导幼儿自主整理收拾表演道具，摆放整齐，便于下次使用。

活动延伸：

1. 教师可以鼓励幼儿回家后与家人一起表演故事《诚实的小狐狸》，并与家人分享对故事的理解和感受，懂得要做一个诚实的好孩子。

2. 在活动区表演时，教师可以引导幼儿尝试互换角色表演故事内容，充分把握每个角色的特点，感知角色的诚实与善良。

图 2-8 《诚实的小狐狸》场景、角色头饰、道具

活动二：好孩子要诚实

活动目标：

1. 能用自然、形象的声音一边演唱歌曲一边表演歌曲，尝试仿编歌曲。

2. 知道诚实是一种宝贵的品质，愿意做诚实的好孩子。

活动准备：《好孩子要诚实》音乐、歌曲图谱(图 2-9)，幼儿头饰、小花猫头饰，碎花瓶道具。

活动过程：

1. 教师引导幼儿欣赏歌曲，说说歌词内容，了解幼儿与小花猫之间发生的事情，感受歌曲活泼、欢快的特点。

2. 教师指导幼儿协商分配角色，利用碎花瓶等道具表演打碎花瓶后的情境，尝试跟随音乐一边表演一边演唱歌曲。

3. 教师鼓励幼儿创编歌曲，大胆在集体面前表演唱歌曲，感受说谎承认错误后的喜悦心情。

活动建议：

1. 教师要提醒幼儿唱准歌曲，注意"喵，喵，喵"乐句演唱时不要拖长音。

2. 教师要提醒幼儿与同伴协商，创编歌词、动作，创造性地更换歌曲角色，表现弄坏物品的情境。例如，将"是谁把花瓶打碎了?"创编为"是谁把桌子推倒了?"，将"小花猫"角色创编为"小公鸡、小花狗、小老鼠"等角色。

活动延伸：

1. 分享交流，提升经验。教师可以鼓励幼儿与同伴有表情的进行表演，展示创编的歌曲；还可以引导幼儿说说小朋友的做法对不对，懂得做错事不隐瞒、主动承认也会获得表扬，培养幼儿争做好孩子的信心。

2. 教师可以请幼儿自主选择打击乐器，尝试根据旋律科学地为歌曲选择乐器，以表现歌曲活泼欢快的特点。

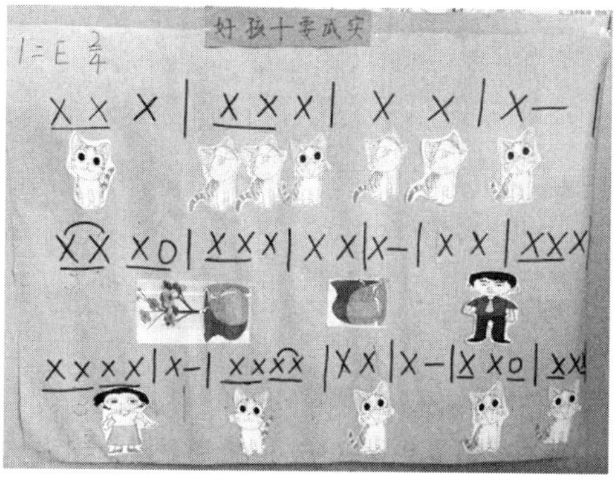

图 2-9 《好孩子要诚实》歌曲图谱

活动三：狼来了

活动目标：

1. 喜欢参与皮影故事表演，尝试以皮影形式表演故事《狼来了》。

2. 享受皮影故事表演带来的乐趣，养成诚实、不说谎话的品质，从中感受"不说谎话"的重要性。

活动准备： 大灰狼、羊、放羊娃、大人、大树、山坡等皮影道具。

活动过程：

1. 教师出示大灰狼、羊、放羊娃、大人、大树、山坡等皮影道具，激发幼儿表演的兴趣。

2. 教师引导幼儿自主选择道具进行皮影表演，享受皮影表演带来的乐趣。

幼儿自由协商分配角色，随故事内容和音乐用皮影形式完整表演故事（图 2-10）。教师提醒幼儿注意倾听故事内容进行表演。

3. 教师与幼儿交流并小结：你们喜欢故事中的小孩吗？你们觉得故事中的小孩应该怎么做？为什么？使幼儿明白诚实方能得到别人的信任，不能学习放羊娃，要做诚实的好孩子。

活动建议：

1. 活动前，教师可以引导幼儿观看皮影表演，了解皮影的形式，感受皮影表演的乐趣，激发幼儿参与故事表演的兴趣。

2. 皮影故事表演时，教师要引导幼儿合理地运用语气、语调，科学地运用皮影道具表现出放羊娃与大人的不同角色，感知说谎带来的失望。

活动延伸：

教师可以将幼儿表演皮影的情境拍成照片，制作成相册，便于幼儿观看，增强幼儿参与皮影表演的兴趣。

图 2-10 《狼来了》皮影表演

图书区

活动一：好书推荐

活动目标：

1. 通过提供的关于诚实的绘本，增加阅读量。

2. 能用较完整的语言介绍自己喜欢的图书，发展语言表达能力。

活动准备：

1. 教师将幼儿与教师要推荐的关于诚实的绘本摆放在图书区书橱中，如《这不是我的帽子》《好想吃榴莲》《打破杯子的鼠小弟》《你真好》等。

2. 幼儿熟悉自己所推荐的绘本内容。

3. 教师制作"好书推荐"的展示板，布置在图书区中。

活动过程：

1. 教师进入图书区，首先进行"新书推荐"。

教师选择新投放的《这不是我的帽子》《好想吃榴莲》等关于诚实的绘本，用简洁的语言向幼儿介绍，激发幼儿阅读的兴趣。

2. 幼儿自选绘本阅读。教师观察幼儿的选择情况，有目的地进行阅读指导，引导幼儿掌握正确的阅读方法。

3. 教师引导幼儿观察画面的背景，猜想故事情境，理解故事内容，在阅读绘本中懂得做一个诚实的孩子。

4. 教师请幼儿进行交流评价，将自己阅读到的内容和感受分享给大家。

活动建议：

1. 教师可提供适合的故事背景音乐，给幼儿营造阅读的氛围，提高阅读的趣味性。

2. 在幼儿阅读绘本时，教师根据实际情况，引导幼儿观察绘本的封面、扉页、封底，猜想故事情境，理解故事内容等，为幼儿提供适宜的阅读方法，养成良好的阅读习惯。

活动延伸：

教师可以利用午餐前、睡前等过渡环节鼓励每名幼儿推荐好书，引导幼儿交流书中发生的事情、自己喜欢的内容及发现。

活动二：图书是谁撕破的

活动目标：

1. 能认真观察图片内容，尝试说出图书是怎样被撕破的，小朋友们是如何勇敢地承认错误并修补图书的。

2. 懂得有错要勇敢地承认错误并道歉，激发讲述的兴趣。

活动准备： 教师将日常抓拍的图书被撕破、修补图书等场景制作成《图书是被谁撕破的》情境图，并制作"图书修补"步骤图(图2-11)，张贴在区角墙上。

活动过程：

1. 教师引导幼儿观察图片，看图讲述《图书是谁撕破的》。

教师引导幼儿观察图片1，提问：这是在什么地方？都有谁？发生了什么事情？

教师引导幼儿观察图片2，提问：图书发生了什么样的变化？被谁撕破的？为什么？他们会怎样回答？被撕破的图书应该怎么办？(教师引导幼儿发现做错事情要勇敢承认错误)

教师引导幼儿观察图片3，提问：他们会对撕坏了的书说什么？怎么做？(教师引导幼儿感知承认错误后要道歉改正，并弥补造成的后果)

教师引导幼儿观察图片4，引导幼儿讲述图书修补好了后，小朋友们是如何做的。

2. 幼儿观察图片，与同伴一起进行自主讲述。

活动建议：

在幼儿观察图片时，教师的启发要适时，不要过多干预幼儿的思考，在幼儿观察图片中引导幼儿懂得做错事情要勇于承认错误并道歉和改正。

活动延伸：

教师可组织幼儿进行"图书修补"活动，鼓励幼儿与同伴修补损坏的图书，培养幼儿爱护图书的情感。

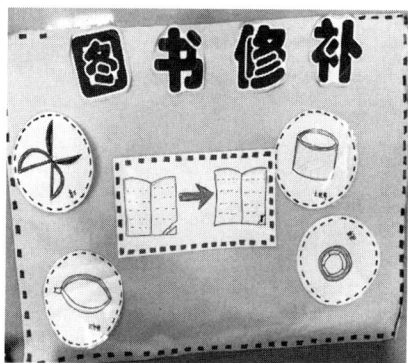

图 2-11　"图书修补"步骤图

活动三：自制图书

活动目标：

1. 尝试自制图书并根据绘本图片情境讲述故事，锻炼创编故事的能力。

2. 通过提供的关于诚实的绘本，愿意与同伴讲述故事，并能根据故事内容大胆分享自己的感受。

活动准备：订好的空白书、关于诚实的故事角色图片、水彩笔、胶棒（图2-12）。

活动过程：

1. 教师引导幼儿用关于诚实的故事角色图片，大胆创新，粘贴在空白书页上。

2. 教师鼓励幼儿根据粘贴的图片，进行想象。

3. 幼儿尝试用油画棒等多种材料将自己想象的画面内容表现出来。

4. 幼儿和同伴交流自己的自编故事，向同伴表达自己的感受。

活动建议：

幼儿互相讲述自编故事时，请同伴认真倾听。教师可以鼓励幼儿和同伴将自己的感受和想象用剪贴画等多种形式进行添画，丰富故事情节。

活动延伸：

1. 教师鼓励幼儿协商绘画情境图片，进行自制图书，讲述故事。

2. 教师将幼儿自制的图书放在图书区，供其他幼儿观看阅读。

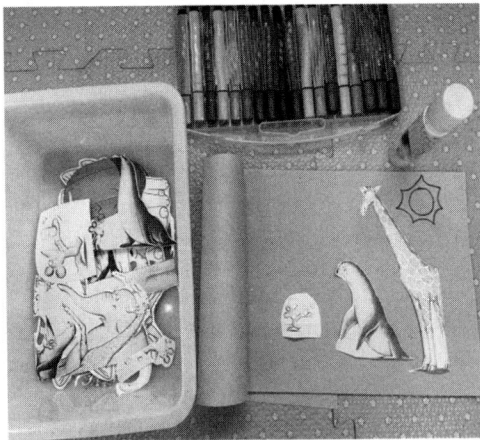

图2-12 "自制图书"活动材料

（青岛市崂山区中韩街道张家下庄幼儿园　李笑笑　周璐）

六、一日生活指导

（一）一日生活中幼儿品格与社会技能培养

中班幼儿的社会交往水平与主动性都有所提升，因此在中班阶段培养幼儿勇于承认错误的品质，能够为其形成诚实的良好品质奠定基础。幼儿也需要通过实际的情境训练和成人的及时提醒，明白犯错误不要紧，只要认识到错误，及时改正，就是好孩子。这需要在幼儿园一日生活的每一个环节中进行引导熏陶。本期主题品格与社会技能在一日生活中的重点培养环节见表2-7。

表 2-7 品格与社会技能的日常重点培养环节

生活环节	品格：诚实	社会技能：承认错误和道歉	社会技能：诚实
入园			
盥洗	√	√	√
进餐	√	√	√
饮水	√	√	√
如厕	√	√	√
午睡	√	√	√
离园	√	√	√
集体活动	√	√	√
户外活动	√	√	√
区角活动	√	√	√
过渡环节	√	√	√

（二）一日生活中幼儿品格与社会技能指导要点

本期主题品格与社会技能在一日生活中的指导要点见表2-8、表2-9。

表 2-8 一日生活中诚实品格指导要点对照表

环节	指导要点
盥洗	1. 教师培养幼儿的规则意识，排好队伍进入盥洗室；引导幼儿学习正确的盥洗方法，卷起小袖子，按照"七步洗手法"清洁手部。 2. 若幼儿在盥洗环节不小心将衣袖、衣物弄湿，教师引导幼儿学会主动承认。
进餐	1. 教师引导幼儿学习正确的进餐方法：左手扶餐盘，右手握餐勺，进餐不偏食、不挑食，进餐时不讲话。 2. 若在进餐过程中，幼儿不小心将食物弄洒，教师引导幼儿学会主动承认。
饮水	1. 教师培养幼儿的规则意识，锻炼幼儿自主寻找自己的专属小水杯，引导幼儿学习正确的饮水方法。 2. 幼儿之间不推不挤，饮水时保持距离，若饮水时不小心将水弄洒，教师引导幼儿学会主动承认。
如厕	1. 教师引导幼儿注意如厕安全，小心水渍；引导幼儿学习正确的如厕方法。 2. 幼儿自己会穿脱小裤子，若不小心尿到衣物上，教师引导幼儿学会主动承认。
午睡	1. 教师引导幼儿养成良好的午休习惯，学习正确的午休方法。 2. 在午睡时，教师为幼儿准备关于诚实品格的睡前小故事哄幼儿入睡。对于如厕较为频繁的幼儿，教师需要在午休时间内轻声唤醒幼儿如厕，若不小心尿床，要引导幼儿学会主动承认。

续表

环节	指导要点
离园	教师引导幼儿参与离园前的小活动，如"说说今天有趣的事""今天你诚实了吗"等。对于当日发生的做得不恰当的事，教师引导幼儿学会主动承认。
集体活动	1. 教师引导幼儿积极参与各项活动，学习正确地与同伴相处。 2. 若与同伴发生了误会与不恰当的事情，教师引导幼儿学会主动承认。
户外活动	1. 教师引导幼儿注意安全，学习正确地与同伴相处。 2. 若与同伴发生了误会与不恰当的事情，教师引导幼儿学会主动承认。
区角活动	1. 教师引导幼儿学习正确地与同伴相处。 2. 若与同伴发生了误会与不恰当的事情，教师引导幼儿学会主动承认。
过渡环节	1. 教师对幼儿在生活中表现出来的诚实行为和语言进行肯定与表扬。 2. 教师给幼儿讲一讲传统文化中的诚实故事，如《城门立木》《曾子杀猪》《一诺千金》等，帮助幼儿认识到诚实的重要性。

表 2-9　一日生活中"承认错误和道歉"技能指导要点对照表

环节	指导要点
盥洗	"小小监督员"观察其他幼儿盥洗情况。若幼儿不小心将自己或他人的衣物弄湿，"小小监督员"会告知该幼儿诚实地向教师坦白，向同伴道歉，学会说"对不起"。
进餐	教师组织"干净进餐宝宝"小评比，对于安静进餐不剩饭的幼儿进行表扬。若进餐过程中，幼儿不小心将食物弄洒，弄脏自己或他人的衣物，教师要引导幼儿学会主动并诚实地向老师坦白，向同伴道歉，学会说"对不起"。
饮水	1. 教师颁发"饮水小达人徽章"，对于饮水时表现棒的幼儿进行表扬。 2. 若幼儿不小心将水弄洒，教师要引导幼儿学会主动并诚实地向老师坦白，向同伴道歉，学会说"对不起"。
如厕	若幼儿不小心尿到衣物上，教师要引导幼儿学会主动并诚实地向老师坦白；若弄到其他幼儿身上，教师要引导幼儿主动向同伴道歉，学会说"对不起"。
午睡	教师组织评选"安静午休宝宝"，引导幼儿不打扰其他幼儿午休；若幼儿不小心尿床，引导幼儿学会主动并诚实地向老师坦白，学会说"对不起"。
离园	对于当日发生的做得不恰当的事，教师要引导幼儿学会主动承认并诚实地向老师坦白，向同伴道歉，学会说"对不起"。
集体活动	教师引导幼儿学习正确地与同伴相处。若与同伴发生了误会与不恰当的事情，教师要引导幼儿学会主动承认，并诚实地向老师坦白，向同伴道歉，学会说"对不起"。
户外活动	1. 教师组织评选"安全小标兵"，引导幼儿在户外注意安全，听从指挥，不做危险的动作，学习正确地与同伴相处。 2. 若与同伴发生了误会与不恰当的事情，教师要引导幼儿学会主动承认，并诚实地向老师坦白，向同伴道歉，学会说"对不起"。

42

续表

环节	指导要点
区角活动	1. 教师引导幼儿自主选择区角活动，进行"说说我有多爱你"卡片交换活动，学习正确地与同伴相处。 2. 若与同伴发生了误会与不恰当的事情，教师要引导幼儿学会主动承认，并诚实地向老师坦白，向同伴道歉，学会说"对不起"。
过渡环节	教师根据幼儿的一些生活现状，用卡通漫画、幼儿照片制作诚实棋，在游戏中加深幼儿对诚实的理解。

说明：一日生活中"诚实"技能指导要点参见诚实品格的指导要点。

(三)日常指导策略

1. 诚实品格——情境案例

案例：自主活动中，许多幼儿选择了图书区进行安静阅读。图书区里面的书籍有一部分是幼儿带来的。在开学时，大家为餐后阅读制定了简单的规则：每人周一带一本书来园阅读，在阅读时可以和朋友交换。朵朵是第一个进入图书区的幼儿，她拿起了一本《格林童话》津津有味地阅读了起来，不断有幼儿加入了她的阅读行列。

忽然，图书区传来了果果的呼喊声："老师，我的童话书不见了。我的书不见了。"原来果果找不到自己的《格林童话》故事书，她很着急。当幼儿纷纷抬起头看着果果时，只见她一个箭步冲到了朵朵边上，指着朵朵的书说："这本就是我的，你拿了我的书。"经过询问才知道，朵朵看到童话书在书架里，没人阅读，而自己又很想看这本书，她没有经过果果同意就自己把它拿了过来。

分析：探究朵朵拿果果的书的原因是幼儿喜欢并想看这本书，但又受年龄、交往经验、自我中心意识等各因素的影响，让她以为没有人看。

教师指导：面对这一行为，教师应用正确的方法来引导幼儿，让幼儿把心里真正的想法都说出来，听一听幼儿的心声，如此才能真正理解幼儿。教师真正的责任是要教会幼儿说真话，用准确清晰的语言来表述事情发生的真实情况，而不是一味地批评幼儿，或用自己成人的权威来迫使幼儿服从。伴随着经验知识的积累、思维程度的提高以及语言水平的发展，幼儿将理想与现实相混淆的情况会逐渐减少，直到最后消失。

2. "承认错误和道歉"技能——情境案例

案例：离园前，大家一起在进行离园准备：请老师帮忙检查衣物。正在大家忙碌之时，菲菲却一直坐在椅子前迟迟没到老师处进行整理。

在老师多次的提醒下，菲菲很不情愿地走到老师面前。老师知道一定有原因，果然，一摸她的裤子，发现屁股处从里到外湿了一大片。可菲菲始终坚持说："我没有尿湿。我没有尿湿。"老师带菲菲到衣帽间换裤子并宽慰她之后，她才愿意告诉老师："吃点心时不小心尿湿的，觉得很不好意思，所以才没说。"然后她着急地说："你不要告诉外婆，她会骂我的。"

分析：菲菲不愿意承认尿湿的最重要原因就是觉得羞愧，又担心被指责，所以她刻意隐瞒，回避错误。同时这也反映了部分成人对幼儿成长过程中出现的缺点和错误，没有采用正面的教育方法，而是乱用惩罚的手段，导致幼儿用不诚实的言行来掩盖自己的缺点和错误。根据幼儿所处的思维发展水平和身心发展特点，成人在明晰了幼儿说谎行为的原因后，应该对幼儿的有意说谎进行诚实教育。

教师指导：首先，教师要引导家长以身作则，树立良好榜样。家长是幼儿成长路上的榜样，所以家长的一言一行都会影响到幼儿。由于种种主客观因素的影响，家长有时当着幼儿的面说了谎。随着时间的积累，幼儿慢慢也会学着家长的样子说谎。所以，发现幼儿说谎话，家长应该先做自我检查。教师和家长要全面认识幼儿心理，重视幼儿的自尊心。幼儿说谎的动机有很多种，但是说谎不一定是不良的、恶性的表现，更多的时候是幼儿一种虚荣心的表现，想要自己表现得更好，是自我显示的情况。因此，当教师和家长在面对幼儿这种说谎问题时，不能用成人一贯的思维模式和道德标准来衡量幼儿的行为，而是要用冷静的心态，站在幼儿的角度，公平公正、实事求是地看待问题。

3."诚实"技能——情境案例

案例：在草地上玩游戏的时候，贝贝捡起了几颗小果子，跑到老师这里说："老师，你看，不知道谁摘了那么多的小果子。"贝贝带着老师走到他们围坐的地方，草地上散落着好几颗蓝色的小果子。又又说："不是我摘的。"皓皓说："不是我。"一一说："我没有摘过。"大家纷纷说自己没有摘过果子。

这时老师发现坐在一边的宸宸低下了头，手放了一边的口袋里摸了摸。老师并没有马上走到宸宸边上询问，而是对着所有幼儿说："那么小的野果子，既不卫生又不安全。"贝贝也说："野果子很不卫生，有很多细菌呢。"一一说："万一放在鼻子里多危险呀。"

这时宸宸开始抖动起了肩膀，有点儿想哭的样子，摸了摸口袋，从里面掏出了几颗蓝色的果子，说："这是刚才我在那边地上捡的，不是我摘的。"他指了指前面的花丛。老师轻轻地说："地上的野果子也尽量不要捡。因为它们太小了，而且野果子还很不卫生呢。"宸宸哇的一声哭了起来。老师拍拍宸宸说："没关系，没关系，宸宸真是个勇敢的孩子，能够主动承认错误，做错事情没关系，勇敢承认就是好孩子。老师还是很喜欢你呢！"说完，老师当着所有幼儿的面给了宸宸一个大大的拥抱。老师还给大家分享了《诚实的列宁》的故事。幼儿听后都说列宁是个好孩子，他能勇敢承认自己的错误。

分析："宸宸捡了野果子并主动承认"的这件小事，正好是一个契机，让幼儿了解"诚信"并不是从不做错事，更重要的是做错事时勇于承认自己的错误并能及时改正。宸宸的诚信更需要教师的呵护和赞扬。

教师指导：当幼儿有了过失，经过一番思想斗争之后终于说了实话，这就很可贵。对于宸宸身上闪现出来的诚实的火花，教师必须及时强化。此外，幼儿园应和家庭一起教育幼儿。幼儿的主要活动场所就是家庭和幼儿园，教师和家长应该把二者有效结合起来，及时了解幼儿的表现，出现问题时共同商量解决办法和培养目标，对不良行为有效地加以制止。如果幼儿具备了清晰的道德意识，明白说谎将会受到比对于他的过失更严厉的责罚，只需要家长改变一下思路，勤于沟通、正确对待，幼儿的说谎行为就会自然消失。各种各样的例子常常会不断上演，面对各种各样的幼儿诚实、不诚实的情况，教师和家长也要根据幼儿的个性特点、性格差异灵活地处理。

(四)生活体验活动

活动案例一：狼来了

1. 设计思路

向幼儿进行品格教育可以培养他们诚实、勇敢、守纪律等优良品质，养成文明的行为和完善的人格，这是根据我国的教育目的、品德形成和发展的规律制定的。其中，诚实是中华民族的传统美德，是立身之本，做人之道，必须从小培养。教师在日常的活动组织中找到教育的契机，培养幼儿勇于承认错误的品质，能够为其形成诚实的良好品质奠定基础。

2. 活动过程

(1)视频欣赏，创设情境

教师出示小动物图片，引出狡诈的狼，激发幼儿兴趣。教师播放视频《狼来了》，让幼儿观看。视频《狼来了》与诚实品格密切联系，起到了开门见山的作用，而且幼儿本身对故事比较喜爱，更容易唤起幼儿的共鸣。

(2)故事重温

教师根据视频《狼来了》的内容，进行提问，结合故事情节发展的图片引导幼儿进行故事重温，理解故事含义，从而引出诚实的重要性。

(3)问题讨论，引发思考

教师抛出问题"我们应该怎样做一个诚实的孩子呢"。通过幼儿的回答，教师深入其中直接引导，使幼儿的思维能力和解决问题的能力得到锻炼，并在故事观赏的过程中加深对诚实含义的理解。

(4)互动游戏，感受体验

教师为幼儿创设几个情境，并出示范画，让幼儿判断画中的小朋友是否诚实，分小组进行奖励。通过故事和情境判断，幼儿已具备了一定的是非辨别能力，教师让幼儿在观赏的过程中迅速地做出正确与错误的行动选择。这样做增添了活动的乐趣，真正体现了寓教于乐。

(5)儿歌结尾，活动延伸

教师组织幼儿共同欣赏歌曲《好孩子要诚实》，引导幼儿自觉跟随音乐创编动作，发挥幼儿的主观能动性和自主创新能力。教师在活动后收集更多关于诚实的故事，讲给幼儿听，加深他们对诚实的理解。教师向家长分发"诚实小表格"，收集幼儿的诚实表现，对幼儿进行表扬，给予鼓励，树立自己的榜样。

3.活动总结

俗话说："十年树木，百年树人。"这说明教育幼儿的任务是艰巨的，其品德养成是长期、反复、不断提高的过程。对幼儿诚实品质的培养是非常重要的，教师要让幼儿知道诚实是一种良好的品质，愿意做个诚实的孩子并且初步具备是非辨别能力，懂得知错就改仍然是个诚实的好孩子；能做到说话和行动一致，学会做事和处理事情。

活动案例二：诚实的小刺猬

1.设计思路

幼儿需要通过实际的情境训练和成人的及时提醒，明白诚实的重要性，犯错误没关系，只要认识到错误，及时改正，就是好孩子，这需要教师在幼儿园一日生活的每一个环节中进行引导熏陶。

2.活动过程

(1)抛出问题，感同身受

教师创设情境，通过问题三连问"丢东西的心情怎么样？被别人捡到后归还的心情怎么样？捡到别人丢失的东西后你会怎么做？"引导幼儿投入真实情境中，思考问题。

(2)故事讲述，展开认知

教师通过故事讲述引导幼儿理解"诚实"的含义。教师播放课件《小刺猬捡钱》(教师自编，附后)加深幼儿对"诚实"的理解。

(3)思考问题，畅所欲言

教师引导幼儿讨论问题一：捡到了东西为什么要还给别人？

教师引导幼儿讨论问题二：找不到失主的东西该怎么处理呢？

教师引导幼儿讨论问题三：怎样才能做一个诚实的孩子呢？

(4)视频观赏，分组研判

教师带领幼儿欣赏一些关于诚实情节的视频，并让幼儿分组讨论视频中的角色遇到了什么问题、是否做到了诚实、是什么心情、怎样才算诚实等问题。讨论、判断、解决问题时，教师要充分发挥幼儿的自主性，提高幼儿的观察能力、语言表达能力、判断能力及解决问题的能力。

(5)情境表演，感受体验

教师引导幼儿登台进行情境表演，着重加深对小刺猬诚实优秀表现的刻画，加深幼儿对诚实、诚信的理解。

3.活动总结

诚信是为人之本，教师通过抛出问题、故事讲解、问题讨论、情境表演等方式引导幼儿做到捡到东西能归还、做错事情主动承认、犯了错误能够改正的诚实表现。诚实守信，是中华民族的优良传统和当今社会需要大力弘扬的道德规范。我们要引导幼儿把诚信视作修身养性、立业交友的根本。只有以诚待人、以信立业，才能赢得他人的尊重和信赖，才能使人与人之间更加和谐相处。

附：自编故事《小刺猬捡钱》

在遥远的大森林里，生活着一只聪明可爱的小刺猬。从小刺猬很小的时候起，刺猬妈妈就培养他诚实守信、拾金不昧的好品质。

这一天，小刺猬像往常一样出门了，忽然，一个漂亮的钱包出现在小河边的石头上。小刺猬急忙走上前去，打开一看："呀！里面有好多钱币呀！"小刺猬心想："是谁把这么重要的钱包丢了？丢失钱包的人一定着急坏了。我一定要尽快知道是谁弄丢的，并且第一时间把它交给失主。"

小刺猬急匆匆地走到森林里，问了好多小动物，可得到的答案都是"不认识！""不知道！""不是我的！"没有人认识这个钱包。小刺猬不想放弃，于是他决定去告诉森林警官熊伯伯。熊伯伯很欣赏小刺猬的做法，并夸奖他是一个勇敢诚实的小朋友。熊伯伯接过钱包，带着小刺猬一起去寻找失主。

经过一番努力，熊伯伯和小刺猬终于找到了失主。原来，这个钱包是大象妈妈的。大象妈妈去小河边喝水时，不小心把钱包掉在了石头上，正慌慌张张地寻找呢！大象妈妈看到小刺猬如此认真地寻找失主，非常感激小刺猬，连连称赞小刺猬是个诚实善良的好孩子，并决定送给小刺猬甜甜的果子来答谢他。

相比甜甜的果子，小刺猬更喜欢大象妈妈对他的称赞，他为自己的行为感到骄傲。他知道自己做了一件帮助别人的好事，这比任何礼物都更重要。

（济南市槐荫区幸福童年幼儿园　姜伊冉　解婷婷）

七、家园共育指导

(一)品格指导要点

诚实品格的家庭教育指导重点在于帮助家长了解幼儿不诚实行为的原因，正确看待幼儿的不诚实行为，给予家长指导建议和方法，帮助他们消除对幼儿说谎的误解，在生活中潜移默化地培养幼儿的诚实品格。

1. 帮助家长了解幼儿不诚实行为产生的原因

(1)幼儿心理发育水平导致他们产生想象与事实混淆的行为[①]

3～6岁的幼儿心理发展还不完善，常常把生活中真实发生的事情和自我想象的事情混淆，把幻想当成真实的事情，然后再讲给他人听，就会被认为说谎。例如，幼儿很喜欢警察，就会把爸爸的职业说成警察；他们还会把特别喜爱的物品想象成自己的，将物品据为己有。这些看似不诚实的行为，都是幼儿无意的，那是因为他们将现实与想象混淆，分辨不清。

(2)幼儿的认知特点导致他们发生无意的不诚实行为

幼儿年龄较小，知识经验缺乏，道德概念模糊，对事情分辨能力较弱，他们对行为准则认识还不清楚，导致他们有时会说谎。幼儿抵御诱惑的自制力也不强，有好吃的就吃，有喜爱的物品就装在自己的口袋里拿回家。这都是幼儿无意而为之，是幼儿年龄特点的发

---

① 陈帼眉主编：《学前心理学》，206 页，北京，北京师范大学出版社，2015。

展水平导致他们无意做出这些不诚实的行为。

（3）环境对幼儿的影响，使幼儿对不诚实行为进行模仿

社会环境和社会交往对幼儿的影响是巨大的，幼儿的年龄特点和个性特征以及相似的程度决定了幼儿有很强的模仿行为。[①] 生活环境中如果有人做过一些不诚实的行为，幼儿无法分辨对错，只对感兴趣的事情进行模仿，这也会导致幼儿无意的不诚实行为。

（4）幼儿为达到某种目的故意做出不诚实行为

幼儿的发展水平导致了幼儿有时会出现无意的不诚实行为，但有时幼儿也会故意做一些不诚实行为。幼儿有时为了取悦他人而说谎，例如，将在幼儿园剪的五角星装在口袋里，回家后告诉妈妈这是他获得的奖励。幼儿有时也会制造优越感，满足自己的虚荣心，例如，看到别人有一件好玩具，便说自己家里有一个更好的。幼儿有时为了逃脱责任，躲避惩罚，导致有意说谎。

2. 鼓励家长正面引导，加深幼儿对诚实的理解

作为教师，要鼓励家长做好诚实品格的培养，家长要给予幼儿正面引导，从小事做起，让幼儿懂得诚实的人才会受到爱戴。

教师可以向家长推荐一些丰富有趣的文学作品，通过文学作品中优美的语言和丰富的情感帮助幼儿加深对诚实的理解。例如，家长可以借助绘本《这不是我的帽子》《好想吃榴莲》《你真好》，让幼儿知道什么是诚实，什么是说谎；利用中华传统故事《狼来了》，使幼儿知道说谎会造成他人对自己的不信任。教师还可以向家长推送一些关于诚实的儿歌、童谣，使幼儿潜移默化地学习诚实，使幼儿知道平时该怎么做。为了增添幼儿学习的乐趣，教师还可以鼓励家长和幼儿一起做音乐游戏，让幼儿知道做错事情要勇于承认并改正错误。

教师还可以建议家长在网络中寻找"诚实守信"道德模范的故事，和幼儿一起了解这些英雄模范的先进事迹，用真情实感打动幼儿心灵，使幼儿了解诚信的真正含义，激发幼儿诚实品格的形成，践行社会主义核心价值观。

教师还可以建议家长鼓励幼儿发现自身的价值，根据自己的价值观做事。如果幼儿做了一些待人友善、诚实守信的事情，家长要及时对幼儿的行为进行肯定，可以选择物质奖励或者精神奖励，让幼儿知道是非对错，了解诚实真正的意义，并激励幼儿继续做下去。

3. 指导家长要以情说理，强化幼儿的诚实品格

首先，家长要多关注幼儿，分析幼儿说谎的原因，要反思是否因自己对幼儿的要求过高造成，如果是，要及时调整自己的行为。其次，家长要创设温和、理解的氛围，消除幼儿紧张情绪，鼓励幼儿主动承认错误。当家长发现幼儿发生了不诚实行为，不应指责和呵斥幼儿，因为这会加剧幼儿的恐惧、紧张心理，适得其反。所以，家长要以温和、理解的态度和幼儿交流，更容易让幼儿得到理解，放松心情，愿意主动承认错误。此外，不管幼儿是有意还是无意发生不诚实行为，家长都要尊重、信任幼儿。如果家长采用信任的方式对待幼儿，便可以从最初阶段避免幼儿的说谎行为。家长要珍惜幼儿的真话，如果幼儿已

---

① 胡梅荣：《浅谈儿童诚实教育》，载《都市家教（上半月）》，第 12 期，2013。

经勇敢地承认自己的错误，家长一定要给予鼓励和表扬，千万不能做食言的家长。

在幼儿说谎后，家长要帮助幼儿改正错误。由于幼儿的年龄特点，知识经验和社会交往经验缺乏，幼儿往往不知道怎样改正错误。家长应该帮助幼儿分析发生的原因，共同讨论正确的做法，帮助幼儿改正错误。还可以发挥集体约定作用，面对幼儿的错误，一家人讨论出正确的方法并共同做出约定，改变幼儿对待错事的态度和看法。同时，家长也要给予适当的惩罚。当幼儿再次犯了不诚实的品德方面的错误，家长应适当地给予物质惩罚或者精神惩罚，以此来帮助幼儿明辨是非，但对幼儿的惩罚也要讲究方式方法，不能打骂更不能体罚。

4. 鼓励家长在生活中身先示范

首先，教师要提醒家长配合幼儿园在生活中为幼儿创设诚实、诚信的环境，陶冶幼儿的心灵。其次，教师要鼓励家长以身作则，让幼儿感受到："我的父母是诚实正直的人，我也要向他们学习。"反之，幼儿会以此作为借口："爸爸妈妈都做不到，我也不想这样做。"所以，平常家长在为人处事时，不能在幼儿面前夸下海口，或者言而无信，这样将导致幼儿也不会诚实守信了。

(二)社会技能指导要点

1. 承认错误和道歉

做了错事不要紧。当幼儿做错事后，家长的批评和指责，容易增加幼儿紧张和恐惧的情绪。家长应安抚幼儿紧张的心情，帮助幼儿放松，告诉幼儿做错事情不要紧，与幼儿一起讨论为什么会做错事，这样做后果是什么，以后应该怎样做才可以避免此类事情的发生。家长在幼儿心情放松之后可以通过一些具体的故事，让幼儿根据故事情节进行讨论，并引导幼儿思考怎样做是对的、怎样做是错误的，与幼儿共同讨论错误的原因以及补救的措施。

勇敢承认不隐瞒。家长要让幼儿知道勇敢承认错误是诚实的表现，如果主动承认错误，不仅不会得到批评，反而得到的是表扬。在生活中发现幼儿能够勇敢承认错误不隐瞒时，家长要及时肯定表扬幼儿的行为。

还要真心道个歉。教师向家长推荐一些有教育意义的动画片和绘本故事，帮助幼儿掌握正确的道歉方法，要让幼儿知道做错事情后，需要大胆地承认错误，可以和别人说"对不起""下次不再这样了"等，知道和别人道歉的时候态度要真诚。当发现幼儿不好意思说出口或者拒绝道歉，或者不会道歉的时候，家长先试着帮幼儿说出来，做幼儿的榜样，然后鼓励幼儿可以先点头，再尝试说出来，渐渐地幼儿就会在做错事情之后自己道歉了。

2. 诚实

好孩子，要诚实。在"承认错误和道歉"技能掌握的基础上，家长可以通过绘本故事或者身边真实发生的事情，和幼儿共同讨论什么时候应该诚实。随着年龄的增长，家长可以和幼儿讨论什么是"善意的谎言"，是否应该在某种特定的情况下说"善意的谎言"宽慰他人，让幼儿知道诚实、善良是一种良好的品质。

不说谎，不骗人。家长要让幼儿知道自己做错了事情要承认，别人做错了，要保证诚实，没有隐瞒。教师针对幼儿个体情况，与家长勤沟通，指导家长在幼儿犯错后分析原因，帮助幼儿放下心理包袱，鼓励幼儿主动承认错误。对幼儿做的错事给予批评，但是对幼儿诚实的行为要给予肯定和表扬。

做错事，要承认。在幼儿承认错误后，家长要鼓励幼儿把真话说出来。如果幼儿讲出真话，家长要给予充分的肯定和表扬。再遇到此类情境时，家长提醒幼儿回忆"诚实"口诀，让幼儿在直面错误和事实的基础上，锻炼说真话的能力。

(三)你问我答

1. 幼儿回家有时会说被某个小朋友打了，但是了解后，都说没有发生这些事情怎么办

幼儿被打了，有时是因为幼儿游戏的方式方法不正确，尤其是男孩子更喜欢玩"打"的游戏，有的幼儿分辨不清是在游戏，误认为自己被打了。针对此问题，教师应该分别和双方家长沟通，与家长一起分析中班阶段幼儿年龄特点，家园合作教会幼儿正确的交往方式，尤其是在游戏中应该怎样玩耍，不可以做一些危险、不友好的动作。

2. 幼儿经常把幼儿园的玩具和别人的物品带回家怎么办

针对这个问题，家长首先要弄清楚原因。如果幼儿不知道物品的归属，家长应该耐心地告诉幼儿，利用"其他幼儿没有告知你而拿走你的玩具，你是怎样的心情，会怎样做？"等问题的讨论，使幼儿知道不是自己的不能随便拿。如果幼儿故意拿回家，家长可以通过故事或者身边真实的事例让幼儿感受不诚实行为带来的后果，例如，这样做，老师、小朋友都不会喜欢自己；如果把玩具拿回家，就不能和好朋友一起玩了等，让幼儿知道他人的物品不能随意拿。如果幼儿再次犯错，家长要适当给予幼儿惩罚。

3. 幼儿不想上幼儿园，却说幼儿园有幼儿欺负他或者老师骂他，其实这些事情都没有发生过怎么办

幼儿之所以这样说有可能是平时家长在家中经常会问"有没有人打你？今天老师骂你了吗？"等问题，或者表现出不信任幼儿园以及老师等行为。家长的这些行为会让幼儿产生误解，只要"说小朋友欺负他或者老师骂他"，家长就会妥协。或者是曾经真实发生过此类事情，家长让幼儿在家没有去幼儿园，幼儿才会"钻空子"，再次以此类借口推脱不去幼儿园。还有可能是因为在幼儿园交往时发生过令幼儿不愉快的事情，幼儿故意将此事说得比较严重，当作不想去幼儿园的借口。针对这个问题，家长首先向幼儿表明信任老师和其他幼儿的态度，告知幼儿说谎是不对的；然后以理解的态度、温和的语言询问幼儿不想去幼儿园的原因，鼓励幼儿去幼儿园并告诫幼儿以后不可以说谎。

4. 幼儿喜欢一件衣服或者一双鞋，明明看到不合适，幼儿却说穿着很舒服怎么办

此类现象出现的主要原因是幼儿特别喜爱这些物品。家长应该让幼儿知道穿不合适的衣物或者鞋会行动不便带来危险，从幼儿喜爱的角度出发转移幼儿的注意力，不再购买不合适的衣物和鞋。

5. 在幼儿玩耍中让幼儿喝水，幼儿不仅没有喝水还会说"喝过了"或者"我不渴"等，这该怎么办

这其实是因为幼儿太专注于玩耍，不想中止游戏或者怕耽误游戏而说谎。家长可以和幼儿同伴商量一起暂停游戏，一起喝水后再玩。游戏结束后，家长可以向幼儿讲一讲运动时身体缺乏水分带来的不利影响，让幼儿在游戏时及时补充水分。

6. 幼儿在游戏时总是不遵守游戏规则怎么办

幼儿不遵守游戏规则有几种原因：游戏时太专注；不了解游戏规则的重要性；对游戏规则不理解。在游戏前，家长要先和幼儿共同商定游戏规则，帮助幼儿理解规则。游戏时，幼儿有违反规则现象，家长应该着重请幼儿讲一讲不遵守规则的后果，谈一谈游戏同伴的感受和幼儿自身的感受等。游戏后，家长也可以找一些生活中真实的事例讲给幼儿，使幼儿明白规则的重要性。如果幼儿一再忽视规则，要给予必要的惩罚，让幼儿时刻警醒务必遵守游戏规则。

7. 幼儿总是说话不算数怎么办

幼儿说话不算数可能是因为家长之前对幼儿的要求过于宽松，当幼儿说话不算数时没有提醒幼儿或者没有告知幼儿说话不算数会失去他人的信任；也可能是因为家长做事比较随意，幼儿观察到家长说话不算数的现象并进行模仿，认为"说话不算数"没什么。家长可以通过绘本、故事、身边的事情让幼儿明白做事要讲诚信。重要的是家长要以身作则，尤其是在幼儿的面前处理事情一定要说话算数，讲诚信。对于幼儿改正了错误，在一件即使是很小的事情上也做到了说话算数时，家长要及时肯定和奖励，利用生活中的小事潜移默化地培养幼儿的诚信品德，践行社会主义核心价值观。

（太原市育蕾幼儿园　郭贞）

第三章 礼貌品格：争做礼貌小标兵

一、主题说明

　　礼貌是指对人恭敬、和顺，包括礼貌的行为和礼貌的语言，是个人修养的外在体现。中国素有"礼仪之邦"的美誉。孔子认为"礼"是社会交往的道德规范，主张"君子敬而无失，与人恭而有礼，四海之内，皆兄弟也"[1]。孔子还将"礼"作为个人安身立命的基本要求，认为"不学礼，无以立"。荀子将"礼"视为做人的根本，事业成功的基石，治国安邦的良药，认为"人无礼则不生，事无礼则不成，国无礼则不宁"[2]。因此，成人要从小培养幼儿讲文明、懂礼貌的良好品质，注重幼儿内在品性的熏陶与教育。

　　《3—6岁儿童学习与发展指南》指出，中班的幼儿要学会"关心尊重他人"，"会用礼貌的方式向长辈表达自己的要求和想法"。教师可以结合实际情境，提醒幼儿注意别人的情绪，了解别人的需要，给予适当的关心和帮助，同时可以利用生活机会和角色游戏，帮助幼儿理解人们之间是平等的，应该互相尊重，友好相处。因此，教师要通过绘本阅读、情境游戏、手工制作等方式开展系列礼貌品格主题活动，引导幼儿学会礼貌待人。由于中班幼儿自我控制能力的发展尚不成熟，人际交往中容易出现不礼貌的插话行为，教师还将运用"说'劳驾'"和"插话"两个社会技能帮助幼儿学会用适宜的方式恰当地表达自己的想法。

---

① 陈晓芬、徐儒宗译注：《论语·大学·中庸》，140页，北京，中华书局，2015。
② 方勇、李波译注：《荀子》，15页，北京，中华书局，2015。

二、主题目标

第一，知道礼貌是一种好的品质，愿意礼貌待人。

第二，体会礼貌待人带来的快乐。

第三，学会使用常见礼貌用语，如请、您好、不客气等，不说脏话、粗鲁的话。

第四，能够礼貌地对待他人，不嘲笑他人的弱点或缺陷。

第五，与他人交流时，能够语气温和不粗鲁，耐心听人说完再表达，不插话。

第六，当别人为自己提供帮助时能够礼貌地向对方表示感谢。

第七，遵守公共规则，如不乱扔垃圾；在公众场合不大声喧哗，不影响他人等。

三、环境创设

(一)主题墙

文明礼貌是良好的品格和行为习惯，主要集中体现在幼儿一日生活和具体行为当中。礼貌品格主要从绘本中的礼貌、礼貌我知道、礼貌进行时这三个角度来体现礼貌的品格培养。

1. 绘本中的礼貌

这部分主要围绕四个绘本主题来开展，通过认识绘本中的礼貌，让幼儿理解什么是礼貌。绘本《黑猩猩的面包店》中的礼貌涉及四个小主题：可爱的表情小游戏、寻找最美笑脸、微笑的力量、绘本引起的思考，让幼儿了解礼貌的重要性。绘本《公主怎么挖鼻屎》中从公主和王子舞台秀、服装礼仪我知道、各行各业服装、讲卫生的公主和王子四方面体现讲文明知礼仪的良好品格(图 3-1)。绘本《你别想让河马走开》让幼儿学会礼貌待人。绘本《有礼貌的怪兽》告诉幼儿文明礼貌的人会让人很舒服，会得到大家的喜爱，哪怕它是一只怪兽。

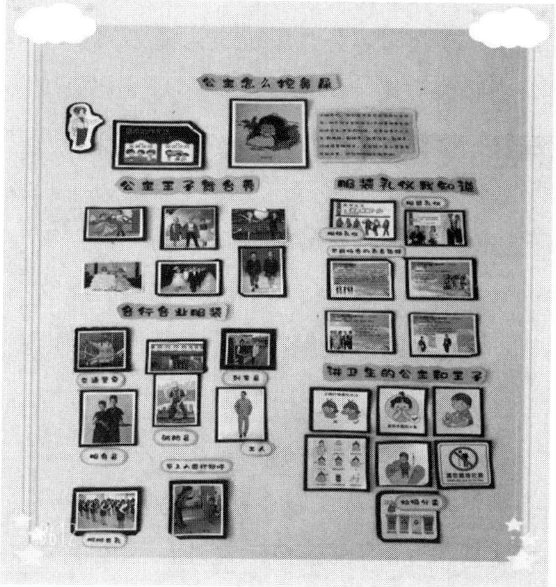

图 3-1　"公主怎么挖鼻屎"

2. 礼貌我知道

在日常教育活动中，教师要主动使用各种礼貌用语，让幼儿学会在不同的场合使用礼貌用语；在日常生活中有意识地告诉幼儿礼貌的做法，为幼儿做出良好的榜样，让幼儿学习生活中基本的礼貌行为。礼貌的儿歌和律动也呈现在这一部分(图 3-2)，让幼儿加强对礼貌的认知。

图 3-2　生活中讲礼貌的例子

3. 礼貌进行时

这部分包括在幼儿园一日生活中的礼貌：幼儿与幼儿之间交往、教师与幼儿之间交往的礼貌；在家庭中的礼貌：幼儿和家长看礼貌绘本，与别人打电话的礼貌、对长辈的礼貌等；在图书馆、超市、酒店、动物园等公共场所的礼貌(图 3-3)。这些礼貌的照片或情境图能让幼儿更直观地感受不同的场合要有不同的礼仪，使用不同的礼貌用语。

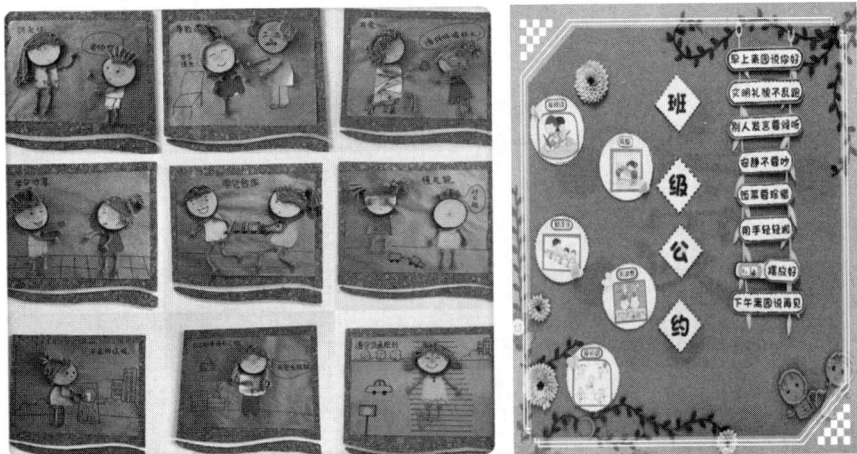

图 3-3　常见的礼貌

(二)家园共育栏

家园共育栏首先让家长了解礼貌品格主题下幼儿园的活动计划与安排，包括幼儿园教学活动、家园共育活动；其次为家长提供对应的家庭教育指导建议。

1. 主题内容告知

这部分主要向家长介绍礼貌品格主题相关内容(图 3-4)，如礼貌品格的内涵、培养价值及活动安排等，并向家长进行好书推荐，请家长与幼儿园一起培养幼儿的礼貌品格。

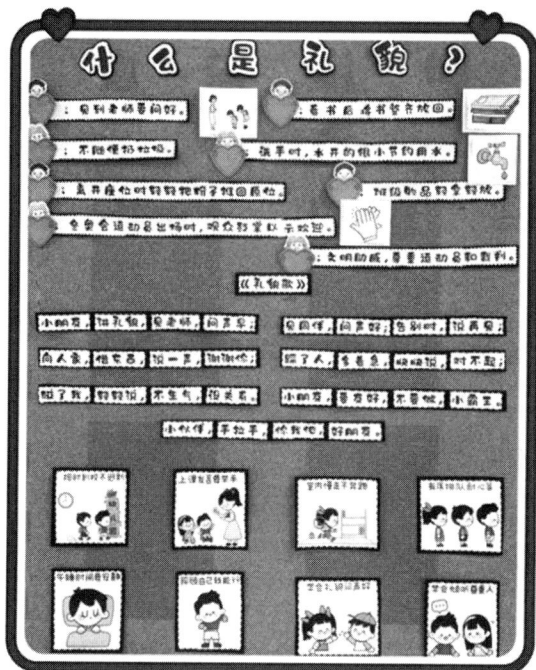

图 3-4　家长园地

2. 日常亲子陪伴

这部分通过"炉边时光"记录幼儿和爸爸妈妈在一起的温馨时光。例如，幼儿和爸爸妈妈一起阅读礼貌绘本，将礼貌知识讲给爸爸妈妈听，与爸爸妈妈进行童话剧亲子表演等。教师请家长多给幼儿提供一些与别人交往的机会，当与长辈相处时学会说"您"，有客人时做到热情大方，别人帮助自己后主动说"谢谢"等。

(三)幼儿成长(学习)记录墙

1. 礼貌用语我知道

教师将礼貌用语结合文明图片(图 3-5)融入幼儿园的环境布置中，例如，将"欢迎""早上好""再见""谢谢""对不起"等礼貌用语和图片张贴在幼儿园的大门口、教室门口、楼梯上等显眼的地方，营造积极健康的文化氛围。

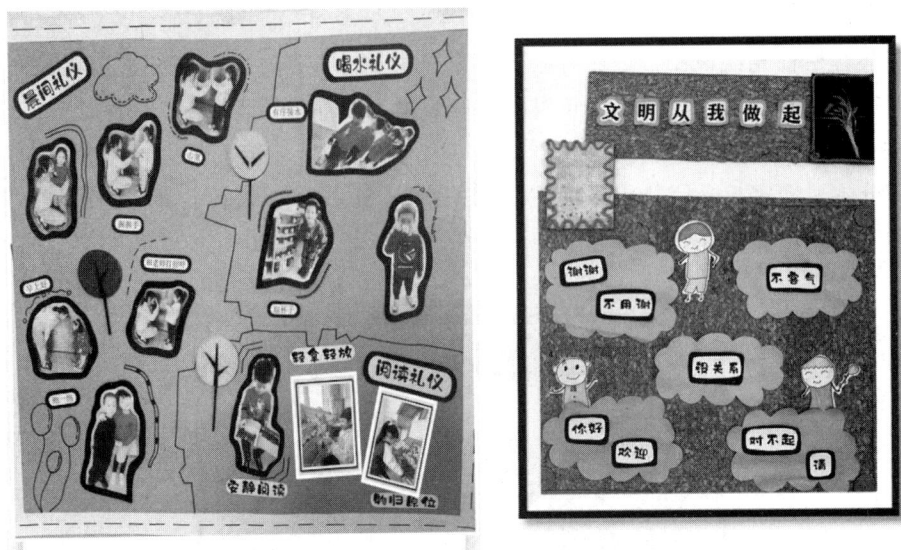

图 3-5 常用的礼貌用语

2. 公共场所有礼貌

这部分主要展示幼儿的成长与变化，在幼儿园里是怎样讲礼貌的（图 3-6），例如，早晨入园和老师有礼貌地问好，使用礼貌用语"请、谢谢"；认真倾听别人讲话；在公共场所要遵循的礼仪，如动物园的礼仪、餐厅的礼仪、图书馆的礼仪、游乐场的礼仪。

图 3-6 幼儿园里讲礼貌

（盘锦新世纪生态幼儿园 张余 迟英杰）

四、教学活动案例及反思

(一)品格绘本阅读活动

1. 礼貌品格绘本推介

礼貌在幼儿时期作为交流、交往的纽带和桥梁是不可或缺的教育内容。幼儿只有在懂礼貌的前提下，才能更好地与人交流沟通。缺乏礼貌，将不利于和他人友好相处。因此，为培养幼儿良好的文明礼仪，本期主题我们筛选了 4 本绘本推荐作为教师开展教学活动的载体，所选绘本涵盖了幼儿明理、懂礼、感恩、善良等元素，具体见表 3-1。

表 3-1　礼貌品格绘本推荐及解析

绘本名称	主要内容	绘本中的"礼貌"
《麦克有趣的一天 麦克糟糕的一天》	麦克的妈妈生病住院了。早晨起来，麦克要去医院看望妈妈。同样的天气，同样的路线，同样的人和事，礼貌的红麦克和不礼貌的灰麦克，却遭遇了全然不同的境遇。	礼貌的言行举止会得到大家的赞扬，并被温柔相待；而粗鲁、不礼貌的言行则是不被认可的，在生活中会受到冷遇。
《公主怎么挖鼻屎》	故事中，老婆婆抛出了这样一个问题：你们知道公主是怎么挖鼻屎的吗？小动物们有的说她会把鼻屎交给妈妈，有的说她会把鼻屎吃到肚子里，有的说粘到墙上……小动物们非常好奇，最后他们穿过森林，来到皇宫一探究竟，原来公主是用纸巾擦鼻屎的。	幼儿在成长中会出现很多难以启齿的事情，如"挖鼻屎"。我们应引导其正确处理，养成文明擦鼻涕的行为习惯。
《你别想让河马走开》	故事讲述了丛林里的动物们想让一只懒洋洋的河马从桥上走开，狮子、猴子还有疣猪试着用"命令、推开、弹走"的方式让河马走开，结果却都失败了。最后，小老鼠用"请你走开"的办法让他走了。	幼儿在成长阶段需学习交往的基本规则和技能，知道礼貌待人将帮助自己拥有更大的力量。
《有礼貌的怪兽》	马特是一只怪兽，它是小女孩派特优选的朋友。在一个大型的宴会前，他们帮妈妈准备东西；在宴会上，这只怪兽总是亲切友善，彬彬有礼，热心帮忙，得到了大家的喜爱；在宴会后，怪兽马特懂得感恩，还帮忙刷了盘子，写了感谢信。	任何事物都有好坏，我们不能盲目下定义，要用眼睛去看，用耳朵去听，用心去分析。绘本中的马特就是一个懂礼貌的怪兽。

2. 教学活动案例

接下来我们以语言活动"你别想让河马走开"为例阐述礼貌品格语言领域教学活动的组织要点，见表 3-2。

表 3-2　礼貌品格语言领域教学活动

你别想让河马走开	
活动环节	活动设计
活动目标	认知目标：理解故事内容，懂得礼貌待人的重要性。
	能力目标：学会判断对错及运用生活经验解决问题的能力。
	情感目标：体验角色表演及礼貌待人带来的快乐。

你别想让河马走开		
活动环节	活动设计	
活动准备	经验准备	1. 幼儿了解河马、疣猪的特点。 2. 幼儿熟悉日常生活中人际交往的基本礼貌用语与行为。
	物质准备	1. 电子绘本《你别想让河马走开》。 2. 狮子、猴子、鹦鹉、疣猪、河马、小老鼠（若干）头饰。
活动过程	一、谜语导入，激发幼儿兴趣 师：小朋友们，今天，老师给大家带来一个谜语，你们猜猜是什么。（谜语：稀奇真稀奇，像马不能骑，肥头肥脑大嘴巴，总爱待在河水里） 师：对的，是河马。小朋友们真聪明，你们在哪里见过河马呢？今天我们一起来听一个关于河马的故事，《你别想让河马走开》。 二、出示绘本故事封面并讲述正文开头河马睡觉的情节，激发幼儿的阅读兴趣 师：你们看到了什么？他们在干什么？ 师：这里有一个体型很大的河马，还有一只小老鼠。猜一猜这会是一个什么样的故事。 师：河马在哪里睡觉？河马在桥上睡觉，会发生什么呢？ 三、阅读狮子与猴子让河马走开的情节 师：狮子和猴子用了什么办法让河马走开？（教师引导幼儿模拟狮子、猴子的动作、语言，再现故事场景） 师：河马为什么没有走开？如果你是河马，有人这样对你，你会给他让路吗？为什么？ 师：如果你是狮子、猴子，你会用什么办法让河马走开呢？ 小结：有的幼儿说可以×××，有的幼儿说可以×××，到底你们想的办法有没有用呢，我们一起接着往下看。 （品格元素：教师引导幼儿观察狮子的面部表情及粗暴的说话方式、猴子粗鲁的动作，体会不礼貌的语言、行为会让人不舒服） 四、阅读疣猪让河马走开的情节 师：这一次是谁想过桥？他想用什么办法让河马走开？ 师：疣猪和小动物们是怎么做的？为什么没有成功？（教师结合幼儿玩弹簧床的经历，引导幼儿理解"弹"的过程） 师：原来他们想把河马弹走，但这可是一只很大、很重的河马，所以小动物们这一次又失败了。最后来了一只小老鼠，小老鼠会成功吗？ （品格元素：教师引导幼儿发现狮子、猴子和疣猪用弹的方式让河马走开的方法也是不礼貌的，要懂得礼貌待人） 五、阅读小老鼠让河马走开的情节 师：小老鼠发现小动物们全身都湿漉漉的，于是好奇地走过去问大家发生了什么事情。你们猜猜小老鼠有没有办法让河马走开，他会怎么做呢？ 师：原来小老鼠走过去在河马的耳边悄悄地说了一句"请你走开"，河马就走开了。这个故事告诉我们跟别人说话的时候要有礼貌，提要求的时候要用"请"。 （品格元素：教师引导幼儿意识到大河马会走开是因为小老鼠礼貌地跟他说"请你走开"，知道跟别人提要求的时候要学会礼貌地说"请"） 六、师幼讨论生活中常见的礼貌用语和行为，巩固幼儿对礼貌的感知与理解 师：我们在生活中，什么时候会说"请"？		

你别想让河马走开	
活动环节	活动设计
活动过程	师：如果有人挡住你，你会怎么说？ 师：你不小心踩到小朋友的脚，你会怎么跟他说呢？ 师：如果别的小朋友在玩玩具，你也想玩，这时候你会怎么做呢？早晨来到幼儿园，老师跟你说"早上好"，你会怎样回应老师呢？ 师：看来我们班的小朋友都是懂礼貌的好孩子，今天我们学习了绘本故事《你别想让河马走开》，回家后一起把这个故事分享给爸爸妈妈听吧。 （品格元素：教师将故事经验延伸到真实生活，突出礼貌待人的重要性）
活动延伸	**一、领域延伸** 绘本故事中讲述了狮子、猴子和疣猪想了各种办法让河马走开去到桥的另一边，结果都没成功，可是小老鼠只是跟河马说了一句"请你走开"，河马就走开了。为进一步强化幼儿对礼貌的理解，教师可以继续开展社会及艺术领域的活动。例如，教师可以通过音乐活动"礼貌歌"和社会活动"讲礼貌"引导幼儿了解不同场所的礼貌用语，知道礼貌待人的重要性。 **二、区角延伸** 教师可以将绘本故事投放到图书区，鼓励幼儿和同伴一起再次阅读绘本；还可以引导幼儿在图书区扮演各个角色，体验不同动物的言语特征及心情。 **三、家园共育** 首先，教师可在班级群中适当分享关于礼貌的宣传片，明确礼貌的重要性。其次，教师可通过开展文明礼仪家庭评选活动，鼓励大家争做文明礼仪小标兵。 **四、生活渗透** 教师可以在日常生活的各个情境与幼儿讨论该情境可以用的礼貌用语，加深幼儿对礼貌用语的运用。 **五、环境渗透** 教师用幼儿活动的情境照片在班级主题墙展示幼儿讲文明礼仪的行为；在幼儿"我学会讲"的记录墙上，记录幼儿已学会讲的礼貌用语。

3. 活动反思

（1）活动特点

本次教学活动的选材上符合中班幼儿的生活经验，能够引起幼儿情感共鸣，有助于活动目标的达成。教学过程中，教师以启发性提问引导幼儿观察画面讲述画面内容，同时呼应幼儿的生活经验，让幼儿在讲述、讨论的过程中感知礼貌的重要性并体验绘本阅读的快乐。

（2）活动实施建议

首先，由于故事中动物角色较多，幼儿很难在短时间内记住动物及他们做的事情，因此教师可以准备故事中动物的图片，并随着故事的进展依次粘贴在小黑板上。其次，教师在每个环节的总结与提炼要紧扣活动目标，结合故事情节围绕"礼貌的语言""礼貌的行为"进行梳理，不断强化幼儿对礼貌的理解。最后，也是最重要的一点，教学过程以启发性地提问引导为主。因此在考虑问题准确性的基础上，教师提出问题后，要给予幼儿较充分的思考和讨论时间，让幼儿大胆地表达自己的想法。

（清远市佛冈县汤塘镇中心幼儿园　肖彩婵　陈满莲）

(二)品格社会领域教学活动

1. 礼貌品格的社会领域教学活动设计说明

礼貌品格主题下的社会领域集体教学活动主要以人际交往的行为、语言为切入点。中班幼儿开始尝试和同伴主动交往，但缺乏交往技能，容易遭遇挫败。因此教师需要在一日活动的各个环节中，为幼儿营造良好的交往环境并创造交往机会；需要设置情境和设计礼貌教育集体教学活动，采用情感体验、实践操作等方式不断规范和丰富幼儿的礼貌语言，强化礼貌行为，让幼儿从中获得友善和被尊重的快乐，形成良好的人际关系，从而提高交往能力。

2. 教学活动案例

接下来我们以社会活动"有趣的打招呼方式"为例阐述礼貌品格社会领域教学活动的组织要点，见表3-3。

表 3-3　礼貌品格社会领域教学活动

有趣的打招呼方式	
活动环节	**活动设计**
活动目标	认知目标：知道打招呼是表达友善与尊重的礼貌行为，了解打招呼有很多不一样的方式。
	能力目标：能根据不同的交往情境和人物，创编有趣的打招呼方式。
	情感目标：感受礼貌交往带来的愉快情绪，乐意创编并从中体验成功的快乐。
活动准备	经验准备：1. 幼儿有担任幼儿园"礼貌小标兵"的经验。 2. 幼儿和家长一起了解过古今中外见面时礼貌打招呼的方式。
	物质准备：1. 本班"礼貌小标兵"在接待幼儿入园时和小朋友打招呼的视频，武术活动教练和幼儿使用抱拳礼问好的视频。 2. 欢快的背景音乐。 3. 古今中外人们礼貌打招呼的课件。 4. 不同人物的照片(老爷爷、外国人、小宝宝等)。
活动过程	**一、主动与幼儿打招呼，让幼儿体会打招呼的多样性和乐趣** 在欢快的音乐背景中，教师热情而欢快地用多种不同的语气和动作向幼儿打招呼，并和幼儿互动。 师：小朋友们好！小男生早上好！小女生早上好！××小朋友你好！ 师：咱们班的小朋友们都这么有礼貌地和我打招呼，我真是太开心了！ 教师引导幼儿对老师的问好做出回应，加深对不同打招呼方式的印象。 (**品格元素**：教师运用有趣的动作与语言吸引幼儿的注意力，有效激发幼儿对打招呼的兴趣) **二、师幼讨论，了解不同的打招呼方式及打招呼的意义** 1. 讲一讲。 师：你们知道吗？我们中国人是非常讲礼仪和礼貌的。在古代，有一位老爷名叫孔子，他是一名非常有名的老师。他说过一句话："不学礼，无以立。"有谁知道这是什么意思吗？ 教师通过提问了解幼儿的已有经验。 师：这句话的意思就是说，如果从小不学习礼仪礼貌，对别人不友善，长大了就不会得到别人的尊重，就不能做快乐幸福的人。 师：我们一起来看看古代人是怎样礼貌打招呼的。(教师播放课件，出示古代人礼貌打招呼的图片)

续表

有趣的打招呼方式	
活动环节	活动设计
活动过程	（品格元素：教师通过图文并茂的课件，生动地展示中国的礼仪文化） 2. 说一说。 师：打招呼就是一种表达友善和尊重的礼貌行为，你们在生活中是怎么跟别人打招呼的呢？ 师：你们还记得我们幼儿园的"礼貌小标兵"是怎么跟大家打招呼的吗？（教师播放入园时"礼貌小标兵"和小朋友打招呼的视频，引导幼儿观察"礼貌小标兵"打招呼的动作、语言等） 小结："礼貌小标兵"用微笑和问好向大家打招呼，是一种表达友好、友善的礼貌行为。 师：走进警营参观时，武警叔叔是怎么跟我们打招呼的呢？我们来学一学。 小结：好神气的小武警！武警叔叔打招呼用的是举手礼，是一种表达尊重的礼貌行为。 师：除了像"礼貌小标兵"和武警叔叔一样打招呼，你们在生活中还见过哪些不一样的打招呼方式？ 幼儿分享和家人一起查找的各种打招呼的照片。教师补充分享一些有趣的打招呼方式的照片。（如公主礼、毛利人碰鼻子、印尼人按胸口、法国人亲吻脸颊等） 师：老师发现有一种古代人打招呼的方式现在还有人使用，我们一起来看看。（教师播放武术活动教练和幼儿使用抱拳礼问好的视频，引导幼儿细致观察抱拳礼的手势） 师：我们用抱拳礼向教练打招呼。你们想对教练表达什么？（教师引导幼儿说表达感恩、尊敬的话） 总结：今天我们知道了很多不同的、有趣的打招呼方式，不同的打招呼都可以表达什么意思呢？（教师用总结的口吻提炼幼儿的语言，体现关键词：友善、尊重、感恩） （品格元素：教师利用幼儿已有经验，如"礼貌小标兵"活动、走进警营参观活动、武术活动等，让幼儿知道见面打招呼是一种礼貌行为，对不同的人可用不同的方式打招呼；选择生活中少见且有趣的打招呼方式，拓展幼儿的知识经验，更能激发幼儿对礼貌打招呼的兴趣） **三、通过游戏"我说你做"引导幼儿创编打招呼的动作，正确使用打招呼的礼貌用语** 师：各种打招呼的方式太有趣了，你们能用自己喜欢的方式和不同的人有礼貌地打招呼吗？我们一起试试吧。 游戏"我来说你来做"： 玩法：根据教师给出的"见到好朋友问声好"的指令，幼儿创编适宜的动作和语言打招呼。 例如，教师说："见到好朋友问声好"，幼儿可以比爱心说："你好，你好！" 场景一：教师给出"见到好朋友问声好"的指令，幼儿两两组合，运用创编动作与同伴打招呼。（教师关注每组幼儿的表现，引导幼儿运用适宜的礼貌用语和动作打招呼） 场景二：教师逐一出示不同人物的照片，指令"见到老爷爷问声好"，幼儿可以根据自己创编的节奏、动作和语言打招呼。 （品格元素：教师让幼儿使用自己特有的方式与不同的人打招呼，展现幼儿个体差异性的同时，又能使幼儿体验问好给人带来的快乐，建立同伴间良好的情感联系和人际关系） **四、师幼总结，回顾打招呼的方式，巩固对打招呼的意义的理解** 师：刚刚小朋友用什么样的方式跟你打招呼？你有什么样的感觉呀？我还看到有的小朋友用脚尖碰脚尖的方式，有的用点赞的方式，还有的用摸摸头的方式，太有趣了！你们喜欢这样的问好方式吗？为什么？ 总结：被别人接受的打招呼方式才是有礼貌的打招呼方式。今天回家我们就试试用自己喜欢的有礼貌的方式和爸爸妈妈打招呼吧！（教师提炼有趣、有礼貌的方式，让幼儿感受创编快乐的同时，懂得打招呼的语言和动作要友善，尊重别人）

有趣的打招呼方式	
活动环节	活动设计
活动延伸	一、领域延伸 教师组织音乐活动"邀请舞"(音乐丰收之歌)。幼儿围圈坐好并跟着音乐节拍拍手;中间一名幼儿当邀请者,根据音乐做动作,在第3乐句时向1名伙伴问好,对方及时回应;在第4乐句时两名幼儿出列到圈中心,准备当下一段音乐的邀请者。邀请者从1个变成2个,2个变成4个,4个变成8个,直至全部幼儿被邀请完。邀请者问好时应眼睛看着对方,动作到位大方。 二、生活渗透 教师在幼儿园生活中鼓励幼儿用自己的方式与幼儿园门卫叔叔(爷爷)、环卫阿姨(叔叔)、班级老师、同伴主动打招呼,同时鼓励幼儿在生活中用礼貌的方式主动跟熟悉的人打招呼。在进行日常生活渗透时,教师可以引导幼儿复习小班社会技能"打招呼"的口诀,即"熟人走过来,对他微微笑,称呼并问好",进一步深化幼儿对打招呼的理解。 三、环境渗透 教师可以布置"礼貌小标兵"专栏,规范问好礼仪,树立榜样,激励并促进幼儿礼貌习惯的养成。教师还可以张贴各种有趣的打招呼方式的图片,丰富幼儿的认知和想象。教师还可以展示幼儿在美工区制作的"我喜欢的打招呼方式"宣传画,激发幼儿的表现欲望。

3. 活动反思

(1)活动特点

本次活动设计,教师注重幼儿对打招呼的想法和感受,让幼儿深刻体会到礼貌打招呼是件美好的事情。幼儿对同伴收集的各种打招呼方式特别感兴趣,教师引导幼儿从中发现问好的方式虽有不同,但都表达着对他人的友善和尊重。例如,幼儿用比心的方式问好时,传递了一种友好、喜欢的信息;用碰拳的方式问好时,能够表达钦佩、尊敬的含义。在理解和创编礼貌问好的方式中,幼儿表现出了很好的创造力和表达能力。

(2)活动实施建议

在创编活动中,有个别幼儿未能把握自己的问好方式是否适宜,例如,击掌的力气过大,需要教师及时关注到每名幼儿创编的方式并及时进行正面引导。

(武警广东省总队幼儿园 陈俊琳 林少曼)

(三)品格综合领域教学活动

1. 礼貌品格的综合领域教学活动设计说明

我国素有"文明古国,礼仪之邦"之称。礼貌待人,使用礼貌用语是我们中华民族的优良传统。与人交往的时候,以礼待人,恰当地使用礼貌用语,能使人与人之间的关系更加和谐,社会生活更加美好。礼貌教育应当贯穿于幼儿一日生活的方方面面,同时也要渗透在教学活动之中。

2. 教学活动案例

接下来我们以艺术领域活动"礼貌歌"为例阐述礼貌品格综合领域教学活动的组织要点,见表3-4。

表 3-4 礼貌品格综合领域教学活动

	礼貌歌
活动环节	活动设计
活动目标	认知目标：熟悉儿歌旋律，理解歌词内容。 能力目标：在动作的暗示下基本唱准弱起节奏和附点音符。 情感目标：体验和同伴一起参加集体音乐活动的乐趣。
活动准备	经验准备 1. 幼儿知道常用的礼貌用语，如"对不起""没关系""请""谢谢"。 2. 幼儿有一定的节奏感和音准，能用自然的声音演唱。 物质准备 1. 钢琴、录音机。 2. 歌曲《礼貌歌》。
活动过程	一、创设情境，导入活动，初步熟悉歌曲旋律 1. 教师讲述自己遇到的不开心的事情，寻求幼儿的帮助。 师：昨天我遇到一件特别不开心的事情，我不知道怎么办。我把这件事唱出来，你们帮我想想办法好吗？（教师范唱歌曲《礼貌歌》的前半段，帮助幼儿熟悉歌词及旋律） 2. 教师引导幼儿讨论调节"不开心"情绪的办法。 师：我们来听一听，后来是怎么解决的。（教师范唱歌曲《礼貌歌》的后半段，帮助幼儿熟悉歌词及旋律，重点感受附点、切分等节奏） （品格元素：教师创设情境，引导幼儿学会换位思考和理解他人） 二、引导幼儿学唱歌曲 1. 教师边表演边范唱歌曲，引导幼儿熟悉歌词，学唱歌曲。 （两位教师边演唱边根据歌词进行情境表演） 师：我从你门前过的时候，发生了什么事情？鞋子上被泼了水心情会怎样？我为什么后来不生气反而是对你笑嘻嘻呢？ 小结：你提着水桶泼水，不小心泼到了我的皮鞋上。因为你对我说"对不起"并行了礼，所以我已经原谅了你。 2. 教师引导幼儿根据情境学唱切分音和附点音符。 （品格元素：教师通过情境表演让幼儿进一步体会理解换位思考，体验礼貌、宽容在人际交往中的重要性） 三、引导幼儿运用已学过的"记忆法"来记忆歌词 师：这首歌的歌词这么长，可以用什么方法来帮助我们记住这些歌词呢？（教师引导幼儿回忆已有的记忆歌词的经验） 1. 教师和幼儿根据歌词内容创编动作，边唱边表演。 师：当你说了"对不起"以后，还做了一个什么动作？为什么要再行个礼呢？ 小结：在说出"对不起"的同时，如果做出行礼的动作，会给人一种诚恳道歉的感觉。在我们的生活中，如果不小心碰倒了小朋友，你马上说"对不起"并且扶起对方，掸掉对方身上的土，这些动作是不是比单独说一句"对不起"会更有诚意呢？ 2. 教师钢琴伴奏，幼儿完整演唱歌曲。 （品格元素：教师让幼儿通过动作记忆歌词，体会行礼的意义；让幼儿知道做错事情道歉时，适当加上一些肢体动作，会比简单说一句"对不起"更有诚意）

续表

礼貌歌	
活动环节	活动设计
活动过程	四、引导幼儿结伴表演，感受相互宽容带来的快乐 1. 幼儿自由站位，教师和幼儿分别扮演歌曲中的两个角色，共同演唱歌曲。 2. 教师引导幼儿讨论大家此时心情愉悦的原因，让幼儿意识到有时候礼貌用语也是有效化解人际交往冲突的重要方法。 师：当你泼水泼到别人鞋子上时，赶紧说了什么？我又说了什么呢？ 师：如果小朋友们在生活中遇到类似的事情，你们会怎么做呢？ 小结：小朋友们，这首歌曲告诉我们，原来"对不起""没关系"是礼貌用语，可以让小朋友们发生不愉快的事情后又可以重新变成好朋友。所以以后我们要学会主动说"对不起"和"没关系"，对人有礼貌。 （品格元素：教师联系幼儿生活经验，鼓励幼儿在生活中礼貌待人）
活动延伸	一、区角延伸 教师可以引导幼儿创编与歌曲内容比较吻合的动作，边唱歌边表演，从而更好地体验和表现音乐。教师还可以引导幼儿在表演区续编歌曲内容并表演，激发幼儿理解更多的礼貌情境。 二、家园共育 教师可以向家长宣传"礼貌行为"的积极意义并告知家长培养幼儿礼貌品格的基本原则与方法。例如，家长要以身作则，树立榜样，礼貌待人，言语得当，不说粗话，等等。此外，当幼儿说了不礼貌的话，做出不礼貌的行为时，家长要明确指出幼儿做得不对的地方并将正确的沟通、表达方式教给幼儿。 三、环境渗透 师幼合作，一起将幼儿收集的生活中的礼貌行为、礼貌用语用图文并茂的形式制作成小标记，粘贴在活动室的适当地方，用以提示大家更好地做讲文明、有礼貌的好孩子。

3. 活动反思

（1）活动特点

教师开始以谈话"我昨天遇到不开心的事情"导入，一下子激发了幼儿的学习兴趣，在讨论过程中引导幼儿学会了换位思考和理解他人。教师通过情境表演及范唱，引导幼儿熟悉歌曲的旋律及歌词，同时让幼儿进一步体会理解换位思考，感受宽容给大家带来的快乐，从而完成本次活动的情感目标。

（2）活动实施建议

这首歌曲的节奏型较为复杂、变化较多，特别是弱起节拍，幼儿不常接触，掌握起来有点儿困难。例如，"那天我从你门前过"的最后一个字"过"和下一句中的"你正提着水桶往外泼"中的"你"不易衔接上，在后续活动中教师要引导幼儿重点复习这部分旋律。教师还可以在活动中增加节奏型的学习环节，带领幼儿用肢体动作表现歌曲节奏，一边做动作一边歌唱既有助于加深幼儿对节奏的掌握，又能让幼儿较快地熟悉歌词。

（中共中央办公厅警卫局北长街幼儿园　周颖　孔欣）

(四)幼儿社会技能教学活动

1. 活动设计说明

幼儿在生活中遇到别人妨碍或者影响自己，不知道如何表达时，便可以使用"说'劳驾'"技能，礼貌地与人提出请求。在集体活动中，需要锻炼幼儿的"倾听"与不随意"插话"的能力，以此来培养幼儿尊重别人、遵守人际交往常规的好行为。因此，培养幼儿"说'劳驾'"和"插话"技能口诀，可以有效地帮助幼儿更好地适应人际交往，进行礼貌交流。

2. 社会技能"说'劳驾'"教学活动案例

社会技能"说'劳驾'"的技能口诀是：别人妨碍你；礼貌说"劳驾"；提出请求不要急。接下来我们以活动"我会说'劳驾'"为例阐述社会技能"说'劳驾'"教学活动的组织要点，见表 3-5。

表 3-5　社会技能"说'劳驾'"教学活动

我会说"劳驾"		
活动环节	活动设计	
活动目标	认知目标：知道当别人妨碍自己时，要礼貌地提出自己的请求，不要着急。	
	能力目标：掌握社会技能"说'劳驾'"的口诀，在一日生活中比较熟练地使用该技能。	
	情感目标：乐于与他人交往，愿意在生活中做有礼貌的好孩子。	
活动准备	经验准备	1. 幼儿能够简要回顾在生活中有妨碍别人或被别人妨碍的经历。 2. 幼儿已经初步理解"劳驾"的含义。
	物质准备	1. 被别人妨碍的视频(集体活动时前面的幼儿挡住了后面幼儿的视线、在楼道里几名幼儿并排挡住了路、几名幼儿不小心挡住了一名幼儿的柜子等，或者想麻烦别人做一些事情时，比如想让爸爸妈妈从书架或柜子上帮自己拿一个玩具或一本书) 2. 礼仪儿歌《入园歌》。
活动过程	一、儿歌导入，激发幼儿参与活动的兴趣 礼仪儿歌《入园歌》导入。 儿歌内容：太阳出来眯眯笑，小朋友们上学校。见了老师问声好，见了同伴把手招。讲文明，懂礼貌，我们都是好宝宝。 二、播放视频，引导幼儿了解生活中"被别人妨碍"的情境 师：今天老师给小朋友们带来了一些视频，请大家仔细观察视频中发生了什么事情。(教师播放被别人的妨碍的视频) 师：有的小朋友说视频中的小朋友被妨碍了。当你觉得别人妨碍了你，你会怎样做呢？ 师：小朋友们想了好多办法，可以说"不好意思""抱歉""打扰"等。老师有一个非常好听的词语，大家可以试着和别人说"劳驾"这个词，便可以礼貌地提出自己的请求了。 三、创设情境，体验"说'劳驾'"技能 师：老师现在想和小朋友们做一个游戏。请几个小朋友到前面来，在不同的场景里，请你们以礼貌的方式说出你的请求。(教师做旁白，为幼儿提供四种场景，也可以根据本班幼儿实际情况进行场景的改动) 场景一：你正在走路，前面几个小朋友并排走挡住了你的路。 场景二：小朋友站在你的柜子前面，把你挡住了，你想让他挪开一点儿。 场景三：在剧院看电影的时候，前面的小朋友站起来挡住了你的视线。	

我会说"劳驾"	
活动环节	活动设计
活动过程	场景四：看书时，旁边小朋友的书挡住了你的书。 师：刚刚小朋友们表现得很棒，我们"说'劳驾'"的时候，应该用什么样的表情、动作、语气呢？（幼儿讨论） 小结：小朋友们说："要慢慢地说、微笑地说……"小朋友们说得非常棒。当别人妨碍我们时，要礼貌地说"劳驾"或者"打扰一下""不好意思""抱歉"…… **四、师幼讨论，理解技能口诀"提出请求不要急"** 师：如果别人挡住你的柜子，或别人不小心占了你的位置，我们跟对方提要求时，说话的速度应该注意什么呢？ 师：有的小朋友说，要慢慢地说，如果说得太快会怎么样？（教师引导幼儿回答） 师：小朋友们说得非常好，我们要"提出请求不要急"。 **五、回顾"说'劳驾'"技能，牢记口诀** 总结：小朋友们刚刚表演得都太棒了，老师要给你们竖大大的拇指！我们生活中很多时候会遇到别人妨碍到自己的时候，我们自己其实也会不小心妨碍到别人，遇到这种情况的时候，我们一定要懂礼貌。今天我们学会了"说'劳驾'"这个技能，希望大家之后都能做有话慢慢说、礼貌地说的好孩子。小朋友们和老师一起回顾一下今天学的三句口诀："别人妨碍你；礼貌说'劳驾'；提出请求不要急。"
活动延伸	**一、区角延伸** 教师可以在角色区创设"电影院"，鼓励幼儿尝试扮演不同角色，体验如果看电影时有人站起来挡住了自己的视线，用礼貌的方式向别人提出请求。 **二、家园共育** 在日常生活中，面对幼儿的请求，经常是幼儿还没有说出口，家长就已经把幼儿想要的送到了幼儿面前，剥夺了幼儿礼貌表达自己请求的机会。教师要引导家长有意识地锻炼幼儿表达自己请求的能力，当幼儿想要请求大人帮忙时，鼓励幼儿清楚地表达出自己的想法，并用礼貌的方式向大人表达自己的请求。同时，教师在班级群中分享当天学习的社会技能，包括技能目标、培养重点、培养方法等；鼓励幼儿回家后和爸爸妈妈说一说当天学到的新本领"说'劳驾'"，也可以引导幼儿了解"能不能麻烦你""请借过一下"等更多的礼貌用语。 **三、环境渗透** 教师可以根据"说'劳驾'"口诀的含义，用图文并茂的方式展示口诀内容；同时还可以呈现幼儿在家庭中、幼儿园里以及社会活动中说"劳驾"的情境，加深幼儿对该社会技能的理解。

3. 活动反思

（1）活动特点

活动目标凸显了社会技能"说'劳驾'"的内涵要求，当幼儿遇到问题不知道如何礼貌地表达自己的想法时，通过社会技能"说'劳驾'"的学习，大胆尝试在生活中说"劳驾"。活动以幼儿身边发生的事情导入，充分调动了幼儿参与活动的积极性，同时自然地引出"说'劳驾'"的主题。幼儿通过情境体验，根据"说'劳驾'"口诀的具体内容，在情境中体验什么情况下说"劳驾"，增强了活动的趣味性，同时也能更好地帮助幼儿理解"说'劳驾'"技能的内涵。

（2）活动实施建议

说"劳驾"技能主要培养幼儿礼貌地与别人说话的技能和习惯。学习第一句口诀"别人妨碍了你"时，幼儿对妨碍的理解有限，教师可以让幼儿大胆说一说自己有没有遇到过类似的事情。幼儿会提出不同的想法，如滑滑梯时小朋友挡住了我等，这类事情我们可以统称"别人妨碍了你"。"说'劳驾'"在幼儿生活中使用的较少，教师平时应多把"劳驾"挂在嘴边，让幼儿熟悉并运用。

（沈阳市铁西区实验幼儿园光明新村分园　闫佳洁　程嘉玉）

4. 社会技能"插话"教学活动案例

社会技能"插话"的技能口诀是：如果心里有问题，耐心等待好时机；别人把话说完后，微笑问话才可以。接下来我们以活动"我不随意插话"为例阐述社会技能"插话"教学活动的组织要点，见表 3-6。

表 3-6　社会技能"插话"教学活动

我不随意插话	
活动环节	**活动设计**
活动目标	认知目标：知道随意插话不是好习惯，要掌握插话的好时机。
	能力目标：学习并理解"插话"口诀。
	情感目标：逐步养成有礼貌地与人交流的良好习惯，懂得尊重他人。
活动准备	经验准备　幼儿有过插话的经验。
	物质准备　情境活动"天气播报"所用物品(背景图、话筒等)。
活动过程	**一、情境导入，激发幼儿的学习兴趣** 教师提前布置好"天气播报"的场景，一名教师和一名幼儿正在录制中，有几名幼儿不断闯入录制的场景中。 "天气播报"情境：教师说："小朋友们，下面请保持安静，我们请琪琪小朋友进行播报。"琪琪说："大家好！我是琪琪，今天由我来进行天气播报，今天的天气是……"在琪琪播报天气的过程中不断有幼儿起来插话。红红说："我在家里看天气预报了。"东东说："妈妈说今天的天气很冷，需要多穿衣服。"笑笑说："老师今天有风，琪琪没播报。" 师：小朋友们，红红、东东、笑笑这样做对吗？为什么？(教师引导幼儿说出 3 个小朋友不应该插话) **二、情境谈话，理解社会技能"插话"的含义** 1. 师幼讨论想要插话的原因。 师：刚才琪琪播报天气的时候，红红、东东、笑笑插话是不对的，为什么别人说话的时候，有的小朋友想插话呢？请小朋友们说一说。 小结：小朋友们说得很好，当我们发现小朋友回答问题出错时，当老师讲的故事自己已经听过时，当我们想把自己在家吃的美食告诉别人时，当妈妈给自己买了一件非常好玩的玩具时，或者想让别人听听自己的想法时，都会忍不住想把心里的话说出来，就想插话。 2. 师幼讨论什么时候可以插话，什么时候不能插话。 师：小朋友们说了这么多想要插话的时候，那我们什么时候可以插话，什么时候不可以插话呢？ 师：请小朋友们回忆一下我们的"倾听"技能。(眼睛看着说话的人，不乱动、不出声，想想人家说什么) 小结：别人说话的时候我们需要认真听，不要随意打扰。如果别人说的话自己很感兴趣也想说，就需要等待好的时机再插话。

	我不随意插话
活动环节	活动设计
活动过程	师：那老师想问问小朋友们，你们觉得什么是插话的好时机？（教师结合下列情境引导幼儿回答） 师：刚才琪琪在播报天气时把温度播报错误，你想给她纠正过来，应该怎么做？妈妈正在和客人聊天，你突然想和妈妈分享你今天在幼儿园发生的好玩的事情，你应该什么时候和妈妈说比较合适？老师正在上课，你想尿尿，你会怎么跟老师说？自己突然流鼻血或者受伤了，妈妈在打电话，可以怎么和妈妈说？ 小结：如果别人正在认真地做一件事情但是你发现别人出现错误时，或是妈妈正在打电话而你想和妈妈分享好玩的事情时，要等别人说完或打完电话再把自己的想法说出来；如果老师正在上课你想尿尿，这时可以举手示意老师；如果妈妈正在打电话你流鼻血了，这时也要立即告诉妈妈。 师：老师今天教给小朋友们"插话"的口诀"如果心里有问题，耐心等待好时机"。 3. 教师引导幼儿知道插话时要微笑有礼貌地表达自己的需求或想法。 师：刚才我们学习了"插话"口诀的前两句："如果心里有问题，耐心等待好时机。"那我们要说自己的想法时，该怎么表达才算礼貌呢？小朋友们想一想"好好说"的技能。（微微笑一笑，看着他的脸，声音要友好） 师：老师告诉大家，我们在插话时也要微笑地表达自己的想法，因此"插话"口诀的后两句就是"别人把话说完后，微笑问话才可以"。 **三、互动体验，师幼总结，巩固幼儿对社会技能"插话"的理解** 师：通过刚才的讨论，我们知道了什么时候可以插话，什么时候不应该插话，并学习了一个插话的口诀"如果心里有问题，耐心等待好时机；别人把话说完后，微笑问话才可以"。请小朋友们牢记在心里，以后想插话的时候想想口诀，应该怎么去做才算有礼貌。 师：刚才琪琪播报天气时，因为几个小朋友插话没有播报成功，下面由琪琪继续为大家播报，请其他小朋友认真听。如果有问题可以先记在心里，等琪琪播报完再举手说出你的问题。 师：（等琪琪播报完天气后，提问琪琪）你刚才播报天气时，没有小朋友插话，你感觉怎么样？一开始播报天气时有几个小朋友插话，你是什么感觉？ 小结：今天我们学会了"插话"的技能，以后无论在家里、幼儿园里，还是在外面，都要知道什么时候不应该插话，什么时候可以插话，应该怎样插话，做尊重别人又懂礼貌的小朋友。
活动延伸	**一、家园共育** 教师在班级群中分享当天学习的社会技能"插话"口诀，鼓励幼儿回家后和爸爸妈妈说一说当天学到的口诀，并提醒家长在家随时关注幼儿与人的交流情况，养成不随意插话的习惯。 **二、生活渗透** 在日常生活中，教师有意识地关注幼儿有无插话现象，例如，集体教学活动时、与个别幼儿谈话时、与家长交流时，发现有不礼貌的插话现象，随时给予正确引导，逐步培养幼儿不随意插话的好习惯。 **三、环境渗透** 教师在品格主题墙中以图文并茂的方式展示"插话"口诀，结合本月品格主题创设"争做礼貌小标兵"荣誉墙，不仅把"会使用礼貌用语"作为评价的项目，也把"不随意插话"作为评选"礼貌小标兵"的一项重要指标。例如，有的幼儿在教师上课时有问题先举手，没有随意插话，就可得到一张小红花贴纸贴在荣誉墙上自己名字的后面，月末看谁得到的小贴纸最多，谁就被评为"礼貌小标兵"。

5. 活动反思

（1）活动特点

中班幼儿开始学会辨别是非，喜欢提问题，活动目标正好契合中班幼儿这一发展特点。活动以情境活动"天气播报"的形式导入，让幼儿主动参与到活动中，亲身体会随便插话是一种不好的行为。幼儿学习"插话"的口诀后，教师引导幼儿又回到情境活动"天气播报"中，使活动首尾呼应，强化幼儿对不随便插话的认识并练习"插话"技能。

（2）活动实施建议

插话的前提是认真听别人讲的内容，在听的过程中认真思考，再寻找合适的机会表达自己的想法。因此，开展活动之前，教师应当有意识地和幼儿一起复习社会技能"倾听"，在活动中幼儿才能灵活运用。此外，教师要引导幼儿知道插话的时候一定要礼貌地表达自己的想法。因此，在活动中，教师可以和幼儿一起讨论想要表达自己想法时怎么做才是礼貌的，然后再一起说社会技能"插话"的口诀，帮助幼儿理解口诀的含义。

（泰安市泰山区泮河幼儿园　孔德丽　刘春荣）

五、区角活动案例

幼儿要养成良好的礼貌习惯，必然在礼仪情感、礼仪认知、礼仪实践中培养。因此幼儿园区角活动要从幼儿的认知发展、兴趣爱好、个性特点和情感需求出发，让幼儿通过各种游戏角色，在与同伴和师生互动、礼仪元素提示、实践交流及评价中学习不同的交往方式，从而使幼儿在良好的社会环境和文化熏陶中形成礼貌品格。

建构区

活动一：快乐摩天轮

活动目标：

1. 学习运用拼插、对称等建构技能搭建摩天轮，体验共同游戏的乐趣。

2. 尝试与同伴分工合作，并能在游戏中友好相处。

活动准备：各种形状、种类的拼插积木（图 3-7）。

图 3-7　各种形状、种类的拼插积木

活动过程：

1. 教师组织经验回顾(创设情境)，激起幼儿对摩天轮的探究欲望，了解摩天轮的结构特征，探讨选用合适且最能表现摩天轮外形特征的积木进行搭建。

2. 幼儿自由分组合作搭建摩天轮。

3. 教师鼓励幼儿在合作中与同伴使用礼貌用语交流，齐心协力想办法组合，合作完成作品。

4. 幼儿分享，相互交流建构过程中的感受。

活动建议：

1. 活动前，教师要明确告知幼儿在合作搭建的过程中，如果遇到双方意见不统一的时候，要用礼貌的语言好好沟通，不能把自己的想法强加给对方，也不能讽刺或粗鲁地拒绝对方的建议与想法。

2. 幼儿分享交流的时候，教师引导幼儿回顾"插话"技能口诀(如果心里有问题，耐心等待好时机；别人把话说完后，微笑问话才可以)，争做礼貌小标兵。

活动延伸：

教师鼓励幼儿基于搭建的摩天轮，继续用其他材料搭建游戏场景，丰富游戏元素。此外，教师还可以引导幼儿跨区角游戏，将在建构区搭建的长江与角色区、表演区进行融合，让幼儿的区角游戏活动能够自然流动、互通，让游戏更有趣、更生动。

活动二：趣味迷宫

活动目标：

1. 锻炼整体布局和创意搭建的能力。

2. 愿意与同伴一起游戏，体验共同搭建的乐趣，感受与同伴礼貌交往的快乐。

活动准备： 纸、笔、各类迷宫图片、各种积木搭建材料。

活动过程：

1. 教师出示各类迷宫图片，引导幼儿欣赏迷宫，激发幼儿的建构兴趣。

2. 幼儿通过观察、交流，了解不同迷宫构造的特点及建构要求。

3. 幼儿与同伴一起协商迷宫主题并进行建构(图3-8)。

图3-8 迷宫建构

活动建议：

建构游戏是幼儿喜爱的游戏，教师要善于观察幼儿在游戏中的表现，引导幼儿用礼貌的语言、行为与同伴良好沟通合作，当幼儿出现不适宜的语言、行为时要及时提醒。

活动延伸：

游戏后期，教师可提供富有挑战性的迷宫游戏图，拓展幼儿的搭建主题。此外，教师还可以根据幼儿搭建的需要，提供更多的辅助材料，丰富搭建的场景元素。

活动三：奇趣隧道

活动目标：

1. 学会用分享、合作、协商等方式与同伴共同搭建，礼貌表达自己的建议和想法。

2. 体验创造与成功的喜悦。

活动准备： 砖块积木、建筑物图片及辅助材料。

活动过程：

1. 教师提问（隧道图片）这是什么，隧道为我们带来了哪些好处，并请幼儿观察说说它的外形特征。

2. 教师介绍游戏材料，鼓励幼儿大胆尝试，搭建心中最特别的隧道。

3. 幼儿与同伴协商并开始搭建（图3-9）。

图3-9 幼儿共同进行多向隧道与栈道结合的搭建游戏

4. 教师以游戏者身份进入游戏，促进幼儿礼貌交往能力提升，并对遇到困难的小组提供帮助。

5. 教师带领幼儿欣赏新搭建的游戏成果。师幼共同评价，肯定幼儿作品中的优点，激发幼儿的自信心，让幼儿体验成功的喜悦。教师再请个别幼儿说一说在搭建过程中遇到了什么困难，是怎样解决的，为下一次搭建提出要求。

活动建议：

在游戏活动中，教师要用心观察幼儿与同伴合作搭建中的沟通方式，例如，是否能礼貌地提出自己的需求，能否礼貌地给予对方积极的反馈等。活动后，教师可组织本区角的幼儿一起分享自己的作品及在搭建过程中的心得与收获。此时，教师除了点评幼儿的作品，还要重点强调幼儿在活动过程中的礼貌行为，对做得好的幼儿进行表扬和肯定，对于言行有失的幼儿及时指出不足。

活动延伸：

教师应追随幼儿的兴趣和经验，逐步引发幼儿对隧道和高架桥的深入探究，并启发幼儿与其他游戏进行信息共享和资源联动，支持幼儿对多元化建构的理解和创想。

科学区

活动一：彩虹漩涡

活动目标：

1. 初步感知彩虹糖在水中融化的现象，愿意用语言表达自己的发现。

2. 能够在示范、讲解下按实验步骤进行操作，并能注意观察实验中的现象。

活动准备： 白色盘子、彩虹糖、水。

活动过程：

1. 提问导入，激发兴趣。

师：小朋友们都见过天空中的彩虹，那有谁见过水里的彩虹呢？

2. 出示材料，引发猜测。

教师向幼儿出示白色盘子、彩虹糖和水，让幼儿猜一猜如何用这些材料做实验，每个材料分别有什么用途；启发幼儿思考，如果把彩虹糖放进水中会怎么样。

3. 操作实验，观察现象。

教师先将彩虹糖沿着白色盘子的边缘摆一圈，每两颗彩虹糖之间的间隔相近，相邻两颗彩虹糖的颜色不同。教师向幼儿提问："请小朋友们看一看，相邻的两颗彩虹糖颜色是怎么样的呢？"教师再把一旁准备好的水从白色盘子的中心位置缓缓倒入，没过彩虹糖一半的高度。这时候一定要小心一点儿，不要把刚才摆好的彩虹糖冲乱。教师可以引导幼儿观察白色盘子里水面的高度，然后耐心等待彩虹的出现。

4. 和幼儿一起讨论实验现象并介绍原理。

教师先鼓励幼儿分享交流实验发现，表扬幼儿积极探索发现的精神，肯定幼儿友好合作的实验成果；然后与幼儿一起交流探究实验的原理：彩虹糖的表面有不同的颜色，这些颜色就是不同的色素宝宝，色素宝宝是可以移动的；当彩虹糖碰到水后，色素宝宝就从彩虹糖上跑到了水里，彩虹糖的周围就聚集了很多色素宝宝；因为太挤了，色素宝宝就要往空的地方跑，盘子里最空的位置是盘子的中心，所以不同的色素宝宝就一起从周围跑到中间来了。

活动建议：

分享交流是区角活动中重要的环节，教师作为旁观者、欣赏者，除了为幼儿提供宽松交流的平台外，还要帮助幼儿构建认知和促使其富有个性地发展。例如，幼儿在分享交流中争吵、不懂礼让和倾听或与同伴沟通产生冲突时，教师应引导幼儿知道如果自己实在着急需要表达，要想到"好好说"技能"微微笑一笑，看着他的脸，声音要友好"，用礼貌的表情、语气、动作来与别人说话。教师要有意识地将礼貌教育融入幼儿的点滴生活之中。

活动延伸：

教师可以引导幼儿探索彩虹糖的不同摆放形状再次进行实验。此外，教师还可以从水油互不相溶的角度，开展"水中烟花"的科学探究。第一步，在量杯中倒入20毫升食用油，把不同颜色的色素分别滴入量杯中，每种颜色的色素滴入三四滴即可。第二步，轻微晃动量杯，使量杯中的色素变小一些。第三步，把清水倒入水杯中，并将油与色素混合物倒入水杯中，烟花就会缓缓绽放。其具体原理是色素不溶于油，充分搅拌后，会在油中形成均匀分布的小液滴。将色素与油的混合物倒入水中后，由于油的密度比水小，会浮在水的上层。色素密度比油大，会慢慢下沉到水中。下沉到油水分隔层时，色素小液滴溶于水并快速扩散开来，形成了烟花般的效果。

活动二：天气播报员

活动目标：

1. 感知天气预报与人类生活的关系，有随时关注天气预报的意识。

2. 学做播报员，学习播报员的播报礼仪。

活动准备： 各种气象的图片、天气预报录音。

活动过程：

1. 教师组织知识竞答游戏，让幼儿在"天气图标我认识""天气预报我来播""天气常识我了解"这三个游戏环节中巩固前面所学的知识。

2. 教师组织收听中央电视台的天气预报，激发幼儿学做播报员的兴趣。

3. 教师营造积极氛围，鼓励幼儿做播报员播报天气（图 3-10），其他幼儿做有礼貌的小观众。

图 3-10 我来播报天气

活动建议：

游戏中，教师可引导幼儿认真倾听别人播报，注视对方，不插话，做文明有礼的小观众。

活动延伸：

教师可以引导幼儿每天轮流记录晨谈墙上的天气情况，并鼓励幼儿在"小小气象台"与同伴一起玩播报天气的游戏。

活动三：做青团

活动目标：

1. 认识制作青团的主要原料——艾叶，了解艾叶的主要特征。

2. 体验和老师、同伴合作制作青团的快乐。

活动准备：

1. 艾草、糯米粉、红豆馅、肉松等食材。

2. 操作图、轻音乐。

活动过程：

1. 师幼谈话交流，引起幼儿活动的兴趣，让幼儿知道清明节有做青团、吃青团的风俗。

2. 教师出示艾草，引导幼儿认识艾叶并观察其外形特征。

3. 教师引导幼儿做青团(教师自制操作图供幼儿参照)。

4. 幼儿与老师、同伴一起制作青团(图 3-11)。

图 3-11　制作青团择艾叶

活动建议：

制作过程中，教师需要重视引导幼儿的分工合作。当出现争吵行为时，教师要介入幼儿的冲突，让幼儿知道有话好好说，学习在生活中运用沟通交流技能友好地与同伴礼貌交往，愉快地合作完成制作青团全过程。

活动延伸：

教师带领幼儿继续探寻艾草的世界，大胆探究艾草食用、生活用等多种用途。例如，教师可以在美工区引导幼儿做艾草包，在生活区引导幼儿做艾叶汤、艾叶粥等。

表演区

活动一：观看情景剧

活动目标：学做文明有礼的小观众，安静地看演出并给予评价。

活动准备：表演道具(手偶等)、门票、观众小椅子(与门票号码对应)，布置小剧场场地。

活动过程：

1."观众"买票入场，找到对应的座位安静入座。

2."演员"根据当天的节目单表演精彩的节目。

3."观众"在演出完毕后应礼貌地鼓掌喝彩，也可以说一说"演员"的精彩之处。

活动建议：

1. 教师要引导"演员"注意表演时手中的手偶要正面朝向"观众"。

2. 教师鼓励"演员"在表演时要声情并茂、大胆、自信地表演。

3. 教师引导"观众"在观看节目时要做有礼貌的人，学会安静倾听，认真观看。

活动延伸：

教师可以不定时地更换手偶，以"礼貌"为主题，引导幼儿跨区角游戏。例如，教师可以在美工区创设连环画，在表演区进行故事演说等，为幼儿搭建多元化的游戏场景。

活动二：去狐狸家做客

活动目标：学会在生活中礼貌地接待客人。

活动准备：小狐狸头饰与其他动物头饰若干、森林背景、设计好的故事情节。

活动过程：

1. 教师为幼儿讲述故事《小狐狸请客》，引导幼儿熟悉故事情节与角色，为幼儿提供一个去别人家礼貌做客的情境。

2. 幼儿自主选择动物角色，去小狐狸家做客。

3. 幼儿演绎故事，分享、交流做客时需要注意的礼貌行为(图 3-12)。

活动建议：

1. 教师引导幼儿在活动中使用"您好""请""谢谢""再见"等礼貌用语进行交流沟通。

2. 教师鼓励幼儿在表演展示时声情并茂、大胆、自信地表现。

活动延伸：

教师可以开展"礼仪小标兵"活动，在早晨入园、下午离园时，让幼儿学做礼仪小标兵在幼儿园门口迎接、欢送家长及幼儿。

图 3-12　给小狐狸送礼物

活动三：森林欢乐会

活动目标：

1. 能大胆、大方、大声地展示自己的表演内容，对自己的演出充满信心。

2. 能与同伴友好协商合作，学会在表演中倾听同伴的语言、礼貌地配合同伴的角色行为。

活动准备：背景音乐、舞台背景、各种动物头饰和手偶、打击乐器、话筒、观众小椅子。

活动过程：

1. 森林欢乐会开始啦！森林里的"小动物们"都开开心心地来了。

2. "小动物们"根据自己的喜好或故事内容选择相应的道具进行合作表演(故事、舞蹈、歌唱等)。

3. "观众"文明地观看演出，演出完毕要礼貌地给予鼓掌喝彩。

4. "演员"和"观众"可以互动游戏，如请"观众"上台唱歌等，让森林欢乐会更加开心热闹。

活动建议：

1. 教师注意引导幼儿演出时大胆、自信地展现自己；也可以以小动物的角色参与到活动中来，带动个别不够大胆的幼儿。

2. 教师可通过幼儿之间的合作来带动幼儿的文明对话、文明交往，促进幼儿社会交往和谐发展。

活动延伸：

教师引导幼儿跨区角游戏，将活动延伸至户外大型建构区，让幼儿在建构区搭建自己心目中的舞台，并在建构好的舞台上大方、自信地表演节目，从而提高幼儿的自信心及表演欲望，增强与同伴协商合作的社会交往能力。

(清远市清城区玉腾万科华府幼儿园　谢雯靖　秦楚楚)

六、一日生活指导

(一)一日生活中幼儿品格与社会技能培养

中班幼儿的礼貌教育需要贯穿在一日生活的各个方面，教师要利用各个环节潜移默化地养成幼儿良好的文明行为，进而产生对他人关心和尊重的情感。社会技能"说'劳驾'"和"插话"贯穿于同伴交往、师幼互动的全过程，但在一日生活各环节中的体现略有不同，有些环节需要重点指导，有些环节可随机指导。本期主题品格与社会技能在一日生活中的重点培养环节见表 3-7。

表 3-7　品格与社会技能的日常重点培养环节

生活环节	品格：礼貌	社会技能：说"劳驾"	社会技能：插话
入园	√	√	√
盥洗	√	√	√
进餐	√	√	
饮水	√	√	
如厕	√	√	
午睡	√		
离园	√		
集体活动	√	√	√
户外活动	√	√	√
区角活动	√	√	
过渡环节	√		√

(二)一日生活中幼儿品格与社会技能指导要点

本期主题品格与社会技能在一日生活中的指导要点见表 3-8、表 3-9、表 3-10。

表 3-8　一日生活中礼貌品格指导要点对照表

环节	指导要点
入园	1. 教师通过"礼仪宝贝"，引导幼儿主动与其他幼儿、家长及老师有礼貌地问好。 2. 教师要耐心、语气温和地鼓励胆小内向的幼儿大声问好，引导幼儿不要嘲笑声音小或者不爱表达的同伴。
盥洗	1. 教师通过在地上标记盥洗站位点，引导幼儿自觉排队，不拥挤、插队，遵守规则。 2. 教师通过提示图片，引导幼儿盥洗后自觉关好水龙头，节约用水。
进餐	1. 教师通过地面箭头指示、环境创设引导幼儿按流线取餐。 2. 教师播放舒缓的进餐音乐，提醒幼儿餐中不大声交流、不影响他人，情绪愉悦进餐，餐后收整好自己餐位的桌面卫生，将餐具送至指定位置分类摆好。

续表

环节	指导要点
饮水	1. 教师通过环境创设引导幼儿自觉排队取水，不插队，耐心等待，相互谦让。 2. 教师观察幼儿饮水需求，养成幼儿不玩水、不浪费水的习惯。
如厕	1. 教师引导幼儿分组、分男女有序进入卫生间，不大声吵闹，自觉排队轮流如厕。 2. 教师通过说儿歌等多种方式，养成幼儿便后冲水、将废纸扔进垃圾桶等好习惯。
午睡	1. 教师通过儿歌、穿脱衣服示意图等，引导幼儿学会正确穿脱衣物的方法，互相帮助，将衣物整齐摆放到椅子上。 2. 教师播放轻音乐或故事，引导幼儿安静入睡，不影响和打扰他人。
离园	1. 教师开展离园总结活动，点评幼儿的文明行为。 2. 教师引导幼儿离园时主动与他人及老师告别。
集体活动	1. 教师多采用游戏化的活动，引导幼儿使用礼貌用语，并强化文明行为。 2. 教师通过讨论的方式制定班级文明礼貌公约，共同遵守公约。
户外活动	1. 教师通过各种户外活动，引导幼儿遵守活动规则，正确解决幼儿之间的矛盾冲突。 2. 教师鼓励幼儿与同伴之间相互帮助，不欺负，不嘲笑"弱者"。
区角活动	1. 教师设计有趣简单的区角标识和规则，养成幼儿用完物品归位的习惯。 2. 教师提供丰富多样的区角游戏材料，例如，在语言区投放绘本《和我一起玩》《公主怎么挖鼻屎》《一头非常粗鲁的犀牛》等，引导幼儿学习文明礼仪。
过渡环节	1. 教师利用餐前环节，开展"礼貌用语我知道""我是礼貌小标兵"等活动，让幼儿学会使用礼貌用语。 2. 盥洗、进餐、区角活动后，教师及时表扬使用礼貌用语和有文明行为的幼儿，树立榜样。

表3-9　一日生活中"说'劳驾'"技能指导要点对照表

环节	指导要点
入园	在晨间谈话活动中，教师引导幼儿进行情境模拟，用适中的音量说"劳驾"。
盥洗	1. 教师创设时机，示范说"劳驾"，树立榜样。 2. 教师设立值日生，维护秩序，恰当提醒幼儿说"劳驾"。
进餐	餐前师幼互动，教师引导幼儿礼貌运用"劳驾"，如"劳驾，我可以过去吗"。
饮水	教师结合具体情境，引导幼儿运用"说'劳驾'"口诀。
如厕	面对有着急如厕需求的幼儿，教师引导其礼貌说出请求，如"劳驾，我有些着急，可以先让我如厕吗"。
集体活动	1. 教师开展"说'劳驾'"技能的学习，引导幼儿运用"说'劳驾'"口诀。 2. 教师利用情境模拟练习运用"说'劳驾'"口诀。
户外活动	教师引导幼儿在户外游戏活动中，遇到麻烦时能够运用"说'劳驾'"口诀。
区角活动	1. 教师讨论制定区角规则，需要麻烦别人时，请说"劳驾"或"麻烦你"。 2. 教师利用区角游戏中的情境模拟，强化幼儿之间的礼貌用语。

表 3-10 一日生活中"插话"技能指导要点对照表

环节	指导要点
入园	教师利用谈话活动帮助幼儿熟练掌握"插话"技能口诀。
盥洗	教师提醒幼儿认真听老师讲述盥洗要求，不打断老师说话。
集体活动	1. 教师组织"插话"技能的教学活动，引导幼儿掌握"插话"技能。 2. 教师运用情境讨论引导幼儿学会运用"插话"技能。
户外活动	1. 教师讲规则时提醒幼儿认真倾听，不要轻易打断，如有问题，听完后再提问。 2. 教师通过具体情境，如幼儿想加入对方游戏，引导幼儿在合适的时机运用"插话"技能表达需求。
区角活动	1. 教师提示幼儿认真听清楚进区规则。 2. 教师引导幼儿在与同伴交往中运用"插话"技能。
过渡环节	教师引导幼儿倾听老师和同伴讲话，有问题时，耐心听别人把话说完，微笑问话，争当礼貌小标兵。

（三）日常指导策略

1. 礼貌品格——礼貌小游戏

（1）早入园、晚离园创设文明礼仪的环境氛围

教师将礼貌培养贯穿到一日生活中的各个环节中，利用早入园和晚离园养成幼儿良好的礼仪习惯，培养幼儿积极主动地"问好"，不但能够拉近幼儿之间的距离，融洽师生关系，而且能让幼儿在坚持鞠躬问好的过程中耳濡目染养成良好的礼貌品格。

①教师可以在幼儿园门口设置幼儿文明礼仪的相关图片。

②教师组织开展"礼貌小标兵"活动，在入园和离园环节，安排两名幼儿与教师共同站在门口欢迎早晨入园幼儿，声音洪亮，鞠躬问好。这样不但能够创设文明礼貌的氛围，也能够给其他幼儿起到榜样作用。

（2）点名游戏

晨谈活动是教师在晨间组织幼儿共同开展的有核心话题的集体谈话活动，是幼儿园一日活动中的重要环节，是深受幼儿喜爱的一种活动形式。晨谈是教师与幼儿正式见面的一个仪式，预示一日活动的开始，为幼儿提供说话与表达的机会、宽松的语言交流环境，利于形成良好的师幼互动、幼幼互动的和谐关系。

①借助不同的礼貌用语点名。教师帮助幼儿掌握不同情境的礼貌用语，如请、对不起、打扰你一下、劳驾等。教师点名时，幼儿可以说一个礼貌用语作为回应，帮助幼儿掌握更多的礼貌用语。

②借助动作表演点名。不同的礼貌用语跟随着不同的肢体动作，点到名字的幼儿不用出声音，表演一个文明礼貌的行为动作，这样不但能够强化幼儿文明礼仪的行为，还能增强幼儿的自信。

（3）礼貌伴我行

幼儿礼貌品格的培养与礼仪习惯的养成是知行统一的过程，知是基础，行是关键，习惯是归宿。幼儿时期是良好行为习惯的重要时期，所以习惯的培养尤为重要。

①自助餐

进餐是幼儿园一日生活中的重要环节，关系到幼儿的营养均衡摄入。同时，良好的饮食习惯、进餐礼仪的养成，对幼儿健康成长及养成文明礼貌的行为习惯起着尤为重要的作用。

A. 教师组织幼儿商讨制定自助区取餐规则，并为幼儿进行示范讲解，情境模拟。

B. 教师制作自主取餐流程示意图，培养幼儿按需取餐、有序排队、安静进餐等文明礼仪习惯。

C. 教师设置值日生，协助保育员准备餐具，做好每日的食谱播报。

D. 餐具归位，教师组织"我的卫生我负责"等活动。

②物品归位的习惯

A. 教师要为幼儿创设干净整洁的室内环境。

B. 教师将不同区角的物品标记相应的名签，坚持培养幼儿物品归位的习惯。

2."说'劳驾'"技能——情境案例

案例：户外自主游戏活动时间，幼儿不断地取放自己想要的器械。这时就看到可心和彤彤挡在了坤坤的前面，坤坤大声地喊道："让开，你们挡到我了。"

分析：坤坤的性子比较急，遇到事情容易情绪化。教师基于对坤坤的了解，相信他虽然大声地喊叫，但心里其实是没有恶意的。但是，坤坤这样比较凶的表现容易让其他幼儿误会，进而产生不必要的麻烦。因此，教师需要赶紧上前适当提醒，以避免三名幼儿发生冲突。

教师指导：首先，教师要及时介入，将幼儿之间即将要爆发的冲突打断。教师可以走到三名幼儿面前，并提示坤坤先停一下，然后转移坤坤的注意力，如可以拉着坤坤的手说："老师看到你有些着急了，是吗？"其次，教师要耐心地询问事件经过，并耐心倾听幼儿的表达。了解事件缘由之后，教师要帮助三名幼儿寻找解决问题的办法，可以引导幼儿学习运用社会技能"说'劳驾'"的口诀（别人妨碍你，礼貌说"劳驾"，提出请求不要急）来表达自己的需求。最后，教师要引导坤坤礼貌地向可心和彤彤提出请求，并为自己刚刚粗鲁地喊叫向两位小朋友道歉。

3."插话"技能——情境案例

案例：小白是中班幼儿中特别爱回答问题的一名小朋友。每次活动时，他都特别愿意积极发言。当他举手而老师没有叫他时，他就会一边举手一边抢着说："老师，老师，我知道。"甚至还没等别人说完，他就打断别人的回答，自顾自地发表自己的意见。最近，他打断别人发言的次数越来越多，经常导致其他幼儿无法听清楚别人回答问题，导致活动很难进行。

分析：小白性格开朗、活泼大方、思维活跃，爱插话。站在幼儿的角度，爱插话的幼儿语言表达能力强，积极动脑，教师要引导幼儿知道插话是不礼貌的行为，要学会倾听，遵守相应的规则。

教师指导：当小白出现插话行为时，教师应明确告知他插话是不礼貌的行为(寻找时机，单独沟通，保护幼儿自尊心)，并告知幼儿如果心里有问题，耐心等待好时机，别人把话说完后，微笑问话才可以。当幼儿能够做到不"插话"回答问题时，教师及时给予鼓励。

4."插话"技能——情景剧表演

幼儿喜欢看表演，也喜欢参与表演。教师通过情景剧表演，让幼儿在感兴趣的场景中更加深刻地了解插话是不礼貌的行为，以及不礼貌的行为带来的后果；让幼儿熟悉"插话"技能的口诀，养成文明礼貌的习惯。

教师可以引导幼儿参照寓言故事《多嘴的八哥鸟》开展情景剧表演。

(四)生活体验活动

活动案例：我是小小售货员

1. 设计思路

"我是小小售货员"是结合礼貌品格主题开展的社会实践活动，通过社会实践重点发展幼儿的社交礼仪，让幼儿到超市中实际体验、亲身感受，在真实的场景中促进幼儿社会技能的发展。

2. 活动过程

(1)我是小小售货员，争做礼貌小标兵

教师带领幼儿讨论理解什么是售货员，售货员的任务是什么，怎么做好售货员。幼儿积极性高，能够说出售货员简单的行为及礼仪。

(2)创设区角环境——我是超市售货员

教师带领幼儿创设超市的区角环境，共同商讨制定区角规则，引导幼儿掌握售货员的礼貌用语"您好，请问您需要什么?""欢迎光临""谢谢"等，能够在区角活动中熟练地运用。

(3)我是超市小主人

教师统一带领幼儿来到超市，分配不同的销售内容，鼓励幼儿大胆询问，礼貌交流。教师进行观察指导，及时抓拍幼儿精彩瞬间，重点记录观察。

(4)回想、分享

教师引导幼儿回想、分享与顾客交流的过程，鼓励幼儿大胆表达。如果个别幼儿忘记，教师可以利用图片帮助幼儿回想，总结幼儿所使用的礼貌用语。

3. 活动总结

走出幼儿园，走出教室，打破传统的课堂教学模式，走进社会，让幼儿在生活中去实践、感知文明礼仪的行为，可以让幼儿有更直接的体验，不但强化了幼儿文明礼仪的行为，更加锻炼了幼儿的自信心。

（盘锦新世纪蓝色康桥幼儿园有限公司　郭英娜　于慧）

七、家园共育指导

(一)品格指导要点

对于礼貌品格的家庭教育指导，重点在于帮助家长培养幼儿懂礼貌的品质，注重家园配合，以情感教育和培养良好的行为习惯为主，注意潜移默化贯穿于幼儿的生活与活动中。

1. 引导家长让幼儿感受到成人的爱与关心

教师与家长要为幼儿创设一个文明礼貌、充满爱的环境，让幼儿从心里感受到来自成人的爱与关心，让幼儿发自内心地愿意产生礼貌的行为。在日常生活中，通过幼儿与家长、教师的互动，营造相互关心、文明和谐的家庭与教育环境，鼓励幼儿用语言和动作表达自己的关心，拉近与成人之间的情感关系。教师引导家长多与幼儿进行情感交流，让幼儿感受到幸福与安全。

2. 发挥家长的榜样作用

对幼儿进行礼貌教育，重点在于习惯的养成。幼儿爱模仿，所以教师应指导家长在日常生活中发挥榜样的作用。身教重于言教，在环境中，家长应当自觉遵守礼仪规范，在生活点滴中为幼儿做好榜样。家长要说文明话，尊老爱幼，礼貌待人接物等。

3. 引导家长利用各种生活教育契机激发幼儿的礼貌行为

首先，教师可以引导家长利用各种节日，例如，利用教师节、妇女节、重阳节、劳动节、母亲节等来唤醒幼儿的爱，让幼儿学会关心并尊重身边的人；利用建军节、国庆节等引导幼儿树立爱国之情。其次，教师可以引导家长注重生活细节，从细节处培养幼儿的礼貌行为。例如，家长可以让幼儿进行简单的家务劳动，擦桌子、扫地等；或者给奶奶捶捶背，给爷爷倒杯茶等。再次，教师还可以引导家长利用角色扮演游戏、学习相关儿歌等方式培养幼儿的礼貌意识。家长可以给幼儿讲述一些与礼貌有关的绘本故事，如《黑猩猩的面包店》《一头非常粗鲁的犀牛》《公主怎么挖鼻屎》《和我一起玩》等，让幼儿产生情感共鸣，激发其礼貌行为。最后，教师要引导家长多称赞幼儿，提高幼儿的自信心。当幼儿主动与人打招呼、热情招待客人时，家长要及时夸奖幼儿的表现。即使幼儿做得不好，家长也不要过分斥责，应该耐心地鼓励、称赞幼儿。

(二)社会技能指导要点

1. 说"劳驾"

别人妨碍你。教师通过集体讨论的方式引导幼儿对日常生活情境进行讨论。当幼儿在讨论中不知道怎么做、怎么说时，教师可以及时给予提醒。

礼貌说"劳驾"。教师结合具体情境引导幼儿学习礼貌用语，或者通过一些绘本故事、剧情扮演等方式帮助幼儿掌握礼貌用语。

提出请求不要急。教师创设一些游戏情境，让幼儿用礼貌的方法表达自己的请求，教师在生活中进行及时的指导，及时强化幼儿正确的行为。

2. 插话

如果心里有问题。教师可以在进行集体活动过程中对插话的幼儿给予提醒，对能够举手回答问题的幼儿给予及时肯定和表扬。

耐心等待好时机。教师带领幼儿针对不同场景进行讨论，也可以在日常生活中随时随地对幼儿进行提醒。当幼儿插话或者想插话的时候，教师可以提醒幼儿："想想我们学过的'插话'口诀是什么，老师一会儿会请你们说，现在请小朋友们认真听！"

别人把话说完后，微笑问话才可以。教师可以通过具体的场景让幼儿进行角色扮演，也可以以榜样的身份示范引导幼儿，在一日生活中渗透礼貌插话能力的训练。

(三)你问我答

1. 幼儿碰见长辈，不主动打招呼，避而不见或者视而不见，怎么办

对于这种情形，一般是幼儿的个性使然，家长首先要起到榜样作用，对长辈恭谦，幼儿自然会效仿。要想改变这种情况，家长在见面前一定要先告诉幼儿待会儿见到什么人该如何称呼以及该说什么，让幼儿有心理准备，如果有必要可以事先练习，千万不要命令或者强迫幼儿。

2. 幼儿喜欢说脏话，应该怎样引导

第一，家长应教会幼儿正确表达自己的情绪，在跟幼儿交流的过程中可以多使用一些情绪词，帮助幼儿在认知自身情绪的基础上，学会用合适的语言来表达情绪。第二，营造良好的语言环境，家长要为幼儿做好榜样，即在家使用文明语言进行交流，观看文明的电子产品内容。第三，幼儿说脏话时，家长反应越激烈往往越会激发幼儿的好奇心，所以最好的处理方式是冷处理，不回应。

3. 喜欢插队或者总想站在第一个的幼儿，如何引导

首先，家长以身作则，不随意插队。其次，家长多带幼儿外出，置身于排队场景中，体验等待的感觉，同时，让幼儿看到插队后果，如发生争吵、受到大家的谴责等。再次，家长要正面强化幼儿的排队意识，当幼儿做到耐心自觉排队时给予表扬。最后，家长可通过游戏方式加以引导，让幼儿体验到排队带来的乐趣。

4. 日常生活中，幼儿犯了错误不愿意道歉，家长应该怎么办

家长不要急着逼迫幼儿道歉。当意识到自己做错事时，幼儿往往处于紧张焦虑甚至害怕的负面情绪里。这时幼儿需要成人的理解和支持，所以家长不要不由分说地训斥，要给幼儿一点儿时间去处理好自己的情绪，帮助幼儿分析事情发生的前因后果，让幼儿知道自己究竟错在哪里，引导幼儿站在对方的角度思考，明确错误的后果和严重性以及应该如何弥补，再引导幼儿说出自己的想法。家长需要帮助幼儿逐渐树立正确的是非观念，引导幼儿辨别对错，敢于承担。

5. 幼儿去别人家做客时喜欢翻别人的东西，怎么办

成人要给予幼儿正确的引导，让他明白只有对自己的东西才有支配的权利；如果是别人的东西，未经对方允许是不能随便乱动的。出门做客前，家长要再次明确礼仪，告诉幼儿去别人家可以做什么，不可以做什么。如果幼儿遵守家长的要求，回家后家长要及时给幼儿鼓励，认可他的行为。

6. 在公共场所捣乱的"熊孩子"，我们如何约束行为

在家里听话又懂事，但在外面不服管教、惹祸的幼儿会抓住家长的心理弱点，认为家长不会在公共场所训斥自己。针对这一问题，首先，家长平时要给幼儿讲解公共场所的文明礼仪，如走路礼仪、交谈礼仪、在公共场所保持安静的礼仪等。其次，家长在外出前和幼儿约定外出后的规则和奖罚措施。规则应具体明确，如有违反，家长应及时提醒幼儿并根据约定做出相应惩罚。最后，家长要对幼儿整个外出过程中的表现给予完整评价并强化好行为。

7. 幼儿"没大没小"，直呼家长姓名，如何正确引导

幼儿"没大没小"的行为，刚开始都是来自对成人的模仿。出现这种情况时，家长要注意自己在幼儿面前的称呼和用语，告诉幼儿直呼长辈姓名的行为是不礼貌的，引导幼儿用"爸爸妈妈、爷爷奶奶、叔叔阿姨"等尊称。对于幼儿故意的呼喊，家长可以先不理睬，等幼儿使用正确的称呼时再对幼儿做出回应。

8. 对于幼儿"人来疯"的表现，家长应该怎么做

家里有人来做客时，幼儿会表现得特别兴奋，行为和举止跟平常很不一样，谁的话也不听，有时还会乱说话，不懂礼貌。幼儿的"人来疯"表现可能由于平时见到这种场合的机会比较少，太想要通过表现自己来引起大家的关注；或者是平时家长的约束过多，家长在众人面前碍于情面，不能过多批评幼儿，幼儿便趁此机会发泄一下。面对这种情况，家长可以在别人来做客前，与幼儿"约法三章"，向幼儿提出一些要求。平时家长也可以多邀请别人到家里做客，教给幼儿一些接待客人的方法。幼儿有了更多接触他人、招待客人的机会，才能逐渐养成礼貌待客的好习惯。如果幼儿出现了"人来疯"的举止，家长尽量不要在众人面前严厉批评幼儿，以免挫伤他的自尊心。家长可以用眼神或语言提醒幼儿注意举止，过后，家长可以和幼儿开总结会，对幼儿的表现进行评价，并指出做得好和不好的方面，以便改进幼儿的待客行为。

9. 幼儿吃饭捣乱，不遵守餐桌礼仪，家长应该怎么办

外出用餐时，幼儿总是喜欢玩餐具或者不停地转动餐桌中间的转盘，影响他人用餐；有的幼儿还喜欢独占自己爱吃的饭菜。遇到这些情况，家长不要当众批评幼儿，而要在理性分析幼儿出现不礼貌行为的原因的基础上，选择恰当的处理方式。例如，幼儿喜欢独占自己爱吃的食物，是因为在平时，家长大都习惯于先满足幼儿的需求，即使到了公众场所，幼儿还是容易以自我为中心。因此，面对幼儿的这种行为，家长可以采取一次只取一点儿菜的方法，这样做可以让幼儿明白自己能吃多少，又能保证食物不被浪费。对于喜欢玩餐桌转盘的幼儿，家长可以在上菜前和他一起旋转并告诉他：有人夹菜时不能转。

（泰安市泰山区泓源双龙幼儿园　类延雪　尹怡斐）

第四章 责任品格：做个有责任心的孩子

一、主题说明

◎情境链接

　　周一是幼儿园的分享日，老师提前跟幼儿说过要从家里带一些自己喜欢的物品跟大家一起分享。分享活动开始的时候，大家都非常开心，纷纷从自己的小书包里拿出要跟大家分享的玩具、绘本故事，还有好吃的零食。但是丹丹却坐在自己的凳子上，没有跟大家分享的打算。老师走过去提醒："丹丹，去把你想跟小朋友们分享的东西拿出来吧。"丹丹有点儿生气地说："我妈妈忘记给我拿玩具了，都怪妈妈。"

　　上述案例是幼儿自我责任心缺乏的典型表现，丹丹认为带玩具这件事理应由妈妈给他准备好，并没有意识到这是自己的事情应该由自己准备。此外，幼儿的责任心还包括他人责任心、集体责任心、任务责任心、承诺责任心以及过失责任心，如爱护公共财物，弄坏别人的东西主动弥补，答应别人的事情努力做到，认真完成老师或家长布置的任务，做错事情主动承担等。幼儿责任心的发展与其自主、自信、自尊水平的发展，与人际交往质量、同辈接纳程度紧密相关。作为教师和家长，我们都要有意识地培养幼儿的责任心，让幼儿从小学会对自己负责，对他人负责，对集体负责，长大后才能对社会负责，成为社会主义的建设者和接班人。

　　《3—6岁儿童学习与发展指南》对中班幼儿在自尊、自信和自主上提出的要求是"自己的事情尽量自己做""敢于尝试有一定难度的活动和任务"，强调要"经常给幼儿分配一些力所能及的任务，要求他完成并及时给予表扬，培养他的责任感和认真负责的态度"。由于幼儿责任心的发展也体现了由内向外、由己及人的特点，因此，根据中班幼儿的认知发展水平，本期主题将围绕我的事情我来做（自我责任心）、答应别人不忘记（他人责任心、承诺责任心、任务责任心）、我是团队小帮手（集体责任心）和做错事情不逃避（过失责任心）四个方面开展系列教育教学活动。同时，本期主题融入社会技能"避免再犯错误"，以帮助幼儿更有效地承担责任，顺利地完成各项任务。

二、主题目标

第一，愿意积极参与集体活动，并为集体荣誉做力所能及的事情。

第二，愿意主动做好自我管理与服务，不需要大人催促。

第三，愿意主动分担任务，与他人分工合作，体会共同承担责任的快乐。

第四，初步意识到每个人都有自己的责任，遇到事情要有自己的想法和判断。

第五，答应别人的事情要努力做到，实在做不到要如实告知并向对方表达歉意。

第六，爱护公共财物，能够身体力行地保护公共环境、公共物品等。

第七，看到他人有困难，能够主动上前提供帮助。

三、环境创设

(一)主题墙

幼儿的责任心水平发展主要有三个阶段：强制性责任水平、半理解责任水平、原则的责任水平，因此为了有层次地培养幼儿责任品格，我们将主题墙围绕什么是责任、寻找故事里的责任、我想养宠物三部分展开。

1. 什么是责任

为了更清晰地了解幼儿对于责任品格认知的原有水平，在活动开始初期，教师与幼儿一起围绕"什么是责任"展开探讨，并用图画、文字的形式，将幼儿对责任的理解记录下来(图 4-1)。在这个过程中，教师可以发现，此时幼儿不理解责任的意义，属于强制性责任水平。他们重视成人的外在要求和标准，如老师要求我们高高兴兴来园，老师说做值日需要摆放整齐碗筷等。

图 4-1 "什么是责任"主题墙

2. 寻找故事里的责任

为了更深入地理解责任品格，教师带领幼儿共读责任品格绘本《我的宠物猛犸象》，首先将绘本里面的责任行为找出来，然后将其归类筛选出重要的 6 条规则，最后将其呈现在墙面上(图 4-2)。这个过程需要教师找出幼儿与绘本的共鸣之处即兴趣点，例如，这本绘本中的一句话："你呢？你想不想养一只宠物？"特别受幼儿喜爱，激发了幼儿的探究兴趣，为后续延伸活动埋下伏笔。

这个阶段是幼儿基于对责任有一定程度的理解，明确如果想养一只猛犸象，就需要遵守这些规则，这是基于对宠物的责任，而不是外在成人的约束。幼儿的责任心从外部标准逐步向内部价值标准转化，责任心逐步发展到"半理解责任水平"阶段。

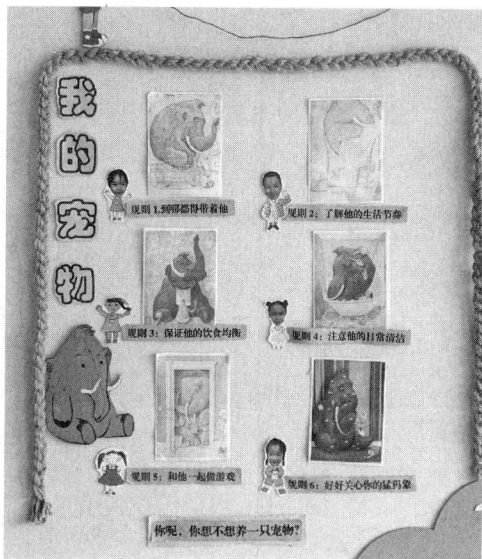

图 4-2　我的宠物猛犸象

3. 我想养宠物

这部分结合幼儿的情感共鸣"你想不想养一只宠物"展开讨论，幼儿纷纷表示想养各式各样的宠物，而且自己原来在家里也养过宠物。教师引导幼儿思考："在家里养宠物的时候是否也需要遵守规则？如果不遵守规则我们的宠物会怎么样？如果遵守规则需要遵守哪些规则？"幼儿对此充满了极高的热情，纷纷表示不好好照顾宠物，他们会很难受，甚至是死亡。接下来，幼儿将日常照顾宠物的规则，例如，将小鸟喜欢吃苹果、小狗需要出去遛弯、乌龟需要喂龟粮等场景用绘画的形式表现出来，与大家分享照顾宠物的经验。在此之后，教师带领幼儿在班里饲养蜗牛，让幼儿全程亲身体验，直接感知操作，不仅丰富了照顾动物的经验，也提升了探究的能力。这也是幼儿对责任品格的充分体验过程，在体验过程中理解绘本中的责任如何去践行，也为责任品格内化做好铺垫。

(二)家园共育

1. 主题内容告知

这部分以网络图的形式向家长展现责任品格主题相关内容，让家长知晓班级开展主题活动的实施思路以及具体活动，进而知道该如何配合教师共同培养幼儿的责任品格。

2. 日常亲子陪伴

通过亲子共读责任品格绘本，在家长了解本班责任品格基础之上，在幼儿感知体验大量责任主题活动之后,教师开展"表演蜗牛故事"活动,与幼儿、家长们共同延续责任的故事。

(三)幼儿成长(学习)记录墙

1. 蜗牛成长记

刚开始决定饲养蜗牛时,幼儿高兴极了,都想照顾蜗牛,自发查阅了许多资料。教师将幼儿收集的资料呈现在科学区的墙上,便于幼儿查看。之后,师幼一起讨论照顾蜗牛的方法以及蜗牛生活的环境,最终约定了照顾蜗牛的三项工作,并将这三项工作制定成记录表,粘贴在每组蜗牛上面。与此同时,教师和幼儿还准备了许多工具,如用于观察蜗牛身体结构的放大镜、给蜗牛喷水的喷壶、给蜗牛清理卫生的镊子和勺子等。活动的最后,教师鼓励幼儿将自己每天与蜗牛发生的故事记录下来,形成了幼儿专属的饲养蜗牛日记(图4-3)。

图 4-3　饲养蜗牛日记

2. 我与蜗牛的快乐时光

在照顾蜗牛的过程中,蜗牛成了幼儿不可分离的好伙伴,大家与蜗牛一起做了许多有意思的活动,如带它们去散步,为它们洗澡,为它们举办运动会……为了纪念这些有意思的时刻,教师鼓励幼儿用自己喜欢的方式记录下来(图4-4)。每一幅画都展现出了幼儿在这个主题活动下耐心、专注的探究品质,同时也深化了幼儿责任品格的培养。

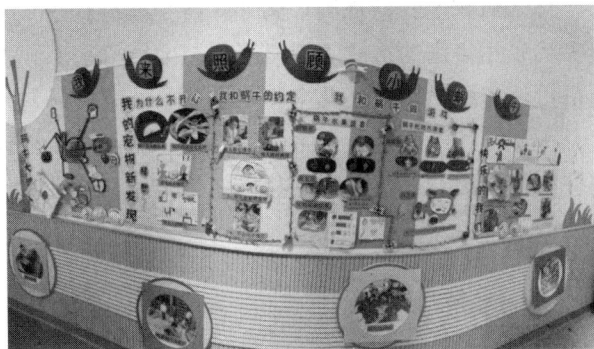

图 4-4　饲养蜗牛记录

(北京市大兴区第六幼儿园　杨国辉　任志佳)

四、教学活动案例及反思

(一)品格绘本阅读活动

1. 责任品格绘本推介

幼儿责任心的培养涉及自我、他人、集体及任务各方面，而幼儿责任品格的培养遵循由己及人的路径，因此，教师在选择绘本时就要从幼儿的生活经验出发，从幼儿感兴趣的话题出发。根据中班幼儿的认知发展水平，本期主题我们从学会照顾宠物、认清自我的责任、认真履职以及人际交往中不推卸责任筛选了 4 本经典绘本作为教学活动的载体，具体见表 4-1。

表 4-1　责任品格绘本推荐及解析

绘本名称	主要内容	绘本中的"责任"
《我的宠物猛犸象》	故事讲述了一个小男孩照顾宠物猛犸象的一系列温情瞬间。	对宠物或物品有责任心。
《我不想当小孩》	布莱恩觉得当小孩是很辛苦的事，他希望能像爷爷奶奶一样过退休生活。	每个人在每个阶段都有自己要承担的责任，不能逃避。
《岩石上的小蝌蚪》	故事讲述了两只小蝌蚪被一个小哥哥放在了岩石上的水洼中，小哥哥答应去找新的杯子来接他们俩。中途许多小动物想帮助小蝌蚪去山下的小河里，但是两只小蝌蚪怕小哥哥回来找不到他们就没有接受帮助。最后小哥哥忘记了它们，它们在岩石上变成了黑点。	两只小蝌蚪答应了小哥哥在岩石上等他回来，直到生命的最后小蝌蚪一直都信守承诺。
《这是谁的蛋》	大熊捡到一颗蛋，它决定帮蛋找妈妈。狐狸、黄鼠狼、兔子兄弟接连跑来凑热闹，要把蛋做成好吃的吃掉，但都没有动摇大熊的决心。后来蛋壳破了，孵出了一只恐龙宝宝，大熊继续带着恐龙宝宝找妈妈。	既然决定要帮助他人，就要信守内心的承诺，不能轻易放弃。

2. 教学活动案例

接下来我们以语言活动"我的宠物猛犸象"为例阐述责任品格语言领域教学活动的组织要点，见表 4-2。

表 4-2　责任品格语言领域教学活动

我的宠物猛犸象		
活动环节	活动设计	
活动目标	认知目标：知道要对宠物负责，理解照顾宠物的基本规则。	
	能力目标：能够大胆地讲述自己照顾宠物的方法。	
	情感目标：愿意在生活中做一个有责任心的人。	
活动准备	经验准备	1. 幼儿了解饲养宠物的基本要求。 2. 幼儿知道猛犸象是一种大型动物。
	物质准备	1. 绘本课件《我的宠物猛犸象》。 2. 绘本中养宠物(猛犸象)的 10 条规则的图片。 3. 实物绘本《我的宠物猛犸象》。

续表

	我的宠物猛犸象
活动环节	**活动设计**
活动过程	**一、提问导入，激发幼儿的阅读兴趣** 师：小朋友们，你们养过宠物吗？你们的宠物是什么？ 师：今天有一个小朋友，她的宠物居然是一只猛犸象！我们一起来看看会发生什么有趣的事情吧！ （品格元素：教师唤起幼儿照顾宠物的经历，引出故事主题） **二、师幼共读绘本封面至正文第 3 页(此书无页码，作者从扉页开始算第 1 页)，认识猛犸象，引出主题** 师：你们见过猛犸象吗？如果要把猛犸象作为自己的宠物，要注意什么呢？ 师：你们平常是怎么照顾自己的宠物的？ 师：小主人说，如果要养宠物就要记住一些规则，我们一起来看看小主人说的规则和你们说的是不是一样的。 **三、师幼共读绘本第 4 至 23 页，了解养宠物的 10 条规则** 1. 教师带领幼儿阅读第 4 至 13 页，让幼儿知道宠物需要陪伴和关心。 师：小主人是怎样照顾猛犸象的？ 师：你们平常是怎么做的？ 小结：如果你有一只小宠物，就需要经常陪着它，要照顾它吃饭、睡觉，要给它洗澡，还要关心它的身体健康。要让自己的宠物健健康康、干干净净的。 2. 教师带领幼儿阅读第 14 至 17 页，让幼儿知道宠物也需要锻炼、讲卫生。 师：小主人为什么要带宠物做运动？ 师：你们会教自己的宠物做运动吗？ 小结：养宠物的第 6 条规则，要让宠物多运动，这样可以让它健康成长。 师：猛犸象在哪里？做什么？ 师：你们会用什么办法教自己的宠物上厕所呢？ 小结：小主人在教它保持卫生清洁，这是第 7 条，让宠物知道尿急或大便的时候要去卫生间处理，不能随地大小便。 3. 教师带领幼儿阅读第 18 至 23 页，让幼儿知道动物也需要游戏和休闲娱乐。 师：小主人和猛犸象在玩什么游戏？ 师：你们会经常跟自己的宠物玩什么游戏呢？玩游戏的时候，你们的心情怎么样？ 小结：这是在陪宠物做游戏，这也是第 8 条规则，陪宠物游戏可以让宠物开心，主人也会很开心。 师：接下来，请小朋友们看看小主人还和自己的宠物猛犸象做了什么有趣的事情。 小结：养宠物还要经常带它出去走走，他们很开心地在游乐场玩。小主人还给猛犸象提供了画画的颜料，她希望宠物可以有自己的想象，做一个快乐的、聪明的宠物！ （品格元素：教师引导幼儿了解照顾宠物的基本规则，逐一解析照顾宠物的要求，引导幼儿感知小主人对猛犸象的责任） **四、师幼讨论养宠物的 10 条规则，鼓励幼儿分享自己养宠物或者家人照顾自己的经历** 师：小朋友们还记得小主人照顾猛犸象的 10 条规则吗？（教师出示照顾猛犸象的 10 条规则的图片） 师：你们照顾宠物的时候，经常按哪些规则来做呢？ 师：如果没有宠物的话，想一想爸爸妈妈平常都是怎么照顾我们的。请小朋友们把照顾宠物或者爸爸妈妈照顾你们的规则画下来跟大家分享吧！

续表

我的宠物猛犸象	
活动环节	活动设计
活动过程	小结：决定要养宠物就要对宠物负责，要照顾它们，就像爸爸妈妈把我们带到这个世界上之后，会全心全意地爱我们一样。小朋友们，今天我们一起阅读了《我的宠物猛犸象》的故事，知道了要用爱和耐心，还有责任去照顾我们身边的宠物，甚至可以用这样的方法去照顾我们的家人，让我们成为一个有爱心、有耐心、有责任心的人！ （品格元素：教师链接生活经验，激发幼儿在生活中做有责任心的人的意愿）
活动延伸	一、区角延伸 教师可以将绘本故事投放在图书区，让幼儿再次欣赏与阅读，引导幼儿大胆讲述故事内容，掌握照顾宠物的十条规则。教师也可以让幼儿在表演区投放猛犸象和小主人头像，还有与故事情节相关的物品，让幼儿进行故事表演，感受绘本带来的乐趣和温馨。教师还可以在班级创设"我的宠物商店"角色区，支持幼儿在区角游戏中联系生活经验，建构照顾宠物的新方法；同时在美工区请幼儿将照顾宠物的方法画下来、用多种材料（废旧纸箱、硬纸板等）制作照顾宠物的必需品（小房子、床垫等），形成区角间的联动。 二、生活渗透 教师可以在日常生活的各环节与幼儿讨论责任的担当，加深幼儿对责任的理解。 三、环境渗透 结合班级的自然角，教师可采取"家庭轮流照顾＋幼儿园喂养"的形式，鼓励幼儿学会饲养小宠物，激发其爱心、责任心与耐心，并附上幼儿照顾宠物活动的情境照片，在自然角主题墙展示其责任品格的养成。

3. 活动反思

（1）活动特点

活动目标清晰，难度适宜，旨在帮助幼儿了解故事中主人公照顾宠物的好方法以及情感。活动环节层次分明，从故事主题"猛犸象"的导入到了解规则再到分享照顾宠物和家人照顾自己的经历，活动流程根据目标的设置层层递进，从了解照顾宠物的基本规则到大胆讲述自己照顾宠物的方法再到最后责任心的升华，逐步引导幼儿感知小主人对猛犸象的责任以及建立自身的责任意识。

（2）活动实施建议

在开展本次活动之前，教师需要提前了解或铺垫幼儿关于养护宠物的经验，让幼儿在悉心照顾宠物的同时，学会观察、理解、思考、制订计划，培养好习惯并且持之以恒，再通过集体教学将幼儿的经验进行拔高和延伸。整体的师幼互动氛围是温馨有爱的，因为这本绘本也传达了一种友爱的情感和责任。

（成都市双流区机关幼儿园　王玉彬　徐欢）

（二）品格社会领域教学活动

1. 责任品格的社会领域教学活动设计说明

幼儿的责任品格是幼儿在与人、与集体交往的过程中体现的一种品质，如弄坏别人的物品能够主动道歉，答应别人的事情能够努力做到，主动参与集体活动，为集体付出，主动承担责任等。对幼儿而言，以品格行为为抓手，渗透品格认知与情感，更有助于幼儿对品格主题的理解。因此，教师在开展责任品格社会领域教学活动时，不用反复跟幼儿强调什么是责任，而是要通过情境分析、师幼讨论以及他人评价等方式帮助幼儿感知责任品格在生活中的体现。

2. 教学活动案例

接下来我们以社会活动"我的行为我负责"为例阐述责任品格社会领域教学活动的组织要点，见表4-3。

表4-3　责任品格社会领域教学活动

我的行为我负责	
活动环节	活动设计
活动目标	认知目标：意识到每个人都要为自己的行为负责，不能逃避。
	能力目标：能够用清晰的语言简单描述有责任心的表现。
	情感目标：愿意在生活中继续做一个有责任心的人。
活动准备	经验准备　幼儿已熟悉绘本故事《萨拉和她的谎言》。
	物质准备　1. 绘本课件《萨拉和她的谎言》。 2. 家长写给幼儿的一封信(关于幼儿责任品格的评价)。 3. 三个情境片段视频。 4. 彩笔、画纸、抒情的轻音乐。
活动过程	一、回顾故事《萨拉和她的谎言》，引出活动主题 师：小朋友们还记得萨拉的故事吗？故事里的萨拉怎么了？ 师：她为什么要说谎呢？她说谎后的心情是怎么样的呢？如果你是萨拉，你会怎么做？ 小结：我们每个人都会做错事情，这是很正常的。做错事情后要勇敢承认，要为自己的行为负责，要做到不说谎、不隐瞒。 (品格元素：教师以回顾绘本故事切入，从故事中"做错事要承认，不说谎、不隐瞒"中提炼出"每个人要为自己的行为负责，不能逃避"这一活动主题) 二、师幼讨论，引导幼儿感知有责任心的人的行为表现 1. 师幼讨论。 师：除了做错事情要主动承认，不说谎之外，你们觉得对自己的行为负责还表现在哪些方面？ 小结：在生活中，我们都能体会到除了做错事情要主动承认，不说谎之外，还要主动弥补自己的过失，答应别人的事情就要努力坚持做到。 2. 教师进行情境分析。 情境一：区角游戏中，用完游戏材料没有物归原位，认为老师会收拾，自己不用管。(集体责任心) 师：小朋友们，当你们看到这段视频时有什么感觉呢？该怎么办呢？以后我们该怎么做呢？ 情境二：走路不注意撞到前面的幼儿，反而怪前面的幼儿挡了自己的路。(过失责任心) 师：小朋友们，当你们看到这段视频时有什么感觉呢？如果你是前面的小朋友，应该怎么做呢？以后我们碰到类似的事情该怎么做呢？ 情境三：忘记了老师交代的任务，责怪妈妈没有为自己准备。(任务责任心) 师：小朋友们，当你们看到这段视频时有什么感觉呢？如果你是这位小朋友，应该怎么做呢？

续表

我的行为我负责	
活动环节	活动设计
活动过程	以后我们碰到类似的事情该怎么做呢？ 小结：在生活当中，我们都会碰到类似的小情况，老师相信小朋友们都是有责任心的孩子，都能很好地处理这些小情况。 （**品格元素**：教师通过师幼讨论与情境分析，从责任行为的角度拓展幼儿对责任品格内涵、维度的认知） **三、鼓励幼儿用绘画的方式画出自己认为自己做过的最有责任心的一件事** 师：小朋友们，你们觉得自己是一个有责任心的孩子吗？你觉得自己做的哪件事是最有责任心的体现呢？ 师：接下来，请小朋友们把你认为自己做过的最有责任心的一件事画下来，然后和好朋友一起分享吧。 （**品格元素**：教师鼓励幼儿以自评的方式表达自己对责任行为的理解） **四、播放轻音乐，读家长写给幼儿的信，升华活动主题** 师：每个小朋友都分享了自己有责任心的小故事，爸爸妈妈觉得你做的哪件事最有责任心呢？我们来听一听爸爸妈妈是怎么说的吧。 师：听了爸爸妈妈的话，你有什么想跟我们一起分享的吗？ 小结：原来，我们都是有责任心的孩子，希望我们一起继续努力，永远保持下去！ （**品格元素**：教师以他评的方式，如家长的视角，强化幼儿对责任品格的理解，从而激发幼儿在生活中做一个有责任心的人的意愿）
活动延伸	**一、家园共育** 教师可以与家长沟通，请家长在家中培养幼儿的责任感，例如，让幼儿学会自己的事情自己做，让幼儿学会说话算数，让幼儿分担力所能及的家务劳动，让幼儿主动承担任务并坚持完成，让幼儿对自己的行为结果负责，等等。 **二、生活渗透** 教师可通过开展"值日生"和"小组长"的活动，让幼儿通过为别人服务体验责任感。教师在这个过程中要收集关于幼儿责任行为的照片，并与全体幼儿进行分享，让幼儿感受到做个有责任心的人充满愉悦感和满足感。

3. 活动反思

（1）活动特点

活动先以故事回顾的方式唤起幼儿的学习经验，教师通过提问犯错后愧疚的心理活动来唤醒幼儿的情感经验，为接下来探讨"如何面对说谎行为"做好了铺垫。通过情境探讨，教师鼓励幼儿表达自己对责任行为的认识。这是本次教学活动的重要环节。活动后期的绘画活动以表征的方式强化了幼儿对责任的认识与体会。活动最后以他评的方式（家长的视角），强化了幼儿对责任品格的理解，从而更好地实现活动目标。

（2）活动实施建议

情境讨论环节，如果每放完一个视频就讨论一次，形式重复且耗时过多，建议教师可以将三个视频连续放完再与幼儿互动，可以根据幼儿的回答调整讨论的顺序。

（儋州市那大镇中心幼儿园　秦文　官佳滢）

(三)品格综合领域教学活动

1. 责任品格的综合领域教学活动设计说明

基于责任品格的内涵及培养目标，健康领域活动主要围绕《3—6岁儿童学习与发展指南》中"具有基本的生活自理能力"的目标来开展，如学会自己穿脱衣物、扣纽扣等自我服务能力，以及物品的整理能力。科学领域活动要重点引导幼儿意识到在集体探究活动中，对于自己承担的探究任务，要认真、努力地完成，同时能够自觉地承担自然角的观察、照顾任务。艺术领域活动可以基于音乐律动、美工等活动，选择与责任主题相关的素材，在欢快愉悦的氛围中，增强幼儿对责任品格的认知与理解。

2. 教学活动案例

接下来我们以健康领域活动"我是收纳小高手"为例阐述责任品格综合领域教学活动的组织要点，见表4-4。

表 4-4　责任品格综合领域教学活动

我是收纳小高手		
活动环节	**活动设计**	
活动目标	认知目标：了解生活中物品整齐摆放的重要性。	
	能力目标：能在老师的指导下讨论生活中常见物品的整理办法。	
	情感目标：喜欢整洁，愿意在生活中自觉整理物品。	
活动准备	经验准备	幼儿会唱歌曲《宝宝爱整理》。
	物质准备	1. 布娃娃一个。 2. 歌曲《宝宝爱整理》。 3. 玩具架上的玩具被摆放得乱七八糟的视频，书包架上书包被摆放得凌乱的视频。 4. 每6个人一组，每组12色水彩笔3盒、白色画纸6张、剪刀6把。 5. 装有5种数量较多的玩具的纸箱，5个收纳篮。
活动过程	一、播放歌曲《宝宝爱整理》，师幼齐唱，唱完后出示布娃娃进行师幼互动，导入活动 (教师举起布娃娃和小朋友们打招呼) 师：大家好！我就是歌曲里说的爱整理宝宝，你们也像我一样爱整理吗？ 师：如果我们每次玩过的玩具不收拾整理好，会怎么样？ 小结：如果不收拾整理玩具，屋子就会很乱，而且容易把玩具弄丢。我们班也有一些小朋友不太爱整理，我们一起来看看下面的视频。 (品格元素：教师通过叙事性的歌词、布娃娃来引出整理的话题，让幼儿知道整理物品的重要性) 二、呈现玩具、书包被凌乱摆放的视频，引发幼儿讨论 1. 教师播放玩具架上玩具被摆放得乱七八糟的视频并展示装有各种玩具的纸箱。 师：你们在这个视频里发现了什么？ 师：玩具放得这么乱，你们觉得好吗？为什么不好？ 师：有什么好办法可以解决？	

续表

	我是收纳小高手
活动环节	活动设计
活动过程	师：有小朋友提出把相同的玩具放到同一个收纳篮里。我觉得这个办法挺好的。你们愿意尝试一下吗？ 师：我们来看看这个纸箱里装有什么。（教师出示装有各种玩具的纸箱） 师：小朋友们 6 人一组，把这些玩具分好类后放到前面的这些收纳篮里。（教师把纸箱里的玩具分成五份，让幼儿尝试分类整理玩具） 小结：小朋友们真棒，学会了整理玩具，我们在日常生活中要养成爱整理的好习惯。 2. 教师播放书包架上书包被摆放得凌乱的视频。 师：在视频里你们发现了什么？ 师：我还发现有些小朋友每天把书包放在不同的位置，经常出现找不到自己书包的情况，你们有什么好办法解决这个问题吗？ 师：有的小朋友说，可以规定每个人的书包放在固定的格子里，但书包架上有那么多的格子，怎样才能保证每天都放在同一个位置呢？ 小结：大家都说可以在自己放书包的位置做一个标识。我觉得这个办法挺好的，就像每个人的家都有门牌号，快递员叔叔按照地址找到对应的门牌号，就可以把快递送到了。书包架上的每一个格子就是书包的家，标识就是书包的家的门牌号。每个小朋友只需要把自己的书包放回书包的家就可以了。 （品格元素：教师通过幼儿园常出现的生活情境，引导幼儿发现玩具、书包没有按照一定的规则摆放，会出现幼儿找不到自己物品的情况，让幼儿知道通过制作标识的方法便于物品的收纳整理，了解生活中物品整齐摆放的重要性） **三、引导幼儿为自己的书包设计标识，学会整齐摆放物品** 1. 教师引导幼儿说一说自己的设想。 师：请小朋友们说一说你准备为自己放书包的位置设计什么样的标识。（教师请部分幼儿分享自己的想法） 2. 教师引导幼儿为自己的书包设计标识。 师：小朋友们可以用桌上的材料为自己放书包的位置设计一个自己喜欢的标识，然后用剪刀剪下来贴到书包架上。 幼儿自由设计，教师巡回观察指导。 3. 教师引导幼儿整理书包。 教师引导幼儿用剪刀把设计好的标识裁剪好并粘贴到书包收纳柜的对应位置，然后整理自己的书包。 （品格元素：教师带领幼儿亲身体验，亲自制作标识来便于收纳整理物品，使幼儿养成整理物品的好习惯） **四、帮助幼儿提升经验，活动自然结束** 师：现在书包终于有了自己的家，我们再也不用担心找不到自己的书包了。老师发现，班级区角的玩具材料经常被放错位置，你们知道问题出在哪儿吗？ （幼儿到各个区角参观，并说一说自己的发现） 小结：大家觉得是因为没有对应的标识，即使有些贴有标识，但不够清晰，小朋友们可以在区角活动或者自由活动时间，和自己的好朋友一起来制作区角材料收纳的标识，整理收拾好所有的玩具，做个爱整理的好宝宝。（教师播放歌曲《宝宝爱整理》，结束活动） （品格元素：教师引导幼儿参观区角材料的摆放，明确标识与物品整理的关系，学会整理物品）

续表

我是收纳小高手	
活动环节	活动设计
活动延伸	一、家园共育 教师通过班级微信群,请家长找一个空闲的时间,与幼儿一起收纳家里的玩具、物品。教师也可以鼓励家长和幼儿一起为不同的物品制作分类标签,便于物品拿取,维持家里的干净整洁。 二、生活渗透 在幼儿园中,教师通过鼓励幼儿每天学习整理自己的书包,照顾班级的植物和小动物,脱下的衣裤折叠好放在指定的位置,起床后收拾整理自己的床上用品,为区角材料设计标识,等等,锻炼幼儿收纳整理的能力。

3. 活动反思

(1)活动特点

从认知、能力和情感三方面制定了教学活动的三维目标,目标明确、突出,教学思路清晰,活动聚焦物品的整理,难点符合中班幼儿的年龄特点。通过叙事性的歌词、幼儿园班级常出现的有关物品摆放的熟悉的场景视频、制作标识让幼儿体验创作的乐趣,进一步了解标识在整理物品中的作用,有效地促进了活动目标的达成。活动各环节衔接连贯且自然,从开始部分唱的歌曲、讨论的话题到观看的视频、制作的标识等,都紧紧围绕整理物品的主题而展开。

(2)活动实施建议

在第三部分中,教师请幼儿说一说自己的设想时,有些幼儿为没有请到自己发言而表现出失望的表情,建议分组讨论,小组内分享,让每名幼儿都有发言的机会。在第四部分帮助幼儿提升经验时,教师可以指导幼儿讨论生活中常见物品的整理办法,愿意在生活中自觉整理物品。

(清远市连州市实验幼儿园　李思英　易江群)

(四)幼儿社会技能教学活动

1. 活动设计说明

中班是幼儿责任心主要维度发展的关键时期。这一时期最重要的社会技能就是"避免再犯错误",即在人际交往中既要能够保持冷静,反思自己的错误,愿意从错误中受到教育,学会承担责任。其实每个人在生活中,都会不小心犯一些错误,批评指责并不是解决问题的方法。我们应该让幼儿发现错误出现的原因,避免再犯同样的错误。因此,通过对"避免再犯错误"社会技能的学习能较好地帮助幼儿解决实际问题。

2. 社会技能"避免再犯错误"教学活动案例

社会技能"避免再犯错误"的技能口诀是:以前曾经犯错误;以后争取不再犯;做个计划来照办。接下来我们以活动"同样的错误我不犯"为例阐述社会技能"避免再犯错误"教学活动的组织要点,见表4-5。

表 4-5　社会技能"避免再犯错误"教学活动

	同样的错误我不犯	
活动环节	活动设计	
活动目标	认知目标：知道做事情会出错是很正常的，但要想办法避免犯同样的错误。	
	能力目标：能够大胆地讲述或演示自己避免犯同样错误的方法。	
	情感目标：愿意认真做事，萌发尽可能少出错的任务责任感。	
活动准备	经验准备	幼儿有过犯错误的经历。
	物质准备	1. 计划表(幼儿人手一份)，勾线笔(幼儿人手一支)。 2. 幼儿吃饭时因东张西望把饭菜洒满桌子和衣服的视频。
活动过程	一、观看视频，激发幼儿活动兴趣，大胆表达自己的想法 师：小朋友们，大家好，昨天怕浪费婆婆和我说了一件让她不开心的事情，让我们一起来看一看吧。 教师带领幼儿观看视频，提问并讨论。 视频：幼儿吃饭时因东张西望，把饭菜洒满桌子和衣服，一不小心还把汤洒了一身。 师：这个视频发生了什么事？是什么事让怕浪费婆婆不开心了呢？ 师：这个小朋友做得对吗？他们应该怎么做，才不会把饭菜弄洒呢？ 小结：小朋友们在平时的生活中，无论是阅读、绘画、吃饭，还是做其他事情，都要认认真真，一心一意，才能把事情做好，才会少出错。 二、师幼分享因不同原因没有把某件事情做好的经历 事件一：老师特别喜欢看书，前几天在看书的时候，因为翻书动作过快，一不小心把一本故事书撕坏了一页。 师：我是因为什么原因把书弄坏的？以后我应该怎么做呢？ 事件二：还有一次我在画画的时候，不小心把画笔画在了桌子上，把桌子弄得脏脏的。桌子觉得自己变得不干净、不整洁了，也特别的伤心。 师：这个桌子是因为我的什么原因把它弄脏的？ 师：在生活中，我们经常会出现一些不小心的错误，就像老师曾经不小心撕坏了书页，弄脏了桌子。小朋友们有没有过一些类似的错误呢？哪位小朋友愿意和我们大家一起分享一下。 小结：其实在生活中，我们总是会不小心犯一些错误，这些错误会给我们的生活带来一些不必要的麻烦，不管是大人还是小朋友，都会存在这样的问题，这都是正常的。 三、师幼讨论避免犯同样错误的办法，学说技能口诀 1. 教师创设幼儿常见错误的情境，通过讲述或演示，讨论解决办法。 情境一：一边走路，一边喝水，导致水洒在身上，洒在地上。 情境二：吃东西时，一边吃一边说话，导致嘴巴里的东西喷得到处都是。 情境三：午睡前着急上床，衣物随意摆放，起床后经常找不到衣服或袜子。 师：这几件事经常会发生在我们小朋友的身上，如果发生在你的身上，你会有什么样的好办法帮助自己不再犯同样的错误呢？哪位小朋友愿意演示一下呢？ 2. 教师小结，引出技能口诀。 师：大家演示得非常好，你们都想出了许多解决问题的好办法。以前我们可能因为粗心、不专心或着急，而没有把某件事做好，那我们要争取以后不再犯同样的错误。老师把大家的这个想法总结成了一句话，我们来听听："以前曾经犯错误，以后争取不再犯，做个计划来照办。"	

续表

同样的错误我不犯	
活动环节	活动设计
活动过程	四、以表格的形式引导幼儿梳理避免犯同样错误的办法，强化技能理解 1. 幼儿根据自己讨论的方法绘制计划表。 师：刚刚说到了做个计划来照办。你们知道什么是计划吗？计划就是在做事情之前提前做好的内容或步骤。老师这里有一张计划表，我们一起用做计划表的方式，想想自己以前做错的事情，把它画出来，并且把你想到的可以做好这件事的好办法也画出来，争取下次能够顺利把事情做好。 **计划表：避免再犯同样的错误，我有好办法** | 我经常出错的事 | 我想到的办法 | |---|---| | | | | | | | | | 2. 师幼讲解计划表。 师：谁愿意来讲一讲自己画的计划表呀？看看小朋友们谁想出来的办法又多又好。（幼儿上前讲解自己绘制的计划表） 师：刚才老师也做了一个计划表，在以后看书的时候，我一定要慢慢翻书，爱护图书，不再让图书伤心难过，做一个爱护图书的小卫士。 小结：小朋友们画得非常好，大家都想出了让自己把事情做好的办法，并且是避免再犯错误的好方法。我们"以前曾经犯错误；以后争取不再犯；做个计划来照办"。老师相信你们在未来的日子里，一定会越来越优秀。 师：我们班的小朋友真棒！请小朋友们回到家之后，和爸爸妈妈一起分享这个口诀，在以后的生活中大家也要注意充分利用好口诀，避免再犯同样的错误！
活动延伸	一、家园共育 教师在班级群中分享当天学习的社会技能，包括技能目标、培养重点、培养方法等；同时鼓励幼儿回家后和爸爸妈妈说一说当天学到的新本领。第二天晨间活动时，教师要引导幼儿分享他们回家后教给爸爸妈妈学习社会技能的心得。 二、生活渗透 在日常生活中，教师和家长都要有意识地关注幼儿的语言和行为习惯。教师在布置家庭任务和组织活动时，要能够随时关注幼儿的状态和心理变化。例如，在幼儿园里，教师发现之前经常犯错误的幼儿不但自己能够约束自己的行为，还能及时纠正别人的错误行为，给其他幼儿起到了榜样的作用。教师可以在班级里给予这名幼儿一个"纠错小能手"的称号，并将他的照片张贴在互动主题墙上，对他的成长给予鼓励。 三、环境渗透 教师可以根据"避免再犯错误"口诀的含义，用图文并茂的方式展示口诀内容；同时可以呈

续表

同样的错误我不犯	
活动环节	活动设计
活动延伸	现幼儿自我反思错误的情境，加深幼儿对技能的理解和印象。教师还可以将幼儿自己制订的计划表做成班级互动墙，对幼儿实施计划进行跟踪，对能够及时反思和自我调整并按照计划及时改正的幼儿，要及时地给予肯定和奖励。

3. 活动反思

（1）活动特点

活动设计突出幼儿学习特点，运用直观的视频案例和师幼经历分享、情境讨论，让幼儿懂得犯错不可怕，应及时改正且不再重复犯错的道理。师幼互动过程中充分调动了幼儿参与活动的兴趣，同时鼓励幼儿大胆表述自己曾经犯的错误，引导幼儿找出避免再犯相同错误的办法，支持幼儿主动学习。根据"避免再犯错误"口诀的具体内容，教师将计划表和班级环境进行互动，做好幼儿行为跟踪记录，更好地帮助了幼儿理解"避免再犯错误"技能的内涵。

（2）活动实施建议

在学习技能口诀的环节，教师可适当多增加体验和操作的环节，让幼儿互动起来。例如，教师可以增加情境表演，将社会技能"避免再犯错误"的三句口诀，依次贴在对应的情节中，和幼儿一起模仿、表演，让幼儿充分体验和感受，帮助幼儿记忆和理解。

（中国人民解放军 65016 部队幼儿园　关哲　张怡）

五、区角活动案例

经过一年的幼儿园生活，中班幼儿在身体生长发育的同时，兴趣、情感等都有了不同的发展。对于幼儿来说，知道自己长大了，有助于增强幼儿的责任心。责任是指对自己的言行和承担的任务所持有的认真负责和积极主动的态度，主要表现为认真完成他人交给的任务，知道自己该做些什么，不逃避，对同伴和集体的事认真负责。区角活动是一种重要的幼儿自主活动形式，活动中幼儿能比较自主地互相交往、互相合作、共同商讨，因此在区角活动中可以更自然地、较有效地培养幼儿的责任感。在成人的引导下，幼儿有意识地承担一些小任务，努力完成，能增强幼儿的责任意识，满足幼儿成长中的自我的需要。

图书区

活动一：保护书宝宝

活动目标：初步懂得爱护图书，知道看过的书要及时送回书架。

活动准备：

1. 幼儿有自主绘制图书的经验。

2. 图画纸、彩色笔、大宣传纸。

活动过程：

1. 教师组织幼儿讨论哪些做法是爱护图书的表现。

2. 教师引导幼儿设计、绘制"爱书守则"，说一说画面的内容。

3. 幼儿自主绘画并将作品张贴到大的宣传纸上，教师帮助幼儿用文字记录。

活动建议：

1. 教师引导幼儿观察破损的图书，知道撕、抢、扔图书是错误的行为。

2. 教师指导幼儿学习正确的翻书、看书、借书的方法，逐步养成良好的用书习惯。

3. 教师鼓励幼儿大胆想象，愿意用多种方式表达自己保护图书的方法。

活动延伸：

教师将幼儿设计、绘制的"爱书守则"张贴在图书区，鼓励同伴间互相提醒遵守"爱书守则"的内容；让幼儿回到家中和家长一起修补自己的图书，并在社区图书室宣传保护图书的方法。

活动二：家乡风光美

活动目标：承担"家乡小导游"的责任，用完整的语言和较丰富的词汇表达出宣传图片中的风景与所见所闻。

活动准备：

1. 幼儿游览过家乡的特色景点。

2. 家乡风光明信片、宣传图片，幼儿在家乡旅游的照片，关于家乡风光美的视频。

活动过程：

1. 教师指导幼儿用完整的语言(如我去过×××，那里有×××，×××的风景很美，有一个关于×××的传说……)和较丰富的词汇(如五颜六色、山清水秀、风景优美、鸟语花香等)与同伴一起讲述自己游览过的家乡美景。

2. 教师引导幼儿欣赏家乡风光明信片、宣传图片或在家乡旅游的照片，说说画面上有哪些风景、自己去过哪些地方。

3. 教师请幼儿观看关于家乡风光美的视频，结合已有经验，与同伴互相讲述自己最喜欢的风景以及对家乡的认识。

活动建议：

1. 教师培养幼儿热爱家乡、热爱大自然的情感，鼓励幼儿大胆说出自己听到或看到的事物。

2. 教师可以提供多张当地风光明信片，鼓励幼儿大胆地发现与交流。

3. 教师引导幼儿更进一步了解和熟悉家乡的风景名胜和土特产。

活动延伸：

教师可以联动美工区，鼓励幼儿画一画自己最喜欢的家乡的风景，然后让幼儿之间相互欣赏、交流，说一说自己喜欢某一处风景的原因，还可以分享自己去这个地方时发生的有趣的事情。此外，教师还可以将该活动延伸至角色区，为幼儿提供小导游的服装、工具等，引导幼儿分角色扮演小导游与游客，一起玩"旅游参观"的游戏，让"小导游"向"游客"介绍家乡的优美景色，感受担任"家乡小导游"的责任感与自豪感。

活动三：修补图书

活动目标：认识修补图书的工具、材料，学习修补破损图书的方法。

活动准备：

1. 幼儿见过破旧的图书。

2. 剪刀、纸、胶水、透明胶带等修补工具，破损的图书，歌曲《小人书不要哭》。

活动过程：

1. 情境导入，教师激发幼儿参与活动的兴趣。

教师播放歌曲《小人书不要哭》，提出问题：歌曲中的小人书为什么哭了？后来它又为什么笑了？

2. 教师引导幼儿观察图片，师幼讨论修补图书的方法。

师："桌子上有许多书，我们来看一看小朋友们在做什么。这么多书坏了怎么办？"

3. 幼儿修补图书并分享修补图书的经验。

活动建议：

1. 教师引导幼儿了解图书破损的原因并明确修补图书的意义。

2. 教师引导幼儿探索修补图书的方法，掌握修补图书的方法和步骤。

活动延伸：

教师在图书区张贴介绍修补图书方法的图片，帮助幼儿丰富修补图书的经验，知道保护图书的方法，发现图书破损时要及时修补，保护好班级里的图书。

美工区

活动一：环保书

活动目标：尝试利用剪、粘贴、绘画等方式自制环保书，大胆与同伴交流讨论自制环保书的内容，能够主动保护环境，增强保护环境的责任意识。

活动准备：

1. 幼儿有一定的环保知识，知道保护环境的重要性。

2. 旧图书、环保宣传画报。

活动过程：

1. 幼儿自主阅读所提供的旧图书、环保宣传画报，选择自制环保书所需的内容。

2. 幼儿将选择好的内容进行剪贴、临摹或者自主绘画创作，个人或者与同伴合作制作环保书。

3. 幼儿与同伴交流讨论后，通过添画场景、装饰、涂色等方式完善自制图书。活动过程中，教师注意引导幼儿节约用纸，保持桌面、地面卫生。

4. 活动结束后，教师引导幼儿分享自制的环保书，宣传环保知识，分享环保经验。

活动建议：

1. 活动前，教师需要引导幼儿理解环保的含义，并了解人们在日常生活中保护环境的基本做法，为幼儿设计环保书做经验准备。

2. 制作环保书之前，教师可以跟幼儿一起讨论他们想要做的环保书的主题，如保护植物、保护动物(陆地动物、海洋动物)、爱护公共卫生、节约资源(水、电、纸等)……讨论之后，更有助于幼儿创作。

3. 活动过程中，教师要提示幼儿安全使用剪刀、胶水等工具。

活动延伸：

教师引导幼儿与同伴将环保书整理归置于图书区，区角活动时交流、讨论保护环境的方法及保护环境的重要性，分享保护环境的做法，如扔垃圾时正确地进行垃圾分类等，增强保护环境的责任意识。

活动二：我们爱劳动

活动目标：尝试用线描刮画的形式大胆表现自己或同伴参加劳动的动态和场景，感受完成劳动任务的成就感，增强班级管理的责任感。

活动准备：

1. 幼儿在家中有独自劳动或与同伴合作劳动的经历。

2. 随机抓拍的幼儿劳动时的照片，刮画纸。

活动过程：

1. 幼儿欣赏小伙伴劳动的照片，观察人物劳动时的各种动态。

2. 幼儿自主创作，把自己或同伴在家、在幼儿园劳动的样子在刮画纸上画下来。

3. 作品完成后，幼儿与同伴欣赏、交流，感受完成劳动的自豪感。

活动建议：

1. 幼儿作画时可以画一个人物的动态，也可以画多个人物的动态。

2. 教师可以引导幼儿画出周围的场景，画面色彩、线条尽量丰富。

3. 欣赏交流环节，教师可以引导幼儿从绘画主题、工具使用等方面进行交流。

活动延伸：

教师让幼儿为班级或同伴做一些力所能及的事情，感受身为班级一员的责任感和归属感；引导幼儿做好值日生工作，体验完成值日生工作的成就感，增强为班级服务的责任感。

活动三：班级规则我来定

活动目标：能与同伴交流讨论班级中所需的规则，利用绘画的方式表征班级规则的内容，增强遵守规则的责任意识。

活动准备：

1. 幼儿已有丰富的关于规则与生活的关系的经验。

2. 幼儿一日活动中未遵守规则的照片(如未整理归类的玩具)、画纸、水彩笔等。

活动过程：

1. 幼儿观察教师提供的一日活动中未遵守规则的照片，与同伴交流照片中的行为不当之处及应该怎样做。

2. 幼儿交流、讨论班级中有哪些地方、做哪些事情时需要规则及遵守规则的重要性。

3. 幼儿自主创作想要制定的规则，为每条规则编上序号，能够让别人都看懂。

4. 作品完成后，幼儿互相交流、分享，讨论制定的规则是否合理。

活动建议：

1. 教师在选择活动照片时尽量以幼儿一日生活为主，贴近幼儿生活。

2. 幼儿与同伴互相交流讨论自己制定的规则时，教师要引导幼儿分辨规则的合理性。

3. 幼儿自主创作时，教师要注重幼儿学习品质的培养，如坚持完成作品，保持画面干净整洁，完成作品后收拾整理物品。

活动延伸：

幼儿将制定的班级规则贴到相应的地方，教师鼓励幼儿遵守自己制定的班级规则并监督他人遵守班级规则；推选"小小观察员"观察、监督同伴遵守规则，发现同伴遵守规则的行为及时表扬，增强幼儿遵守规则的责任意识。

益智区

活动一：节假日不休息的人

活动目标： 能用福禄培尔玩具创造性地拼摆节假日不休息的人的劳动过程，感受劳动者的辛苦及他们不怕辛劳地坚守自己岗位的精神，体会承担责任的意义。

活动准备：

1. 幼儿在家长的协助下了解节假日不休息的人及他们的工作。

2. 节假日不休息的人劳动的照片，福禄培尔玩具。

活动过程：

1. 教师引导幼儿欣赏节假日不休息的人的照片，与同伴交流他们劳动的主要特点。

2. 幼儿与同伴交流怎样表现出人物的劳动动态，自主进行拼摆。

3. 作品完成后，幼儿互相交流、分享，感受劳动者的辛苦，以及不怕劳累坚守自己岗位的精神。

活动建议：

1. 教师在活动之前可以鼓励幼儿与家长一起收集自己知道的节假日不休息的人的故事或图片，活动的时候可以让幼儿先分享自己收集的信息，以便更好地调动幼儿的活动兴趣。

2. 教师鼓励同伴之间互相讲述作品时，重点讲出劳动者的辛苦，感受劳动者爱岗敬业的精神。

活动延伸:

教师可以引导幼儿在一日活动中做好值日生工作,勇于承担责任,完成自己的值日任务,对班级产生责任感。教师还可以请家长在家中给予幼儿一定的家庭任务,并引导幼儿完成。

活动二: 环保棋

活动目标: 判断棋盘相应格子上的图片中的行为是否正确并说出原因,遵守游戏规则,提高环保意识,增强保护环境的责任心。

活动准备:

1. 幼儿了解环境污染对我们生活的危害及保护环境的方法。

2. 自制环保棋棋盘(主要呈现与环保有关的内容)、骰子、棋子等(图4-5)。

活动过程:

1. 幼儿熟悉游戏规则:分别投掷骰子,根据点数前进相应步数的格子,根据格子中对应图片的行为前进或后退相应步数,最先到达终点的幼儿获胜。

2. 幼儿自由结对,按照规则玩环保棋,判断棋盘相应格子上的图片中的行为是否正确。

3. 幼儿熟悉棋盘内容后,可以自主协商游戏规则。例如,判断棋盘相应格子上的图片中的行为是否正确,如果是正确的,就前进一步;如果是错的,就后退一步。

4. 活动结束后,幼儿与同伴大胆交流讨论保护环境的方法,增强幼儿保护环境的责任感。

活动建议:

1. 游戏前,教师要引导幼儿熟悉保护环境的方法,从身边的小事做起,保护环境。

2. 幼儿在游戏时不局限于一种玩法,可以与同伴协商制定棋盘的内容、游戏的规则。

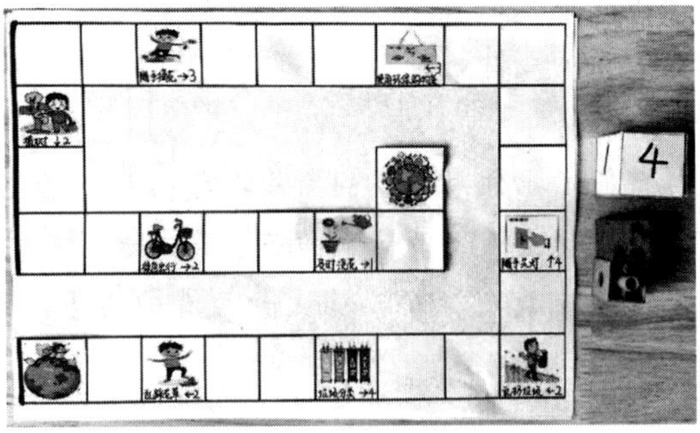

图4-5 自制环保棋

活动延伸:

教师可以引导幼儿养成不乱扔垃圾、保护环境卫生的良好习惯;还可以将活动延伸到美工区,让幼儿与同伴一起制作"环保宣传画",到社区向居民讲解保护环境的方法,提高幼儿"社区小主人"的责任感。

活动三：环保小卫士

活动目标：尝试按照厨余垃圾、可回收垃圾、有害垃圾、其他垃圾对垃圾进行分类，树立环保意识，养成垃圾分类投放的好习惯。

活动准备：

1. 幼儿了解生活中会产生哪些垃圾，会区分不同种类的垃圾。

2."垃圾分类"玩具（可回收垃圾、厨余垃圾、有害垃圾、其他垃圾四个玩具垃圾桶，垃圾分类示意图，不同垃圾图片）（图4-6）。

活动过程：

1. 教师引导幼儿自主选择想要负责的垃圾桶，简单交流所负责的垃圾桶内的垃圾特点。

2. 幼儿根据所选的垃圾图片进行垃圾分类，并说明分类的原因。

3. 活动结束后，幼儿与同伴交流讨论垃圾分类的重要性，互相进行环保宣传。

活动建议：

1. 教师提供垃圾卡片时以幼儿生活中常见的垃圾为主，利用幼儿已有经验帮助幼儿进行垃圾分类经验的提升。

2. 在幼儿不确定垃圾分类是否正确时，教师可以适时进行帮助，或者引导幼儿在活动结束后通过查阅书籍、网络等方式进行验证。

活动延伸：

教师可以引导幼儿在一日生活中不乱扔垃圾，向同伴、老师及幼儿园其他工作人员进行环保宣传；还可以将活动延伸到美工区，引导幼儿制作环保标志贴到社区中，增强幼儿的环保责任意识。

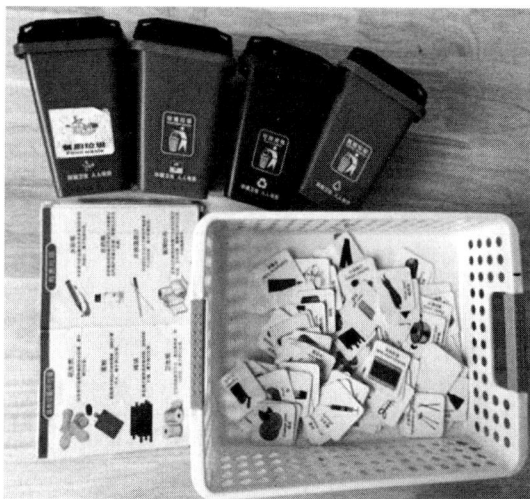

图4-6 "垃圾分类"玩具

（青岛市崂山区沙子口街道姜哥庄幼儿园 姜征坤 王懿）

六、一日生活指导

(一)一日生活中幼儿品格与社会技能培养

责任心是在长期培养中逐渐形成的。在幼儿园一日生活中蕴藏着许多培养幼儿责任心的契机，教师应充分利用这一教育资源，培养幼儿对自己、对他人、对集体的责任感和负责任的态度。

错误是指不正确的、与客观事实相反的或与公众认知相违背的观念(后者不能称之为绝对的错误)。犯错误是指做错事。幼儿受经验、情绪等多方面因素影响，在一日生活各环节中难免犯错误。面对不同情境下幼儿所犯的错误，教师应先依据幼儿的年龄特点、生活经验等进行判断，再帮助幼儿识别错误行为，引导幼儿正视错误，再采用重点指导或随机引导的方式，进行"避免再犯错误"的社会技能指导，帮助幼儿进行自我调整。本期主题品格与社会技能在一日活动中的重点培养环节见表4-6。

表4-6　品格与社会技能的日常重点培养环节

生活环节	品格：责任	社会技能：避免再犯错误
入园	√	√
盥洗	√	√
进餐	√	√
饮水	√	
如厕	√	√
午睡	√	
离园	√	
集体活动	√	√
户外活动	√	√
区角活动	√	√
过渡环节	√	√

(二)一日生活中幼儿品格与社会技能指导要点

本期主题品格与社会技能在一日生活中的指导要点见表4-7、表4-8。

表4-7　一日生活中责任品格指导要点对照表

环节	指导要点
入园	1. 教师引导幼儿整理自己的外衣、书包，培养自我服务意识，可提供叠外衣用的小桌子和存放书包等物品的柜子。 2. 教师通过图片提示帮助幼儿了解晨间重点活动及方法，培养幼儿的独立意识，可提供入园流程图或叠衣服步骤图等。 3. 教师引导幼儿间相互帮助，及时鼓励和肯定这种行为，培养他人责任心。 4. 教师鼓励幼儿努力做到准时来园。

续表

环节	指导要点
盥洗	1. 教师关注幼儿是否能够主动完成盥洗环节，重点关注未能完成的幼儿，通过提示引导幼儿完成，帮助幼儿建立自我责任意识。 2. 教师通过图片和个别指导的方式帮助幼儿掌握正确的洗手、饮水方法，建立任务责任意识。
进餐	1. 教师开展值日生活动，明确值日生分工及内容，培养集体责任心。 2. 教师带领幼儿完成值日工作，及时肯定和鼓励幼儿认真负责的行为。 3. 教师引导幼儿学习擦桌子的正确方法，鼓励幼儿餐后主动收拾桌面，建立集体责任意识。
饮水	1. 教师提供饮水机、水壶等，便于幼儿用多种方式取水，鼓励幼儿为自己服务，培养初步的独立意识。 2. 教师提供餐布，引导幼儿洒水时主动擦干，培养初步的责任感。
如厕	1. 教师开展教学活动，引导幼儿学习擦屁股的正确方法，愿意做自己力所能及的事情。 2. 教师在盥洗室布置幼儿如厕的流程图及擦屁股的方法，在随机指导中鼓励幼儿便后自己处理，培养幼儿的自我责任心。 3. 教师关注幼儿便后是否主动冲水，开展随机教育，培养集体责任意识。
午睡	1. 教师带领值日生做好午睡准备，肯定幼儿为班级做贡献的行为，培养集体责任意识。 2. 教师关注幼儿是否独立完成午睡前的各项准备，如小便、摘皮筋、脱衣服、叠衣服等，对忘记做的幼儿进行适当提示，培养幼儿初步的独立意识和任务责任意识。 3. 教师鼓励幼儿帮助同伴，培养幼儿他人责任心。 4. 教师通过墙饰图片，引导幼儿学习整理床铺和叠被子的方法；组织有趣的"叠被子比赛"，引导幼儿感受自己整理床铺的乐趣，愿意做力所能及的事。
离园	教师通过布置任务培养幼儿责任心，可利用节假日或季节更替调换备用衣物的机会，给幼儿布置小任务，鼓励幼儿按照教师的要求整理需要带回家的物品。
集体活动	1. 教师开展幼儿感兴趣的集体或小组活动，使幼儿产生参与集体活动的愿望，逐步建立集体责任意识。 2. 教师在组织活动时，关注个体差异，为每名幼儿提供在活动中承担任务的机会，培养集体责任心。 3. 教师可以给幼儿布置小任务，与家长沟通，引导幼儿记住并完成任务，做到说话算话。
户外活动	1. 教师通过为分散游戏做计划，培养幼儿的独立意识和责任感。 2. 教师关注幼儿在游戏中的表现，对主动帮助同伴、撞倒同伴主动扶起来并道歉的幼儿给予及时肯定，强化他人责任心和过失责任心。 3. 教师关注幼儿与同伴商量好的事情是否能够说话算话，及时肯定或随机引导幼儿履行自己的承诺。 4. 户外游戏活动结束后，教师要为幼儿提供共同整理游戏材料的机会，培养幼儿的集体责任意识。
区角活动	1. 教师与幼儿谈论自己的区角游戏计划，了解幼儿的游戏，为幼儿的游戏提供环境和材料的支持，鼓励幼儿完成自己的游戏计划，培养独立意识和责任感。 2. 教师关注幼儿的游戏过程，当幼儿与同伴发生争吵或做错事时，可通过谈话的方式帮助幼儿解决问题和主动承担责任，并及时肯定幼儿这一行为。

环节	指导要点
区角活动	3. 教师鼓励幼儿与同伴共同游戏，可以利用活动小结环节肯定幼儿同伴间相互帮助的行为，强化他人责任心。 4. 教师建立游戏常规，培养幼儿的自我责任意识，引导幼儿在听到音乐时主动整理游戏材料。 5. 教师定期带领幼儿一起清洁玩具，引导幼儿爱护公共财物，培养幼儿的集体责任心。
过渡环节	幼儿不小心做错事时，教师要耐心地了解情况，给予幼儿承认错误的勇气，建立过失责任心。

表 4-8　一日生活中"避免再犯错误"社会技能指导要点对照表

环节	指导要点
入园	面对迟到的幼儿，教师应先热情迎接，避免幼儿产生不良情绪。教师通过谈话的方式帮助幼儿意识到迟到对自己的影响，共同回忆原因，讨论避免迟到的方法，并将幼儿想到的方法与家长进行沟通，家园共育引导幼儿进行调整。
盥洗	幼儿出现插队行为时，教师可以进行随机引导，帮助幼儿理解遵守规则的意义，鼓励幼儿提出调整方法，为幼儿提供改正的机会并及时肯定幼儿改正错误的表现。
进餐	1. 教师对挑食的幼儿耐心劝慰，鼓励幼儿少量尝试。 2. 教师为每组幼儿提供一个单独的餐盘，幼儿可以在与老师商量后将剩余食物放入餐盘，避免随地丢弃。
如厕	遇到幼儿忘记冲水、将厕纸扔进便池等行为，教师可以开展相关活动或进行小范围讨论，引导幼儿理解爱护公共环境的重要性，与幼儿共同约定正确做法并通过墙饰进行提示。
集体活动	1. 教师开展"避免再犯错误"教学活动，引导幼儿学习该技能口诀和方法。 2. 教师组织分享活动，鼓励幼儿分享自己避免再犯错误的好方法，丰富幼儿经验。
户外活动	1. 幼儿违反游戏规则时，教师可以引导幼儿发现违反规则带来的影响，使幼儿意识到规则的重要性，并鼓励幼儿说说应该如何做。 2. 幼儿与同伴发生冲突时，教师应及时制止，以平和的态度介入，帮助幼儿意识到冲突带来的不愉快或危险，引导幼儿重新思考解决办法。 3. 幼儿出现破坏行为时，教师及时制止后，应在了解原因的基础上，先帮助幼儿理解破坏他人物品是不对的；再鼓励幼儿提出补救办法，协助幼儿完成并给予肯定；最后请幼儿说说下次如何避免并用幼儿的方式记录下来。
区角活动	1. 幼儿向同伴做出危险行为时，教师要及时制止，耐心引导幼儿识别错误，不指责幼儿；帮助幼儿意识到自己的行为对同伴带来的伤害，引导幼儿思考不伤害他人的交往办法。在自由活动环节，教师引导幼儿记录下避免犯错的计划。 2. 幼儿经常重复同一错误行为时，教师应再次与幼儿交谈原因，回顾之前做的计划，适当做出调整。
过渡环节	1. 教师通过故事、儿歌、游戏等方式与幼儿分享避免重复犯错误的好方法。 2. 教师关注幼儿避免犯错误的成功案例，改编为"身边的小故事"与幼儿分享，帮幼儿获取经验。

（三）日常指导策略

1. 责任品格——游戏案例

幼儿园是以游戏为基本活动的，而游戏是幼儿最喜爱的活动之一，在游戏中幼儿可以自己决定玩什么、和谁玩、怎么玩。作为游戏的主人，幼儿会在游戏中努力做好自己想做的事情，意识到自我存在的价值，产生自我责任感。在与同伴的互动中，教师可以让幼儿学习与他人相处时应具备的责任，建立对他人的责任感。在集体游戏中，教师可以让幼儿感受自己发挥的作用，建立集体意识，产生集体责任感。因此，通过游戏帮助幼儿建立责任感具有很大优势。

案例：户外自主游戏开始了，叮当和默默在大型积木区游戏，用大木板搭建了一个类似于帐篷的作品，并邀请老师钻到"帐篷"中合影。可是在拍照时帐篷倒了，砸到了老师身上。幼儿都来关心老师，默默显得很紧张，赶紧向老师道歉。老师接受了她的道歉，告诉她不严重，没关系。还有幼儿责怪叮当和默默搭得不结实，两名幼儿有些被动。老师说："虽然不是很疼，但是这个帐篷不稳固，你们在下面走也很危险"。这时，叮当说："咱们得负责把这个帐篷搭得更结实些，就不会砸到老师和想玩的小朋友了！"于是，他们开始调整材料和搭建方法，经过多次尝试和调整，最终在小朋友们和老师的帮助下，把帐篷搭得更加结实了。

分析：在游戏中有很多可以由幼儿承担责任的机会，在案例中可以看到，幼儿主动承担砸到教师的责任，同时能够主动向教师道歉，已经具备了一定的责任意识。在教师提醒后，幼儿也马上意识到应该做出调整来保护其他人不受伤，这时的幼儿已经有了责任感。除了叮当和默默，其他一起调整"帐篷"的幼儿也在活动中出了一份力，建立了集体责任心。

教师指导：教师应该相信幼儿是有责任意识的，发现幼儿主动承认错误、承担责任的行为时，及时给予肯定是对幼儿正确行为的鼓励。当幼儿面对应承担的责任却不知道该怎么办时，教师要避免给幼儿造成压力，可以通过交流了解幼儿的想法，进一步引导幼儿思考该怎样做。幼儿是善于发现问题和解决问题的，教师可以让幼儿来做决定。

幼儿会在与他人的互动中表现出更多关心、帮助、分享、合作等行为，主动地承担起责任，增强责任感。

2. "避免再犯错误"技能——师幼互动

每名幼儿在成长过程中都难免犯错误，如果可以在错误中汲取经验，避免重复同样的错误，就可以取得进步。作为教师，要保持正确的态度，给幼儿改正的空间，并且帮助幼儿建立面对错误的勇气，学会改正错误的方法。

（1）以前曾经犯错误

辩论活动：教师鼓励幼儿围绕"犯错误是不是一件坏事"展开辩论，帮助幼儿理解犯错误不完全是一件坏事，但要勇敢面对，勇于改正。

（2）以后争取不再犯

讨论活动：教师鼓励幼儿讲一讲自己改正错误的故事，帮助幼儿梳理经验；同时也可以请幼儿分享自己反复发生的错误，讨论错在哪里，大家一起想办法。

（3）做个计划来照办

教师让幼儿用绘画的方式记录想到的改错方法，帮助幼儿用文字记录，装订成册，制作《改错宝典》。教师鼓励幼儿参考《改错宝典》的方法尝试改错。教师要注意关注幼儿改错的过程，帮助幼儿记录，及时肯定和鼓励，使幼儿勇于挑战困难，形成积极心态。

案例：满满很喜欢和小朋友一起玩，但在游戏时总是抢别人的玩具。小朋友提出轮流玩他也不同意。如果小朋友不给他或者不跟他玩，他就会发脾气或与同伴发生肢体冲突。因此，大家都不喜欢和他一起玩。满满为此很伤心。

分析：通过和满满交流，发现他知道自己这样做是错误的。但由于在家里成人都宠爱他，只要他发脾气就会听从他的要求，所以他习惯用这样的方法达到目的。但是发脾气并不能让他获得同伴的支持，他还不知道正确的做法。

教师指导：在满满与小朋友发生争执时，教师要及时制止，帮助满满理解小朋友不喜欢发脾气的人。教师可以请小朋友说一说和同伴一起游戏的方法并记录下来，鼓励满满用小朋友喜欢的方式参与游戏，用共同记录的好办法提醒满满控制情绪，学习轮流游戏，当满满做到时在相应的好办法上盖章。教师还可以请满满分享用好办法和同伴游戏的感受，引导他体会到与同伴友好相处的快乐，从而激励满满不断使用好办法。

(四)生活体验活动

活动案例：小小值日生

1. 设计思路

《幼儿园教育指导纲要(试行)》中指出幼儿要"能努力做好力所能及的事，不怕困难，有初步的责任感"。值日生工作是幼儿感兴趣的活动形式之一，幼儿能够积极参与其中，在过程中富有主动性和持久性，因此能够有效培养幼儿初步的责任心，激发幼儿为集体和他人服务的意识，树立为集体服务的自豪感，增强集体意识，培养社会交往能力、社会责任感和动手实践能力，让幼儿在生活中得到学习与发展。为此，教师开展了"小小值日生"主题活动。

2. 活动过程

（1）讨论活动：谁来管理我们班

教师引导幼儿发现班级中的一些现象，如花枯萎了、图书乱了等，引发幼儿思考"谁是班级小主人"和"我们可以为班级做哪些事"，并让幼儿用绘画的方式将自己想为班级做的事记录下来，创设值日生墙饰，通过活动增强幼儿的集体意识和责任感。

（2）值日生公约

师幼共同讨论在值日生工作中的感受、遇到的问题和好办法。师幼通过讨论共同制定值日表、值日内容、值日方法等，并将约定内容布置在值日生墙上，让每名幼儿都有成为值日生的机会，在承担值日生工作的过程中增强动手能力，体会与同伴合作的乐趣，培养责任心。

师幼还可以共同约定每周固定一天是集体大扫除的日子。在这一天，让幼儿整理自己的柜子，分组擦桌子、椅子、玩具柜。通过这样的集体活动进一步增强幼儿的集体责任感和荣誉感。

（3）值日之星

教师通过评选"值日之星"活动，激发幼儿做值日生的积极性。幼儿在做值日生工作时能体验到劳动的成就感，而来自同伴的评价和教师的肯定会成为驱动力，让幼儿体验到初步的责任感。

3. 活动总结

值日生活动贴近幼儿生活，是课程生活化的体现。值日生活动的开展激发了幼儿参与劳动的兴趣与积极性，让幼儿体会到了劳动的乐趣，锻炼了幼儿独立生活和做事的能力，同时让幼儿在劳动中认识自己，帮助幼儿树立了自信，培养了良好的劳动习惯。在值日过程中，幼儿需要自我管理，努力完成自己负责的工作，自我责任心得到培养。在"值日之星"活动中，幼儿从同伴和教师的评价中体会到为集体服务是很光荣的事，更增强了他们的集体意识、培养了社会责任感。同时，通过活动建立起的责任心还将渗透在幼儿生活的方方面面。

（公安部幼儿园　李丛茜　徐新颖）

七、家园共育指导

（一）品格指导要点

对于责任品格的家庭教育指导，重点在于帮助家长培养幼儿的责任感和认真负责的态度，让幼儿知道自己的事情自己做，增强自我服务意识，促进自我能力的提升；同时针对家长在培养幼儿责任品格中遇到的问题，给予专业的指导和建议，解决家长的困惑。

1. 鼓励家长发挥榜样作用共建责任意识

教师、家长和幼儿朝夕相处，是幼儿最直接的模仿对象。在家长和教师潜移默化地熏陶下，幼儿逐渐形成自己的行为习惯、是非标准，并以此来检验和调整自己。如果想让幼儿成为一个有责任感的人，家长的榜样示范作用必不可少。家长在生活中要时时刻刻用实际行动诠释责任的行为，使幼儿在耳濡目染中对责任品格有深刻的认识和体验。

2. 引导家长改变教养方式促进责任心发展

家长的教养方式对幼儿的健康发展有重要的影响作用。鲍姆林特等人的研究表明：纵容的养育方法因缺乏父母给予的准则和强化，只能形成幼儿少量的社会责任心；专断的父母所养育的幼儿常会比以纵容方式养育的幼儿具有较多的社会责任心；权威型家庭中的幼儿是最具有社会责任心的。刘闯、杨丽珠等人通过探讨中国文化背景下父母教养方式与幼儿责任心的关系，发现民主性教养方式对幼儿责任心的发展有积极促进作用；溺爱性、放任性、专制性、不一致性教养方式对幼儿责任心的发展有明显的消极影响，其中，放任性尤为不利于幼儿责任心的发展。[①] 因此，教师要引导家长选择民主、科学的教养方式，使其对幼儿责任心的发展起到积极的促进作用。

3. 鼓励家长用绘本阅读的方式带领幼儿了解责任的意义

除了环境的影响和榜样的作用，家长还可以用较为符合幼儿认知能力和理解水平的方式来培养幼儿的责任感。例如，家长可通过讲述《不是我的错》《凯迪和一场很大的雪》《我不想当小孩》《我的宠物猛犸象》等绘本故事的方式，让幼儿产生情感共鸣，从而更好地培养其责任心。

4. 引导家长提供多种机会，增强幼儿责任意识

3～6岁是幼儿习惯养成的关键期。家长应提供给幼儿多种机会，让其有机会参与到家庭计划和活动的制订中来；同时多给幼儿创造收拾整理的机会，帮助幼儿积极主动地参与到家庭劳动中来，并愿意为家庭出一份力、做出贡献；对幼儿的尝试与努力要及时给予肯定，不因做得不好或者做得慢而包办代替；通过谈话让幼儿意识到家长不能够时时刻刻陪伴着他们，他们必须学会独立生活。同时，家长还可以借助练习，提升幼儿的自我服务能力，例如，学习如何整理自己的书包和衣物；玩完玩具后自己主动去整理；吃完饭后收拾碗筷；自己接收到的任务主动完成，不依赖他人；等等。

5. 指导家长在行为中正面引导，强化幼儿责任意识

在幼儿犯错误时，家长不要一味地替幼儿开脱，而要鼓励幼儿勇敢地承担后果。这样幼儿就会清晰地认识到错误，了解如何应对此类事情。而幼儿做得对的时候，我们要清晰地说出哪里做得对、哪里是负责任的表现。这样正向地引导会让幼儿清晰地知道怎么做是对的。

6. 鼓励家长增加社交活动，提升幼儿社会责任感

社交活动不仅能锻炼幼儿的社交能力，发展幼儿的语言能力，还能增强幼儿的社会责任感。家长可以适当地安排幼儿从事一些力所能及的社会工作，如帮忙照顾小区里的植物，看望孤寡老人等。长时间的坚持可以使幼儿感受到自己所做工作的价值和意义，并从中得到乐趣，从而建立起对社会的责任心。

7. 让家长引导幼儿分享自己在幼儿园发生的事情及感受

教师可以提示家长，从如下方面与幼儿交流。

(1)情绪方面

你的心情是怎样的？为什么？

(2)生活方面

今天班里有没有什么重要的事情？你的建议是什么？

---

① 刘闯、杨丽珠：《父母教养方式对3～6岁幼儿责任心发展的影响》，载《学前教育研究》，第1期，2007。

（3）自理方面

今天有什么工作是自己挑战完成的呢？

（4）活动方面

今天进行了什么有趣的游戏呢？是否遵守了游戏的规则？想分享哪些游戏感受？

值得注意的是，家长一定要鼓励幼儿表达自己对幼儿园生活的感受和想法，并给予其积极、正面的暗示，不断强化幼儿的责任感。

8. 让家长明白习惯养成贵在坚持

幼儿任何品格的形成都是一个循序渐进的过程，责任品格的培养亦是如此。好的品格并不是与生俱来的，它是一个由简单到复杂、逐渐形成的过程。家长需要根据幼儿的年龄特点和发展水平，寻找适合幼儿的方式方法，在发现问题时随时调整，对于好的做法要及时总结。

（二）社会技能要点

避免再犯错误

教师让每名幼儿说说自己曾经犯过的错误，通过幼儿之间的讨论，引导他们了解和发现犯错误也不都是坏事；同时，带领幼儿寻找不犯同样错误的方法（如更认真细心地做，征求别人的意见，找人帮助等）。

以前曾经犯错误。教师引导幼儿把自己的错误说出来与同伴一起讨论，同时发现大家都有做错事的时候。

以后争取不再犯，做个计划来照办。教师通过分享和讨论让幼儿意识到犯错是难免的，用换位思考和积极接纳的方法让幼儿认识到错误，避免今后再犯同样的错误。教师鼓励幼儿通过与同伴的交流和讨论，养成主动反思的良好习惯，在遇到问题后通过反思寻找问题出现的原因，从而制订计划，避免重犯同样的错误。

（三）你问我答

1. 幼儿遇到事情，喜欢推卸责任怎么办

首先，家长要正确地看待问题，不要急于指责，思考分析为什么幼儿遇到问题会推卸责任，是否因为家长给予幼儿较大的压力，造成幼儿不敢承认错误；然后平静地和幼儿分析如何才能更好地、有效地完成任务。教给他方法，不是给他压力。其次，在生活中，家长遇到问题不要推卸责任，而是要说出困难，大家一起协商解决，给幼儿做好榜样的同时，更好地诠释遇到各种问题怎样解决的方法。最后，家长可以运用绘本的力量，带领幼儿深入地理解责任的重要性，提升幼儿的责任感。

2. 很多家长都觉得幼儿太小，什么事情都做不好，就替幼儿承担责任，该怎么办

过度关爱和干涉对幼儿的心理发展非常不利。家长不要把幼儿当成什么都不能承担的小幼儿来看待，要让幼儿尝试着做或参与家中的事情，如简单的家务。

3. 幼儿将用过的物品、玩具、学习用品随处乱放，也不整理，该怎样和他沟通

《3—6岁儿童学习与发展指南》中指出要"经常给幼儿分配一些力所能及的任务，要求他完成并及时给予表扬，培养他的责任感和认真负责的态度"。教师要通过游戏活动的体验，让幼儿明白自己是集体中的一员，应该关心集体，主动为集体做事，逐步培养幼儿的主人翁意识和责任感。

在家里也要有幼儿收纳玩具的干净整齐的专用位置。家长的以身作则很重要，不仅是玩具，所有的物品用完都要及时归位。幼儿在使用完后，家长要提醒幼儿及时收纳整理。2～4岁是幼儿秩序的敏感期，在这个敏感期内，幼儿会自发地喜欢有秩序的生活和有秩序的状态。家长在此期间可以很好地帮助幼儿建立秩序感。

4. 不喜欢自己的事情自己做，需要别人催促怎么办

这说明幼儿缺少自主思考的机会，幼儿生活在家长主导的环境下，同时因为幼儿过于依赖家长，所以不愿意自己的事情自己做。作为家长，平时要鼓励幼儿多说一说自己的想法，改变包办代替的现象，鼓励幼儿做力所能及的事情，并及时进行表扬和鼓励。家长也要由督促改为提醒或是和幼儿进行约定，让幼儿拥有自主权。例如，幼儿到了约定的时间还没有去看书，家长可以简单地提醒或是自己去看书，用实际行动影响幼儿。

5. 答应别人的事情一会儿就忘，做不到也没有表示，怎么办

发生这种情况，主要说明幼儿缺乏责任感，没有意识到答应了别人，事情的责任主体就变成了自己。家长先要告诉幼儿，在别人请求自己的帮助时，需要想一想自己是否能够做到，答应别人后，要把事情变成自己的事情一样，积极地去做。如果没有做到，家长则要带领幼儿发现没做到带来的后果，以及换位思考别人的感受，知道这样做会失去别人对自己的信任。在此基础上，应该主动给别人道歉，并尽力弥补对别人的伤害，然后寻找解决的方法，避免下次再出现同样的错误。

（济南市槐荫区第二实验幼儿园　魏然　杨露莎）

第五章　专注品格：做事认真不分心

一、主题说明

◎ 情境链接

　　乐乐是一个活泼、好动的幼儿并且做事情很积极，但就是有点儿迷糊。例如，老师给大家讲故事，请幼儿来分享的时候，乐乐想都不想就会立刻举手，但又说不出什么内容；有时候布置任务，老师还没说完，乐乐就会说"我知道了，我知道了"，但真正操作的时候，又会出现很多错误，明显看得出来没有认真听；有时候老师请乐乐帮忙取个东西，乐乐立马就出动，但经常会拿错或忘记要取什么……

　　您是否发现班级里也有和乐乐一样的"小迷糊"呢？这类幼儿虽然很热心、乖巧、懂事，但做事有点儿毛毛躁躁、不够踏实。此外，班上还会有一些能量满满，没有片刻安宁的"黑旋风"，他们总是没有办法静下心享受活动的细节，也许他们遇到的是专注力不足的问题。专注是一种重要的学习品质，是对任务目标的坚定，是对枯燥过程的忍耐，是对无关影响的忽视。专注力强的幼儿能在各类游戏活动中收获更愉快、更深刻的体验，更能从高质量的任务中获得成就感和自豪感。他们能主动调整自身状态，排除无关的干扰，较长时间投入目标活动中；他们遇到困难会主动向别人寻求帮助；他们会运用各种策略为自己争取更多的资源、权利；他们善于运用各种资源和权利调整自己的游戏方式等。

　　《3—6岁儿童学习与发展指南》语言领域指出，中班幼儿"在群体中能有意识地听与自己有关的信息"。专注力主要体现在集中注意力、坚持有耐心、排除干扰三方面，也是教师开展专注品格教育教学活动需重点考虑的内容，在这个过程中要借助社会技能"忽视"引导幼儿做事情的时候要专心致志，排除无关干扰；借助社会技能"学会放松"让幼儿能够在进行重要的任务时或在重要场合中及时调整情绪，从容应对，不慌张。

二、主题目标

第一，体会专注做事情的乐趣，为自己的专注所带来的成就而感到自豪。

第二，知道做事情应该专注，一件事情做完后再去做其他事情，不能三心二意。

第三，做事的时候能够排除无关因素的干扰，把注意力集中在当前的任务中。

第四，对自己感兴趣或选择的事情，能够持续投入时间和精力，不会半途而废。

第五，面对困难的时候，不轻易放弃，能够专注地分析、思考问题，寻找解决办法。

第六，需在众人面前展示或表演时，能够努力调整情绪，放松心情，专注地完成任务。

第七，学习或与人交流时，能够认真观察、倾听并努力理解对方的意思。

三、环境创设

(一)主题墙

在主题活动实施的过程中，教师让每一个墙面都会"说话"，发挥其记录与教育的功能。主题墙装饰是幼儿园设计教育环境的重要组成部分，它对幼儿的学习成长有着潜移默化的影响，能让幼儿在不知不觉中学到一些经验、知识和价值观念等。基于专注品格的培养目标，主题墙的布置可以围绕三部分来设计，即专心做事我知道、我能专心做事、专注力培养小妙招，具体思路如下。

1. 专心做事我知道

这部分是必要前提，良好的专注力是幼儿适应社会和学习的基础保障。在专注的品格课程中，教师通过品格集体教育活动，让幼儿感受、理解故事内容，能够理解专注的意义，知道做事情应该专注，并且愿意做一个专注、认真的人，增强幼儿的专注意识。教师可以以一日活动为契机，开展有针对性的教育，共同开展一段专注之旅。我们将品格绘本展示在班级环境创设中，使幼儿对故事内容有兴趣，并能够通过图片回忆、讲述故事。

2. 我能专心做事

这部分展示幼儿园在本主题下开展的一系列活动。当一名幼儿在认真地做某项工作时，教师不要随意打断幼儿，要为幼儿提供一个安静的环境。作为教师，要学会适时介入，鼓励幼儿并激发幼儿的学习兴趣，使幼儿能够主动增强工作的坚持性。在进行活动后的主题墙展示时，教师要多增加幼儿活动时的实景照片。在幼儿观看时，教师要帮助其回忆在活动过程中发生的事情，强化幼儿的专注行为，促进幼儿的专注能力进一步发展。

3. 专注力培养小妙招

这部分用来呈现有助于专注力培养的方法，这些方法可以是幼儿和爸爸妈妈一起找到的或是正在使用的，也可以是教师向大家介绍的。小妙招可以是专注力的儿歌，如《切土豆》；专注力小游戏，如"翻扑克牌""水果蹲""动物园里有什么"等。教师把大家想到的、找到的方法用图文并茂的方式呈现出来，并鼓励幼儿运用这些方法锻炼自己的专注力。

(二)家园共育栏

家园共育栏旨在让家长了解幼儿园进行的活动，直观地向家长展示幼儿园的工作安排，包括教学活动、活动目标的设置以及对家长提出的教育意见等，让家长能够更加直观地了解幼儿园的工作。

1. 主题内容告知

教师通过学期初家长会介绍本学期的主题活动安排，向家长介绍品格教育对幼儿发展的独特意义，同时向家长推荐相应主题的绘本故事(图5-1)。

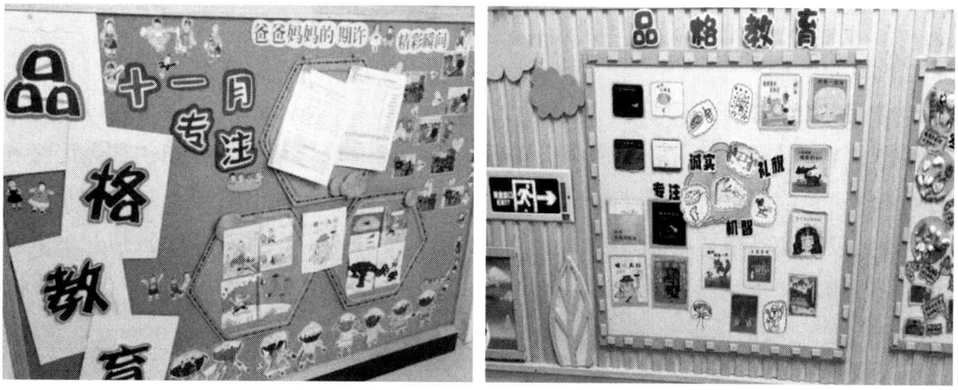

图 5-1　主题内容告知

2. 享受亲子时光

这部分展示墙设置在家园共育栏右侧的位置，记录幼儿和爸爸妈妈一起共度的温馨时光。通过教学活动，幼儿能够对故事内容有一定的理解；通过反复地讲解故事，幼儿能够掌握故事的内容。教师鼓励幼儿和家长一起分享故事，享受独特的亲子时光。

(三)幼儿成长(学习)记录墙

幼儿成长(学习)记录墙以幼儿为主体，充分记录幼儿的专注品格能力发展的过程，帮助幼儿直观地了解自己从一开始无法专心地去做一件事到能专注地做一件事的进步过程。

教师将对幼儿的专注品格培养融入一日活动中，如在集体教学、自主游戏的过程中以及餐点等各个环节(图5-2)，主要展示幼儿园一日生活的规则和要求。同时，教师在教学活动的基础上，让幼儿通过绘画的方式，表达出他们理解的专注的意义。

图 5-2　幼儿认真专注地参与游戏活动

(赤峰市松山区第八幼儿园　董林林　孙丽丽)

四、教学活动案例及反思

(一)品格绘本阅读活动

1. 专注品格绘本推介

良好的专注力是幼儿适应社会和学会学习的前提，也是幼儿感知事物、学会记忆和思考的基础和条件。目前有大量的关于培养幼儿专注的绘本故事、生活图书，基于幼儿园集体教学活动的特点及专注品格的内涵，本期主题我们筛选了 4 本绘本推荐作为教师开展教学活动的载体，所选绘本涵盖了对自己感兴趣的事物的专注、对他人的专注等元素，具体见表 5-1。

表 5-1　专注品格绘本推荐及解析

绘本名称	主要内容	绘本中的"专注"
《西西》	热闹的广场上，小朋友们都在玩，只有西西一个人安静地坐着。无论小朋友在干什么，西西都不动。最后大家发现原来西西在给一位绘画叔叔当模特。	让幼儿了解，原来专注、安静地坚持完成一件即便是很小的事情，也很了不起。
《鼹鼠的音乐》	一只鼹鼠过着简单重复的生活，有一天，他在电视里听到了小提琴演奏的音乐，也想演奏出这样美妙的旋律。于是，他买了一把小提琴，天天练习演奏。虽然一开始，他拉出的声音糟透了，但是渐渐地，他拉得越来越好。	当你为自己定下一个小目标的时候，你就要不断地去尝试，不要受任何干扰，专注做自己喜欢的事，只要坚持就会成功。
《雪花人》	"雪花人"很喜爱雪花，无论遇到什么困难，每一个冬天，他都在给雪花拍照，对雪花也有了更加深入的认识。他将自己的奇妙发现分享给大家，帮助人们了解雪花。"雪花人"的一生都在研究雪，最终，人们因此称他为"农夫科学家"。	在生活中，幼儿会对一些事、物感兴趣并进行探究，过程中会遇到一些困难，但是都不能轻易放弃，要凭借自己的专注力找到问题答案获得成功。
《如果你想看鲸鱼》	故事以看鲸鱼为主线，告诉幼儿要做什么，不能做什么才能看到鲸鱼。本书用很少的文字，很少的颜色，很稀疏的画面，在"看"与"不看"的语言中反复，最终通过幼儿敏锐的观察力、持续的专注力，实现了看鲸鱼的愿望。	幼儿会在生活中为一个感兴趣的事情或目标去投入绝大部分的时间、精力，过程中需要克服一切艰难险阻，从而实现自己的目标。

2. 教学活动案例

接下来我们以语言活动"如果你想看鲸鱼"为例阐述专注品格语言领域教学活动的组织要点，见表 5-2。

表 5-2　专注品格语言领域教学活动

如果你想看鲸鱼	
活动环节	**活动设计**
活动目标	认知目标：知道只有专心致志才能看到鲸鱼。
	能力目标：能用"如果你想看鲸鱼，就……"的句式说一句完整的话。
	情感目标：愿意像故事中的男孩一样认真、专心地学习和游戏。

续表

<table>
<tr><td colspan="3" align="center">如果你想看鲸鱼</td></tr>
<tr><td>活动环节</td><td colspan="2" align="center">活动设计</td></tr>
<tr>
<td rowspan="2">活动准备</td>
<td>经验准备</td>
<td>幼儿知道鲸鱼在海里生活，认识一些生活在海里的生物。</td>
</tr>
<tr>
<td>物质准备</td>
<td>1. 绘本课件《如果你想看鲸鱼》。
2. 眼睛、鲸鱼、玫瑰、船只、鹈鹕、绿色的小虫子、白云、太阳等故事中出现的事物图片。
3. 谜语、小黑板、粉笔。</td>
</tr>
<tr>
<td>活动过程</td>
<td colspan="2">

一、谜语导入，调动幼儿已有经验

师：小朋友们，今天老师给你们带来一个谜语，请小朋友们来猜一猜，看看哪位小朋友能够猜出谜底。

谜面：体型巨大为海怪，用肺呼吸游得快，呼出喷泉露在外。（打一动物）（谜底：鲸鱼）

师：小朋友们太棒了，猜出了谜底。那么，你们想去看鲸鱼吗？（教师鼓励幼儿分享自己的所见所闻）

师：有个小男孩，他也想去看一看鲸鱼，想一想他要怎么做才能看到鲸鱼。我们一起来故事里找找吧！

二、阅读绘本，引导幼儿初步理解故事内容

1. 教师带领幼儿阅读绘本第1至11页（此书无页码，作者从扉页开始算第1页），了解要想看鲸鱼需要哪些准备。

师：如果小男孩想看鲸鱼，他需要准备什么呢？（一扇窗、一片海、一些时间、一把椅子、一条毯子）

师：为了看到鲸鱼，小男孩还需要做什么？（去等待鲸鱼，去眺望鲸鱼，去猜测那是鲸鱼吗，去确认出现的是不是鲸鱼）

师：为什么看鲸鱼需要一把不那么舒服的椅子和不那么舒服的毯子？（因为太舒服容易打瞌睡，睡着了就看不到鲸鱼了）

讨论：如果你想看鲸鱼，你需要准备什么？

教师邀请幼儿回答。（准备一些时间观看鲸鱼，去海边看鲸鱼，一艘船等）

小结：如果你想看鲸鱼，就要做好准备，准备好看鲸鱼的窗户和海，还要准备一些时间，还有不会让自己睡着的椅子和毯子，这样才有可能看到鲸鱼。

2. 教师带领幼儿阅读绘本第12至23页，了解如果想看鲸鱼，不能做什么。

师：要想看到鲸鱼，小男孩就不能做什么呢？开动脑筋想一想，然后把你的想法大声地说出来。

师：有的小朋友说不能做×××，有的小朋友说不能做×××，到底不能做什么呢？我们一起接着往下看。（教师继续阅读故事内容）

师：如果想看鲸鱼，就不能做什么？为什么呢？（教师一一出示玫瑰、船只、鹈鹕、绿色的小虫子、白云、太阳图片，引导幼儿回顾画面中的内容）

小结：如果你想看鲸鱼，就不要被别的事情吸引走，也不能看那些一点儿也不像鲸鱼的动物，他们永远都不会是鲸鱼，也不能抬着头看天空，因为水里的鲸鱼可能会悄悄游走。

（品格元素：教师引导幼儿明白在生活中，要想完成一件自己感兴趣的事情，需要先做准备工作，然后专注地去完成这件事情，不能三心二意，否则就实现不了自己的目标了）

3. 教师带领幼儿阅读绘本第24至30页，了解如果想要看鲸鱼，应该怎么做。

师：要想看到鲸鱼，小男孩还需要做什么？他最后看到鲸鱼了吗？你是怎么知道的？

师：为了看到鲸鱼，小男孩双眼紧紧地盯着海面，等啊，等啊，继续等待……最后鲸鱼出现了，他想看鲸鱼的愿望就实现了。

</td>
</tr>
</table>

如果你想看鲸鱼	
活动环节	活动设计
活动过程	师：鲸鱼到底是什么样子的？请小朋友们来说一说。 师：你有没有想看的物品？你会怎样去看呢？你会不会像小男孩一样专心地去看呢？ （品格元素：教师引导幼儿明白定下目标就要将时间、精力聚焦在目标上，并要坚持不轻易放弃） **三、引导幼儿尝试用"如果你想看鲸鱼，就……"的句式复述故事** （一）游戏"接力复述故事" 师：刚刚小朋友们在听故事时都很棒！那么现在老师要考考咱们小朋友们的记忆力了。（教师邀请幼儿一起玩"接力复述故事"游戏） 要求：教师引导幼儿尝试用"如果你想看鲸鱼，就……"的句式复述故事。 玩法：教师将幼儿分为两组，以看图抢答的形式复述故事内容。每组一位组长，组长负责统计分数，当教师出示图片时，哪个组先举手哪个组就先复述，复述完整就在黑板上写上一分，最后，哪组分数多就获胜。（教师充分调动幼儿的参与积极性） （品格元素：教师引导幼儿在理解故事的情况下，专注地用"如果你想看鲸鱼，就……"的句式复述故事） （二）游戏"贴图片"（教师提前布置场景：眼睛、鲸鱼等图片） 师：小朋友们说得很好！小男孩想和小朋友们玩一个"贴图片"的游戏。 游戏玩法：教师邀请幼儿随意抽取一张图片，并用"如果你想看鲸鱼，就不要……"的句子说出来，例如，当幼儿抽取小鸟的图片时，就说"如果你想看鲸鱼，就不要看小鸟，因为看小鸟时，鲸鱼会游走或看不到鲸鱼"，说完将图片贴到黑板上。 游戏规则：所有幼儿分为两个小组进行第一次比赛，按照图片粘贴的顺序，完整地讲述故事，讲述顺畅的幼儿组获胜。 第二次比赛：教师可以改变图片的位置再进行比赛，提升幼儿的专注能力，根据幼儿的兴趣以及课堂的时间反复进行游戏。 （品格元素：教师通过游戏充分地引导幼儿在不断地尝试体验中，寻找经验，提升自己的专注能力，体会专心、认真的重要性，最终获得成功的喜悦感） **四、引导幼儿分享经验，共同探讨，初步感知专心做事的重要性** 师：刚刚小朋友们都很认真，那么哪位小朋友来分享一下，你们组为什么能够成功呢？（因为我们比较专心，观察仔细认真）你们组为什么失败呢？（我们不够专心，没有认真观察）如果再来一次比赛你们会怎样做呢？（我们要认真观察图片，专心一些） 师：那么，小朋友们，你们在看书、吃饭、学习、玩玩具的时候，要怎么做呢？会像小男孩那样专心地只做一件事吗？ 总结：刚才小朋友们都说了自己的做法，我希望每个小朋友在做事情时都能很认真、很专心，不要东瞧瞧、西看看，这也做一下，那也做一下。我们今天学习的《如果你想看鲸鱼》这个故事就告诉了我们应该专心地等待鲸鱼出现，不要被别的事情打扰，才能看到鲸鱼。我们在做事情的时候，也应该专心致志，才能够把事情做好。 （品格元素：教师将故事经验延伸到真实生活，突出幼儿园生活的有趣，引导幼儿在日常生活中做事情也要很认真、很专心，不要东瞧瞧、西看看，这也做一下，那也做一下，要专心致志才能够把事情做好）

续表

如果你想看鲸鱼	
活动环节	活动设计
活动延伸	**一、领域延伸** 绘本故事中讲述了小男孩在看鲸鱼时的专注，教师可以引导幼儿在做任何事情时，学会认真、专注、有耐心地去完成。例如，教师可以引导幼儿倾听教师的讲话，认真地回答问题；学会倾听别人讲故事；认真听音乐的节奏，并做出相应的动作；通过仔细观察画面的美，将自己的作品创作出来等。 **二、区角延伸** 教师可以将绘本投放到图书区，供幼儿随时翻阅查看；还可以与幼儿做一面"专注墙"，用"如果你……，你就要……"的句式，结合图片或者幼儿的绘画，引导幼儿对其用句式进行创编，强化幼儿的专注行为。 **三、家园共育** 首先，教师可以在班级群中介绍专注对幼儿的好处，为什么要从小培养专注，同时可注明需要家长支持的工作事项。其次，教师可以在班级群中进行"我是专注小宝贝"的21天打卡活动，请家长分享幼儿在家认真做事情的照片、视频等，让家长感受幼儿在形成专注品格过程中的变化和好处。

3. 活动反思

（1）活动特点

活动目标清晰，难度适宜，旨在帮助幼儿熟悉绘本故事的内容，积极引导幼儿理解故事内容，并能够通过固定句式续编故事。活动准备丰富，增加了活动的趣味性、游戏性和互动性。活动环节层次分明，教师以启发性的提问自然地推动活动进程，并且采用多角色的语调转换方式进行故事讲述，能够很好地吸引幼儿的注意力，调动幼儿的阅读兴趣。

（2）活动实施建议

在续编故事之前，教师可以引导幼儿积极复述或表演一下故事，加深幼儿的记忆，这样幼儿会更加容易地续编故事的内容，将主动权交给幼儿，充分地给幼儿思考的空间，会有意想不到的效果，有利于帮助幼儿进一步提升专注做事情的能力。

（北京市大兴区第六幼儿园　耿天天　丰春芳）

（二）品格社会领域教学活动

1. 专注品格的社会领域教学活动设计说明

培养专注品格，首先，教师要引导幼儿了解什么样的行为才能称得上专注，因此，可以以绘本阅读的方式让幼儿在故事中逐步了解专注的含义，如《鼹鼠的音乐》《嗯嗯太郎》等；其次，专注品格与任务意识紧密相关，因此教师要创设情境，让幼儿在完成任务的过程中自然地提升做事的专注度；再次，教师通过生活中的观察类活动，如观察动物、植物等不同物体的细微变化，提升对事物的感知力和专注度；最后，教师以图片或视频的方式收集幼儿日常活动中专注或"三心二意"的表现，引导幼儿基于情境进行讨论。

2. 教学活动案例

接下来我们以"小鼹鼠的新乐器"为例，从以任务为导向、在操作活动中培养幼儿专注品格的角度阐述专注品格社会领域教学活动的组织要点，见表 5-3。

表 5-3　专注品格社会领域教学活动

小鼹鼠的新乐器	
活动环节	**活动设计**
活动目标	认知目标：知道专注做事时的神情、动作与状态。
	能力目标：能够专心致志地完成自己的手工作品，不分心。
	情感目标：喜欢手工活动，体验专注做手工的乐趣。
活动准备	经验准备：1. 幼儿知道专注做事时的大致特征并能简单描述。 2. 幼儿认识尤克里里并知道尤克里里的外形特征。
	物质准备：1. 绘本《鼹鼠的音乐》的故事片段图片(自制)三张：第一张是找齐了材料；第二张是东张西望，不专心制作；第三张是遇到困难，不知道怎么办。 2. 敞口纸盒、皮筋(每名幼儿四根)、半成品"琴头"部分人手一个、尤克里里成品一个。
活动过程	**一、引导幼儿说一说听过的故事，进行经验回顾** 师：《鼹鼠的音乐》这个故事你们还记得吗？鼹鼠开始练习演奏的时候音乐是什么样的？好听吗？后来他用了什么方法，让自己的音乐变得特别美妙？(不放弃，不断练习，就能成为一个了不起的音乐家) (**品格元素**：教师回顾故事主要内容，提炼专注的品格点，为之后小结专注的方法做铺垫) **二、引导幼儿帮小鼹鼠找到好方法，通过观察寻找专注做事的方法** 师：小鼹鼠还想制作一个新的乐器，叫尤克里里。我们看看他制作成功了吗，为什么没成功，他可以怎样做呢。 师：看到小鼹鼠这样做事情，你们想对他说什么呢？谁来说一说？ 师：就像小朋友们说的，我们做事情的时候首先要专心，眼睛要盯着你要做的物品，然后脑子也要好好想一想应该怎样做。那么，当我们遇到困难的时候，是放弃还是想办法解决难题呢？ (**品格元素**：教师将问题抛给幼儿，请幼儿仔细观察画面并自由发表观点，再帮助幼儿共同梳理培养专注品格的好方法，如不放弃、按照提示做、眼睛专心盯着物品、不打闹、不分心等) **三、引导幼儿帮小鼹鼠制作新乐器，运用专注的方法参与制作** 师：小鼹鼠看到小朋友们说了这么多专心做事的好方法，他想请小朋友们一起做这把尤克里里。请你仔细听一听制作的方法。(教师简单讲解制作方法) 师：现在根据学习的新方法自己制作，看看哪个小朋友能够专心地、认真地做出小鼹鼠的新乐器。 **四、引导幼儿弹奏乐器，体验专注做手工的乐趣** 师：快把自己制作好的尤克里里弹一弹，让小鼹鼠听一听吧。请小朋友们分享成功的方法，以及自己是怎样做到专心制作的。 (**品格元素**：教师通过实践操作的方式让幼儿在活动中体会专注做事的状态，加深幼儿对专注的理解)
活动延伸	**一、区角延伸** 教师可以开发新的区角，如乐器角，投放自制乐器的材料和相应的图片，让幼儿制作自己感兴趣的乐器。

续表

小鼹鼠的新乐器	
活动环节	活动设计
活动延伸	二、家园共育 教师可以请家长帮助记录幼儿的专注瞬间，可拍摄照片上传班级群，也可录制简短视频。教师还可以鼓励幼儿积极参与"我是小小播报员"的活动，大胆地跟班上幼儿分享自己认真做事的乐趣和心情。 三、环境渗透 教师可以创设"专注小明星"墙面，鼓励幼儿每周评比出班级里专注做事的幼儿，投票决定谁的票数多，谁就能在专注墙面上获得五星或者点赞的标志。通过这种直观、具体的方式鼓励专注做事的幼儿，还能发挥幼儿同伴之间的积极影响作用。

3. 活动反思

（1）活动特点

活动目标明确。教师以启发式提问、观察讨论等方式引导幼儿理解专注做事的内涵及方法，同时三条目标指向具体，难度适宜，易于实施。活动形式符合中班幼儿认知发展特点，其中有同伴讨论、细致观察、动手操作，这些环节均有助于活动目标的达成。活动环节以小鼹鼠为原型进行串联，衔接自然且氛围宽松，不单调，层层递进，让幼儿能够通过帮助别人解决问题找到自己做事的最佳方式。此外，在活动中也融入了手工制作的元素，让幼儿能够将专心做事的方法运用于手工活动中，在体验制作乐趣的同时进一步加深幼儿对专注品格的感知与理解。

（2）活动实施建议

在手工制作的环节后，幼儿表达专注制作的方法时并不是很充分，还需要教师进一步引导，有意识地帮助幼儿在专注品格培养的同时，引发幼儿的思考，并提升幼儿梳理、表达语言的能力。

（北京市第一幼儿园 黎映波）

(三)品格综合领域教学活动

1. 专注品格的综合领域教学活动设计说明

为实现幼儿园高质量的教学活动，教师应将品格教育与五大领域教学进行科学且恰当地渗透与整合，促使两者相互作用、相互影响。专注品格中的健康领域活动会涉及幼儿情绪情感方面的内容，如安定愉快的情绪、认真的态度、成功的喜悦、高涨的兴趣等；会涉及动作发展，如平稳地行走、连续不断的技术性活动等；还会涉及生活习惯与能力，如良好的饮食习惯、克服生活中的困难直至完成等。科学领域活动涉及科学探究，如带领幼儿体验认真专注的探究过程，在直接感知、亲身体验和实际操作中培养专注学习的能力；还涉及数学方面，如专注地探索事物的排列规律，专注于发现身边环境中各种数字的含义及形状与空间关系等。艺术领域活动要从引导幼儿通过观察及亲身体验的方式，来感受不同的专注程度对于开展美术活动效果的影响；还可以组织幼儿专心地观看文艺演出或艺术品等。

2. 教学活动案例

接下来我们以科学领域活动"5 的分解组合"为例阐述专注品格综合领域教学活动的组织要点，见表 5-4。

表 5-4　专注品格综合领域教学活动

5 的分解组合		
活动环节	活动设计	
活动目标	认知目标：初步了解数字 5 的组成中的递增、递减规律和交换规律。	
	能力目标：能够在游戏操作中初步掌握 5 的 4 种分法。	
	情感目标：在故事情景中愿意认真思考，积极分享自己对数字 5 不同的分法。	
活动准备	经验准备	1. 幼儿已经理解"分解""组合"的含义。 2. 幼儿会用简单的记录表记录探究结果的经验。
	物质准备	1. 绘本《好玩的数学绘本：奇怪的一天》（教师自备，教学过程中只讲述 5 以内数的分解与组合部分）。 2. 哥哥和东儿的卡片各两张，12 张棒棒糖卡片（每张上 1 根棒棒糖），灰色小老鼠和绿色小老鼠的卡片各三张，24 张豆子卡片（每张上 1 颗豆子），40 张蚯蚓卡片（每张上 1 条蚯蚓），黑色小鸡和黄色小鸡的卡片各四张，数字卡片 1、2、3 各两张，数字卡片 4 三张，数字卡片 5 四张。 3. 小黑板。
活动过程	**一、讲述绘本故事中分棒棒糖的情节，引导幼儿回忆 3 的组成与分解** 师：今天老师给大家带来的故事名字叫《好玩的数学绘本：奇怪的一天》，这一天里到底发生了什么事情呢？我们一起来听听这个有趣的故事吧！ 师：今天真是奇怪的一天，妈妈给了东儿和哥哥 3 根棒棒糖，但他俩却因为棒棒糖而打起来了，到底是怎么回事呢？ 师：哥哥说他是哥哥，所以要吃 2 根，让东儿吃 1 根。东儿不服气，说他小，他要吃 2 根，让哥哥吃 1 根。 （注：教师要一边讲述故事情节，一边在小黑板上演示哥哥和东儿对棒棒糖的分解，唤起幼儿对数字 3 的分解与组合的学习经验） 师：东儿和哥哥因为分棒棒糖的事情打起来了。这时候东儿抢走 2 根棒棒糖，"嗖嗖"地跑过院子，绕过草丛，穿过树林，钻进了一个小小的树洞里。 师：你们猜一猜接下来会发生什么。（教师鼓励幼儿大胆猜测故事发展） **二、讲述绘本中小老鼠分豆子的情节，引导幼儿回忆 4 的组成与分解** 师：东儿钻进树洞里，发现两只小老鼠正在吱吱吱地分 4 颗豆子。灰色小老鼠让弟弟吃 3 颗，自己吃 1 颗。绿色小老鼠让哥哥吃 3 颗，自己吃 1 颗。两只小老鼠相互谦让着，没有办法定下来到底怎么分这 4 颗豆子。		

	5 的分解组合
活动环节	活动设计
活动过程	师：你们觉得两只小老鼠还可以怎么分这 4 颗豆子呢？ （**品格元素**：此环节教师要提示幼儿认真专心地听，仔细思考，理解老师的问题，并大胆说出自己的分法） 鼠哥哥的分法　　　　　　　　　　鼠弟弟的分法 师：东儿和大家一样，看着两只小老鼠让过来让过去，都着急了，赶紧说你们平均分着吃不就好了嘛！于是，东儿把 4 颗豆子分开，2 颗给哥哥，2 颗给弟弟。（教师基于幼儿的表达灵活回应） 东儿的分法 师：看到东儿这么一分，两只小老鼠都高兴地为东儿的聪明鼓掌。 **三、讲述绘本中小鸡分蚯蚓的情节，引导幼儿学习 5 的分解与组合** 师：东儿从树洞里出来之后，又遇到了一件奇怪的事情，两只小鸡竟然在分 5 条蚯蚓，它们都想让对方多吃点儿，叽叽叽地吵个不停。 师：黑色小鸡说黄色小鸡最爱吃蚯蚓，让它吃 4 条，自己吃 1 条。黄色小鸡说这是黑色小鸡在草丛里找到的，让它吃 4 条，自己吃 1 条。 黑色小鸡的分法　　　　　　　　　黄色小鸡的分法 师：看到两只小鸡你一句我一句的没有定下来怎么分，东儿得意地站出来，让两只小鸡平均分。于是东儿开始分起来。 东儿的分法-1　　　　　　　　　　东儿的分法-2

125

5 的分解组合	
活动环节	活动设计
活动过程	师：糟糕，5 可以分成 2 和 3、3 和 2、1 和 4，还有 4 和 1。但不管怎么分，都会有一只小鸡多吃一条，就是不能平均分，这可怎么办呢？ 教师将 10 条蚯蚓和两只小鸡的图片呈现在小黑板上，鼓励幼儿认真思考，让有想法的幼儿主动来小黑板上帮小鸡分一分。教师根据幼儿的分法，用对应的数字卡片进行表示。 师：东儿趁两只小鸡不注意，扔了一条蚯蚓，说这下可以平均分了。两只小鸡看到自己的蚯蚓被东儿扔掉一只，都生气地追着东儿啄。 师：东儿一口气跑回了家，看到了哥哥和妈妈，他想 3 根棒棒糖正好哥哥 1 根，妈妈 1 根，自己 1 根，刚刚好。于是他把自己手里的 1 根棒棒糖给了妈妈。 （注：本次教学活动的故事情节只需要讲到两只小鸡分蚯蚓的情节，后面数字 6、7、8 的分解与组合不作为本次教学活动的内容） **四、打乱黑板上蚯蚓的分法，带领幼儿重点回顾数字 5 的分解与组合** 师：大家还记得在刚刚的故事里，东儿都遇到了哪些奇怪的事情吗？ 小结：和哥哥分 3 根棒棒糖；帮小老鼠分 4 颗豆子；给小鸡分 5 条蚯蚓。 师：糟糕的是，5 条蚯蚓没有办法平均分，东儿扔掉了小鸡的 1 条蚯蚓，还被小鸡追着啄。那你们还记得小鸡和东儿是怎么分这 5 条蚯蚓的吗？ **（品格元素：教师打乱黑板上蚯蚓的分类方法，鼓励幼儿认真思考，并把自己的分法在黑板上摆一摆）** 总结：大家真棒，今天我们跟着故事里的东儿学会了把数字 5 分成不同的部分，活动之后，大家还可以用区角活动的玩具材料再来比比赛，看看谁能用最快的速度把 5 个玩具分成不同的部分。
活动延伸	**一、区角延伸** 教师可以将本次教学活动中的数字卡片、故事角色卡片和事物卡片(东儿、哥哥、棒棒糖、灰色小老鼠、绿色小老鼠、豆子、黄色小鸡、黑色小鸡、蚯蚓)投放在益智区，鼓励幼儿一边回忆故事内容，一边对以上卡片进行拼摆，再次巩固数字 3、4、5 的分解与组合。教师要特别关注幼儿对数字 5 的分解与组合。 教师还可以将《好玩的数学绘本：奇怪的一天》投放到图书区，鼓励幼儿继续翻阅，让幼儿自主讨论、交流故事后续中数字 6、7、8 的分解与组合。教师对幼儿感兴趣的话题要及时给予回应和支持。 **二、生活渗透** 教师可以在一日生活中的过渡环节与幼儿一起玩《数字 5 的分解与组合》手指谣。"5 可以分成 1 和 4，5 可以分成 4 和 1，5 可以分成 2 和 3，5 可以分成 3 和 2"。教师一边念歌谣，一边伸出双手比画，强化幼儿对 5 的分解与组合的理解和记忆。

3. 活动反思

（1）活动特点

本次教学活动将幼儿数学学习融入绘本阅读之中，有趣、紧凑的故事情节能够牢牢地吸引幼儿的注意力，让幼儿的思维能够跟着教学节奏，专心听故事，认真思考，大胆表达，有助于幼儿的学习和理解。此外，活动过程中，教师根据绘本元素提供了相应的操作材料，让幼儿在看、听、玩的过程中逐步学会数字 5 的分解与组合，活动氛围轻松、愉悦。

（2）活动实施建议

教师准备的教具材料要足够清晰、足够大，确保全班幼儿都能够看到、看懂。另外，故事中出现的3根棒棒糖、4颗豆子和5条蚯蚓，教师可以将其分别呈现在一张卡片上（一张卡片上有3根棒棒糖；一张卡片上有4颗豆子；一张卡片上有5条蚯蚓），然后再分别准备3张单独的棒棒糖图片（每张1根）；4张单独的豆子图片（每张1颗）；5张单独的蚯蚓图片（每张1条）。这样能够节省教具准备与操作演示的时间，从而留出更多的时间跟幼儿互动。活动过程中，教师要随着故事情节的推进同步在小黑板上出示对应的故事角色及故事里事物的分法，让幼儿能够更加直观地看到数字3、4、5的分解与组合。

（沈阳市铁西区教工第二幼儿园　丁春竹）

（四）幼儿社会技能教学活动

1. 活动设计说明

专注力强的幼儿的学习效率会很高。3～7岁是专注力训练的黄金期，对中班的幼儿来说，最重要的社会技能就是"忽视"和"学会放松"，即在专心于做某件事时能忽略与之不相干的干扰，以及学会用简单的假想动作来放松，培养情绪自我调节能力。

2. 社会技能"忽视"教学活动案例

社会技能"忽视"的技能口诀是：别人给你找麻烦；既不听，也不看；把头扭向另一边。接下来我们以活动"'忽视'他吧，没关系"为例阐述社会技能"忽视"教学活动的组织要点，见表5-5。

表5-5　社会技能"忽视"教学活动

"忽视"他吧，没关系	
活动环节	**活动设计**
活动目标	认知目标：知道在其他人故意打扰或让自己生气时，可以忽视他人的行为。
	能力目标：能够流畅地说出"忽视"技能口诀并根据图片辨别技能的使用情境。
	情感目标：愿意在游戏或其他活动中专心做事，忽视别人故意的打扰。
活动准备	经验准备　幼儿有专注做事情、不想被别人打扰的经历。
	物质准备　1. 情景剧《花花和妹妹》（附后）的演出人员及所需道具。 2. 情境视频：幼儿建构活动时被打扰，男孩取笑女孩表演的节目，幼儿在集体活动中被打扰。 3. 被打扰的照片：一张是幼儿在画画时妹妹在一旁干扰，一张是看电影时旁边有人大声打电话。 4. 社会技能"忽视"口诀提示图。
活动过程	一、情景剧导入，引发幼儿思考（情景剧内容详见下面附件） 师：小朋友们，你们喜欢故事中的妹妹吗？为什么？ 师：如果你是花花，你会怎么做呢？ 师：你会对妹妹说些什么？ 小结：当我们在专心做一件事情的时候，往往是不愿意被其他的事情或人打扰的，这个时候，我们可以想一些办法去忽视它。

续表

活动环节	活动设计
	"忽视"他吧，没关系
活动过程	**二、师幼讨论，引出社会技能"忽视"** 师：大家知道忽视是什么意思吗？ 师：小朋友对你做什么行为的时候，你想要忽视他，不理他呢？（他人找麻烦的时候，或者他人故意惹自己不开心的时候） 师：面对其他小朋友故意"捣乱"的行为，你会怎么做？ 师：小朋友们说得非常好，老师把大家想到的办法总结成了一句口诀，我们一起来说一说吧！"别人给你找麻烦；既不听，也不看；把头扭向另一边。"（教师依次出示技能口诀提示图，同时辅之以对应的肢体动作，帮助幼儿理解口诀的含义） 师：我们什么时候需要忽视别人呢？我们要怎么做才不会让别人想要忽视我们呢？（教师出示被打扰的两张照片，引导幼儿结合照片说一说忽视的方法） 师：请你结合口诀说一说，当自己专心做事情时，如果有其他小朋友故意打扰，自己应该怎么做。 **三、创设情境，巩固幼儿对社会技能的理解与运用** 师：在建构活动中，有位小朋友正在专心搭建一个作品，可是旁边的同伴总是打扰他，而且还说他搭建的作品不好看。如果是你遇到这种情况，你会怎么做呢？（教师出示幼儿建构活动时被打扰的情境视频） 师：班级里的女孩子们正在表演好看的节目，可是有些男孩子不专心看节目，还起哄，取笑她们。如果这件事发生在我们班，我们应该怎么做呢？（教师出示男孩取笑女孩表演的节目的情境视频） 师：在集体活动的时候，旁边的小朋友总是想和自己说与集体活动无关的事情，打扰自己参与集体活动。如果你被这样打扰，你会怎么做呢？（教师出示幼儿在集体活动中被打扰的情境视频） 小结：在我们的生活中，当别人对自己有"刻意的""不友好的"行为时，我们就可以"忽视"对方。你们还记得我们刚刚学习的技能口诀吗？"别人给你找麻烦；既不听，也不看；把头扭向另一边。"希望大家在之后的学习生活中也要积极地去使用呀！
活动延伸	**一、家园共育** 教师可以在班级群中分享当天学习的社会技能，让家长清楚该社会技能的技能目标以及培养方法。教师还可以提示家长在日常生活中，当幼儿在做事情的时候，不要随意去打扰；同时告知幼儿，当他人故意对自己做出不友好、不合时宜的行为时，要主动忽视，不受他人影响。 **二、生活渗透** 在日常生活中，教师可以有意识地关注幼儿的行为方式，在生活教育当中引导幼儿不能故意打扰他人，被他人打扰的时候也要注意控制自己的情绪和行为，知道和他们生气或者用行动攻击他人都是不对的。 **三、环境渗透** 教师可以根据"忽视"口诀的含义，用图文并茂的方式展示口诀内容，并且通过主题墙、活动区的墙面布置在环境中慢慢渗透，从而加深幼儿对技能的理解。

附：情景剧《花花和妹妹》

星期六的早上，天气晴朗，万里无云。花花想到今天是妈妈的生日，想给妈妈一个惊喜，于是她走出了家门。走着走着，花花来到小河边，她看见天上飞舞着美丽的蝴蝶和许多小蜻蜓，河水非常清澈，水里游着大大小小的鱼。花花想："不如钓条鱼给妈妈当生日礼物吧！"

说钓就钓，花花回到家拿来了工具。只见她拿出鱼竿，把鱼饵挂到鱼钩上，使劲一甩，把鱼钩扔到了河里。

花花开始坐在草坪上耐心地等待。过了一会儿，花花的妹妹来了，对花花说："姐姐，我们去玩吹泡泡吧。"花花说："不了，不了，我在钓鱼呢。"

妹妹说："好吧，那我也在这儿钓鱼。"

于是，妹妹在花花旁边也开始钓起鱼来。

不一会儿，小鸟叽叽喳喳地飞来了，妹妹连蹦带跳地大声喊着："姐姐，小鸟在开音乐会呢，我们去看看吧。"

花花说："嘘，小声点儿，我在钓鱼呢。"

钓着钓着，妹妹拿起泡泡枪开始往花花的身上吹泡泡。过了一会儿，卖棉花糖的小商贩过来了，妹妹嚷着让花花给她买棉花糖吃。又过了一会儿，妹妹发现了一只小蜻蜓，又拉着花花一起去追蜻蜓。蝴蝶飞来了，妹妹又拉着花花跑过去追蝴蝶……到了晚上，花花一条鱼也没有钓上来，她难过地回家了。

3. 活动反思

（1）活动特点

随着中班幼儿年龄的增长及人际交往范围的扩大，其交往能力及自我情绪控制能力不断增强。但个别幼儿故意、不合适、不友好的行为，会无端引发同伴间的矛盾，尤其是当自己在专心做一件事不想被别人打扰的时候，其他幼儿故意打扰的行为就容易引发矛盾。基于这一点，教师设计了社会技能"忽视"的教学活动。教师通过情境讨论、故事表演、看图讲述等方式，帮助幼儿在实际活动中理解该社会技能的内涵。

（2）活动实施建议

本次活动能够通过情景剧导入等方式快速代入幼儿的情感，易产生共鸣，但活动过程缺乏游戏性和趣味性，建议增加趣味性的小游戏，帮助幼儿熟练掌握"忽视"技能。

（沈阳市浑南区教育局花语幼儿园 潘阳 王超）

4. 社会技能"学会放松"教学活动案例

社会技能"学会放松"的技能口诀是：心理不舒服；做做深呼吸；握住俩橘子，挤出橘子汁。接下来我们以活动"学会放松有办法"为例阐述社会技能"学会放松"教学活动的组织要点，见表5-6。

表5-6 社会技能"学会放松"教学活动

学会放松有办法	
活动环节	活动设计
活动目标	认知目标：知道生气、紧张的情绪会影响自己的心情，要想办法调节。
	能力目标：熟悉技能口诀，学会用适当的方式缓解自己紧张的情绪。
	情感目标：乐于和同伴分享自己放松情绪的方法，愿意主动帮助他人缓解不好的情绪。

	学会放松有办法	
活动环节	**活动设计**	
活动准备	经验准备	1. 幼儿了解人紧张时的状态(如出汗、说话结巴、发抖、呼吸急促等)。 2. 幼儿已初步了解缓解紧张情绪的方法。
	物质准备	1. 绘本课件《杰瑞的冷静太空》。 2. 与幼儿相同数量的气球。 3. 玩教具"捏捏乐"。
活动过程	**一、谈话导入,激发幼儿学习兴趣** 师:小朋友们,前几天在新年的表演活动中,大家上台表演都非常紧张,你们还记得自己用了什么办法让自己不紧张吗? 师:小朋友们通过这些放松心情的方法勇敢地站在了舞台上。 师:今天早上,晴晴刚来幼儿园的时候一直在生气,还哭了,原因是弟弟在家把她搭好的玩具弄坏了,弟弟还很小,虽然她原谅了弟弟,但还是很生气。大家有什么办法帮晴晴开心起来,不生气呢? 师:每个人都会有不开心、情绪不好的时候,这个时候选择生气是不对的,有没有什么好办法能放松情绪呢?我们来听一个绘本故事,看看故事里的小朋友是怎么做的吧。 **二、引导幼儿理解"生气"情绪的表现,学会让自己放松的技能和口诀** 1. 教师引导幼儿倾听绘本,了解生气情绪的表现。 师:有这样一个小朋友,他的名字叫杰瑞。他和晴晴一样今天心情也不太好,有些生气。一会儿小朋友们注意听一下,杰瑞为什么会生气?杰瑞生气的时候是怎么做的?妈妈用了什么办法帮助杰瑞放松呢?带着这些问题,我们一起来听《杰瑞的冷静太空》吧。 教师播放绘本课件,讲述绘本故事《杰瑞的冷静太空》。 师:故事听完啦,杰瑞为什么生气?(教师引导幼儿说出杰瑞生气的原因) 师:杰瑞生气时有什么表现呢?(教师引导幼儿说出杰瑞生气的时候的表现,脸热、心跳加速等) 师:杰瑞妈妈给杰瑞想了一个什么办法帮助杰瑞放松情绪呢?(教师引导幼儿说出建立一个杰瑞的冷静太空,杰瑞喜欢外太空,这能让他放松冷静下来) 师:杰瑞和晴晴一样都生气,那你们有没有过这样的感受? 师:我们每个人都有生气的时候,生气的时候我们会脸热、心跳加速、很愤怒,对待家人和朋友会不友好,这都是生气时候可能会有的表现。但我们不能一直生气,要想办法缓解这些不好的情绪。 2. 教师带领幼儿讨论放松的方法之深呼吸。 师:小朋友们,在生活中我们有时会有不开心、生气或紧张的时候,这个时候我们要想办法调节我们的情绪,你们通常会怎么做呢? 师:老师有一个小办法,就是深呼吸,我们一起来试一试吧。我们一起吸气、吐气。小朋友们,你们的心情有没有发生变化呢? 师:(教师拿出气球)看,老师还带了什么?没错,是气球。我们深呼吸是不是就像吹气球一样啊?我们一起来轻轻地吹气球,深呼吸,然后吹气球,将不开心吹走。 师:好啦,小朋友们,做了深呼吸后,你的心情有没有开心一点儿呢?今天老师教的方法,大家可以在下次生气的时候试一试,不开心时做一做深呼吸,就会感到很放松。 3. 教师带领幼儿讨论放松的方法之捏橘子。 师:老师还做了一个有趣的玩教具,名字叫捏捏乐。	

续表

	学会放松有办法
活动环节	活动设计
活动过程	师：（教师拿出玩教具"捏捏乐"）小朋友们看这个玩教具像是大橘子，我们双手一捏，挤出它的"汁水"是不是很解压呢？握住俩橘子，挤出橘子汁，赶走坏心情，让心情放松下来，我们一起试试吧。 师：我们也可以来做一做这个"捏捏乐"，画出两个橘子，剪下来，双面贴上透明胶带，然后把它贴在一起，深呼吸，将"捏捏乐"吹鼓起来，再将它捏爆。这个游戏不仅可以深呼吸，还可以捏"橘子汁"，我们就会感到生气被缓解啦。 师：除了这些，小朋友们还有没有让自己放松的好办法呢？（教师引导幼儿说一说放松方法） 师：除了这些，我们还可以怎么做呢？（教师引导幼儿回忆故事内容，像杰瑞一样做一个属于自己的冷静太空，生气了找一个属于自己的空间，做些喜欢的事让自己冷静下来） 4. 教师带领幼儿学习"学会放松"口诀，牢记口诀。 师：今天我们一起讨论并尝试了好多让自己放松的好办法，帮助我们遇到生气的事情时放松自己的心情、平复自己的情绪。老师这里要继续教大家一个口诀，希望大家以后生气的时候可以自己默念这个口诀，让自己放松下来。口诀是："心里不舒服；做做深呼吸；握住俩橘子，挤出橘子汁。" **三、引导幼儿体验"学会放松"技能** 师：早上晴晴就是生着气来的幼儿园。晴晴，今天我们学习了放松生气情绪的技能，你来说一说你想用哪个方法来放松呢。（教师请晴晴小朋友试一试刚刚的放松技能） 师：小朋友们之前都遇到过让你很生气的事情吧？老师想请小朋友们说一说你生气的经历，再想一想今天你学会的这几项放松技能，你想用哪个。（教师引导幼儿回忆生气的经历，再试一试新学到的技能放松一下） 师：用了放松技能后你有什么感觉？有没有放松下来，还和刚刚一样生气吗？ 小结：我们今天学会了好多方法让自己放松，等以后小朋友们生气的时候，就可以试一试今天学到的技能了。
活动延伸	**一、区角延伸** 教师在班级的活动区角创设一个"放松驿站"，幼儿遇到不开心、生气的事情了，就可以选择"放松驿站"，在里面可以做"捏捏乐"，吹气球，还可以创造属于幼儿自己的放松空间，放松情绪。 **二、家园共育** 教师在家长群分享当天学到的社会技能，包括技能目标、培养重点、培养方法等。爸爸妈妈上班也会有不开心的时候，教师让幼儿回家后将这些放松小方法教给爸爸妈妈，第二天来到幼儿园说一说爸爸妈妈运用的哪种技能。 **三、生活渗透** 教师可以在日常生活中关注幼儿的情绪，如果幼儿有生气、脾气暴躁等情况，提醒幼儿试一试放松的小游戏。

5. 活动反思

（1）活动特点

活动目标凸显社会技能"学会放松"的内涵要求，同时符合中班幼儿的情绪发展需要，突出中班幼儿的学习特点，运用绘本故事思考，将幼儿的以往经验与本节活动联系起来，与同伴一起讨论，一起游戏。

活动运用提问谈话法、讨论法，以本班幼儿真实发生的事情为切入点，再由绘本引入，自然地引出主题。教师充分调动了幼儿参与活动的兴趣，使幼儿在宽松愉悦的语言交往环境下充分交流。教师将社会技能"学会放松"的口诀巧妙融入游戏当中，增强了教学过程的趣味性，同时也能更好地帮助幼儿理解"学会放松"技能的内涵。

(2)活动实施建议

由于中班幼儿已经具备了很好的语言表达能力，所以在学习"学会放松"口诀的环节，教师可适当增加幼儿创编的环节，将幼儿所说的各种放松方法汇总，引导幼儿自己也创编一个学会放松的"口诀"，让幼儿小组讨论，自主研究。

(沈阳工业大学幼儿园　左晓萌　姚微)

五、区角活动案例

良好的专注力是幼儿适应社会和学会学习的前提，也是幼儿感知事物，学会记忆和思考的基础和条件。幼儿专注力的培养和发展需要有良好的环境、有趣的材料、明确的任务或目标、成功的体验等。因此，班级区角应营造安静专注的氛围，提供幼儿感兴趣的、有挑战性、能提升有意注意的操作材料，让幼儿在游戏中体验"忽视干扰""持续注意""坚持"的魔力，提升专注的能力。

操作区

活动一：穿越火线

活动目标：能手眼协调、持续专注地进行游戏，体验专注完成游戏的成功和快乐。

活动准备：穿越火线玩具(图 5-3)。

活动过程：

1. 教师介绍材料，提出任务要求。

2. 幼儿运用金属棒在玩具图案中从起点划向终点，中途金属棒没有碰到玩具顺利到达终点为胜；若金属棒触碰到玩具会发出警报声，任务失败，从头再来(图 5-4)。

3. 教师引导幼儿总结成功闯关的经验——手眼协调、集中注意力。

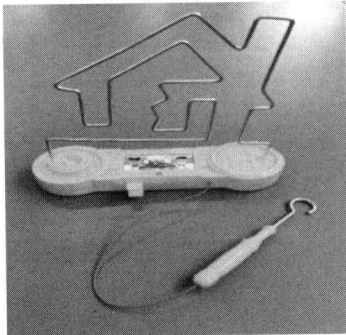

图 5-3　穿越火线玩具　　　　图 5-4　"穿越火线"游戏

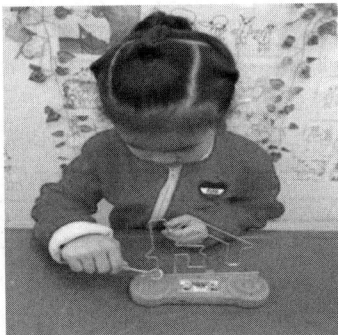

活动建议：

游戏前，教师可先请个别幼儿进行游戏示范，让幼儿明确游戏任务。游戏过程中，教师可邀请其他幼儿当裁判，增加游戏的挑战性。

活动延伸：

当幼儿熟练游戏操作后，教师可以用比赛的形式提高游戏难度。另外，教师也可以将游戏材料变成墙面游戏，如黑板线描画（图 5-5），幼儿手部需控制的幅度更大，难度也相对提升。

图 5-5 黑板线描画

活动二：听词大比拼

活动目标：能运用多感官专注完成游戏任务，感受"认真听"的重要意义。

活动准备（图 5-6）：

1. 十六宫格图片若干（每张图上的内容一样，但排列顺序不同）。

2. 方块棋棋子若干（可将方块棋棋子替换为饮料瓶盖，同一色系的饮料瓶盖可提供若干）。

活动过程：

1. 幼儿自由组队进行比赛。

2. 游戏开始。每名幼儿随机取一张十六宫格图片，每格图片内容数量相同，但排列顺序不同。每轮游戏一人说出图片中物品，其余幼儿听词并在相应地格子里放置棋子，直至自己的图片上出现横向四格或竖向四格或斜线四格的棋子变成一条线时便马上举手说"完成"。谁最快举手为胜。

3. 游戏结束后，教师引导幼儿总结游戏经验，例如，运用了哪些感官参与游戏？（手、眼、耳）游戏的制胜法宝是什么？（耳朵认真听词，准确放置棋子，同时眼睛要不断观察棋子是否连成一线）

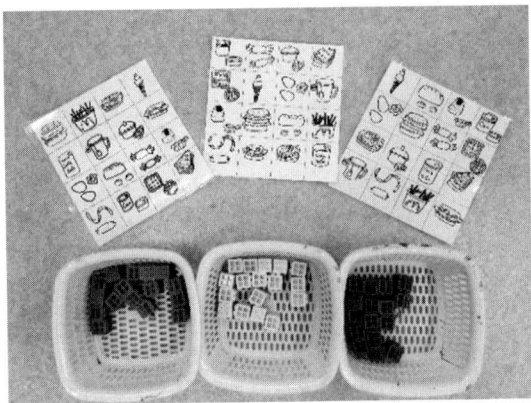

图 5-6 "听词大比拼"活动材料

活动建议：

材料投放前，教师可帮助幼儿积累井字棋、四子棋、五子棋等游戏的经验。

活动延伸：

教师可以根据不同的参与人数改变玩法：人数少时(只有两人)，可以把十六宫格内的图片制作到骰子上，两人通过轮流掷骰子确定图片内容，在十六宫格内放置棋子，谁的棋子先连成一线为胜；人数多时，可以把十六宫格变成二十五格，图片内容更多，需要更集中注意力找图及观察自己棋子的摆放情况，连成五子时及时举手。

活动三：一棋多玩

活动目标：提高手眼协调能力和思维反应能力，享受与同伴一起合作或竞赛的乐趣。

活动准备(图 5-7)：

1. 双面印花棋子 80 粒。

2. 双色记分片 100 粒。

3. 不同难度的题卡 50 张。

4. 计时沙漏 1 个。

活动过程：

1. 眼疾手快找图案。

以计时沙漏作为计时工具，幼儿拿起题卡，从盒子中找出对应图案的棋子，找得最多最快的幼儿获胜(图 5-8)。

2. 记忆翻翻棋。

幼儿先把棋子全部打开，记住棋子的图案和位置，然后把棋子反过来盖好。两人轮流翻棋子，每次翻两个，能成功找到图案相同的棋子则得分；翻出不同图案的两个棋子则不得分，需要重新把棋子反过来盖上。

3. 卡片对对碰。

两人对战，每人抽取一张题卡同时翻开，快速找到两张图片上的共同图案，并用手指出来；先找到的一方得一分，以此类推。

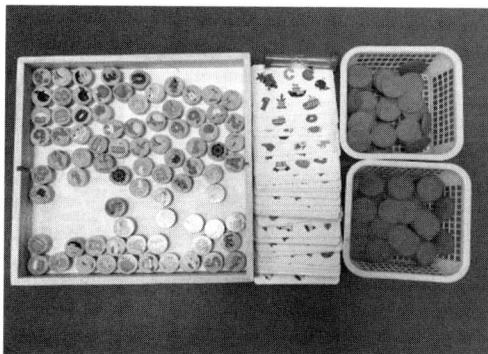

图 5-7 "一棋多玩"活动材料

图 5-8 眼疾手快找图案

活动建议：

1. 游戏前，教师可引导幼儿选定一种玩法，不要随意变换。

2. 游戏过程中，教师可邀请一名小裁判，增加游戏的趣味性。

活动延伸：

教师可以鼓励家长在家准备类似的一物多玩的游戏材料，与幼儿一起进行亲子竞赛，既能增进亲子间的关系，也能让家长了解幼儿专注力的发展情况，进行有针对性的帮助和引导。

益智区

活动一：看唇猜图

活动目标：通过集中精神读唇完成游戏任务，体验专注游戏的成就感。

活动准备：材料图片若干(图 5-9)。

活动过程：

1. 幼儿自主选择玩伴进行游戏。

2. 游戏开始。一名幼儿用唇语读图片，不能发出声音。其余幼儿通过观察唇型，猜出图片内容，谁先猜出为胜(图 5-10)。

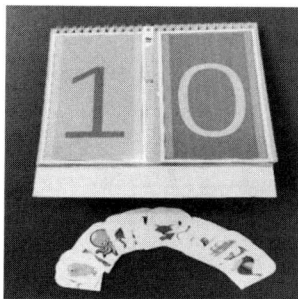

图 5-9 "看唇猜图"材料图片

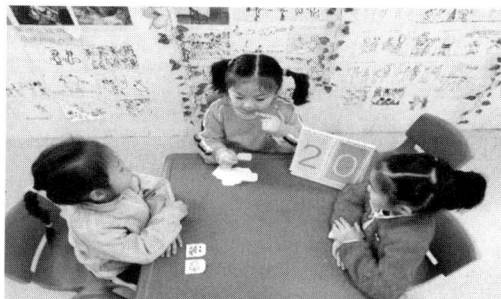

图 5-10 "看唇猜图"游戏

活动建议：

幼儿要通过观察对方嘴唇的动作来猜测图片内容，因此，图片内容最好是幼儿生活中熟悉的物品，让幼儿能够在游戏中获得成就感。

活动延伸：

幼儿熟悉游戏规则后，教师可以加上记分牌增加游戏趣味，游戏形式也可以灵活改变。例如，把猜图改用实物，把物品放进密封盒子（所有幼儿都看不到），一名幼儿伸手进盒子里摸一摸，根据猜想用嘴唇做动作"说"出物品，其余幼儿负责猜；最后，拿出物品验证大家是否猜中。该玩法富有神秘性，趣味性更浓。

活动二：感统弹珠机

活动目标：提高手眼协调和快速反应能力，体验挑战成功的成就感。

活动准备：感统弹珠机、记分牌（图 5-11）。

活动过程：

1. 幼儿自由选择玩伴。可一人玩，也可以多人玩。

2. 游戏开始。幼儿将玻璃珠从高处放置，让其自然滚落。玻璃珠受到小棒棒的阻挡会随机改变方向。幼儿根据玻璃珠的滚落方向，快速反应，调整小车位置接住玻璃珠。

活动建议：

1. 多人游戏时，游戏可以以比赛的形式进行，加入记分牌进行记分。

2. 教师可以自行调节游戏难度，依次放下两颗或三颗玻璃珠。

活动延伸：

活动可以延伸至家庭亲子游戏中，可选择更易找到的材料，如纸片。家长从高处放纸片，幼儿在下方接纸片。由于纸片较轻，方向变化不定，增强了游戏的趣味性和挑战性。

图 5-11 "感统弹珠机"活动材料

活动三：抢彩条

活动目标：专注听指令完成任务，感受游戏中与同伴对战的乐趣。

活动准备：对战线一条，上面贴上不同颜色的彩纸各一条（图5-12）。

活动过程：

1. 教师介绍游戏材料和玩法，引导幼儿重点认识丝带的不同颜色，并引导幼儿进行简单的双脚热身运动。

2. 幼儿协商分配角色（或轮流），对战两人分别站在对战线的两侧，一人当司令员站在中间发布指令。

3. 游戏开始。"司令员"负责发布指令，如"红色""黄色""绿色"等。听到指令后，其他幼儿迅速用脚踩住对应颜色的彩条，先踩到的可以得一分。最后，踩到彩条多的幼儿获胜（图5-13）。

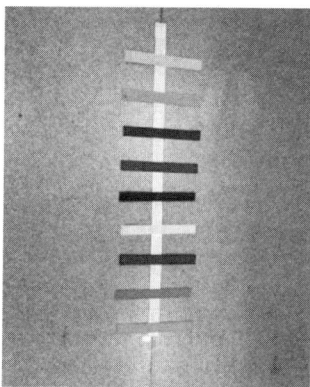

图5-12　对战线　　　　图5-13　"抢彩条"游戏

活动建议：

1. 游戏刚开始时，教师可协助"司令员"进行判断。

2. 随着幼儿对游戏的熟练程度加深，教师可以适当增加彩条的颜色，提高游戏难度，更好地锻炼幼儿的专注力。

活动延伸：

该活动可以延伸到户外，用不同的体育器械代替彩条。例如，教师可以在操场上摆放不同颜色的过河石（或平衡球），让幼儿根据听到的指令站到相应颜色的过河石（或平衡球）上，既能锻炼专注力，也能进行手脚协调的练习。

图书区

活动一：熟能生巧

活动目标：理解故事内容，并在游戏体验中感受专注的重要意义。

活动准备：

1. 绘本《熟能生巧》。

2. 游戏材料：一个空瓶子、一个装有水的瓶子、不同大小的瓶盖(图 5-14)。

活动过程：

1. 教师带领幼儿阅读绘本《熟能生巧》。

2. 教师引导幼儿思考：为什么卖油翁可以把油倒得这么准？

3. 幼儿体验游戏"倒水大比拼"。幼儿自主选择瓶盖盖在空瓶子上，然后用装有水的瓶子往里倒水，过程中要运用专注力控制手眼协调，做到不洒漏水(图 5-15)。

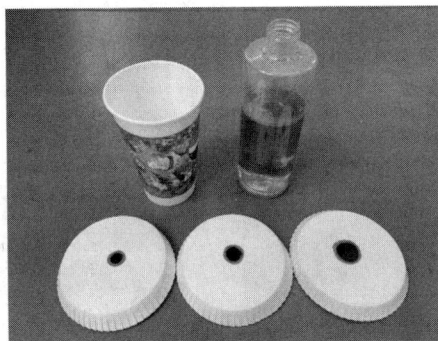

4. 教师总结游戏经验。

图 5-14 "熟能生巧"游戏材料   图 5-15 "倒水大比拼"

活动建议：

教师可以在图书区设置问题卡，让幼儿看完绘本、体验完游戏后进行感觉的表征。

活动延伸：

幼儿熟练倒水操作后，教师可以投放更高难度的材料——细沙。倒沙子时沙子容易散开，更需要幼儿手部控制好力量和速度，对专注力的要求更高。

活动二：小猫钓鱼

活动目标：理解故事内容，在游戏中感知专注的秘诀。

活动准备：

1.《小猫钓鱼》故事书。

2. 故事角色指偶。

3. 钓鱼游戏材料(图 5-16)。

活动过程：

1. 幼儿自取《小猫钓鱼》故事书，独立阅读故事内容。

2. 教师组织幼儿和同伴讨论与故事内容相关的问题：小猫一开始钓到鱼了吗？为什么？小猫在钓鱼的时候做了什么？猫妈妈是怎样教育小猫的？小猫最后钓到鱼了吗？为什么？

3. 幼儿用角色指偶，和同伴一起分角色表演故事。

4. 幼儿和同伴一起运用钓鱼材料进行游戏或比赛。

图 5-16　钓鱼游戏材料

活动建议：

教师可以在表演区布置小猫钓鱼的场景，提供小猫、猫妈妈的头饰等道具，让幼儿进行故事表演。此外，为了帮助幼儿体会专注做事的重要性，教师最好让幼儿通过比赛的方式来玩钓鱼游戏。例如，在规定的时间内，谁先把同一颜色的鱼全部钓完谁获胜，让幼儿在一段时间内将自己的注意力全部集中在当前的任务上。

活动延伸：

教师可在图书区投放相关图片（司机开车、飞行员开飞机、医生做手术、运动员比赛、棋手下棋、看书、计算、听故事等），引导幼儿说一说，做这些事情的时候为什么需要专注，如果不专注后果会怎样，除了这些事情以外，还有哪些事情需要非常专注才能完成。

活动三：专注力大挑战——好乱好乱的屋子

活动目标： 观察图片，按要求完成寻找目标的任务。

活动准备： 专注力游戏书《好乱好乱的屋子》，可擦笔。

活动过程：

1. 教师介绍《好乱好乱的屋子》展示的游戏情境，引导幼儿阅读图书，并观察书中混乱画面的细节和内容。

2. 幼儿尝试用方位词描述屋子里各类物品的位置；按要求寻找物品，并准确说出物品所在的位置。反复游戏后，幼儿可请同伴做小老师检查，或者让同伴出不同的题目，考考对方。

3. 教师组织幼儿与同伴尝试以比赛或合作的形式进行游戏，难度较低的游戏可以进行比赛，难度较高的游戏可以合作完成。

活动建议：

游戏后，教师应及时引导幼儿总结自己在游戏中取得成功的经验和技巧，如有序观察，用方位词表述位置等，并把这些成功的经验迁移到日后的学习和生活中去。

活动延伸：

教师可以在图书区投放各种与专注力相关的绘本故事书和专注力游戏书，并配上可擦水性笔，让幼儿可以自选喜欢的游戏卡进行游戏。

（广东省育才幼儿院一院　叶一瑜　黄慧贤）

六、一日生活指导

(一)一日生活中幼儿品格与社会技能培养

专注品格的培养需要贯穿中班幼儿一日生活的方方面面，充分调动幼儿学习的积极性，使幼儿的视觉、听觉、触觉等感官集中在某一事物上，达到认识该事物的目的。社会技能"忽视""学会放松"贯穿同伴交往、师幼互动的全过程，但在一日生活各环节的体现略有不同，如有些环节需要重点指导，有些环节则可随机引导。本期主题品格与社会技能在一日生活中的重点培养环节见表5-7。

表5-7　品格与社会技能的日常重点培养环节

生活环节	品格：专注	社会技能：忽视	社会技能：学会放松
入园	√	√	√
盥洗	√	√	√
进餐		√	√
饮水			
如厕			
午睡	√		
离园	√		
集体活动	√	√	√
户外活动	√	√	√
区角活动	√	√	√
过渡环节	√	√	√

(二)一日生活中幼儿品格与社会技能指导要点

本期主题品格与社会技能在一日生活中的指导要点见表5-8、表5-9、表5-10。

表5-8　一日生活中专注品格指导要点对照表

环节	指导要点
入园	1. 晨间谈话时，教师可以抓住幼儿的探索欲望，带着幼儿走出教室去观察和发现，让幼儿在老师的引导下，专注于自己的探索。 2. 教师采用多种点名的方式，如小组点名、单双数点名、男孩女孩交替点名、逐一报数点名等，吸引幼儿的注意力。

续表

环节	指导要点
盥洗	为了避免幼儿在盥洗室里玩水、嬉戏，教师可以引导幼儿演唱"生日快乐歌"；在演唱歌曲的过程中，教师巡视幼儿的盥洗流程；演唱完毕，教师检查幼儿的洗手完成情况。
午睡	教师为幼儿讲睡前故事，让幼儿有序安静入睡。
离园	1. 教师设计互动性较强的小游戏，如猜谜语、听音乐打节奏等。 2. 教师多和幼儿谈话交流，问一问幼儿一天在幼儿园有什么特别自豪或者开心的事情，对于讲述情节完整的幼儿和认真倾听的幼儿，应做到及时鼓励和表扬。
集体活动	以幼儿兴趣为出发点，教师创设简单实用的游戏情境，采用游戏化的活动形式，以及有趣的互动谈话和丰富充足的操作材料，引导幼儿进行集体活动。
户外活动	教师通过指令游戏，引导幼儿动静结合，学会倾听，集中注意力。
区角活动	1. 师幼共同商定进区规则。教师引导幼儿遵守约定。 2. 教师提供丰富多样的区角游戏材料，让幼儿自主选择材料，在操作材料的过程中提高幼儿的专注力。
过渡环节	教师通过说指令、给信号的形式提高幼儿的专注力。

表 5-9　一日生活中"忽视"技能指导要点对照表

环节	指导要点
入园	在点名游戏、晨间谈话中，教师引导幼儿学会集中注意力。
盥洗	教师利用小口诀组织幼儿有序盥洗。
进餐	进餐中，幼儿难免会相互间说话，教师可以在餐前告诉幼儿"今天我们都是小小木头人，木头人吃饭都是安安静静的"，让幼儿忽视说话，专心进餐。
集体活动	教师引导幼儿知道认真倾听，用心完成，对于不重要的事情或者分心的事情要学会自我调控。
户外活动	教师组织幼儿进行丰富多彩的游戏活动，引导幼儿学会"忽视"的技能。例如，幼儿在进行游戏时，不想被周围幼儿打扰，幼儿可以不看他、不说话、捂住耳朵或者说明原因后远离打扰游戏的幼儿。
区角活动	教师投放充足且符合幼儿年龄特点的区角材料，引导幼儿认真专注在一件事情上，忽视和当前活动无关的事情，做到有始有终。
过渡环节	1. 教师和幼儿一起分享学会"忽视"的好方法。例如，幼儿在发脾气、哭闹时，教师可以采用"故意忽视法"，等待幼儿慢慢冷静后再做处理。 2. 教师鼓励好行为，忽视坏行为。幼儿能够很好地做好情绪管理，并且能够坚持，教师就要正面强化，给予幼儿鼓励和表扬。

表 5-10　一日生活中"学会放松"技能指导要点对照表

环节	指导要点
入园	1. 教师播放轻松欢快的音乐，通过亲切的语言主动与幼儿问好打招呼，让幼儿产生轻松愉快的心情。 2. 教师关注幼儿的情绪和不良行为，借助晨间谈话，发现幼儿有压力或者紧张时，引导幼儿做做深呼吸，缓解不安情绪。
盥洗	教师和幼儿对话，用充满童趣的语言向幼儿渗透健康的重要性。
进餐	教师创设轻松愉快的进餐环境，引导幼儿用五官来感知食物。
集体活动	教师通过创设情境，引导幼儿了解"学会放松"的方法，学习小口诀，和同伴分享"学会放松"小妙招。
户外活动	教师和幼儿一起深呼吸、散步、慢跑。
区角活动	教师引导幼儿遇到困难或者和同伴发生矛盾时，学会用平和的心态去面对。
过渡环节	教师借助舒缓音乐、身体小律动让幼儿放松身心。

(三)日常指导策略

1. 专注品格——过渡环节趣多多

幼儿园的一日生活包含多个环节，环节之间的过渡时间虽然短暂且零散，但是却起到承上启下、调节幼儿身心的作用。教师利用好这些环节，就可以让幼儿避免消极等待，稳定情绪并有事可做，在培养幼儿良好行为习惯的同时，班级氛围也会变得更加和谐。具体的过渡环节游戏如下。

(1)音乐小驿站

教师为不同环节寻找和匹配不同的音乐，如准备午睡时播放舒缓安静的音乐，准备晨间运动时播放轻快有力的音乐。

(2)虚拟的场景跑酷游戏

教师可以播放动感的跑酷视频，请幼儿分散站立，随音乐节奏和有趣的场景进行简单的热身运动，锻炼幼儿的反应能力和体能水平。

(3)分组小游戏

教师引导幼儿几人一组，在相互协商的情况下进行小组游戏，提高幼幼之间的相互配合能力，促进幼儿专注力的发展。

(4)手指游戏

手指游戏伴随着朗朗上口的童谣，能够很好地吸引幼儿的注意力。在幼儿玩过一段时间后，教师可以请幼儿创编儿歌的某几个词语或者某几个句子，再次激发幼儿对游戏的热情；还可以用角色扮演的方式，进行角色分工，使游戏变得更加生动、有趣。

(5)自主选择活动

幼儿喜欢动手操作物体，教师可以借助区角环境和区角材料让幼儿安静有序地活动。

（6）语言表达游戏

教师可以组织幼儿进行猜谜、说悄悄话、绕口令和歌唱的活动，让幼儿充分展示自我，提高幼儿的专注力发展水平。

以上的专注力小游戏方法并不是唯一的，教师可以根据本班幼儿的年龄特点和认知发展水平，进行选择、创新和应用。教师运用适当的技巧来帮助幼儿，给予幼儿正确的引导，为幼儿创设一个宽松、宁静、有序的班级氛围。

2."忽视"技能——案例情境

"忽视"技能应培养幼儿在被打扰时控制自己情绪和行为的能力，引导幼儿学会在什么情况下应该忽视；用什么办法忽视（不看他，不说话，捂住耳朵）；善于控制自己的情绪和行为，从而养成良好的行为习惯。

案例：旭旭是一个聪明开朗的小男生，老师和小朋友们都很喜欢他。在活动中，他积极开动脑筋、善于思考、勇于举手回答问题，但是难免有时会出现浮躁和骄傲的小情绪。有一次，老师一边讲解绘本故事，一边提问，旭旭总是非常积极地回答问题。但是回答完问题的旭旭刚坐下，旁边的阳阳就开始和他小声地说话，还一起小脚摞小脚地玩了起来。起初，老师为了不影响上课，只是用眼神给他们提示，他们看到后迅速坐好；但是没过一会儿，趁老师不注意，他俩又玩了起来，玩得特别开心。

分析：旭旭是个聪明开朗的小男孩，平时教师和幼儿都非常喜欢和旭旭交流和沟通，对于旭旭提出和回答的问题，总是特别满意，导致旭旭产生骄傲的心理。在集体教学活动中，阳阳的行为是不对的，但是旭旭并没有忽视这一不好的行为，反而和阳阳一起玩，影响到了其他幼儿。

教师指导：当教师在组织集体教学活动或者其他活动时，可以和幼儿一起制定活动规则，培养幼儿的规则意识。教师可以把一日生活中发现的问题贴在"问题墙面"上，和幼儿共同协商解决问题。教师可以提前请幼儿思考"当你专注于某件事情，别人却打扰你时，你会怎么做？心情如何？"等问题，引导幼儿学会正确解决问题的办法。教师还可以引导幼儿一起学说口诀，请幼儿模拟情境进行演练，通过场景的示范使幼儿控制好自己的情绪和行为。

3."学会放松"技能——"放松"游戏

当幼儿遇到比赛或者表演等大型活动的时候，难免会产生压力，心情也会变得紧张，尤其对于性格内向、比较敏感的幼儿，更是如此。学会用简单的动作或者游戏来放松身心，能够培养幼儿的情绪调节能力，有助于幼儿的身心健康发展。

（1）简单的手臂协调运动

游戏名称：可爱的大猩猩

游戏玩法：教师准备适合幼儿手握的小球两个，让幼儿双脚左右分开站立，两脚间距离和肩同宽，身体向前倾，双手握球，像大猩猩一样手臂左右晃动。

(2)放松心情，安静、不出声

游戏名称：绘画小游戏

游戏玩法：教师准备绘画纸一张、一些小豆豆(可以是黑豆、黄豆、红豆等)，让幼儿随意抓一把撒在纸上，挑选喜欢的水彩笔颜色，用彩笔沿着豆豆的边缘进行安静地绘画。

(3)音乐律动游戏

游戏名称：放放松，来按摩

游戏玩法：教师播放节奏鲜明、欢快的音乐，幼儿两人一组，一名幼儿坐在椅子上，另一名幼儿站在他的身后。教师请幼儿仔细倾听音乐，并根据音乐的快慢、长短做出相应的按摩动作和互动动作，如揉揉肩膀、捶捶背、拍拍胳膊等。

(四)生活体验活动

活动案例一：活动区里的大发现

1. 设计思路

进入中班，幼儿各方面发展水平明显提高，幼儿的活动范围逐渐扩大，活动的积极性有了极大的提高。中班幼儿喜欢新鲜的事物，有意注意在逐步地发展。幼儿开始学会自我控制，在探索和观察中不断收获、不断成长。

2. 活动过程

(1)我是小小探究员

教师引导幼儿去观察、发现班级里的活动区有哪些新的变化，结合已有的认知经验，让幼儿分组寻找班级里的新变化(图5-17)。

(2)我发现了

教师请幼儿说一说自己发现活动区角里发生了哪些变化。例如，有的幼儿说："我看到了每个区角里都和我们之前玩的玩具不一样，感觉更加有趣了。""我在图书区看到有更多的好看的图书，画面颜色好漂亮。""在益智区中，有各种各样的拼图，还可以寻找不同的图形，我们可以一起比赛了，真开心！"

图5-17　幼儿在建构区发现自己喜欢操作的玩具

（3）我是小小记录员

教师和幼儿一起绘制活动区角变化的统计表，请幼儿用符号记录新的发现，让幼儿学会独立记录，引导幼儿讨论与交流统计的结果。

（4）大家一起去尝试

教师引导幼儿选择自己喜欢的区角，去感知、尝试。例如，在图书区，幼儿可以根据看到的图书画面和好朋友一起去讲解和表述；在美工区，幼儿可选择自己喜欢的材料去创作（图5-18）。

图5-18　幼儿在进行美术创作

3. 活动总结

区角活动的材料和玩具发生了新的变化，班级投放的物品更加丰富有趣。通过活动区角的探索，幼儿观察到了很多细微的变化。在活动中，幼儿感知、尝试区角材料，通过个人或者小组的方式去思考、去操作，对于某件物或事有了更高的关注度。

活动案例二：童趣迎元旦　一起向未来

1. 设计思路

伴随着冬日的暖阳，不知不觉我们走过了硕果累累的××××年，即将迎来充满希望的××××年。在这辞旧迎新的时刻，为使幼儿更加深刻地感知新年的美好，憧憬更加美好的未来，教师组织开展了"庆元旦，迎新年"社团展演活动。

2. 活动过程

（1）活动准备工作

教师和幼儿一起布置演出的教室，挑选演出服装，一起排练节目。

（2）园长妈妈送祝福

在新的一年到来之际，园长带领大家回顾过去，展望未来并且给师幼送上温馨的祝福，让幼儿感知新年的美好，在新的一年里，大家可以在幼儿园这个温暖幸福的大家庭中健康、快乐地成长。

（3）社团展演活动

为了更好地塑造幼儿良好品格，培养幼儿的交流与合作能力和自信心，提高幼儿专注力的发展，幼儿园可通过品格童话剧展演、童声合唱、律动舞蹈、非洲鼓、军鼓表演、快板、打击乐、巧手美工、动感篮球等节目，展现幼儿的自信与热爱。

3. 活动总结

节日主题活动，是幼儿成长中最为开心和难忘的时光。我们通过节日活动，结合幼儿年龄特点和认知发展特点，选用社团展演的表现方式，让幼儿把对生活的热爱化为行动，让幼儿在教师和同伴的陪伴下，感受节日的美好，在自信勇敢、包容开放的沃土上，继续茁壮成长，收获更多的梦想，共同迎接蓬勃灿烂的未来！

（济南市槐荫区青少年宫第一幼儿园　李彤）

七、家园共育指导

(一)品格指导要点

对于专注品格的家庭教育指导，重点在于帮助家长了解什么是专注、专注的作用以及专注在幼儿成长过程中的重要性，并在一定程度上帮助家长正确认识并培养幼儿的专注能力。

1. 帮助家长树立正确的专注力培养观念

良好的专注力是幼儿感知事物、学会记忆和思考的基础和条件，不仅可以提高幼儿单位时间内的学习效率，还可以提高幼儿的学习质量。专注的幼儿将更有可能从学习中获得积极的情感体验与良好的自我效能感，他们将来对学习的兴趣将更强烈。由此可见，专注品格的培养是非常重要的。幼儿园可以通过开展一系列活动，帮助家长正确认识并培养幼儿的专注能力。例如，教师可以利用家长开放日，在不提前告知幼儿的情况下，让家长了解幼儿的日常表现；还可以让家长观察到在没有大人的陪伴时，幼儿是如何自己进行关于专注能力的游戏或活动的，从而让家长对于幼儿的专注能力有一个全面客观的认识。此外，幼儿年龄越小，注意力集中的时间就越短，在培养幼儿专注能力时也要根据幼儿的年龄特点设计活动。家长应以平和的心态，科学地、慢慢地培养幼儿的专注力，切勿操之过急，也不要进行无意义的对比。

2. 鼓励家长给幼儿讲述与专注力相关的绘本

家长可以给幼儿讲述一些与专注力有关的绘本故事，让幼儿产生情感共鸣，从而更好地认识到专注力的重要性。例如，在《嗯嗯太郎》中，嗯嗯太郎是研究动物大便和厕所的专家，每天都到森林里、草原上收集动物的大便，或是帮动物们解决"大便"问题，正是因为他专注地研究动物的大便和厕所，才能帮助小动物们很好地解决相关问题；《鼹鼠的音乐》讲述了一只鼹鼠爱上了拉小提琴的故事，刚开始练习时，连小鸟都被他的琴声吓飞了，树也要枯死了，但鼹鼠先生并没有放弃，他不断地练习着，终于他拉的小提琴赢得了所有大自然朋友的认可；《雪花人》讲述了威利用一辈子的时光去记录雪花的美丽的故事，他专注的行为让全世界的人第一次清楚地看到了美丽的雪花，为社会做出贡献的同时，也让人们的思想发生了改变；《如果你想看鲸鱼》中的话："如果你想看鲸鱼，你要知道不能去看什么。粉红玫瑰，鹈鹕，可能会出现的海盗……如果你想看鲸鱼，你必须一直盯着海面，等待，等待，继续等待……"让幼儿懂得在专注做一件事时会有很多的外来诱惑，只有抵制住诱惑才能成功。

3. 鼓励家长发现幼儿的兴趣，进而提高幼儿的专注力

家长在幼儿成长的过程中总是担心给予的不够，但有时过分地关注反而会束缚住幼儿的发展。俗话说：兴趣是最好的老师。不管是谁在做自己感兴趣的事情时，都会很投入、很专心，幼儿更是如此。因此，家长应该注意把培养幼儿广泛的兴趣与培养专注力结合起来。此外，玩是幼儿的天性，亦是幼儿最爱的活动，它能激发幼儿的兴趣。在游戏活动中，幼儿专注力的集中程度和稳定性较强。所以，家长应该让幼儿多参加游戏活动，并在游戏中培养幼儿的专注力。当然，家长在培养幼儿专注力的过程中应不断引导，并给予鼓励。教师可以提示家长从如下方面与幼儿交流。

（1）情绪方面

这些都是你完成的呀！你看你做起事情来这么认真专注，妈妈都要向你学习呢！

（2）自理方面

你都没有找人帮忙自己就做好了，你的动手能力太棒了！

（3）活动方面

哦？这是你自己想出来的游戏？你真是一个爱动脑筋的小朋友。

（4）社交方面

你可以和朋友一起分享你的玩具（或游戏），相信你们一起玩会变得更有趣。

值得注意的是，家长要根据幼儿不同的特质，采取适当的方法，有计划、有目的地培养幼儿的专注力，不宜把他和别的幼儿比较，要从他的专注力基线（他对事物的平均专注时间）开始，耐心地加以培训。家长一定要协助幼儿维持对其兴趣的专注，借助语言或行为，引导他们意识到专注在活动中的重要性。另外，很多研究都指出，电子产品对幼儿发展专注力有较大的危害，因此家长需限制幼儿使用电子产品的时间与频率。

4. 指导家长锻炼幼儿的专注能力

对幼儿自我控制能力的培养可以在日常生活中有计划地进行。家长应从幼儿的外部行为做起，要求幼儿在一段时间内专心做一件事，看书、绘画时要保持正确姿势，不乱动、不乱摸。训练最好在固定时间、固定地点进行，这样可以形成心理活动定向，即幼儿在习惯了的时间和地点坐下来时，精神便条件反射似的集中起来。另外，家长还可以用奖励的办法鼓励幼儿提高自制力。例如，在阅读时幼儿总是漫不经心、东张西望，如果许诺他认真阅读之后就送他一个他一直想得到的礼物，他一定会安下心来。

如果某项任务超过了幼儿注意力稳定的时间，应该让幼儿分部分完成，使幼儿的精神状态有张有弛，这样更有利于幼儿集中注意力，提高其完成效率。如果家长不允许幼儿休息，长时间地让其从事某项任务，甚至坐在幼儿旁边监督，就容易让幼儿产生抵触心理，从而导致学习兴趣及专注力的下降。因此，应给幼儿合理安排时间，让幼儿在适当的时间内集中注意力，才能事半功倍。

(二)社会技能指导要点

1. 忽视

别人给你找麻烦。家长要告诉幼儿，当自己专注地做事情时，可以勇敢而又礼貌地拒绝他人。拒绝他人时，可以面带微笑。例如，幼儿正在专心地绘画，妈妈让他吃水果，这时，幼儿可以说："谢谢妈妈，但是我现在正在画画，等我忙完再吃。"

既不听，也不看。家长要告诉幼儿对于干扰自己的人或者事要做到既不听，也不看。中班幼儿的注意力容易被外界的无关刺激所吸引，例如，当幼儿正在专心于益智区的串珠子游戏时，窗外传来小班早操的音乐，教师可以鼓励幼儿通过出声地说出手中珠子的颜色来排除外界干扰。

把头扭向另一边。家长要告诉幼儿，当自己正在专注于一件事时，如果有人或者事物在身边一直干扰自己，而自己采取勇敢而有礼貌的拒绝无果后，便可以把头扭向另一边。例如，幼儿在小厨房专注地做一道美食，这时，她的好朋友请求她画一个"冰墩墩"，礼貌拒绝后对方仍然请求，这时候她便可以把头扭向另一边表示拒绝。

2. 学会放松

心里不舒服。家长要告诉幼儿，一个人专心做一件事情是一件比较困难的事情，会出现内心战战兢兢，肚子不舒服，肌肉紧张或者浑身发热等反应。例如，当幼儿在户外攀岩中遇到了一个坡度较大的障碍，多次尝试后发现自己仍无法成功时，就会觉得自己心里非常不舒服，好像有团火在燃烧。

做做深呼吸。家长要引导幼儿意识到自己心里不舒服时要通过做深呼吸的方式来缓解。深呼吸是腹式呼吸的一种，可以有效缓解情绪。家长可以教给幼儿深呼吸的方法：把肚子想象成一个气球，先用鼻子慢慢地吸足一口气，直到感到气球已经充满气，然后保持这个状态两秒钟，再用嘴巴将肚子中的气全部放完。家长要告诉幼儿当出现负面情绪时可以反复深呼吸几次。

握住俩橘子，挤出橘子汁。家长要告诉幼儿，当自己专注于一件事却出现负面情绪时，可以假装每只手握住一只橘子，先挤左手的橘子，再挤右手的橘子，再两只手一起挤，最后甩干手上的橘汁。通过这样的方法可以有效地释放自己的压力，从而让自己有一个健康的身体。

(三)你问我答

1. 幼儿每次做一件事的时间太短，所以幼儿的专注力很差

幼儿的专注力是随着幼儿的年龄增长而逐渐提升的。有文献表明：1岁幼儿的专注时间仅为3～5分；3岁幼儿的专注时间仅为6～15分；6岁幼儿的专注时间为12～30分；10岁幼儿的专注时间可达20～50分。学龄前幼儿本身无法长时间地集中注意力，我们需要关注的是幼儿是否在这段时间里足够"沉浸"。

2. 好动的幼儿专注力差

幼儿是天生的永动机，活泼好动的幼儿好像根本不需要休息。由于幼儿坐不住，很容易被成人误解为幼儿专注力差。但实际上，多数幼儿只是单纯喜欢动，对自己感兴趣的东西会更加乐意去探索，因此，我们要正确引导，培养幼儿的专注力。

3. 每次学习时，幼儿一会儿说想喝水，一会儿说想看电视怎么办

在幼儿学习时，家长可以把这些能导致幼儿分心的事物隔离开，藏到看不见的地方。家长可以让幼儿在特定的空间中进行某些专门的活动，如看书、写作业就在书房进行，而非客厅、餐厅、卧室等，以免幼儿大脑产生太多杂念。

4. 家长是否要督促幼儿，才能提高幼儿的专注力

并不是家长要督促幼儿才会提高幼儿的专注力，很多时候幼儿的专注力是家长亲手破坏的。例如，幼儿正在做一件事时，家长不是让幼儿吃东西就是在旁边唠叨几句，这种行为其实就是对幼儿造成干涉和打扰。还有幼儿做不好事情时，家长可能会对幼儿发火，这样的行为更容易让幼儿产生厌恶的情绪。

5. 在幼儿园，如何培养幼儿的专注力

教师可以在区角中多设置拼图、棋类活动，锻炼幼儿思考、专注的能力。教师在讲故事或者授课前先向幼儿提出问题，让幼儿带着问题去听，听完后回答；过程中还可以不断地和幼儿互动，这样幼儿能更加专注地听教师讲课。教师还可以让幼儿听与图书画面内容相一致的录音，培养他安静、集中注意力去听讲的好习惯。

6. 幼儿每次玩电子产品时特别专注，这样是否有利于幼儿的专注力

家长认为幼儿在看电子产品时很专注，其实看电子产品不仅会对幼儿的视力造成伤害，而且对幼儿来说，看电子产品属于一种被动的注意。在看电子产品时，幼儿完全不用动脑，这不利于幼儿有意注意的发展，还会让幼儿懒于思考，变得越来越不爱动脑筋。

7. 家长怎么做才能保护幼儿的专注力

当幼儿在专注地进行一项活动时，不要轻易打扰他，给幼儿更多的理解和尊重。如果家长想介入幼儿的活动，可以尝试加入他，而不是打断他。这样可以在不影响幼儿专注力的同时提升亲子关系。如果一定要打断时，请给幼儿一点儿时间，让幼儿在专注中缓和地抽离出来。

（济南市槐荫区济水上苑幼儿园　曹琳　王艳）

第六章　机智品格：遇事主动想办法

一、主题说明

◎情境链接

　　户外活动的时候，老师组织小朋友们一起玩纸飞机的游戏，豆豆的纸飞机卡在了树枝上，大家七嘴八舌地帮忙想办法。大家想到的办法也是五花八门，例如，可以抱着树干摇一摇，可以找一根长棍子把飞机颠下来，可以用飞盘撞下来，可以请门卫叔叔拿梯子帮忙取下来，可以去找幼儿园最高的老师来帮忙……遇到问题能够主动想办法正体现了幼儿园机智品格的培养目的。

　　《辞海》中对机智的解释为脑筋灵活，能够随机应变。机智是个体思维灵活性的关键指标，是一种在紧急情形下能够快速想到应对策略，从而完满地解决问题的心理品质。机智品格与发散思维密切相关，换言之，幼儿表现得越机智，其发散性思维能力越强，幼儿遇到问题时想出的解决办法就越多。4～5岁是幼儿机智品格迅速发展的时期，5岁后机智品格发展速度趋缓，因此成人要在各类活动或解决问题的过程中，通过启发、鼓励、搭建支架的方式，让幼儿有机会去做、去想，锻炼他们遇到事情灵活应对、机智处理的能力。

　　《3—6岁儿童学习与发展指南》提出要"帮助幼儿养成良好的生活与卫生习惯，提高自我保护能力，形成使其终身受益的生活能力和文明生活方式……幼儿在与成人和同伴交往的过程中，不仅学习如何与人友好相处，也在学习如何看待自己、对待他人，不断发展适应社会生活的能力。良好的社会性发展对幼儿身心健康和其它各方面的发展都具有重要影响"。帮助幼儿提高自我保护的能力以及社会适应能力是幼儿园教育的目标之一，也是培养幼儿机智品格的重要出发点。遇到问题如何及时有效地向他人寻求帮助？如何跳出思维定式，想出不一样的解决策略？在同伴交往中遇到攻击性行为如何巧妙应对？这些都是幼儿机智品格的培养内容。因此，根据幼儿的生活经验与发展需求，本期主题将融入社会技能"寻求帮助"和"对付攻击"，锻炼幼儿解决人际交往冲突的能力，引导幼儿学会寻求帮助，提高借助他人力量有效解决问题的意识。

二、主题目标

第一，初步意识到遇到紧急情况不要慌张，要静下心来想办法。

第二，日常生活中爱思考，遇到问题喜欢自己想办法寻找答案。

第三，在成人的引导下建立正确的是非观，知道什么事情可以做，什么事情不可以做。

第四，有一定的安全意识，初步掌握常见的处理意外事件的方法。

第五，面对同一个问题，愿意开动脑筋想出多种解决办法。

第六，能够理解简单的体态语言的含义，并在成人的提示下及时调整自己的言行。

三、环境创设

(一)主题墙

机智品格体现了思维的灵活性、变通性，是在问题解决过程中体现出来的一种思维特质，特别是应对一些危险的情况或有挑战的情境时体现出来的临危不乱、处变不惊、积极想办法的处事态度。根据中班幼儿的生活经验，机智品格的主题墙主要从两方面进行构思，即我理解的机智、遇到危险我不慌。

1. 我理解的机智

这部分主要呈现幼儿对机智品格的理解，以及幼儿对机智品格的调查，具体内容可分为三个板块。首先，教师呈现机智品格的故事图片，师幼共同从故事中寻找机智品格的内涵与行为表现，如绘本故事《邋遢熊和六只白鼠》《我的幸运一天》《咕噜牛》《小熊进城》等，经典故事《司马光砸缸》《曹冲称象》《鸡毛信》《王二小》等；其次，教师鼓励幼儿用绘画的方式记录自己对机智的理解；最后，教师引导幼儿做一个机智品格调查，问一问家人对机智的理解。

2. 遇到危险我不慌

这部分将从幼儿的视角列举生活中常见的危险及应对措施。例如，着火了怎么办？家里突然停电了怎么办？遇到陌生人搭讪怎么办？在超市和爸爸妈妈走散了怎么办？如果其他小朋友故意欺负自己怎么办？从生活情境出发，引导幼儿感知机智品格的重要性。

(二)家园共育栏

机智品格体现了个体思维的灵活性，也是幼儿创造性思维的重要内涵。为了帮助家长了解该品格的培养价值，家园共育栏中要向家长呈现如下内容。

1. 机智品格的基本内涵

机智品格的基本内涵包括脑筋灵活、思维敏捷，遇到问题或危险时能够冷静地想出解决办法。

2. 培养机智品格的家教方法

(1)推荐亲子阅读素材

亲子阅读素材以品格故事为主，如《邋遢熊和六只白鼠》《我的幸运一天》《咕噜牛》《小熊进城》《司马光砸缸》《曹冲称象》《鸡毛信》《王二小》《晏子使楚》等。

(2)提出家庭教育建议

教师可建议家长丰富幼儿的生活经验，鼓励幼儿大胆表达自己的想法，经常向幼儿提问题以启发幼儿思考或与幼儿玩脑筋急转弯的游戏。教师可结合教学经验对每一条建议列举出具体的亲子互动方式，让家长能够更好地落地实施。

3. 温馨提示

这部分提示家长要正确对待幼儿的"小聪明"，基于幼儿表现出来的"小聪明"，分析其行为动机。好的动机，要给予肯定；不良动机，则要明确提出批评。

4. 家庭亲子互动

这部分主要呈现亲子阅读、亲子游戏或亲子讨论的场景与精彩瞬间。教师可以鼓励家长分享自己培养幼儿机智品格的方法和心得体会。

(三)幼儿成长(学习)记录墙

幼儿成长(学习)记录墙主要呈现幼儿在活动或游戏中的机智表现，记录幼儿用巧妙的办法帮助小朋友解决难题的情境、游戏活动中出其不意的制胜方法或者是活动中突发奇想的新探索等。例如，在游戏中解决抢玩具的问题，自主游戏中缺少自己想要的玩具材料时能够灵活地用其他材料替代，帮助迷路的小班弟弟妹妹想出快速找到自己班级的办法等。教师要善于观察幼儿在"问题情境"中的表现，在安全范围内，鼓励幼儿自己想办法解决问题，使幼儿思维的灵活性在反复地思考、探索和尝试中得到锻炼和发展。

(沈阳市铁西区实验幼儿园繁荣里分园　于慧　吴秋影)

四、教学活动案例及反思

(一)品格绘本阅读活动

1. 机智品格绘本推介

4～5岁是个体机智品格发展的启蒙期，拥有机智品格的幼儿其思维发展具有灵活性、开放性和创新性的特点以及积极、勇敢、坚毅的个性品质。因此，教师围绕机智品格开展丰富多彩的教育教学活动就显得尤为重要。基于幼儿园集体教学活动的特点及机智品格的内涵，本期主题我们筛选了4本绘本作为教师开展教学活动的载体。这4本绘本分别诠释了机智品格的不同维度：遇事冷静不慌乱，团队活动中一切行动听指挥；遇到突发事件时冷静思考，从容应对；有自我保护的意识，遇到危险主动求助；遇到危险勇敢面对不退缩，相信自己能应对等。教师通过有趣的绘本故事与幼儿一起感受机智品格的做法和内涵，具体见表6-1。

表6-1　机智品格绘本推荐及解析

绘本名称	主要内容	绘本中的"机智"
《邋遢熊和六只白鼠》	一只小个子邋遢熊在树林里遇到六只迷路的小白鼠，面对森林里的危机四伏，邋遢熊没有慌乱，而是运用智慧想出一个又一个好办法保护小白鼠们。	遇到危险的事情不慌乱，要冷静地根据事物的特点想出有针对性的解决办法；此外，所有人都要服从命令、听指挥，行动一致，才能更好地转危为安。

绘本名称	主要内容	绘本中的"机智"
《我的幸运一天》	一只小肥猪找错了门，来到了狐狸家，当面对危险时，小猪沉着、镇定、积极动脑筋想办法，终于凭借自己的智慧脱离了危险。	遇到危险或突发事件时，不要害怕慌张，要开动脑筋想办法，随机应变。
《蛤蟆爷爷的秘诀》	蛤蟆爷爷告诫小蛤蟆面对到处都是敌人的世界有三条秘诀，即勇敢、机智和忠诚。蛤蟆爷爷的言传身教，让小蛤蟆真正学到了生存的本领。	生活中有很多潜在的危险，要时刻警惕危险的发生。此外，遇到危险要勇敢面对、冷静思考，也可及时向信任的人求助。
《咕噜牛》	小老鼠在森林里经历了紧张、刺激又冒险的一天。当小老鼠遇到不怀好意、想吃掉它的坏家伙时，想出了一个又一个绝妙的好点子。	遇到危险或挑战时，不轻易退缩，要积极想对策。那么，再弱小的力量也能战胜比自己强大的"敌人"。

2. 教学活动案例

接下来我们以语言活动"邋遢熊和六只白鼠"为例阐述机智品格语言领域教学活动的组织要点，见表 6-2。

表 6-2　机智品格语言领域教学活动

邋遢熊和六只白鼠		
活动环节	活动设计	
活动目标	认知目标：理解故事内容，知道邋遢熊保护白鼠的办法。	
	能力目标：大胆想象、猜测故事情节。	
	情感目标：遇到突发事件时愿意冷静寻找解决办法。	
活动准备	经验准备	幼儿对白鼠、猫头鹰、狐狸、蛇这四种动物有习性的认知。
	物质准备	1. 电子绘本《邋遢熊和六只白鼠》。 2. 猫头鹰的叫声、狐狸的叫声和蛇的声音音频。 3. 故事角色（邋遢熊、白鼠、猫头鹰、狐狸、蛇）头饰。
活动过程	一、引导幼儿观察绘本封面，激发阅读兴趣 师：小朋友们，今天老师带来了一本绘本。我们看看绘本的封面上有什么。 师：我们来听一听这只邋遢熊和六只白鼠之间会发生什么有趣的故事吧！ 二、引导幼儿观察绘本画面，初步理解故事内容 1. 教师带领幼儿阅读故事开头至"就在这时，他们听见头顶的树梢上传来了猫头鹰呜呜的叫声"。 师：邋遢熊傍晚出来散步，他来到了哪里？ 师：这是一个什么样的树林？（教师引导幼儿说出"黑洞洞、阴森森"） 师：在树林里邋遢熊发现了什么？他们想干什么？ 师：就在这时，传来了谁的叫声？ 师：猜猜猫头鹰来了，会吃掉小白鼠吗？邋遢熊会想出什么办法营救小白鼠？ （**品格元素**：教师引导幼儿发挥想象力，想出营救小白鼠的各种办法，激发幼儿"机智"的做法）	

邋遢熊和六只白鼠	
活动环节	活动设计
活动过程	2. 阅读"快！邋遢熊小声提醒到。"至"然后拍拍翅膀去找晚餐了"。 师：邋遢熊让小白鼠做了什么？他是怎么提醒小白鼠的？（教师引导幼儿学说"蜷紧身子，再把尾巴缩进去"） 师：我们一起来学一学小白鼠们紧紧地蜷缩起来的样子吧。 师：猫头鹰看见六个白球，他认为是什么？ 师：邋遢熊对猫头鹰说这六个白球是什么呢？猫头鹰相信邋遢熊的话了吗？ 小结：邋遢熊遇到想吃小白鼠的猫头鹰，没有慌张，赶紧想办法，让白鼠将身子蜷缩起来，假扮成"雪球"逃过了一劫。 **（品格元素：教师引导幼儿初步理解：遇到危险的事情不慌乱，运用智慧想出解决问题的办法）** 3. 教师带领幼儿阅读"快走，小白鼠，快！"至"他扬长而去，去寻找自己的晚餐了"。 师：邋遢熊和小白鼠没跑出多远，他们又听到了谁的叫声？ 师：邋遢熊想出了什么办法？他是怎么提醒小白鼠的？（教师引导幼儿学说"快，再蜷起来，蜷起来！别忘了缩起你们的尾巴！"） 师：我来扮演邋遢熊，你们扮演小白鼠，当听到狐狸的叫声时，听我的指挥，赶紧将身子紧紧地蜷缩起来，不要乱动哟！ 师：狐狸看见六个白球，他认为是什么？ 师：邋遢熊对狐狸说了什么呢？ 小结：邋遢熊遇到想吃小白鼠的狐狸，同样很冷静，没有慌张，赶紧想办法。小白鼠们听从邋遢熊的指挥，将身子蜷缩起来，假扮成"野鸡的蛋"又逃过了一劫。 4. 教师带领幼儿阅读"快走，小白鼠，快！"至"一只白鼠忘了把自己的尾巴缩进去了"。 师：邋遢熊和小白鼠没跑出多远，这次他们又听到了谁的声音？ 师：这次邋遢熊想出了什么办法？他是怎么提醒小白鼠的？（教师引导幼儿学说"快，蜷起来！蜷起来！别忘了尾巴！"） 师：当蛇发现"苹果"里还有一条粉色小尾巴时，邋遢熊会想出什么好办法来保护小白鼠呢？（教师鼓励幼儿大胆想象、表达自己的看法） 5. 教师带领幼儿阅读"噢！天哪！"至故事结束。 师：邋遢熊到底想了一个什么好办法？他对蛇说了什么？蛇相信邋遢熊的话了吗？ 师：猫头鹰、狐狸和蛇还能追上邋遢熊和六只白鼠吗？ 小结：邋遢熊遇到想吃小白鼠的蛇，同样不慌乱，而且当遇到突发事件时冷静思考，从容应对，用自己的智慧将小白鼠假扮成"苹果和小虫子"，又逃过了一劫。 **（品格元素：教师引导幼儿通过亲身体验感受团队活动中一切行动听指挥）** **三、引导幼儿完整欣赏故事，进一步理解故事内容** 1. 教师结合电子绘本，完整讲述故事。 2. 教师启发提问，师幼探讨。 师：你喜欢故事中的邋遢熊吗？为什么？ 小结：当六只小白鼠遇到危险时，邋遢熊不慌乱、沉着冷静，积极动脑筋想办法，用自己的智慧想出了一个又一个的好办法来营救小白鼠。这真是一只机智、善良的小熊啊！ **（品格元素：教师引导幼儿进一步理解：遇到危险的事情不慌乱，运用智慧想出解决问题的办法）**

续表

邋遢熊和六只白鼠	
活动环节	活动设计
活动过程	**四、引导幼儿故事表演，感受机智的内涵** 教师通过引导幼儿进行故事表演，一方面，让幼儿熟悉故事内容，学说角色对话；另一方面，让幼儿亲身体验感受"机智"的做法和内涵。 总结：小朋友们要向邋遢熊一样，遇事冷静不慌乱，勇敢面对不退缩，动脑筋想办法，用自己的智慧解决问题，才能保护自己并将事情做好。 （**品格元素**：教师引导幼儿通过亲身体验，深入感受"机智"的做法和内涵）
活动延伸	**一、领域延伸** 教师不仅可以通过有趣的绘本故事与幼儿一起感受"机智"的做法和内涵，还可以通过社会领域的活动帮助幼儿养成机智的好习惯，通过科学领域的活动感受机智的做法，通过艺术领域的活动体验自我保护的方法等。 **二、区角延伸** 教师可以将故事角色的头饰投放在表演区，鼓励幼儿进行故事表演；将绘本投放在图书区，鼓励幼儿精读绘本。 **三、生活渗透** 在一日生活中，教师可以帮助幼儿养成机智思考的习惯，并提供机智的环境供幼儿发现和探索。 **四、环境渗透** 教师可以鼓励幼儿将自己经历过的和机智有关的故事或行为拍成照片展示在主题墙上，还可以让幼儿将感兴趣的问题呈现在"问题树"的展板上，大家一起寻找问题的答案，并将答案以表征的形式记录下来。

3.活动反思

（1）活动特点

活动内容选材符合幼儿兴趣和需要，故事情节充分体现机智的品格。活动过程层次分明，教师以启发性的提问多角度引导幼儿理解故事内容；在过程中鼓励幼儿大胆想象、猜测故事情节，进一步激发幼儿"机智"的做法。此外，教师运用情境表演的教学方法，引导幼儿体验小白鼠们紧紧蜷缩起来的样子，充分感受遇事冷静不慌乱和团队活动中一切行动听指挥的品格。活动总结与目标相呼应，鼓励幼儿要像邋遢熊一样，遇事冷静不慌乱，勇敢面对不退缩，巩固目标中的机智品格。

（2）活动实施建议

活动过程中的第四个环节，教师可根据幼儿的实际情况进行灵活的调整。如果幼儿接受能力强，教师可引导幼儿分组多表演几次。如果幼儿接受能力相对较弱，教师可加入表演的角色中，带领幼儿一起表演。

（济南市槐荫区实验幼儿园　张晶　唐军英）

（二）品格社会领域教学活动

1.机智品格的社会领域教学活动设计说明

机智品格主题下的社会领域集体教学活动，主要以幼儿在生活中遇到困难和危险时，应如何寻求灵活的、适宜的解决问题的方法作为切入点。生活中有很多未知的危险潜伏在幼儿的身边,尤其遇到突发事件时,由于幼儿生活经验的缺乏,自我保护能力薄弱,无法及时想到或采取相关的应急措施。因此,教师要通过各种方式,如情境讨论、游戏体验等,通过直接感知、实际操作和亲身体验,丰富幼儿灵活化解矛盾、冲突、危险的方法,逐步学会自己处理问题。

2. 教学活动案例

接下来我们以社会活动"士兵大闯关"为例阐述机智品格社会领域教学活动的组织要点,见表 6-3。

表 6-3 机智品格社会领域教学活动

士兵大闯关		
活动环节	活动设计	
活动目标	认知目标:知道遇到问题要冷静思考,认真分析,不慌张。	
	能力目标:能够根据问题的变化灵活思考解决问题的办法。	
	情感目标:在游戏中体验与他人合作成功解决问题的喜悦。	
活动准备	经验准备	1. 幼儿已能遵守一定的游戏规则。 2. 幼儿已掌握基本的戏剧表演方式。
	物质准备	1. 国王、城堡、士兵、城门湍急的河水(配音效)课件各 1 页,国王头饰 1 个、自制士兵帽子每人 1 顶。 2. 不同高度大小的拱门 6 个,自制城门 1 个。 3. 透明塑料瓶 3 个,拉线彩球 12 个,桌子 3 张。 4. 音乐《士兵进行曲》《巡逻兵进行曲》。
活动过程	**一、情境导入,激发幼儿兴趣** 师:小朋友们,你们看看谁来了? 国王(教师扮演):大家好,我听说这里有一群聪明勇敢、英勇善战、团结一致的人,是真的吗?正巧,我正在为我们王国的军队挑选士兵,如果谁能不畏艰险、克服困难,到达我的王国,就可以参加闯关任务,只要能通过考验,就可以成为我的皇家士兵。 师:当国王的士兵特别威风,但是要成为皇家士兵必须通过重重的考验,你们有没有信心接受挑战战胜困难?让我们一起出发吧!(教师播放《士兵进行曲》) **二、情境游戏:过河** 1. 幼儿来到用蓝色大绸布布置的大河边。(教师播放湍急的河水动图及音效) 师:糟糕,前面有一条很宽的大河挡住了我们的去路,这可怎么办? 2. 引导幼儿想办法解决问题。 师:大家动脑筋想到了很多方法,你们觉得谁的方法能最快并安全地过河? 3. 教师引导幼儿尝试及分析过河的方法,寻找最合适的方法解决过河的问题。 方法一:游泳(水流太急,会被河水冲走) 方法二:助跑跳过河(河的距离太宽,会掉到河里) 方法三:建桥梁(花费时间太久,耽误时间) 方法四:划船(能安全通过河流) 小结:刚才遇到困难的时候,大家都能认真地思考,在确保自己安全的前提下想出了各种解决问题的方法,你们一定能成为合格的皇家士兵!	

续表

活动环节	活动设计
	士兵大闯关
	（品格元素：教师环境布置让幼儿感觉身临其境，引导幼儿以戏剧形式扮演划船、游泳、合作拼搭成桥梁等情境，更加投入游戏并积极思考；让幼儿知道利用周围材料作为代替物也是机智的表现）
活动过程	**三、闯关游戏** 师：看，美丽的城堡，我们终于到了，咦，城墙上站着的都是谁？（教师出示士兵图片）原来是士兵们，他们看起来好威武呀！ 国王（教师扮演）：没想到，你们居然能通过我的护城河，果然没有让我失望，不过，你们还必须通过下面的考验，才能成为真正的皇家士兵。 （一）第一道关卡：过山洞 国王（教师扮演）：要想成为我的士兵，首先要有敏捷的身手，所以第一关，你们必须在身体不触碰到山洞的情况下快速通过山洞，请注意，这可不是一般的山洞哟！（游戏中，"国王"随时调整拱门的高低和方位） 幼儿尝试过山洞。 师：刚刚你们是怎么过山洞的？（使用躲避、钻、爬、匍匐前进等方法） 小结：在通过山洞的时候，你们都能做到随时调整身体的高度和动作去应对山洞的变化，你们不但身手敏捷，而且还能随机应变！ （品格元素：游戏中拱门的随时变化能锻炼幼儿的临时应变能力。教师提炼幼儿应对困难的方法，重点强调随机应变的重要性） （二）第二道关卡：智取小球 幼儿通过山洞后，来到城堡门口，大门紧闭。 1. 教师讲述规则。 国王（教师扮演）：第二关的规则是必须在十秒钟之内，快速取出瓶里的所有小球，才能获得瓶底的钥匙，获得钥匙的人就能打开城门成为国王的士兵！（每张桌子上摆放一个瓶口为拳头大小的透明塑料瓶，每个瓶子里放四个拉线小球，瓶底放一把钥匙） 2. 幼儿尝试取球失败。 3. 教师与幼儿分析失败的原因，并讨论怎样才能将小球快速地取出。 师：刚才谁能在规定的时间内成功取出小球？为什么没有成功呢？ 小结：一个人取小球时间太长，可寻求别人的帮助；合作取球时，由于着急，大家同时拉小球，导致小球全部卡在瓶口出不来…… 师：请小朋友都动脑筋想一想，有什么办法可以解决这个问题呢？ 4. 幼儿讨论并发言。 5. 幼儿再次尝试并取球成功获得钥匙。（一起合作时，必须按照顺序一个一个地取球才能快速完成取球任务） 小结：遇到困难时要学会冷静，先观察和思考，一个人无法解决的时候可以寻求帮助，互相配合，共同协商，不断进行尝试，才能获得最好的解决方法。 （品格元素：第二关游戏重点发挥集体智慧。教师引导幼儿寻找并尝试最合适的解决方法，拓展幼儿的发散性思维） （三）闯关成功，打开城门 国王（教师扮演）：恭喜你们闯关成功！看来你们真的像传说中说的一样优秀，现在，我宣布，你们已经成为皇家士兵了！（教师播放颁奖音乐，"国王"亲手为"士兵们"带上士兵帽）

	士兵大闯关
活动环节	活动设计
活动过程	国王（教师扮演）：你们已经是真正的士兵了，可以开始去巡逻，保护我们的王国啦！ 教师播放《巡逻兵进行曲》，幼儿踏步绕场一周。 **四、教师和幼儿出戏，谈话小结** 师：在成为真正的士兵之前，大家都经历了那么多的困难和挑战，不过都被我们想办法——克服了。 师：大家还记得我们的闯关游戏吗？其实闯关游戏和我们现实生活中很多危险的场景特别相似（如取球游戏），假如我们正在餐厅吃饭，突然发生火灾，而餐厅只有一个出口，如果所有人都往这个出口涌过去，会发生什么事情？这个时候，大家需要怎样做才能安全又快速地撤离？活动后请小朋友们想一想我们今天在闯关游戏中学到的方法可以在生活中的什么情况下使用，然后和小朋友一起分享你的想法吧。 （品格元素：教师引导幼儿学以致用，懂得将游戏中学到的解决问题的方法灵活贯通、运用到实际生活当中去）
活动延伸	**一、区角延伸** 教师可以创设戏剧表演区，设计各种模拟情境，提供在餐厅就餐发生火灾、在电影院看电影发生地震、在购物中心迷了路等情境图片背景，引导幼儿以戏剧表演的形式进行角色扮演，表演前后可设置提问环节。例如，当你在餐厅吃饭的时候，突然闯进来一个手拿着小刀的歹徒，你要怎么做才能不让自己受伤害……教师让幼儿在扮演的过程中通过讨论、分享等方式锻炼发散思维多角度解决问题的能力。 在美工区，教师可以提供一些半成品，如圆形，让幼儿自己通过想象用各种不同的表达方式进行创作，拓展幼儿的发散性思维。 在图书区，教师可以提供关于机智的绘本，让幼儿通过绘本阅读，丰富对机智的认知。教师提供或幼儿自制阅读记录卡，将绘本中有关机智的行为以绘画的方式进行记录，并在区角墙面上进行展示分享，互相学习各种解决问题的方法。 **二、家园共育** 家长配合幼儿一起收集关于机智的绘本，如《咕噜牛》《我的幸运一天》《聪明的变色龙》《坏人可以骗》等，加深幼儿对机智品格的理解。亲子阅读时，家长要有意识地根据故事内容进行提问和讨论。例如，逛街时，你走丢了该怎么办？你和小朋友发生矛盾了，怎么办？在电影院看电影突然发生火灾，怎么办？家长通过提问和讨论引导幼儿思考，学习各种危急情况中的自救技能，锻炼幼儿随机应变的能力。

3. 活动反思

（1）活动特点

本次活动目标明确，主题鲜明，目标符合中班年龄特点和已有经验。活动以教师入戏扮演国王选拔士兵的情境作为导入，引起幼儿的学习兴趣，游戏过程中鲜活有趣的戏剧形式让幼儿身临其境。一次次闯关游戏，充分调动幼儿解决问题的积极性和满足幼儿探索的欲望。在整个活动中，幼儿切身体会到机智的重要性，学习从多角度思考问题，并寻找最适合的解决方法。在闯关游戏中，幼儿能在经历失败后总结失败的原因，开动脑筋寻找解决问题的方法，在集体教学活动中，教师能关注到个别能力较弱的幼儿，通过提问、讨论等环节，适时鼓励及肯定幼儿，使幼儿的语言表达能力和思维能力都得到了拓展。

（2）活动实施建议

教师在实际生活中要为幼儿创设各种社会性活动，让幼儿在实践中获得锻炼。例如，教师可组织幼儿到地震科普馆体验模拟地震，学习防震知识；带幼儿参加消防、防暴演习，学习如何安全地保护自己。家长可以带幼儿做一些具有挑战性的事情，例如，在带幼儿去游乐场时，启发幼儿寻找去游乐场的新路线等，让幼儿在实际生活中和活动中积累机智解决问题的经验和体验。　　　　　　　　　（广东省育才幼儿院二院　张丹虹　轶彦）

（三）品格综合领域教学活动

1. 机智品格的综合领域教学活动设计说明

幼儿园的教育目标可以通过健康、社会、语言、科学和艺术五个领域的教育来实现，各个领域的教育应该相互渗透、有机结合。教师要将机智的品格行为融入五大领域的各类教学活动中。在健康领域，机智涉及动作协调、灵活躲闪、自我保护，遇到危险能够机智应对，教师可以结合中班幼儿年龄特点，采取体育游戏形式的教育活动，设计场地、情境和材料相结合的形式，引导幼儿积极主动地参与活动，培养幼儿的机智行为。在语言领域，机智涉及大胆想象和正确表述，教师可以结合幼儿生活经验交流自己的感受，并能够得到积极的回应。

2. 教学活动案例

接下来我们以健康领域活动"我们去郊游"为例阐述机智品格综合领域教学活动的组织要点，见表6-4。

表6-4　机智品格综合领域教学活动

我们去郊游		
活动环节	活动设计	
活动目标	认知目标：知道在活动中遇到困难要积极想办法，巧妙地解决问题。	
	能力目标：能够运用跑、钻、爬、平衡等多种运动技能，锻炼动作的协调和灵敏。	
	情感目标：体会自己动脑筋想办法解决问题带来的成就感。	
活动准备	经验准备	1. 幼儿初步掌握多种体育技能。 2. 幼儿有过郊游的体验。
	物质准备	1. 音乐《一起去郊游》。 2. 拱门、梅花桩、海洋球若干等体育器材。 3. 幼儿书包人手一个。 4. 选择宽敞的户外场地，事先布置场景。
活动过程	**一、音乐律动导入，创设一起去郊游的情境，引出主题** 师：今天我们一起去幼儿园里郊游，背上小书包准备出发吧。 **二、依次呈现郊游路上遇到的障碍，鼓励幼儿想办法解决** 场景一：路上遇到打雷下雨 幼儿和教师来到户外，这时播放打雷下雨的声音。 师：下雨了，怎么办呀？我们有什么方法不被大雨淋湿？	

续表

我们去郊游	
活动环节	活动设计
活动过程	师：我们有没有更快更好的办法呢？书包可以帮助我们做什么？ 师：现在，我们请小朋友说一说自己的好办法。 教师请一名幼儿做示范，演示出自己的好方法。 师幼共同尝试躲避雨的方法。（我们能借助书包放在头顶当作雨伞，快速跑到避雨的地方。） （**品格元素**：教师根据幼儿生活经验，引导幼儿了解避雨的方法，并发现书包的其他用途和多种解决问题的好方法） 场景二：路上遇到山洞 教师和幼儿继续往前走。 师：前面有很多山洞，我们可以用什么方法通过山洞？ 教师请多名幼儿示范通过山洞的方法，如蹲着走、正面钻、侧面钻、手脚爬等方式。 全体幼儿尝试用自己的方式通过山洞。 （**品格元素**：教师引导幼儿分析山洞特点，尝试用不同的姿势快速过山洞） 场景三：路上遇到小河 师：前面发现了一条小河，我们怎么样过小河呢？让我们一起来试一试吧。 师：我们看看场地旁边有什么材料可以帮助我们过小河呢？ 幼儿尝试利用梅花桩，摆成一排或者间隔摆放当作小桥，走过小河。 （**品格元素**：教师引导幼儿观察小河特点及周边材料，想办法就地取材助力过河） **三、帮助幼儿提升经验，活动自然结束** 师：终于到达郊游地点了，祝贺小朋友们今天用机智的方法解决了我们在路上遇到的困难。 师：我们都遇到了哪些困难？我们是怎么解决的？ 总结：今天通过我们的智慧，想出很多好办法，以后我们再遇到问题时，都要开动脑筋、积极思考，一定能够想出好办法解决困难，保护好自己。 （**品格元素**：教师引导幼儿回忆在游戏中遇到的三个问题是如何解决的，提升幼儿在生活中的应对能力）
活动延伸	**一、区角延伸** 教师可以充分发挥幼儿园户外活动区的作用，基于户外游戏材料，创设更多故事或生活情境，引导幼儿在游戏中主动想办法，提高幼儿机智解决问题的能力。例如，教师可以在户外组织"老鹰捉小鸡""老狼老狼几点了"等游戏，锻炼幼儿灵敏躲避的能力。此外，教师还可以在室内益智区开展棋类、对抗类游戏，锻炼幼儿的思维能力。 **二、生活渗透** 在日常生活中，教师要多给予幼儿自己思考、解决问题的机会，不要直接把答案告诉幼儿，而是提供思考的方法，启发幼儿自己去探索、去发现。例如，教师可以经常问"你怎么想？""你觉得问题出在哪儿？""你有什么好办法吗？""你打算怎么做？"等。

3. 活动反思

（1）活动特点

活动目标明确，能够根据中班幼儿的年龄特点，结合认知、能力、情感三方面设计游戏活动。教师引导幼儿在紧急情况下主动思考、机智应对，提高应变能力。通过创设幼儿喜欢的"郊游"游戏情境，教师调动幼儿参与活动的积极性和主动性，游戏情节层层递进，使幼儿在真实的体验中开动脑筋，发挥机智品格，解决困难。活动材料丰富，幼儿根据游戏情节充分利用适宜材料，发展幼儿跑、钻、爬、平衡等运动技能，提高幼儿的身体灵活性。

（2）活动实施建议

本次活动是在户外进行，场地较大，幼儿在奔跑过程中易出现摔倒、误伤他人的情况，在活动前教师需要加强安全教育，提高幼儿的自我保护能力。在游戏情境中，教师预设物品会影响幼儿的思考。在活动中教师可以引导幼儿自由选择多种户外器械，在遇到困难的时候，幼儿就能够根据自己的思考选择更多的器械来解决困难。

（北京市公安局幼儿园 苏赫 葛佳）

（四）幼儿社会技能教学活动

1. 活动设计说明

由于年龄特点以及生活经验的不足等因素，在社会交往过程中，幼儿会遇到来自生活、学习、情绪等各方面的困难。寻求帮助是他们解决困难的常用方式之一。面对自己无法解决的问题，及时地寻求帮助是一种具有"机智"品格的表现。具有"机智"品格的幼儿，知道在面对攻击性行为时，不仅要具有客观、冷静地心态，而且还要掌握应对的方法，让自己躲避伤害，不受侵犯，这也是社会交往中一种自我保护的机智手段。

2. 社会技能"寻求帮助"教学活动案例

社会技能"寻求帮助"的技能口诀是：遇到困难先尝试；实在不行就求人；求人要找合适的人。接下来我们以活动"我会寻求帮助"为例阐述社会技能"寻求帮助"教学活动的组织要点，见表6-5。

表6-5 社会技能"寻求帮助"教学活动

我会寻求帮助		
活动环节	**活动设计**	
活动目标	认知目标：知道在经尝试仍无法独立解决遇到的问题或困难时，可寻求他人帮助。	
	能力目标：在观察、交流、讨论等方式中获得寻求帮助的技能。	
	情感目标：遇到问题愿意大胆、自信地向他人寻求帮助。	
活动准备	经验准备	1. 幼儿玩过传话游戏。 2. 幼儿熟悉超市里的工作人员。
	物质准备	1. 每人一张空白A4纸，一支彩笔。 2. 儿歌《我会找人帮忙》。 3. 欢乐的背景音乐。
活动过程	一、儿歌律动《我会找人帮忙》，引出主题"寻求帮助" 儿歌：书架子够不着，爸爸，请你帮帮忙。小裤子穿不好，妈妈，请你帮帮忙。小皮球不见了，小朋友们帮帮忙。遇到困难不要怕，主动找人来帮忙！ 师：小朋友们，刚刚儿歌里你都听到了什么呢？书架够不着，怎么办呢？裤子穿不好，怎么办呢？遇到困难怎么办呢？ 小结：小朋友们说得真好，生活中我们经常会遇到各种困难，在面对困难的时候我们不要怕，要勇于战胜困难。当自己无法解决的时候，我们可以向身边的人去求助。	

	我会寻求帮助
活动环节	活动设计
活动过程	**二、绘制我的困难卡，唤起幼儿的生活经验** 师：小朋友们，你们在生活中遇到过什么样的困难呢？遇到困难的时候你是怎样做的呢？现在我们进行困难大调查，请把你们的困难画在困难卡上。 师：小朋友们画得好认真呀！现在请小朋友们交流一下你都画了什么呢？（幼儿分享自己的想法） 小结：看来小朋友们在生活中确实遇到了各种各样的问题和困难，不过有些困难是自己可以解决的，有些困难需要请别人来帮忙才行。 **三、游戏互动，学习社会技能"寻求帮助"的口诀** 1.传话游戏，教师引导幼儿熟悉技能口诀。 师：怎样才能打败我们遇到的困难小怪兽呢？（幼儿回答） 师：刚刚小朋友们已经说了很多很多的办法，特别棒！现在老师把自己打败困难小怪兽的方法悄悄告诉大家，老师的声音会很小哟，不能让困难小怪兽听到，所以你们可要竖起耳朵认真听啦！ 密语一：遇到困难先尝试。 密语二：实在不行就求人。 密语三：求人要找合适的人。 师：小朋友们听清了吗？接下来我们玩一个"传话"的游戏，考考哪组小朋友能用最短的时间快速地完成口诀的传递。（教师请会玩的幼儿上来介绍一下传话游戏的规则） 师：很棒，请坐下。现在我要把三句口诀分别告诉三个组的第一位小朋友，第一位小朋友可要牢牢记住我说的口诀，然后悄悄传给下一位小朋友，下一位小朋友记住后再传给下一位……依次往下传。最后看看哪个队用时最短，并准确无误地说出口诀。 师：请准备，游戏开始！（幼儿跟随欢乐的背景音乐传递口诀，为了巩固幼儿的掌握程度，游戏可反复玩） 2.师幼讨论，让幼儿理解技能口诀的含义。 师：很好哟！每一组的小朋友都非常认真地传递口诀，而且说得很准确，说明在游戏前你们都非常认真地听了游戏规则。 师：我们的第一句口诀是什么呢？遇到困难先怎样？ 小结：对呀！"遇到困难先尝试"。遇到困难时，我们先要自己想办法尝试解决困难。如拉链拉不好、外套穿不上等简单的事情，应该自己反复尝试，克服困难。 师：但如果遇到一些比较难的事情，小朋友已经努力地尝试了很多次，还是没有成功解决的时候，该怎么办呢？ 师：对啦，就是我们的第二句口诀"实在不行就求人"。遇到自己实在解决不了的问题，就需要主动向其他人寻求帮助啦。 师：可以请谁帮助我们解决困难呢？不同的场合我们可要找不同的人求助哟！在幼儿园里遇到困难请谁帮忙呢？可以向老师和同伴求助。 师：那如果在家里可以和谁求助呢？（爸爸妈妈、爷爷奶奶）在家里可以向家人求助。 师：如果是在商场遇到困难可以向谁求助呢？例如，和妈妈逛超市，走丢了怎么办呢？向谁求助呢？（商场的工作人员、保安） 师：小朋友们很聪明，在遇到困难需要帮助的时候，一定要找到合适的人，就像我们的第三句口诀说的一样"求人要找合适的人"。我们一起说一遍吧。

我会寻求帮助	
活动环节	活动设计
活动过程	四、总结回顾，在同伴互动中强化幼儿对技能口诀的运用 师：哪位小朋友可以分享一下，你在遇到困难请求帮助的时候？你是怎样说的？ 师：我们在得到别人的帮助之后，心情怎么样？要说什么呢？ 师：小朋友们一定要记得，在向他人求助的时候要用礼貌用语，如"你好""请"等。在得到他人的帮助时同样要有礼貌地和别人说谢谢。 师：小朋友们还记得我们刚刚学习的三句技能口诀吗？（教师引导幼儿复述） 师：刚刚小朋友们都把自己遇到的困难画下来了，想一想，你们遇到的困难需要别人帮忙吗？如果需要帮忙你会找谁来帮忙呢？你会怎么向别人寻求帮助呢？请小朋友们拿着你们的困难卡找到自己的好朋友，一起来模仿一下寻求帮助的场景。 小结：在小朋友们激烈的讨论中，老师看到了大家克服困难的好办法。每个小朋友都表现得非常好，我们"遇到困难先尝试，实在不行就求人，求人要找合适的人。"小朋友们回家后，也可以把今天学到的新本领教给爸爸妈妈，让爸爸妈妈也能快速地解决他们遇到的困难。
活动延伸	一、区角延伸 教师在表演区投放在生活中易遇到困难的情境卡，如拿不到高处的物品，奶奶在家生病了，自己在公园走丢了等，让幼儿通过角色扮演，掌握不同情境下正确解决困难的途径。教师在图书区投放遇到困难积极想办法解决的绘本故事，如《大脚丫游巴黎》《有困难也没关系》《太阳想吃冰激凌》等，通过绘本故事加深幼儿对"寻求帮助"的三句口诀的理解。 二、家园共育 教师在班级群中分享当天学习的社会技能，包括技能目标、培养重点、培养方法等；同时鼓励幼儿回家后和爸爸妈妈说一说当天学到的新本领。第二天晨间谈话时，教师要引导幼儿集体分享他们回家后教爸爸妈妈学习社会技能的心得。 三、生活渗透 在日常生活中，教师要有意识地引导幼儿说出自己的困难，告诉幼儿在遇到困难时，可以先尝试自己解决。当幼儿尝试失败时，教师要引导幼儿用礼貌的方式寻求别人的帮助。

3. 活动反思

（1）活动特点

本次活动通过绘制困难卡，搜集幼儿日常生活中遇到困难的场景，唤醒幼儿已有经验，让幼儿分享自己解决困难问题的好方法，为社会技能的学习做铺垫。整个教学过程以打败困难小怪兽为主线，教师利用有趣的传话游戏不断强化幼儿对社会技能的理解。情境化、游戏化的教学设计让幼儿在轻松、自在的氛围中自然地感知社会技能"寻求帮助"的含义及运用。

（2）活动实施建议

情境化、生活化是幼儿社会技能教学活动的主要特点，因此，在理解技能口诀含义的环节，教师可适当增加体验和情境模拟的内容，将枯燥的技能口诀融入生动的生活场景，从而让整个学习过程更有趣。

（威海市文登师范学校实验幼儿园　侯燕丽　曲媛媛）

4. 社会技能"对付攻击"教学活动案例

社会技能"对付攻击"的技能口诀是：快快向后退两步；告诉对方别打人；然后转身赶快跑。接下来我们以活动"我会应对攻击"为例阐述社会技能"对付攻击"教学活动的组织要点，见表6-6。

表6-6　社会技能"对付攻击"教学活动

我会应对攻击		
活动环节	活动设计	
活动目标	认知目标：了解常见的攻击及触发攻击的情境。	
	能力目标：能够识别出攻击发生的信号并及时做好应对措施。	
	情感目标：在同伴交往中要学会保护自己，有主动躲避危险的意识。	
活动准备	经验准备	1. 幼儿知道攻击性行为是什么，并且见过同伴之间发生的攻击性行为。 2. 幼儿知道同伴之间要友好相处，相互谦让，不打架，不骂人。
	物质准备	1. 四种不同行为的图片(幼儿帮助同伴的图片，幼儿抢玩具打人的图片，幼儿咬人的图片，幼儿动手打人的图片)。 2. 社会技能"对付攻击"口诀对应的图片。 3. 攻击性行为场景视频。
活动过程	**一、出示幼儿四种不同行为的图片，通过价值判断激发幼儿参与活动的兴趣** 师：小朋友们好，又到我们玩游戏的时间啦，今天的游戏名字叫"寻找好孩子"。 玩法：教师出示图片，让幼儿观察图片中小朋友的行为，判断谁做得对，看到图片中是"好孩子"行为时用双手举高成V字形；看到图片中不是"好孩子"行为的请双手在胸前交叉成X字形。(教师示范V字形与X字形) 师：小朋友们，你们喜欢图片中的哪位小朋友？为什么？ 小结：是的，看来大家都喜欢第一张图中的"好孩子"行为，另外三张图中的小朋友抢玩具、打人、咬人的行为是不对的。这样时间长了就没有同伴愿意和他们一起玩，我们要争做与他人友好相处的好孩子。 **二、讨论遇到攻击时的应对办法，引出社会技能** 师：你们在生活中见过小朋友打架或打人的事情吗？小朋友们一起玩的时候，什么情况下容易发生攻击？ 师：如果你和小朋友发生抢玩具的事情，小朋友要打你，你会怎样做来保护自己？请每位小朋友找到你的好朋友，一起来表演打架的情境。一个小朋友扮演要打人的样子，一个小朋友扮演制止对方打自己的样子，看看你们遇到攻击的时候会怎么做。 师：小朋友们表演了很多种阻止攻击的办法。接下来，老师请两位小朋友来把你们想到的办法表演出来，让大家看看你们是怎么做的。 师：在生活中，当我们和小朋友一起玩的时候难免会发生矛盾，有的小朋友可能会忍不住打人，老师在这里教给大家一个应对打人的口诀，大家仔细听然后告诉我这个方法是什么意思。"快快向后退两步；告诉对方别打人；然后转身赶快跑"。 师：请小朋友们用动作把这个方法表演出来。 小结：遇到对方打人的情况，我们首先要离对方远一点儿，让他打不到，然后大声告诉他打人是不对的。如果这个时候他还要打人的话，我们就要赶紧跑开，去告诉老师或爸爸妈妈。		

续表

	我会应对攻击
活动环节	活动设计
活动过程	三、播放幼儿打人的视频，引导幼儿识别攻击性行为的信号 师：和小朋友发生矛盾的时候，我们可以用刚刚学到的口诀里面的办法来保护自己。那么在小朋友打人之前，我们怎么判断这个小朋友会不会打人呢？ 师：请小朋友们仔细观察视频中那些攻击别人的小朋友，他们在攻击别人前的表情是什么样子的？他们会说些什么？会做些什么？（幼儿分组讨论后回答） 小结：人在攻击别人前，整个人是生气的状态，会出现训斥别人、怒视别人、攥紧拳头、咬牙切齿、手叉腰、手指对方等表情或动作。 四、师幼互动交流，结束活动 师：小朋友们，以后遇到别人想要攻击你的时候知道该怎么做了吗？我们怎样才能及时发现并躲避别人的攻击，保护好自己呢？ 师：在平时的生活中，我们应该怎样与小朋友相处呢？如果你和同伴之间发生了不愉快，你会怎样处理矛盾？ 小结：我们要和同伴友好相处，遇到问题不能用打人等暴力方式来解决。当我们受到攻击时，一定要运用口诀"快快向后退两步，告诉对方别打人，然后转身赶快跑"的方法，这样小朋友们就能及时躲避危险，保护好自己的安全。
活动延伸	一、家园共育 教师将所学社会技能"对付攻击"口诀发送至班级群，分享本次活动的技能目标；同时鼓励幼儿回家后和爸爸妈妈说一说当天学到的新本领，进行亲子游戏，情境表演，调动幼儿学习社会技能口诀的兴趣，巩固幼儿对付攻击性行为的方法。 二、生活渗透 在一日生活中，教师有意识地关注幼儿是否有攻击倾向行为。在集体活动、户外活动、区角游戏、盥洗时，教师特别要注重表扬小朋友们的爱心及善良、谦让、合作等良好品格，不给幼儿看带有攻击性的动画片，要多看一些礼仪教育之类的绘本和动画片，如《弟子规》等。 三、领域渗透 教师可以向健康领域渗透，开展健康领域活动"老狼老狼几点了"，锻炼幼儿当发现别人要对自己进行身体攻击的时候，能够迅速躲避危险，可以后退，可以躲闪，先让自己离开别人的攻击范围，保护自己的安全。 游戏准备：一块较平坦的空场地 游戏规则：一名幼儿扮演老狼，其余幼儿扮演小羊。"小羊们"弯腰跟在老狼后面，边走边问："老狼老狼几点了？""老狼"可以随便说一点、两点、三点……当"老狼"说十二点了，追捕开始了。"小羊"就要迅速跑开，进行躲闪，不让"老狼"捉到。被"老狼"捉住的幼儿下一轮将要扮演老狼。 幼儿在游戏中跑的时候一定要注意安全，不可以推、挤同伴，否则就要取消游戏资格。通过此健康领域活动的开展，可以极大地锻炼幼儿的奔跑能力，提升幼儿反应灵敏、快速躲闪的能力。

5. 活动反思

（1）活动特点

活动目标设计符合中班幼儿的年龄特点及认知能力，目标明确了"对付攻击"的社会技能口诀要求，整节活动围绕着目标进行。活动以游戏导入，极大的激发幼儿兴趣，通过"寻找好孩子"游戏，引导幼儿认识并能够及时发现别人对自己产生的攻击性行为，找到"好孩子"行为，双手高高举过头顶；找到的不是"好孩子"行为，双手在胸前交叉。整个游戏，教师引发幼儿学习兴趣，同时引出"对付攻击"主题。活动中，教师以幼儿为中心，设计问题：当别人打你时，你怎么办，让幼儿讨论交流，在情境表演中真实感受当受到别人攻击时，要"快快向后退两步"保护自己。整个活动过程，幼儿通过情境表演的真实感受，凸显了自主性、主动性，并掌握与应用了"对付攻击"口诀。

(2)活动实施建议

由于本次活动的社会技能是"对付攻击"，口诀诵读朗朗上口，但教师的提问语言设计得不够精细。例如，教师在问到"如果在玩游戏时，有小朋友过来想要打你，你要怎么办？现在请两名幼儿上来表演一下，一位扮演攻击者，另外一位扮演被攻击者"这一类问题的覆盖面还不够全面；提出的问题有拓展性，但只请了两名幼儿回答，这里有局限性，应该适当地多请几名幼儿说一说、演一演。在最后一个环节，教师总结"对付攻击"技能口诀时，可适当地添加幼儿情感体验、情境表演环节，让幼儿整体感知社会技能口诀内容，一边表演，一边读儿歌，让幼儿充分体验与感受，帮助幼儿认知与掌握社会技能口诀内容。

(山西省直机关新建路幼儿园　邵娇娇　彭琳)

五、区角活动案例

现今社会的多元化和复杂化，对个人的解决问题能力、思维方式、随机应变能力都提出了更高要求，因此，从小培养幼儿灵敏的应变能力、对周围环境的观察能力、多样化的思维方式，成为幼儿机智品格培养的应有之义。机智不仅体现了一个人的智商水平，更是个体社会适应能力的重要助推器。4～5岁是幼儿机智品格迅速发展的时期，此时的幼儿获得了初步的生活经验和技能，能够独立应对生活中简单的常见问题但方式方法还不够成熟。因此，教师可以设计有针对性的区角活动，让幼儿在区角游戏中逐步锻炼自己的观察能力、应变能力以及发散性的思维方式，从而促进幼儿机智品格的发展。

益智区

活动一：占地盘

活动目标：能比较7以内的数量，感知数的大小关系，在合作游戏中能够急中生智赢得比赛。

活动准备：扑克牌、小熊棋子、地图底板、游戏步骤图卡(图6-1)。

活动过程：

1. 教师引导幼儿了解游戏操作图，分别说出都有哪些材料。

2. 教师引导幼儿观察游戏步骤图卡，通过数字显示的游戏步骤及图画所表达的寓意，了解规则。(根据扑克牌上的数字比大小，确定谁比谁大，数字大的幼儿就在游戏底板上占一格标志物，如小熊棋子。游戏结束，两名幼儿比较各自占格子的数量，多的一方获

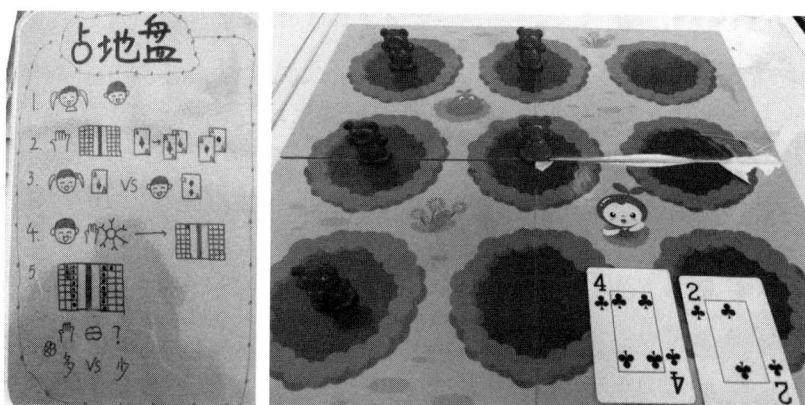

图 6-1　"占地盘"活动材料

胜。游戏可重复开始)

3. 幼儿尝试进行游戏。(教师鼓励幼儿想办法如何才能占的地盘多，如可以改变占地的路线，并及时肯定幼儿的想法)

活动建议：

1. 两两游戏的时候，教师引导幼儿语言上的交流，分清楚扑克牌上数字的大小。

2. 教师鼓励幼儿游戏输了不放弃，可以重新再玩游戏。

活动延伸：

教师可以把扑克牌换成骰子，比较骰子上点数的大小，增加趣味性。

活动二：豆米分离

活动目标： 能够开动脑筋想办法，用最快的速度将豆子和米分开。

活动准备： 米与豆子混合、网孔大小不同的筛子(图 6-2)。

图 6-2　"豆米分离"活动材料

活动过程：

1. 教师引导幼儿观察盘子里都有什么，如何才能把混在一起的东西分类，鼓励幼儿根据生活经验大胆进行猜想。

2. 幼儿初步观察不同的筛子，发现筛子的网孔大小不同。幼儿选择合适的筛子进行操作，验证自己的猜想。(筛网上的数字分别代表网孔大小不同的筛子，观察需要分离的豆子和米的大小，尝试选择合适的筛子，用最快的速度进行豆米分离)

3. 安全提示。

教师提醒幼儿不要随意乱拿米和豆子玩，也不要将米和豆子放入嘴巴、鼻子和耳朵里面，并告诉幼儿那样做会导致的后果。

活动建议：

1. 活动前，教师可以引导幼儿观察豆子、米的形状特征，运用比较大小的方法选择合适的筛子。

2. 实验操作时，教师提醒幼儿少量分、多次放，避免豆子太多堵住筛网。

活动延伸：

教师后期可以增加不同大小的谷类或自然界的石子、沙粒等；也可增加不同大小网孔的筛子，引导幼儿发现物体大小和筛子网孔之间的关系。

活动三：动物园

活动目标： 认识虫、贝、鱼、鸟、牛、羊、马、兔等常见动物的形象，感受它们甲骨文的图案并能想办法找出匹配的汉字。

活动准备：

1. 幼儿知道常见动物的基本外形特征，会玩简单的棋类游戏。

2. 游戏路线图、动物卡片、骰子、小熊棋子(图 6-3)。

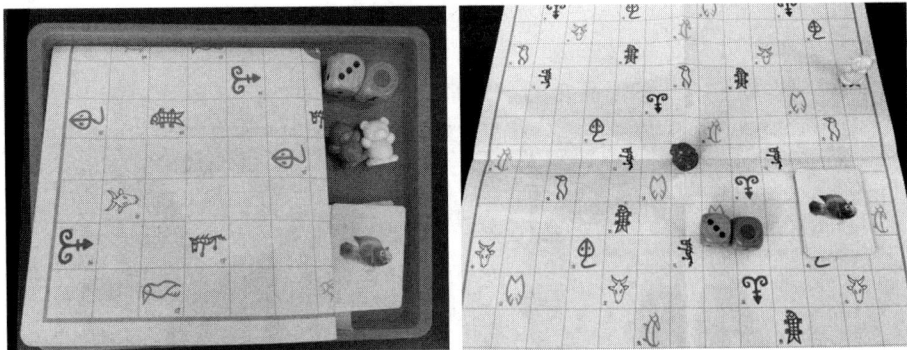

图 6-3 "动物园"活动材料

活动过程：

1. 幼儿尝试游戏。(展开路线图，将动物卡片放一旁，幼儿轮流掷点子骰子和方向骰子，确定行棋的步数和行棋的方向。按照骰子的方向和点数行棋，方向骰子若为黑色点儿，则停走一次；若为红色点儿，则可以往任一方向走。行棋经过动物棋格时，根据格中甲骨文图案说对该动物的名称，可获得相应动物卡片，经过已获得动物卡片的动物棋格时，再次说对名称可以再掷一次，最先集齐 8 张动物卡片即可获胜)

2. 行棋结束后，教师鼓励幼儿说一说在这个"动物园"中看到了哪些动物？你最喜欢哪个？为什么？（教师可以引导幼儿从甲骨文的形状、特征来说一说）

活动建议：

当幼儿遇到选择困难的时候，教师要及时引导从两种汉字的相同处或不同处来找出答案。

活动延伸：

教师可以结合美工区，让幼儿回忆游戏中接触的汉字，通过涂色、添画等方式绘制自己的汉字画作品。

语言区

活动一：三只小猪

活动目标： 与同伴合作用围裙表演故事，在边摆卡片边讲述的过程中，体会故事中小猪们的团结、机智与勇敢。

活动准备： 围裙、角色卡片（三只小猪、大灰狼、草房子、木头房子、砖房子）（图 6-4）。

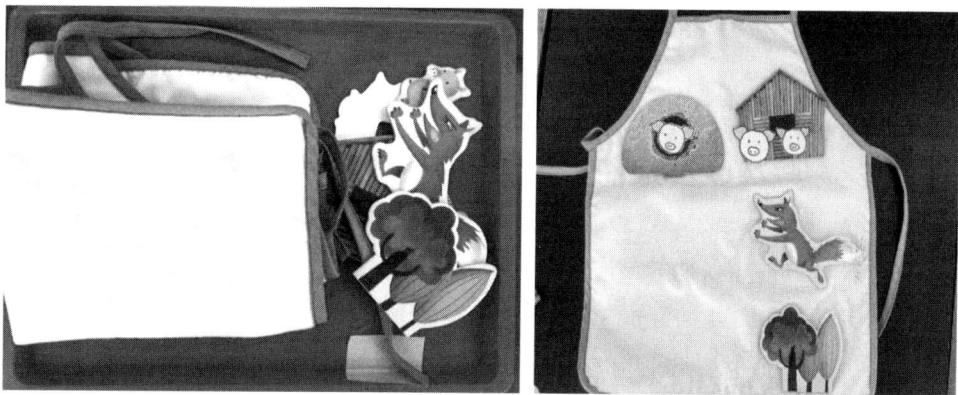

图 6-4 围裙和角色卡片

活动过程：

1. 幼儿戴上围裙，按照故事发展的顺序，边讲述边依次摆放卡片。（教师引导幼儿回忆故事内容、情节与角色对话）

2. 幼儿尝试合作表演围裙剧。例如，一名幼儿将围裙穿戴在身上并讲述故事，另一名幼儿在该幼儿所戴的围裙上摆放与故事相关的卡片，最后两名幼儿互换游戏。

3. 教师提醒幼儿在围裙上摆放卡片时既要注意上下、左右的空间位置，还要注意摆放的距离。

活动建议：

教师观察幼儿能否与同伴友好合作，遇到意见不同时能否交流解决，可视情况适时介入指导。

活动延伸：

与图书区相结合，教师提供《三只小猪》的绘本，引导幼儿根据三只小猪的机智行为续编或创编故事。

活动二：猴子捞月

活动目标： 通过情景剧表演理解遇到事情要多动脑筋，认真观察，仔细思考。

活动准备： 池塘背景图、猴子玩偶、大树背景(图 6-5)。

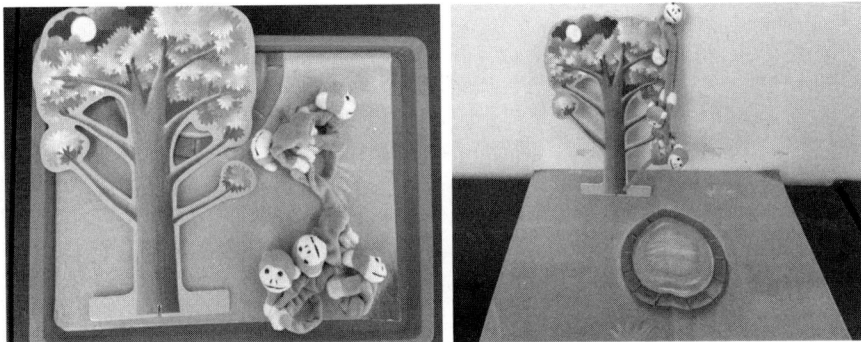

图 6-5 "猴子捞月"活动材料

活动过程：

1. 教师带领幼儿了解故事内容，熟悉人物关系和情节发展脉络。

2. 教师引导幼儿分角色表演情景剧《猴子捞月》。

师：猴子们是通过什么办法去捞月亮的？它们成功了吗？如果你是小猴子，会用什么办法呢？(教师鼓励幼儿大胆创编故事结尾，思考想出不同的办法解决问题)

3. 教师摆放图片，创设故事情境。幼儿分工表演，扮演不同的猴子。

4. 游戏结束后，教师引导幼儿展开讨论，遇到事情要多动脑筋，认真观察，仔细思考，并商量出解决的办法。

活动建议：

不同能力水平的幼儿在游戏中遇到的困难不同，教师要做好支持者的角色，鼓励幼儿自己想办法解决问题，帮助幼儿自主性学习。

活动延伸：

教师可以根据小猴子能够一个连着一个的方式，让幼儿模仿创编故事，讲一讲、演一演。

活动三：猜猜爸爸变成了什么

活动目标： 根据绘本中的页面提示，能够找出与爸爸有关联的事物并说出原因。

活动准备：

1. 幼儿已熟悉绘本故事《爸爸变成了什么？》。

2. 绘本故事情节对应的动物、植物卡片，如骆驼、小兔、小羊、袋鼠等动物和小树等植物(图 6-6)。

图 6-6　《爸爸变成了什么?》绘本的动物、植物卡片

活动过程：

1. 教师引导幼儿阅读绘本《爸爸变成了什么?》，了解故事中爸爸变成的事物，感受小女孩和爸爸之间温暖的亲情。

2. 教师引导幼儿根据故事线索，从给定的卡片中找到对应的卡片，并用故事语言进行复述。

3. 教师引导幼儿根据画面线索，大胆地讲述爸爸与"变成"的事物之间的关系。

4. 同伴互动游戏，一名幼儿说故事内容，另外一名幼儿则找出对应的卡片；或以小组比赛的形式开展活动，教师或某一名幼儿随机说故事内容，其他幼儿要快速地从卡片中找到对应的图片并说明理由。

活动建议：

1. 在正式玩游戏之前，教师要通过自主阅读、师幼共读的方式帮助幼儿了解故事内容，掌握故事基调。

2. 为激发幼儿参与活动的兴趣，在引入这个活动之前，教师可以同时出示爸爸和故事中的几个典型情境卡片，启发幼儿思考他们之间的关系，进而开始故事阅读，引导幼儿观察页面细节，利用已有经验大胆想象卡片内容。

3. 当幼儿遇到匹配不上的卡片时，教师要引导幼儿仔细观察卡片的造型特点，听故事线索，找到不匹配的原因。这个过程就是在锻炼幼儿分析问题、解决问题的能力。

活动延伸：

1. 丰富故事内容。教师可以引导幼儿观察身边常见事物，围绕"爸爸还可以变成什么"鼓励幼儿继续创编内容，并用图画的形式把自己创编的内容展现出来，积极与同伴、教师分享自己的想法，以此锻炼幼儿的发散思维、联想能力，夯实机智品格的基础。

2. 拓展游戏玩法。由于绘本《爸爸变成了什么?》是以叙事的方式直观地讲述一个一个的场景，故事的情境性比较弱。因此，教师可以鼓励幼儿基于爸爸这个形象与众多的卡片信息创编丰富的故事情节，以此锻炼幼儿的逻辑思维和想象力。

美工区

活动一：美丽的面具

活动目标： 能根据材料的特性积极思考高效装饰面具的方法。

活动准备： 各种创造性材料、面具(图6-7)。

图6-7 "美丽的面具"活动材料

活动过程：

1. 教师引导幼儿观察材料的特性。

师：你们认识这些材料吗？这些材料是什么样子的？看起来像什么？摸起来的感觉怎么样？(例如，毛球看起来毛茸茸的，摸起来软软的；水晶贴画亮晶晶的，像钻石一样……)

2. 教师引导幼儿根据材料的特性，思考装饰面具的方法。

师：用这些材料怎么装饰面具才能让面具更漂亮呢？(教师鼓励幼儿积极动脑思考高效装饰面具的方法，例如，运用以往的装饰经验，对称装饰法；不确定是否好看的情况下，可以先摆出造型，反复欣赏调整后，再进行装饰)

3. 幼儿尝试设计装饰面具。

幼儿装饰面具。教师巡回指导，看看幼儿装饰的过程是否有思考、有方法。

活动建议：

教师可以让幼儿向同伴和教师介绍自己的作品，分享自己的设计思路。

活动延伸：

教师可将面具投放到表演区，引导幼儿开假面舞会或故事表演、音乐剧表演。

活动二：瓶盖变变变

活动目标： 能够结合生活经验对瓶盖进行联想，尝试对瓶盖进行变身。

活动准备： 瓶盖若干、笔、纸、双面胶(图6-8)。

活动过程：

1. 教师引导幼儿观察瓶盖，了解瓶盖的特点。

师：瓶盖是什么样子的？(圆圆的，像个喝水的小杯子)

2. 教师引导幼儿结合生活经验，对瓶盖进行联想。

师：瓶盖像什么呢？（像圆圆的苹果、圆圆的脑袋、车的轮子、饼干……）

3. 教师引导幼儿制作瓶盖创意画。

师：可以把这些瓶盖变成什么呢？试一试、变一变吧！

教师在指导的过程中，需要关注以下几个问题：幼儿是否能结合自身的生活经验，对"瓶盖"的变身进行联想？幼儿在实现瓶盖变身的过程中，遇到了哪些困难？需要教师提供哪些帮助？（图6-9）

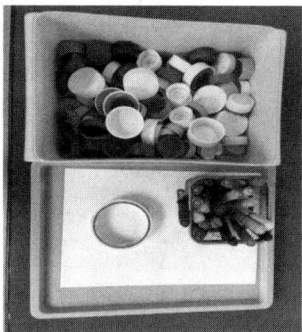

图 6-8　"瓶盖变变变"活动材料　　　图 6-9　瓶盖创意画

活动建议：

瓶盖的变身可以不局限于二维平面，也可以是三维立体的，例如，运用双面胶把瓶盖衔接，让瓶盖堆积、垒高变成不同的造型等。

活动延伸：

教师可以把瓶盖投放到建构区，引发幼儿思考如何用瓶盖建造小房子、小桥或植物等，探索合适的方法进行搭建。

活动三：机智的我

活动目标：能根据设定的困难情境，积极动脑想办法，运用绘画的方式把想到的办法呈现出来。

活动准备：困难情境图片、绘画笔、纸（图6-10）。

活动过程：

1. 教师引导幼儿观察图片，了解困难事件。

师：谁能说说图片上有什么？发生什么事了？

2. 教师引导幼儿思考解决困难的方法。

师：小妹妹走丢了，怎么办？不会游泳，掉到水里了怎么办？

3. 幼儿绘画（图6-11），教师指导。

师：我们应该怎么帮助他们呢？一起把想到的办法画下来吧！

教师判断幼儿想到的方法是否合理，是否能运用到实际生活中。若不切实际或存在危险因素，教师给予正确引导。

图 6-10 "机智的我"活动材料

图 6-11 幼儿画出的想到的方法

活动建议：

教师除了让幼儿根据设定的困难情境进行思考，绘画出解决困难的办法，也可以收集幼儿需要解决的困难事件，制成图片，投放到美工区，请大家共同想办法，把想到的办法画下来。

活动延伸：

教师可以把幼儿绘画出的办法投放到语言区，幼儿在语言区向同伴讲述自己画出的好办法。

（中国人民解放军战略支援部队信息工程大学第四幼儿园　刘星含　张玉）

六、一日生活指导

(一)一日生活中幼儿品格与社会技能培养

解决问题的方法不是凭空得来的，而是建立在丰富知识和生活经验的基础上的。所以要鼓励幼儿活动的多元化，为幼儿探索世界提供多种途径，让他们以亲身体验的方式去学习，无拘无束地表达自己的想法。本期主题品格与社会技能在一日生活中的重点培养环节见表 6-7。

表 6-7 品格与社会技能的日常重点培养环节

生活环节	品格：机智	社会技能：寻求帮助	社会技能：对付攻击
入园	√		
盥洗	√		

生活环节	品格：机智	社会技能：寻求帮助	社会技能：对付攻击
进餐			
饮水			
如厕			
午睡			
离园			
集体活动	√	√	√
户外活动	√	√	√
区角活动	√	√	√
过渡环节			

（二）一日生活中幼儿品格与社会技能指导要点

本期主题品格与社会技能在一日生活中的指导要点见表 6-8、表 6-9、表 6-10。

表 6-8 一日生活中机智品格指导要点对照表

环节	指导要点
入园	教师通过晨间运送被子的方式引导幼儿思考如何解决生活中遇到的困难。
盥洗	教师引导幼儿思考怎样减少洗手环节等待时间，让幼儿知道在自己打肥皂时能够主动换别人清洗。
集体活动	教师可采用游戏化的活动形式，模拟生活中各种场景，引导幼儿进入游戏情境积极思考问题。
户外活动	1. 教师引导幼儿学会保护自己，机智应对会出现的各种危险。 2. 教师引导幼儿在户外遇到困难时能够求助他人。
区角活动	1. 教师引导幼儿学会正确的交往方式，能够与同伴合作游戏。 2. 教师让幼儿知道在别人破坏自己的作品时，能够采用主动回避的方法应对同伴的攻击。

表 6-9 一日生活中"寻求帮助"技能指导要点对照表

环节	指导要点
集体活动	1. 教师引导幼儿学会寻求帮助的方法。 2. 教师利用游戏情境让幼儿提高生活经验。
户外活动	1. 教师引导幼儿遇到困难自己先尝试。 2. 教师引导幼儿在遇到自己解决不了的困难时能够找一个合适的人礼貌求助。
区角活动	1. 教师引导幼儿学会与人友好相处。 2. 教师利用区角游戏中的幼幼互动引导幼儿学会和同伴好好沟通。

表 6-10　一日生活中"对付攻击"技能指导要点对照表

环节	指导要点
集体活动	教师引导幼儿在活动中学会保护自己。
户外活动	1. 教师让幼儿知道如何确认对方是否要对自己发起攻击。 2. 教师引导幼儿勇敢地用"你不许打人"等语言制止对方的攻击行为。 3. 教师引导幼儿能够快速离开现场来回避攻击。
区角活动	教师引导幼儿在区角活动中用主动回避方法应对同伴的攻击。

(三)日常指导策略

1. 机智品格——培养机智方法

机智是幼儿重要的品格，它不仅能引领幼儿用独特的眼光看待周围世界，更能帮助幼儿化解生活中遇到的困难。培养机智的方法如下。

第一，教师鼓励幼儿打破思维定式，以多种方法来提高幼儿的发散思维。

第二，教师鼓励幼儿参加不同的特别是具有挑战性的活动来丰富经验。丰富的活动与经验能够给幼儿提供更多的实践锻炼的机会，幼儿平时积累的经验越多，应变力就会越强。

第三，教师经常向幼儿提问，激发幼儿思考。应从生活中捕捉能激发幼儿思考欲望的契机，为他们提供一个能充分思考的空间，让他们也有机会"异想天开"。

第四，教师让幼儿有独自承担做一件事情的机会，思考事情的后果。这不但能够让幼儿学会独立处理事件，也能让幼儿能够在经验教训中学会成长。

2. "寻求帮助"技能——遇到困难怎么办

在生活中，幼儿或多或少会遇到一些困难，学会"寻求"帮助是非常重要的。教师应告诉幼儿"为什么要寻求帮助"，只有了解"为什么"之后，幼儿才会更加主动地去寻求帮助。

(1)情境教育

当幼儿遇到现实的挫折，靠自己的能力无法克服时，教师可引导幼儿一起思考如何才能达到自己的目标，或完成自己的任务。同时，教师可引导幼儿去分析和思考寻求帮助后，除了自己完成了任务之外，还有什么收获？如果不去寻求帮助，后果是什么？体验寻求帮助所带来的益处。

(2)教师做引导者，不做解决者

幼儿之间产生一些矛盾是很正常的，例如，在幼儿园里，经常出现幼儿争抢玩具的现象。问题出现后，教师要充分尊重幼儿，不要简单地做评价，而是有意识地将问题留给幼儿，让幼儿自己尝试解决，幼儿在解决问题的过程中也能体会到自己独立解决问题带来的成就感，从而提高幼儿独立解决问题的能力。

(3)注意随机教育，培养幼儿的自主性

在幼儿园的一日活动中，处处渗透着自主性教育的内容。教师要为幼儿的自主活动提供足够的支持。幼儿有很大的发展潜力，我们要尊重幼儿，解放幼儿，把幼儿看成是主动学习者。

（4）教幼儿一些寻求帮助、解决问题的方法和技巧

由于幼儿独立解决问题的能力较弱，在自己解决问题时难免会出现偏差，这就要求教师要有意识地教幼儿一些解决问题的方法和技巧。例如，在培养幼儿解决问题能力的初期，教师在幼儿出现困难时给予暗示或提示，帮助幼儿获得一些解决问题的成功经验。

3. "对付攻击"技能——在争执中如何解决问题

案例：在区角活动中，小小在玩积木区的玩具。过了一会儿，他发现旁边有两个小朋友很开心地玩一个带锁的盒子，他就"插手"去弄，这让那两个小朋友很不开心，将小小的行为告诉了老师。老师介入后，小小还是在旁边看着，找机会加入折腾一下。过了一会儿他放弃了，又开始自己玩起来。这时，多多来到桌子旁，开始用积木搭建机器人。小小用手推倒了多多的机器人，多多很不开心地看老师，前两次老师没有干预，想看他们怎么解决，也好奇为什么小小要这么做。小小持续搞了几次"破坏"，多多实在受不了了，推了小小的手，强烈表达不满。观察了一会儿，老师明白了：小小想和其他小朋友一起玩。于是老师对小小说："你很想和他玩，但是你不知道怎么说，所以你把这个玩具推倒了。"小小点点头，老师继续说："那老师看到，你推倒多多的玩具，多多很不开心，他觉得自己做好的机器人被破坏了。我们一起看看怎么一起玩好呢。"老师又对多多说："他很想和你一起玩，但是他不知道怎么可以加入进来。你愿意告诉他，他可以做什么，或者哪块积木是他可以动的吗？"多多告诉小小哪块积木可以动，他们开始互动，小小也没有再把多多的机器人推倒了。

分析：作为教师，除了制止幼儿的破坏性行为和攻击性行为，还要分析幼儿产生攻击性行为的原因。小小就是希望和小朋友们一起玩，但是由于他自身的原因，包括语言表达不清晰、互动技巧的欠缺等致使他被其他幼儿拒绝，他的需求没有得到满足。因此他只能做出"推倒其他小朋友的玩具""抢玩具"等行为来满足自己被关注的目的。

教师指导：教师在与幼儿的互动中，应多一些爱与尊重，做出良好的社交示范。例如，倾听幼儿的困扰，让幼儿表达自己的真实感受和需求；坦诚表达会出现的困扰，让幼儿去理解他人的世界；与幼儿用合作的方法而非权威的方法解决冲突。

（四）生活体验活动

活动案例一：防拐骗

1. 设计思路

丰富的知识和经验是机智的基础，任何解决问题的方法都不是凭空得到的，而是建立在有丰富知识和生活经验的基础上。教师通过开展"我不跟你走"活动，进一步培养幼儿的机智品质。

2．活动过程

（1）班级"防拐骗"安全教育活动

教师结合本周主题教育，利用故事谈话活动等，教育幼儿不跟陌生人走，教给幼儿自我解救的有效方法，提高幼儿防拐骗、防走失的技能，让幼儿了解具体情境下走失了应该怎么办，增强幼儿防骗意识与自我防护能力。

（2）"防拐骗"模拟演练

教师邀请家长配合班级开展"防拐骗"模拟演练活动，利用糖果、礼物、玩具等各种物品引诱幼儿和自己走，例如，"小朋友，我这里有很多好吃的糖果和好玩的玩具，谁想吃想玩的就跟我来吧"；或者冒充是幼儿家长的朋友，叫出幼儿的名字，谎称："你们家里今天有事，爸爸妈妈没空来接，所以让我来接你。"教师在演练结束后及时抓住教育契机，对幼儿进行防拐骗教育。

（3）有奖抢答小活动

根据活动中得到的经验，教师设计有奖问答小游戏，提出问题：小朋友在幼儿园迷路了，怎么办？在公园走失了，该怎么办？在商店不小心和家人走散了，该怎么办？在路上找不到家人了，该怎么办？如果有人强迫带走你，该怎么办？教师让幼儿进行抢答，抢答成功的幼儿获得小奖励，激发幼儿的积极性。

（4）家园配合

幼儿园通过班级群、致家长一封信等多种形式，向家长宣传关于"防拐骗"方面的教育信息，要求家长在防拐骗活动中发展幼儿的机智品质，引导幼儿记住并会说出自己居住的具体地点；记住父母的名字、父母的手机号码；学会拨打 110 求助电话、119 火警电话、120 救护电话等寻求帮助。

3．活动总结

"防拐骗"活动进一步提高了幼儿的安全防范意识和自我保护能力，同时幼儿在防拐骗活动中能够借助情境自己想出办法，解决问题，在自己的尝试中不断取得成功，从而增强自信心，激发幼儿解决问题的主动性。

活动案例二：运送被子

1．设计思路

充分认识生活和游戏对幼儿成长的意义，把握蕴含其中的教育契机，让幼儿在一日生活中，在与同伴和成人的交往中感知体验、分享合作、享受快乐。设计运送被子环节，可以让幼儿在玩中学、玩中做，鼓励幼儿实践探索，去体验合作的快乐。幼儿虽然年龄小，如果凭借自己的方法和力量解决"从楼梯运被子"的难题，相信一定会提高幼儿的自信心。

2．活动过程

（1）积极思考搬运被子的方法

幼儿在运被子中发现了很多问题：被子太重，力气太小；被子宽，通道窄……但在遇到问题时，他们没有后退，用自己的方法巧妙地通过挑战。小推车、轮胎车、担架等户外游戏的活动器械以及厨房运输货物的推车，都成了幼儿搬运被子的有力工具。

（2）找到同伴一起合作运被子

班级离幼儿园大门有一段距离，所以幼儿选择了工具——户外玩具小推车。有的幼儿负责把重被子用车推出来，有的幼儿负责把运出来的被子拿出去。虽然小车数量有限，但是幼儿愿意主动交换位置。每名幼儿都体验到了用工具运被子的方便。幼儿分工合作，互帮互助，感受到了团结协作的快乐。

（3）找到更多运送被子的方法

教师为幼儿提供多种材料支持，鼓励幼儿寻找更多运送被子的方法，如自制索道、溜溜布滑梯、垫子滑梯、吊绳等办法，让被子从楼上快速滑到了楼下；滑板车、载货小三轮、彩色推车……各种车队在一楼走廊来回奔跑着；棍子抬、接龙传、肩上扛、背上驮等办法也在不断进行中。

3. 活动总结

幼儿遇到困难之后积极想办法，如两个人一起合作、借用工具等方式完成搬运。这一过程全是由幼儿自己动脑，相互寻求帮助合作完成，他们感受到原来运用自己的智慧"运被子"是一件这么有趣的事！运被子对幼儿来说是特殊的体验，每名幼儿从"我不会"到"我试试"再到"我可以"，在讨论、实践、思考、合作等过程中习得经验。运输被子的过程也是考验幼儿的过程，通过这次活动，他们会发现自己小小的身体里蕴含着大大的能量。

（威海经济技术开发区凤林街道办事处中心幼儿园　黄晓敏　李华华）

七、家园共育指导

（一）品格指导要点

机智是指一个人的思维具有灵活性，能够在紧急情形下又快又好地产生想法，完美地解决问题。机智品格的培养，能够为幼儿应对今后生活中出现的问题和困难赋予力量，让幼儿具有应变能力，能够灵活地、从不同的角度思考问题，并沉着冷静地处理。

1. 机智敏感，判断处境

一个机智的幼儿必定是具备高敏感力的，他们能在日常生活和学习中从对方的肢体动作、微表情、情绪或神态中捕捉信息，并与对方进行有效沟通后尝试读懂他们的内心，从而达到高水平社会交往的目的。例如，当幼儿看见自己很喜欢的玩具时，有的幼儿会不做任何判断伸手就拿过来；有的幼儿会默默地看着不做反应；有的幼儿会找家长寻求帮助等。由于社交环境的复杂多变性，无论是哪种做法都不能轻而易举地断定幼儿做得是否合宜。每一名幼儿都具有一定的敏感力，这份敏感是与生俱来的天赋，但每个人的敏感力水平高低不同。例如，当幼儿判断玩具归属于自己的时候，幼儿就可以直接伸手拿来摆弄；当玩具在其他小朋友手里，家长应该引导幼儿有礼貌地主动表达，采用玩具交换的方式得到自己想玩的玩具；当自己获取玩具受到拒绝的时候，可以尝试采用寻求帮助的方式应对等。没有哪名幼儿是天生的社交家，家长要利用幼儿的敏感力，潜移默化地传授幼儿判断时机的方法，让幼儿更有勇气、更机智地去面对未来更为复杂的社交环境。

2. 恰当行为，化解危机

机智的人，在行为中会把握分寸与尺度，知道在各种复杂而微妙的情境中应采用何种恰当的行为，这需要家长通过大量社会交往实践与幼儿共同思考不同的情境应该做出什么样的反应，锻炼幼儿准确的判断力，最终内化为幼儿的恰当行为。例如，在幼儿园往往会遇到比较爱动手的小朋友，有些幼儿会用还手的方式应对，有的幼儿会用忍受的方式应对，当有这种问题出现的时候，作为家长需要与幼儿共建应对难题的"恰当行为"。一家人可以通过创建轻松的氛围，采用放松的聊天方式，共同讨论当危机出现时，爸爸有什么应对行为、妈妈有什么应对行为、幼儿有什么应对行为，全家一起通过情境模拟游戏的形式，帮助幼儿强化"恰当行为"。这样当幼儿再次遇到类似的危机时，自然具备本能的判断力，知道采取何种恰当行为化解危机。

3. "小聪明"不等于"机智"，公正是根本

一个具有机智品格的人，并不意味着借用"小聪明"为人处世，而是会秉持真诚、公正的做人准则，具有真正的智慧。在处理人与人之间的关系过程中，公正是一种对人的基本道德要求。[①] 在早期家庭教育中，需要培养幼儿做一个坦诚、公正的人，其行为动机上要绝对纯净。例如，二孩家庭中家长对幼儿犯错的正确引导：姐弟在家玩游戏的时候不小心打碎了花瓶，家长对此进行询问，姐姐说："是弟弟追我，我才跑的，要不是他故意撞我，花瓶不会碎。"当家长遇到类似问题的时候，要帮助幼儿树立"公正、坦诚"的品质，"机智"并不是躲避错误的应对办法，应该持有公正的原则，告诉幼儿："打碎花瓶没关系，要坦诚面对错误，给自己找理由逃避错误并不是机智的表现，机智是属于真正智慧的人。"这样的引导会帮助幼儿从小做一个真诚、公正的人，真正地理解机智的含义。

(二)社会技能指导要点

1. 寻求帮助

遇到困难先尝试。幼儿在交往中产生一些矛盾是很正常的，当问题出现的时候，家长要充分尊重幼儿，有意识地将问题留给幼儿，让幼儿自己尝试想办法解决问题。幼儿在解决问题的过程中也能体会到自己独立解决问题带来的成就感，以后再遇到问题时他首先想到的是自己解决，从而提高幼儿独立解决问题的能力。同时，家长的及时鼓励能让幼儿产生自信心，激发他们解决问题的主动性。

实在不行就求人。所谓的"实在不行"是指当幼儿受到"侵犯"而又无力保护自己的情况，此时向成人发起求助则能够帮助其树立正确的"维权意识"。例如，幼儿遇到攻击、与同伴发生争抢、手工作品遭到破坏等无法自己解决的情况，或是幼儿遇到不会拉拉链、不会系鞋带等自己无法完成的时候，均可以寻求他人的帮助。家长在平时的家庭教育中要帮助幼儿建立面对问题主动"求人"的意识，幼儿和被求助者的互动能够帮助其学会解决问题的技巧，从而促进幼儿社会性的发展。

---

① 陈会昌：《培养儿童的公正观——让孩子在故事情境中提高认识(之三)》，载《父母必读》，第 3 期，1984。

求人要找合适的人。寻求帮助的过程中，幼儿需要知道寻找什么样的人才是"合适的人"。例如，在幼儿园，教师就是他寻求帮助的"合适的人"；在与同伴游戏的时候，遇到积木不足、找不到玩具等情况，同伴就是寻求帮助的"合适的人"；在遇到特殊危险情况，警察等则是寻求帮助的"合适的人"……面对困境的时候，幼儿不仅要有寻求帮助的意识，还要学会寻找"合适的人"。

2. 对付攻击

快快向后退两步。面对他人的攻击性行为时，幼儿应该向后退几步，远离对方的攻击，避免对方对自己造成更大的伤害。特别是当对方不仅用自己的肢体，还用到其他工具进行攻击时，要尽量远离，避免受伤。同时也尽量避免动手反击，以免给自己造成更大的伤害。

告诉对方别打人。幼儿在向后退的同时，要大声地、态度严肃地告诉对方"你不能打我""你不可以打我""打人是不对的"等言语，通过言语的音量来起到震慑对方的作用，从而降低或阻止对方的攻击性行为。如果周围有家长、老师或者其他人在场，也可以将声音再放大，引起成人的关注。

然后转身赶快跑。如果对方持续攻击性行为，且不听劝阻，或者没有成人在场帮助，幼儿在大声喊叫之后，应转身向安全的地方跑去，也可以跑到成人身边，或者跑到人员密集的地方，寻求他人的帮助，从而制止他人的攻击性行为。

（三）你问我答

1. 如何界定幼儿的攻击性行为

从主观方面我们可以将幼儿的行为分为无意识和敌意性两种攻击性行为。第一种：无意识攻击性行为，有的幼儿不知道轻重，不知道自己有一些行为可能会给其他人带来伤害。例如，有的幼儿在一起玩的时候，有一些追逐打闹的情况，有的幼儿力气比较大，想要和朋友打闹或者抢夺东西，就会不小心把别的伙伴撞倒在地上。这种情况下，幼儿并不是想要攻击别人，只是不知道如何控制自己动作的力度，也不懂得要如何表达。第二种：敌意性攻击行为，是幼儿有目的有意识的攻击行为。

2. 当幼儿出现攻击性行为怎么办

对于无意识攻击性行为，家长只需要在日常生活中进行正确的引导，幼儿就会度过这段时期。例如，家长平时与幼儿看一些相关绘本，让幼儿从别人的故事中学会如何处理冲突，培养幼儿的同理心，让幼儿学会感同身受。

当幼儿出现敌意性攻击行为时，家长应该反思自己的教养方式，是否出现对幼儿过于溺爱、错误行为没有得到及时更正、幼儿犯错时常用打骂等暴力解决方式……如有以上情况，家长需要与幼儿共同矫正，改变自己的教养方式，与幼儿共同面对错误行为，告诉幼儿正确的做法，他们才知道如何更正自己的行为，再次遇到类似情况换一种方式去解决。等幼儿出现积极应对行为的时候，家长需要给予大大的鼓励，强化其正向行为。

3. 幼儿在幼儿园总是被小朋友欺负怎么办

当幼儿向家长倾诉时，家长要接纳幼儿的情绪，理解幼儿的境遇，不要指责幼儿不懂得反击，可以引导幼儿不要一味地忍让，学会勇敢表达自己的情绪、想法，当被欺负时适当的回应是非常有必要的。家长要给予幼儿足够的安全感，鼓励幼儿表达自己的想法，与幼儿一起找出问题的原因和解决办法，教会幼儿："如果别的小朋友做了什么事伤害或困扰了你，要大声、严肃地告诉他，你不喜欢他这样做，他的做法影响到你，请他立即停止。"（鼓励幼儿学会自己解决冲突的方法）家长要让幼儿知道，如果对方不听劝阻继续这种行为，首先躲避危险，其次寻求帮助，在幼儿园就要告诉老师，老师是帮助其解决困难最合适的人。

4. 幼儿遇到困难不敢寻求帮助，该怎么办

不敢寻求帮助的幼儿，往往日常生活中也羞于表达自己。教师应多为这样的幼儿其创造勇敢表达自己的机会，而不是遇到困难才想起鼓励幼儿表达自己的情绪和想法。例如，教师可以通过绘本故事，与幼儿共同模拟故事中人物遇到困难的处理办法，这样幼儿有代入感，通过情境模拟掌握寻求帮助的正确方法；同时家园合作，不论在幼儿园还是家里，当幼儿主动寻求帮助的时候，成人要及时给予肯定，让其知道寻求帮助是一种"机智"的行为。

（北京北外幼儿园海淀有限公司　王贺　谭祎）

第七章　自信品格：我有我的样

一、主题说明

◎**情境链接**

　　妞妞是一个有想法、爱思考的幼儿，同时也比较内敛、害羞，不敢主动展示自己。在集体教学活动中，老师提出的问题，她其实心里都明白，但几乎从来不主动举手发言。当老师请她说一说自己的想法时，她的声音总是很小。不过私下里，妞妞和自己的好朋友楠楠在一起的时候，状态就很放松，有说有笑的，也会主动表达自己的想法。在跟妞妞交流之后，老师发现妞妞其实也愿意在大家面前展示自己，但是担心出错被大家嘲笑，所以不敢大声说话。

　　有的幼儿比较内敛、沉稳，不喜表现，有的幼儿则比较活泼、好动，个性比较张扬，不论哪一种气质特点都没有好坏之分。但在其中，自信品格的培养不能缺少，要让幼儿形成正确的自我认识，既不自卑，也不自傲。《3—6岁儿童学习与发展指南》社会领域目标3中指出幼儿应"具有自尊、自信、自主的表现"，并在教育建议中提出成人要"对幼儿好的行为表现多给予具体、有针对性的肯定和表扬，让他对自己的优点和长处有所认识并感到满足和自豪"；"不要拿幼儿的不足与其他幼儿的优点作比较"；"在保证安全的情况下，支持幼儿按自己的想法做事；或提供必要的条件，帮助他实现自己的想法"；"幼儿自己的事情尽量放手让他自己做，即使做得不够好，也应鼓励并给予一定的指导，让他在做事中树立自尊和自信"；"鼓励幼儿尝试有一定难度的任务，并注意调整难度，让他感受经过努力获得的成就感"。

　　幼儿自信品格由三个维度构成，即：自我肯定，能够正确看待自己的优、缺点，善于发现自己的长处，从内心喜欢自己；大胆表现，能够在公众面前大方、有礼貌地表达自己的想法或展示自己，不会特别在意他人的负面评价；成就体验，能够在活动中看到自己的成长和变化，即使一件事情没有做好，也能积极地面对，不沮丧。因此，教师在开展自信品格教育教学活动时要重点从以上几方面找到切入点，设计适宜的活动，对幼儿进行有针对性的引导。此外，社会技能"自我奖赏""大胆地说"旨在引导幼儿发现自己的优点，教给幼儿在群体面前大胆表达的方法。

二、主题目标

第一，愿意自信地展示自己，体验大胆表达的快乐。

第二，愿意积极参与集体活动，并在活动中能够大胆表达自己的想法和观点。

第三，知道自己的长处或擅长做的事情，从心底接纳自己、喜欢自己。

第四，遇到困难或挑战的时候，对自己有信心，愿意大胆去尝试。

第五，与人交流的时候，能够看着对方的眼睛，清晰表达自己的想法。

第六，在需要自己表演的时候，能够大方地展示，不扭捏。

三、环境创设

(一)主题墙

主题墙是对本期主题实施框架的梳理，体现教育活动的逻辑，基于自信品格的内涵，以图文结合的方式来呈现品格主题的基本思路。自信品格主要包括相信自己、建立自信、大胆表达。因此，围绕"自信"主题，主题墙从我知道的自信、自信这样来、自信的我三个角度来呈现。

1. 我知道的自信

相信自己、建立自信是帮助幼儿认识到自己的优点与擅长做的事，理解每个人都有自己的长处，是独一无二的，只要相信自己，大胆表现自己，就是最棒的。教师引导幼儿用调查表的形式收集自己的优点和长处，并利用谈话活动鼓励幼儿分享自己的优点和长处。教师还请幼儿将"我可以""我能""我会的本领"通过绘画的形式进行表征，分板块梳理后进行展示，让幼儿更加直观地感受到自己的长处，并自信地表现自己的长处(图7-1)。

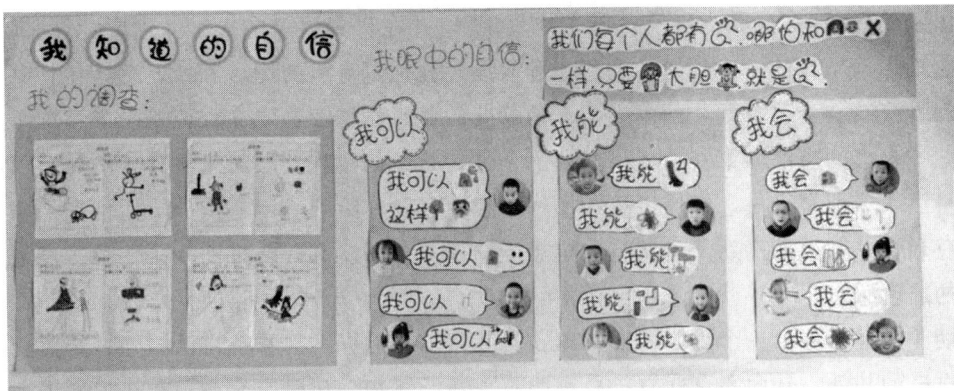

图 7-1　自信了解调查表

2. 自信这样来

这部分主要通过呈现幼儿从不会到会的情绪变化，让幼儿直观地感受到自己的成长。因此，环境创设的内容可以包含两个板块：一个板块是幼儿遇到不会的事的样子，如"当遇到不会的事情，心情怎么样？可以怎么做呢"；另一个板块是幼儿挑战自己不会的事成功后，高兴的状态。由此，使两个板块之间形成鲜明对比。

3. 自信的我

这部分环境创设的目的是引导幼儿愿意自信地展示自己。教师引导幼儿用网络图的方式梳理出"怎么展示最棒的我"的方法，鼓励幼儿用图画或照片的方式展示自己自信时刻的场景，丰富幼儿自我表达的经验，让幼儿进一步体验成长的快乐(图 7-2)。

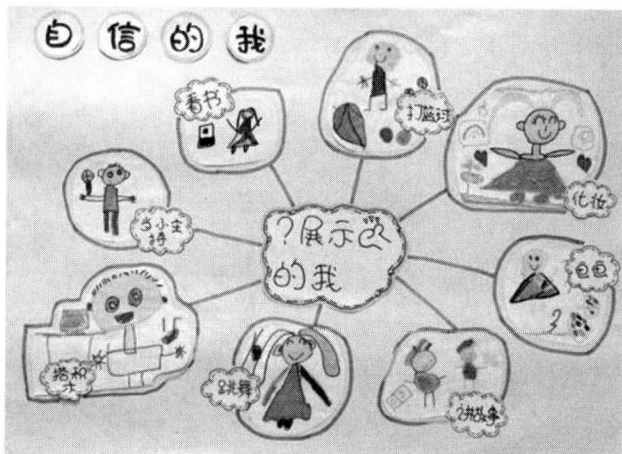

图 7-2　这就是自信的我

(二)家园共育栏

1. 主题内容告知

家园共育栏主要体现了环境与家长的互动。首先，这部分要让家长了解本期自信品格主题下幼儿园的活动计划与安排，包括园内教学活动，如"长颈鹿不会跳舞""我眼中的自信""挑战不会的事""自信的我"等。其次，这部分要向家长介绍幼儿自信的典型表现，并针对害羞、内向、胆怯的幼儿给出对应的家庭教育指导建议，例如，在日常家庭生活中鼓励幼儿大胆表达自己的想法，及时给予幼儿鼓励与表扬，逐步培养幼儿的自信。

2. 日常亲子陪伴

教师鼓励家长协助幼儿完成"挑战不会的事"，并用文字、照片、视频的方式进行记录，一起感悟幼儿的成长，记录幼儿自信的瞬间；同时，鼓励家长在家里和幼儿一起阅读关于自信的名人事迹，与幼儿体会他人的自信表现。教师还可以组织家长积极参与自信品格教育的专题学习活动，了解幼儿自信品格的培养办法，并根据幼儿在幼儿园的表现与家长进行三对一的家访，给家长提出具有可操作性的建议。

(三)幼儿成长(学习)记录墙

幼儿成长(学习)记录墙的环境创设主要以幼儿为主，用来记录幼儿自信的发展过程，帮助幼儿直观地看到自己的成长变化过程，包括午睡活动、在家里做家务、值日生任务等。

1. 一日生活我最棒

自信品格的培养体现在幼儿一日生活的各个环节，这部分环境创设主要用来记录幼儿生活活动中做得好的典型表现，从小事中建立幼儿积极的自我认知。如"值日生预约墙""点赞墙""自画像"等，开展"自选值日生任务"的活动，让幼儿自选值日生任务，如检查洗手、摆放餐具、摆放椅子、整理物品等(图7-3)。教师可让幼儿通过参与班级劳动锻炼服务意识与动手能力，让幼儿在同伴积极的反馈中获得成就感；利用"点赞墙"让幼儿进行自我评价与评价他人，在自我肯定与他人肯定中感受自信。教师还可以让幼儿通过绘画"我的自画像"展示自己的自信。

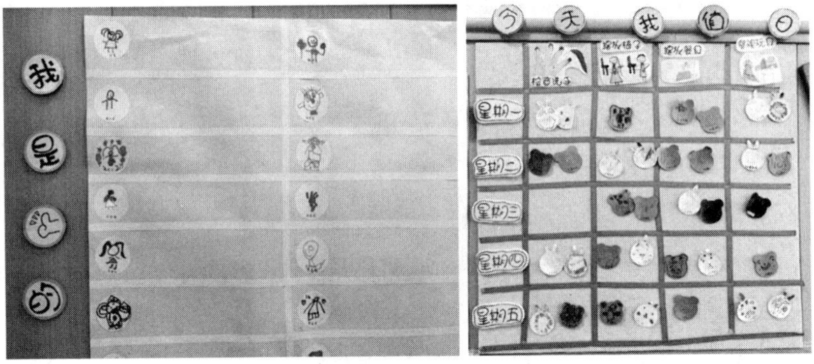

图7-3 "点赞墙"和"自选值日生任务"

2. 幼儿成长记

这部分主要展示幼儿的成长变化，内容可以将幼儿自我服务及自信、大胆地服务他人作为切入点，以记录幼儿当值日生(图7-4)、帮助家里人做家务、自己穿脱衣物、叠被子等情境中的活动为中心展开。

图7-4 我是值日小能手

(成都市温江区共和路幼儿园 何玉琢 张璇)

四、教学活动案例及反思

(一)品格绘本阅读活动

1. 自信品格绘本推介

自信是一种积极的心理品质，是一种有能力或采用某种有效手段完成某项任务、解决某个问题的信念，是心理健康的重要标志之一。目前幼儿图书中，以 3～6 岁幼儿为阅读对象，以自信为主题的绘本、图书数量非常丰富。我们基于中班幼儿认知发展特点，本期主题选择了 4 本适合开展集体教学活动的自信品格绘本，基本涵盖了幼儿自信培养的四个方面，即相信自己、建立自信、自信展示、自信的我，具体见表 7-1。

表 7-1　自信品格绘本推荐及解析

绘本名称	主要内容	绘本中的"自信"
《糟糕，身上长条纹了!》	突然有一天卡米拉身上长出了条纹，随后大家说什么她的身上就会长出什么，并且病情越来越严重。然而，在卡米拉终于坦诚地告诉大家自己喜欢吃青豆后，整个事件急转直下快速落幕。就像咒语解除，卡米拉恢复了原本的模样。	不盲目追求别人的认同，真实勇敢地做自己，成为一个虽然不能被每一个人都接纳，但仍能自信快乐生活的人。
《长颈鹿不会跳舞》	杰拉德是一只脖子优美而纤细但膝盖向外弯曲，腿瘦如柴的长颈鹿。杰拉德不太会跳舞，它每年都担心自己会在丛林舞会上出丑。但是在一个美丽的月圆之夜，杰拉德发现，原来只要放松心情，自信地展示自己，即便膝盖弯曲也能跳出优美的舞蹈。	一本治愈系的心灵绘本，教会我们如何正视、接纳以及展现自我。
《青蛙与男孩》	有一天，一个男孩正在树林里的草地上玩耍。他遇到了一只青蛙，青蛙想和男孩一起做游戏。青蛙对男孩说我会蹲，男孩说我也会；青蛙说我会跳，男孩说我也会；青蛙说我会洗澡，男孩说我也会……男孩仿佛和青蛙较上了劲。	男孩大胆地展示自己与别人相似的地方，也自信地认识到自己与他人不一样的地方，这是孩子自我认同发展的过程，也是孩子自信的典型表现。
《不一样的 1》	棕熊老师教小动物们写数字 1，小动物们分别按着老师的样子写下数字 1。每个小动物写的数字 1 都不一样并蕴含着自己的特色。	小动物们都自信地写出了和别人不一样的 1，勇敢地面对自己和别人的不同。

2. 教学活动案例

接下来我们以语言活动"小绿狼"为例阐述自信品格语言领域教学活动的组织要点，见表 7-2。

表 7-2　自信品格语言领域教学活动

小绿狼	
活动环节	**活动设计**
活动目标	认知目标：理解每个人都是独一无二的，要学会接纳自己。
	能力目标：能根据故事线索猜测故事情节并大胆表达自己的想法。
	情感目标：喜欢自己，愿意在生活中坚持做自己。

续表

小绿狼		
活动环节	活动设计	
活动准备	经验准备	1. 幼儿已对狼有基本的认识。 2. 幼儿知道燃烧木头能产生灰色粉末。 3. 幼儿知道什么是油漆以及油漆的危害性。
	物质准备	1. 绘本课件《小绿狼》。 2. 狼的叫声音频。
活动过程	一、播放狼的叫声，导入绘本 师：(教师播放狼的叫声音频)，小朋友们，你们听一听这是谁的声音？ 师：你们见过狼吗？狼是什么样子的呢？ (品格元素：教师鼓励幼儿大胆自信地表达自己的想法) 二、出示绘本封面与扉页，激发幼儿阅读兴趣 师：老师今天给大家带来一个关于狼的故事，小朋友们，看一看封面上有什么，猜一猜故事里会发生什么呢。 师：小绿狼提着桶，拿着一支笔，他想做什么呢？我们一起来故事里找答案吧。 (品格元素：教师引导幼儿发现小绿狼的"不一样"，理解与众不同的含义) 三、阅读绘本内容，知道小绿狼从认识自己到接纳自己的变化，懂得"认识自己"的重要性 (一)阅读绘本第2至5页(此书无页码，作者从扉页开始算第1页)，了解小绿狼想改变自己的原因 师：发生了什么？灰狼们为什么要对着小绿狼哈哈大笑？ 师：小绿狼现在的心情是什么样的？如果你是小绿狼，你会怎么做呢？ 小结：小朋友们都表达了自己在面对拒绝和嘲笑时的心情以及解决问题的方法，那我们来看看小绿狼会怎么做吧。(小绿狼哈瓦尔伤心地跑走了，一边跑一边说："我一定要变成一只灰色的狼！") (品格元素：教师引导幼儿体会小绿狼不被他人认可时的沮丧心情，产生同理心；并鼓励幼儿根据自己加入他人游戏的经验大胆猜测故事的发展，提出解决问题的方法) (二)阅读绘本第6至19页，了解小绿狼改变自己的过程及心理变化 第6至11页——穿灰色衣服(逐页阅读)： 师：小绿狼哈瓦尔来到了哪里？他想要做什么？ 师：他变色成功了吗？当他再次来到小灰狼面前时他的表情是什么样的？ 师：为什么灰狼们还是会嘲笑哈瓦尔呢？此时他的心情又是怎样的呢？(教师引导幼儿观察小绿狼的表情) 小结：小绿狼通过穿上灰色的衣服改变自己，但是没有成功。哈瓦尔绝对不是一只容易灰心的狼，他接下来会怎么做呢？ (品格元素：教师引导幼儿知道执意迎合他人不一定会获得他人的认可和尊重) 第12至15页——涂抹灰色粉末(逐页阅读)： 师：现在哈瓦尔是什么颜色？他是怎么变成灰色的？(教师引导幼儿观察火堆) 师：这一次他变色成功了吗？为什么？经历两次失败，小绿狼会放弃变色吗？ 小结：小绿狼遇到问题总能积极想办法。 第16至19页——涂抹灰色油漆(合并阅读)： 师：小绿狼绝不气馁，他又使出了一个绝招，就是在身上涂上灰色的油漆。油漆涂到身上后他怎样了？(教师引导幼儿观察小绿狼的动作和表情)		

续表

	小绿狼
活动环节	活动设计
活动过程	师：油漆对身体有害，小朋友不要像小绿狼一样，为了得到他人的认可而伤害自己。 （品格元素：教师引导幼儿知道盲目从众，迷失自己是一件很危险的事情） （三）阅读绘本第20至27页，了解仙女帮助小绿狼接纳自己的过程 师：小绿狼遇到危险了，这可怎么办呀？接下来我们看看谁来帮助他了。 第20至21页： 师：是谁救了小绿狼呢？小绿狼对仙女说了什么？小仙女会帮他实现愿望吗？ 第22至25页： 师：小绿狼希望仙女把他变成灰色的狼，小仙女成功了吗？ 师：小仙女把小绿狼变成了小鱼和小鸟，但是哈瓦尔号啕大哭起来："不！我要灰色，我要变成灰色！" 师：接下来小仙女会成功吗？ 第26至27页： 师：哈瓦尔现在又变成了什么？ 师：小仙女失败了，她对自己很失望。小绿狼对仙女说："你是一个很不错的仙女！"仙女对小绿狼说："你是一只很可爱的绿狼。"他们发现做原来的自己其实也很好。 （品格元素：教师引导幼儿明白到认识自我，接纳自我，相信自己才是最重要的） （四）阅读绘本第28至31页，小绿狼接纳自己后变得自信（合并阅读） 师：此时小绿狼走在灰狼们的面前，是什么表情？和之前一样吗？为什么？ 小结：小绿狼现在接受了自己的与众不同，他变得自信快乐了。 （品格元素：教师引导幼儿体会小绿狼接受了自己的外表，不在乎他人的眼光，自信满满地走在大家面前才收获了真正的快乐） **四、完整复述故事，巩固对故事的理解** 今天我们听了一个有趣的故事，知道了认识自己，接纳自己，就是快乐的、自信的。我们每个人都是独一无二的，我们要快乐地接纳自己、做自信的人！ （品格元素：教师鼓励幼儿大胆复述故事，体验自信的快乐）
活动延伸	**一、领域延伸** 艺术领域可延伸活动"找自己"，教师请每名幼儿画一幅自画像，将每名幼儿的画像遮盖一部分后贴起来，请幼儿来找一找自己的自画像。语言领域可延伸活动阅读同主题绘本，仿编、续编故事。社会领域可延伸活动"'夸夸'小信箱"，通过夸自己、夸他人帮助自己和他人树立自信。 **二、区角延伸** 教师可以将绘本故事投放到图书角，鼓励幼儿再次阅读绘本；在表演区，通过角色扮演表演《小绿狼》的绘本故事；在美工区，制作小绿狼和小灰狼的头饰以及绘本表演道具供表演区表演使用，引导幼儿一画并讲一讲自己的特别之处。 **三、家园共育** 家园合作，教师可以积极联系家长，加强家庭和幼儿园的联系，充分利用家长了解幼儿在家庭中的生活情况，引导家长多关注幼儿的闪光点，在日常生活中给幼儿表现和锻炼的机会并及时予以鼓励和表扬，培养幼儿的自信品格。

续表

小绿狼	
活动环节	活动设计
活动延伸	**四、生活渗透** 教师可以在日常生活中对幼儿的自信品格进行引导，加深幼儿对自信的理解，引导幼儿讨论："当你不被认可、不被接受或是被嘲笑时，自己可以做哪些事情来改变自卑和沮丧的心情。"教师还可以鼓励幼儿自信地表达自己，鼓励幼儿担任小班长、小组长为班级服务，培养自信品格。 **五、环境渗透** 教师可以在班级墙饰中开辟出一面照片墙"不一样的我"，让幼儿自主粘贴自己的照片或自画像，并且图片可以随时更换，展示自己不同的表情、不同的动作、不同的服装等，日常鼓励幼儿在照片前自主介绍自己。

3. 活动反思

（1）活动特点

活动目标清晰，难度适宜。在本次活动中，幼儿能够根据故事线索猜测故事情节，并能大胆表达自己的想法，有主动参与活动的热情与能力。在活动中，教师运用多种感官调动幼儿的积极性，例如，导入活动中播放狼的叫声音频，引发幼儿的好奇心。活动环节层次分明，教师采用了"逐页阅读"和"合并阅读"相结合的阅读方式，使活动节奏张弛有度。

（2）活动实施建议

由于绘本故事中的环节涉及生活场景和常识，活动前教师要注意幼儿前期的生活经验准备，例如，可以通过科学小实验或视频让幼儿了解"燃烧木头可产生灰色粉末"和"油漆对身体的危害"。绘本故事中的情境较多，教师可以对绘本故事中的环节做简要的处理。当幼儿无法根据画面理解故事情节时，教师可以直接讲述绘本内容。为充分调动幼儿的积极性，增强活动的互动性，教师在完整复述故事环节时可采用手偶表演等形式，调动幼儿的多种感官。

（石家庄市直机关第一幼儿园　向华　魏琳）

（二）品格社会领域教学活动

1. 自信品格的社会领域教学活动设计说明

自信品格主题下的社会领域集体教学活动主要以培养幼儿恰当的自我评价能力和增强自信心为基本目标。中班是幼儿自信心萌芽和发展的重要时期，在这个时期，幼儿的自我认同感开始增强，教师应抓住关键期开展品格教育。对于中班的幼儿，在自我奖赏方面，主要是教师创造条件让幼儿在众人面前自我展示，学会用积极的评价语句来自我奖赏，在自我肯定中增强幼儿的成就感；在人际交往方面，教师通过集体教学活动的形式，给予幼儿充分表达的机会，引导幼儿发现自己和同伴的优点，进而体验到自豪感和自信心。

2. 教学活动案例

接下来我们以社会活动"夸夸我自己"为例阐述自信品格社会领域教学活动的组织要

点，见表 7-3。

表 7-3 自信品格社会领域教学活动

夸夸我自己		
活动环节	**活动设计**	
活动目标	认知目标：在活动中，通过自夸、同伴交流等方式深入了解自己。	
	能力目标：能在众人面前大胆地介绍自己的优点。	
	情感目标：在生活中愿意欣然接纳自己、喜欢自己。	
活动准备	经验准备	1. 幼儿已有被夸奖的经历。 2. 教师要做好引导语准备，了解如何引导幼儿说出夸奖的话。
	物质准备	1. 小贴画若干。 2. 课件《动物的本领》（教师自备）。 3. 每名幼儿家长录好的对自己孩子夸奖的视频。 4. 猴子、狗熊、大象、蚂蚁、森林背景图各一张。 5. 小鼓、棒槌、花束。
活动过程	**一、听故事《动物的本领》，激发幼儿表达兴趣** 师：听说森林里发生了一件有趣的事情，我们一起来听一听。（教师有感情地讲述故事，按故事中情节的先后次序，将动物图出示在背景图上，并注意引导幼儿观察与欣赏故事） 师：故事里你听到了哪些小动物？每个小动物是怎么夸自己的？（教师引导幼儿用动作表演动物的动作） 师：大家都说得特别好，看来你们刚才都认真倾听故事内容了。那么故事中你最喜欢哪个小动物？为什么？（教师引导幼儿回顾故事内容，大胆说出自己喜欢哪个动物） 教师将幼儿两两分组，引导幼儿相互说一说自己的想法，并认真倾听对方的想法。 （品格元素：故事结束后以师幼谈话的形式让幼儿说一说故事里的动物角色分别有什么优点，有助于下一环节组织幼儿夸奖自己） **二、击鼓传花，引导幼儿夸夸自己** 师：小朋友们，如果别的小朋友有做得很棒的地方，你们会怎样夸奖别人呢？ 师：没错，我们会用"你很棒""你很不错"来夸奖别人。那么自己做得很棒，怎样夸夸我们自己呢？ 师：请小朋友们围成圆圈坐下，排头的小朋友拿花束，我会背对大家击鼓。鼓响起，拿花束的小朋友开始传递花束，鼓停时花束在哪个小朋友手里，哪个小朋友就站起来夸一夸自己。（在夸奖的过程中，教师还可即兴请幼儿表演，如唱歌、跳舞等） 在这个过程中，哪名幼儿站起来大声夸一夸自己，教师就引导这名幼儿展示一下自己。 （品格元素：教师通过趣味游戏"击鼓传花"激发幼儿夸赞自己，增强幼儿的自信心） **三、观看视频，增强幼儿自信心** 教师请幼儿观看家长事先录好的视频。播放完视频后，教师请幼儿拥抱自己的好伙伴。教师也挨个走到每名幼儿面前，强调每名幼儿的长处，轻轻鼓励一番，并且拥抱每名幼儿。 （品格元素：教师发挥家园共育的作用，让幼儿通过观看家长录制的视频，进一步增强自信心）	

续表

夸夸我自己	
活动环节	活动设计
活动延伸	**一、区角延伸** 教师可以引导幼儿说一说"我"的优点,自己哪里最棒,并以"我最棒"为主题进行绘画活动,给好朋友大胆讲述自己的绘画作品。教师还可以在图书区投放关于幼儿自我认识的相关绘本《我最棒》《我的本领大》等。 **二、家园共育** 教师引导家长在家庭教育中也要重点培养幼儿的自信心,给幼儿创造可以参与家务的机会、服务其他家庭成员的机会或者当众展示自己才艺的机会等。在这些情况下,家长要及时进行表扬,增强幼儿的自我认同感。 **三、生活渗透** 一日生活中,教师发现幼儿做得好的地方,要通过语言表扬、拥抱、物质奖励等方式积极表扬。教师还要引导幼儿积极主动告诉老师或同伴自己的成绩,例如,"我今天跳绳跳的最多""我今天值日做得很好"等。 **四、环境渗透** 教师可以将幼儿帮助同伴、展示才艺等值得表扬的行为拍成照片,张贴在班级的主题墙上,鼓励幼儿自己一边看照片一边说一说自己的优点。教师也可以将幼儿自信主题的绘画(我的本领、自己的事情自己做、这个时候我最自信等)展示在幼儿作品墙,通过环境创设进一步增强幼儿的自信心。

3. 活动反思

(1)活动特点

活动目标明确,切实可行。活动重点引导幼儿对自己建立起积极的感受,能在大家面前大胆表达自己的优点,体验到自豪感与自信感。活动形式多样,符合中班幼儿认知发展特点。教师通过故事、击鼓传花、视频观看等多种形式帮助幼儿树立自信,建立心理暗示与强化,并乐于展示自我。对话和视频互动的内容均建立在幼儿的生活经验、兴趣和发展需要上,能够在有效引导的基础上提高集体教育活动的水平。

(2)活动实施建议

在游戏中,自信心强的幼儿表现得非常活泼,能够表达自己的想法,自信心相对弱的幼儿在表演时容易退缩。教师可以通过让大胆自信的幼儿来前面示范、同伴分组交流、教师一对一交流等方式缓解幼儿的紧张。

(东营市东营区辽河幼儿园 王小玮 陈爽)

(三)品格综合领域教学活动

1. 自信品格的综合领域教学活动设计说明

儿童的发展是一个整体,要注重领域之间、目标之间的相互渗透和整合,促进幼儿身心全面协调发展。综合领域教学活动可以从本月品格绘本中提取相关元素,结合自信品格和内涵品格等目标设计开展。健康领域可以开展"自信的我"系列活动,引导幼儿认识了解自己的外貌,发现自己的长处,接受独特的自己,建立自信。艺术领域可以开展"自信展示"系列活动，引导幼儿用绘画、捏泥、手工制作、歌舞表演等方式展示自己眼中的自己，在创造美、表现美的过程中发现自己的闪光点，建立自信。科学领域可以开展"……我最棒"系列活动，引导幼儿在操作中认识周围的事物和现象，感知数学的用处和价值，培养初步探究能力的同时，引导幼儿克服探究过程中遇到的困难，相信自己有能力做到。

2. 教学活动案例

接下来我们以科学领域活动"整理玩具我最棒"为例阐述自信品格综合领域教学活动的组织要点，见表 7-4。

表 7-4 自信品格综合领域教学活动

整理玩具我最棒	
活动环节	活动设计
活动目标	认知目标：知道不同的物品可以按照一定的标准进行分类。 能力目标：能够按两种特征对物品进行分类。 情感目标：为自己能够合理整理物品感到自豪。
活动准备	经验准备：1. 幼儿玩过找玩具游戏。2. 幼儿有过整理、摆放物品的经验。 物质准备：1. 积木凌乱摆放的场景图。2. 幼儿熟悉的一个玩具；多于幼儿人数且颜色和形状不同的积木块；贴有分类标识的玩具筐；适合幼儿游戏的背景音乐。
活动过程	一、游戏导入，激发幼儿参与活动的兴趣 师：小朋友们好，今天老师要跟大家玩一个找玩具的游戏，看看你们能不能根据线索找到玩具在哪里。 游戏玩法：教师请一名幼儿 A 站在自己的面前并用手捂住眼睛，然后教师随机将一个玩具放在另一名幼儿 B 身后，其他幼儿都知道玩具在哪儿，但是不能说。然后请幼儿 A 睁开眼睛，猜猜玩具在哪儿。幼儿 A 可以请其他幼儿说出幼儿 B 的一个明显特征（如穿小裙子）来帮助自己。如果幼儿 A 猜不出来，就再请一名幼儿说出幼儿 B 的另外一个不同特征……直到幼儿 A 找到玩具，游戏结束。 师：A 找不到玩具时，他是怎么做的？你们是怎么帮助他找到玩具的？你们给他提供了什么线索？ 小结：大家说得真好，A 在找不到玩具时并没有放弃，他相信自己一定能找到，开动脑筋根据大家提供的线索去找玩具。正是因为你们认真观察，每一次都能主动给 A 一个非常明确的信息，他才能非常快速地找到玩具。你们还记得《长颈鹿不会跳舞》里的杰拉德吗？他有很多玩具，但是放得乱七八糟，经常找不到，你们愿不愿意用刚刚的办法帮他找一找玩具呢？ （品格元素：当幼儿在游戏过程中遇到困难时，教师首先要鼓励幼儿 A 相信自己，想办法去克服困难；其次要引导幼儿 A 向同伴寻求帮助，同时引导其他幼儿不怕困难，仔细观察，主动帮助幼儿 A 提供线索） 二、出示积木凌乱摆放的情境图，鼓励幼儿讨论分类整理的方法 师：杰拉德有各种各样的积木，这些积木要怎么分类，玩的时候才能用最快的速度找到呢？

整理玩具我最棒	
活动环节	活动设计
活动过程	师：接下来，老师把杰拉德的积木分给每一组的小朋友，请你们和自己小组的小朋友一起商量给这些玩具分类的方法，试着给这些积木分类，并把你们小组讨论出来的分类方法在集体面前大胆地说出来。 (教师将操作的桌子在活动室的周围单层摆放，将幼儿的座位居中，方便幼儿参与集体游戏、小组操作、分享分类方法) 小结：小朋友们表现得都特别棒，每一组小朋友都主动参加讨论，积极思考并能用洪亮的声音说出自己小组的分类方法，老师为你们的表现点赞。我们可以把颜色相同的积木放在一起，形状相同的积木放在一起，玩的时候就能用最快的速度找到。 (品格元素：教师鼓励幼儿大胆挺起胸膛、声音洪亮地说出自己的想法，及时肯定幼儿不同的分类方法，在互动中为幼儿建立自信) **三、游戏互动，引导幼儿感知从两个维度进行分类** 师：小朋友们用自己的方法帮杰拉德把积木都分类整理好，杰拉德很高兴，他现在想用这些积木和大家玩一个"狼来了"的游戏。 游戏玩法：大灰狼(教师扮演)经常在森林里转悠，趁小动物们(幼儿扮演，每人拿1个积木，积木的颜色和形状随机)不注意就会把小动物抓走，但只要被大灰狼口令(如红的圆形、绿的三角形)说到的小动物能够快速蹲下，大灰狼就找不到你了。教师可以根据积木颜色、形状的不同，多次重复游戏，也可以让幼儿扮演大灰狼说口令，加深幼儿对两个维度进行分类的认识。 师：森林里面静悄悄，大灰狼我来了，红的圆形都吃掉，看看哪个倒霉了。(拿着红色圆形积木的幼儿要蹲下，没有蹲下就会被大灰狼吃掉；拿其他颜色形状积木的幼儿原地站立不动，如果蹲错了也会被吃掉) 小结：小朋友们在游戏中都能遵守游戏规则，根据积木颜色和形状这两个不同的特征快速蹲下，说明你们听得很认真，在游戏过程中思考很积极。我们每个小朋友都是最棒的，让我们一起奖励一下最棒的自己吧！ (品格元素：教师可以用朗朗上口的表扬儿歌和简单的肢体动作引导幼儿进行自我奖赏，例如，"点点头，又叉腰，我的表现最最好，送我一朵小红花"等) **四、巩固练习，鼓励幼儿从玩具的两个维度进行分类** 师：刚刚我们在玩游戏的时候，有的小朋友一开始被"大灰狼"吃掉了(抓走了)，有的小朋友玩了好久都没有被吃掉。你们知道不被"大灰狼"吃掉的秘诀是什么吗？ 师：小朋友们说得很好，大灰狼每次的口令都会包含两个信息，所以要全部听清楚再对照自己手里积木的特点，才知道应该蹲下去还是站着不动。如果只听到一个信息的话，就容易被大灰狼吃掉。 师：接下来，请每一组的小朋友都把手里的积木放在桌子上，一起想一想怎样用两个信息给你们的积木分类。只要你们掌握了这个分类的秘诀，下次跟杰拉德玩游戏的时候，就不容易被大灰狼吃掉了。 小结：有的积木既是红色的，又是圆形的；有的积木既是蓝色的，又是三角形的……每块积木都有颜色和形状两个不同的信息，我们可以把同时具有相同颜色和相同形状的积木放在一起，分为一类。现在请小朋友们帮杰拉德把整理好的积木放在对应的玩具筐里吧。(幼儿放积木时，教师巡回观察指导，在操作中巩固对二维分类的认识)

续表

整理玩具我最棒	
活动环节	活动设计
活动延伸	**一、区角延伸** 教师可提供更多不同颜色、不同形状、不同大小的物品（如瓶盖、彩色筹码、扣子等）到区角，供幼儿继续按两种特征进行分类。 **二、家园共育** 亲子谈话时，教师请家长引导幼儿说一说在这次活动中，自己学会到了什么本领，并请家长在公共场所（如电影院座位、超市货架等）或者日常生活中（如碗筷摆放、吃水果、整理书籍、整理衣柜等）有意识地引导幼儿进行二维分类，及时给予幼儿正面反馈，帮助幼儿建立自信。 **三、环境渗透** 教师可在班级收纳物品的柜子上粘贴分类标识，引导幼儿对物品进行分类，学会分类整理物品，养成良好的生活习惯，更好地服务自己，服务环境，在与环境的互动中建立自信。

3. 活动反思

（1）活动特点

活动目标的设立具体清晰、易于操作，符合幼儿的年龄特征，合乎幼儿的能力水平，幼儿通过努力可以实现，从而有助于幼儿建立自信心。活动通过创设和自信品格绘本人物相关的情境，激发幼儿兴趣。环节设置层层递进、动静结合。教师以提问谈话、操作练习、游戏实践的形式支撑活动环节，激发幼儿的兴趣，维持幼儿注意力的稳定。自信品格培养渗透在各个环节的师幼互动中，在开展活动完成目标的过程中，教师动态关注了解幼儿的活动状态和情绪情感，鼓励幼儿克服困难，在集体面前大胆地表达，学会自我奖赏，建立自信。

（2）活动实施建议

首先，活动中的环境布置要注意桌椅的排列，要充分考虑幼儿的身高以及与教师、同伴的互动，以便幼儿间相互游戏、操作、讨论、分享，也方便教师巡回指导，减少活动中不必要的桌椅搬动。其次，幼儿在能力上存在差异，有的幼儿动手操作能力强，语言表达能力弱，教师可以在第二个环节中给这部分幼儿多提供表达的机会；有的幼儿语言表达能力强，能准确地用语言表达出分类标准，教师可以根据实际情况，在第三个环节中引导幼儿扮演大灰狼，说出口令。

（长治市壶关县职工幼儿园　崔菲　付学平）

(四)幼儿社会技能教学活动

1. 活动设计说明

在幼儿园，会有很多幼儿出现不敢表达自己、过度依赖老师、遇到困难就退缩等情况，这是缺乏自信的表现。对于幼儿来说，此时最重要的社会技能就是"自我奖赏"和"大胆地说"，在人际交往中既要接纳自己、鼓励自己，自信地探索未知事物，也要学会大胆地表达自己的想法，从而建立起自信。

2. 社会技能"自我奖赏"教学活动案例

社会技能"自我奖赏"的技能口诀是：自己觉得做得棒；老师却没点我名；自己说："我很棒，表不表扬都一样。"接下来我们以活动"其实我很棒"为例阐述社会技能"自我奖赏"教学活动的组织要点，见表7-5。

表 7-5　社会技能"自我奖赏"教学活动

<table>
<tr><td colspan="3" align="center">其实我很棒</td></tr>
<tr><td align="center">活动环节</td><td colspan="2" align="center">活动设计</td></tr>
<tr><td rowspan="3" align="center">活动目标</td><td colspan="2">认知目标：知道在没有得到成人的赞赏和肯定的时候可以自己给自己奖励和肯定。</td></tr>
<tr><td colspan="2">能力目标：能够在老师的引导下自信地说出自己的优点并给自己鼓励。</td></tr>
<tr><td colspan="2">情感目标：愿意用积极的方式评价自己。</td></tr>
<tr><td rowspan="2" align="center">活动准备</td><td align="center">经验准备</td><td>幼儿知道表扬他人的基本方法。</td></tr>
<tr><td align="center">物质准备</td><td>1. 绘本故事《其实我很棒》。
2. 啄木鸟、小松鼠、小猴子、小象的图片。
3. 幼儿在幼儿园劳动、帮助他人的视频，幼儿自我表扬的视频。
4. 歌曲《我真的很不错》。
5. 一个小玩偶、品格奖励墙、每人一张小贴画。</td></tr>
<tr><td rowspan="1" align="center">活动过程</td><td colspan="2">一、谈话导入，激发幼儿参与兴趣
师：小朋友们，你们在班级里的好朋友是谁？你们觉得他有什么优点？
师：原来我们班里的小朋友有这么多优点，你们都很棒。今天我们一起分享一个有趣的故事，名字叫《其实我很棒》，看一看故事中的小动物有哪些优点。
二、绘本故事分享，引导幼儿理解"自我肯定"
1. 教师带领幼儿欣赏绘本故事，理解故事内容。
师：故事里的小动物都有什么优点？（教师出示故事中小动物的图片，让幼儿看图回顾内容）小象发现自己有什么优点？小象是怎么评价自己的？（其实我很棒）
师：每个人都有自己的优点，小象发现自己的长鼻子可以卷起枯树干，并且和小动物一起在森林里种小树苗，她觉得自己很棒！
2. 教师引导幼儿交流分享，进一步理解"自我肯定"。
师：你们觉得小象棒吗？你们有没有觉得自己很棒的地方，和大家分享一下。（小伙伴之间分享、集体交流分享）
三、观看视频，引导幼儿理解"自我奖赏"含义并学习技能口诀
1. 教师引导幼儿通过观看视频理解"自我奖赏"。
师：每个小朋友都发现了自己的优点，每个人都很棒。如果你做了很棒的事情，但没有得到老师的表扬该怎么办？（教师播放提前录制的幼儿在幼儿园劳动、帮助他人的短视频）
师：视频中小朋友做得很棒，虽然没有得到老师的及时表扬，但他知道自己做的是对的，还会自己表扬自己。（视频中幼儿为自己鼓掌并说："我真棒"）如果是你，你会用什么方式来表扬自己？
师：大家想到的方法都很不错，在生活中，当我们觉得自己做得很棒或者自己努力做了一些事情，很希望得到大人或老师的肯定，但大人可能没有及时注意到，我们也可以用大家分享的小方法自己表扬自己。</td></tr>
</table>

续表

	其实我很棒
活动环节	活动设计
活动过程	2. 教师引导幼儿通过多种互动方式，掌握"自我奖赏"小口诀。 师：今天老师也给大家分享一个自己表扬自己的方法，叫"自我奖赏"，我们一起学一学！（教师引导幼儿通过集体学习、游戏接龙的方式练习技能口诀） **四、集体游戏，引导幼儿进一步感受"自我奖赏"带来的喜悦** 师：小朋友们平时一定也有自己做得很棒很出色的事情，却没有被老师或者大人发现，没有得到表扬和赞赏。接下来，我们来玩"夸自己"的游戏，请小朋友们来和大家分享一下这件事情并用你喜欢的方式夸一夸自己。（教师播放游戏歌曲《我真的很不错》） 游戏玩法：幼儿围圈坐，教师播放音乐，幼儿开始传递玩偶，音乐暂停后，玩偶在谁手中，就请该幼儿与大家分享自己的优点并进行自我夸奖。幼儿交流分享后，教师和其他幼儿给予该幼儿表扬和肯定。（教师请没有分享的幼儿与旁边的小朋友分享交流） **五、教师总结** 师：小朋友们，我们都要学习故事中的小象善于发现自己的优点，自己肯定自己，自信的小朋友是最棒的。如果平时我们遇到表现很棒却没得到大人表扬的时候，我们也不必感到难过，可以用今天大家想到的自我奖赏小方法和新学的小口诀，告诉自己"我很棒"！请每个棒棒的小朋友选择一个你喜欢的小贴画粘贴到"品格奖励墙"奖励自己吧！
活动延伸	**一、家园共育** 教师在班级群中分享当天学习的社会技能，包括技能目标、培养重点、培养方法等；同时鼓励幼儿回家后和爸爸妈妈说一说当天学到的新本领。教师引导家长在日常生活中也要注重给予幼儿及时的肯定、鼓励与表扬。教师引导幼儿在自己需要表扬和鼓励的时候，如果成人没有及时关注到，可以用"自我奖赏"的口诀给予自己支持和表扬。 **二、环境渗透** 教师在发现幼儿进步或者做了很棒的事情时，可以选择幼儿喜欢的小贴画粘贴到"品格奖励墙"表扬幼儿；在每周一的品格之星评选环节对幼儿进行全园表扬。

3. 活动反思

（1）活动特点

本次活动设计通过谈话导入、故事激趣、生活经验迁移、经验分享、游戏互动等层层递进的教育内容，让幼儿在自我肯定的基础上进而学习自我奖赏，理解自我奖赏的含义，提升幼儿的自信心，大多数幼儿都能大胆自信地表述自己的优点并用自己喜欢的方式进行自我奖赏。教学活动目标基本完成，幼儿都能发现自己的优点并用自己喜欢的方式进行自我奖赏，前期经验准备让幼儿学习表扬他人的方法可以很好地用于本次活动中。活动中，教师鼓励幼儿多思考、多表达，运用幼儿喜欢的游戏方式，在愉悦的教育环境中进一步强化自我奖赏的社会技能，在与师幼和幼幼互动中不断提升幼儿的自信。

（2）活动实施建议

自信的品格培养并不是一朝一夕就可以完成的，自信品格教育重点要关注幼儿的感受。教师在日常生活中对幼儿好的行为表现给予具体、有针对性地肯定和表扬，让幼儿在平日就对自己的优点长处有所认识并感到满足和自豪。若幼儿做得不够好或者存在问题，教师也应鼓励并给予一定的指导，让他们在做事中不断树立自信，从而避免部分幼儿无法及时发现自己的优点，无法进行自我肯定和奖赏，提升幼儿的自信。

游戏环节因时间原因无法让所有幼儿面向全体进行自我肯定和奖赏，为尊重幼儿的主体地位发挥游戏的价值，教师可以在户外活动中再次玩游戏，并请每名幼儿展示一个小才艺，让幼儿感受他人对自己的奖赏和学习对他人的称赞。

(青岛市崂山区沙子口街道南龙口幼儿园　许聪聪　胡胜男)

4. 社会技能"大胆地说"教学活动案例

社会技能"大胆地说"的技能口诀是：当众说话时；大胆挺起胸；声音又大又好听。接下来我们以活动"天气辩论赛"为例阐述社会技能"大胆地说"教学活动的组织要点，见表7-6。

表7-6　社会技能"大胆地说"教学活动

天气辩论赛		
活动环节	**活动设计**	
活动目标	认知目标：知道辩论的时候要自信大胆地发表自己的观点来反驳对方。	
	能力目标：能够清楚、流畅地表达自己对雨天、晴天的看法。	
	情感目标：体会当众自信地表达自己想法的成就感和自豪感。	
活动准备	经验准备	1. 幼儿对晴天、雨天的好处与坏处有基本认识。 2. 幼儿熟悉辩论规则与流程，有基本的辩论经验。
	物质准备	1."晴天"和"雨天"的图片各一幅。 2. 教师基于对幼儿理由的预设准备相应的图片。 3. 教师移动黑板、吸铁石、彩笔、白纸(用来展示幼儿辩论时的想法)。
活动过程	一、出示图片，提出问题，引出辩题 师：今天老师要和小朋友们一起进行一场辩论活动，你们知道什么是辩论吗？你们在哪里见过辩论？ 小结：每个人对同一件事都有自己的看法，有的时候我们会因为意见不同而跟对方"吵起来"，其实吵架也是一种辩论。不过我们今天讲的辩论不是吵架，而是要文明、礼貌地说出自己的理由，最重要的是要说服对方，让对方心服口服。 师：今天我们要讨论什么呢？老师发现有的小朋友喜欢雨天，有的小朋友喜欢晴天，所以今天我们的辩题就是"天气辩论赛——你喜欢晴天还是雨天？" 二、明确辩论流程与要求，引出技能"大胆地说" 1. 教师请幼儿根据自己的意愿进行选择，分为"晴天组""雨天组"及各自的"啦啦队"。 师：喜欢晴天的小朋友请到晴天组的位置，喜欢雨天的小朋友请到雨天组的位置。每个组派出4名小朋友作为辩手参加一会儿的辩论活动。其他小朋友作为各组的"啦啦队"，为你们自己的辩手提供想法。(幼儿自行组队与分组) 2. 师幼再次熟悉辩论流程。(降低辩论难度，只要双方能最大限度地合理阐述喜欢的理由，或者能够反驳对方的理由就能得分) 3. 教师结合技能"大胆地说"提示幼儿发表观点时要大胆、自信。 师：辩论赛最大的制胜武器就是说话的时候要挺起胸膛，大声、清楚地把自己的想法说出来。老师告诉大家一个大胆说话的方法，一起跟着老师来练习一下。"当众说话时，大胆挺起胸，声音又大又好听。"(教师引导幼儿一边说一边表演"大胆说"的动作)	

续表

	天气辩论赛
活动环节	活动设计
活动过程	**三、组织幼儿进行辩论活动，用社会技能口诀鼓励幼儿大胆地表达自己的观点** 1. 辩论开始，教师鼓励辩手大胆表达自己的想法，引导各组的啦啦队积极贡献观点和想法。 2. 教师将两组幼儿的观点依次记录在移动黑板上，让幼儿能够直观地看到各组阐述的理由。 3. 教师请全体幼儿选出自己最喜欢的观点或辩手，为喜欢的观点贴上小贴画，给最喜欢的辩手一个拥抱或比一个爱心。 **四、师幼交流，分享活动心得** 师：请我们的辩手说一说你们感觉自己表现得怎么样，哪里好，哪里不够好。 师：小朋友们觉得辩论的时候要注意什么？ 师：老师觉得你们表现得都非常棒，每个小朋友都在积极地开动脑筋思考晴天有什么好处，雨天有什么好处，都在尽可能去寻找更多的理由；都能够遵守辩论规则，别人说的时候会认真听，知道轮流、举手发言；最重要的是，你们当众说话时，都能用响亮的声音表达自己的想法，说出来的话非常有力量。就像老师告诉大家的口诀一样，"当众说话时，大胆挺起胸，声音又大又好听。"希望小朋友们以后表达自己想法的时候也能记住今天学到的口诀，要挺起胸，大胆自信地把自己的想法说出来。
活动延伸	**一、生活渗透** 教师与幼儿从生活经验中寻找有意思的辩论主题，在一日生活的过渡环节，如午餐前、下午离园前组织辩论、主持人等活动，为幼儿提供当众表达的机会，锻炼幼儿大胆说的能力。日常生活中，教师要有意识地鼓励幼儿自由表达自己的想法，通过启发性地提问引导幼儿大胆地说，例如，"你是怎么想的呢？""你会怎么做？""还可以怎么做？""说一说你的想法"等。 **二、环境渗透** 教师可在语言区投放"雨天、晴天""夏天、冬天""男生、女生"等卡片供幼儿进行自主辩论活动，同时在班级开展"今日天气我来说"的播报活动，为幼儿创设大胆表达的环境。教师还可以将幼儿参与活动时的照片投放到图书区，供幼儿与他人进行分享，进一步巩固幼儿自信大胆的品格。

5. 活动反思

（1）活动特点

本次活动将社会技能"大胆地说"融入辩论游戏中，为幼儿提供了一个想说、敢说、愿意说的机会，激发幼儿大胆表达自己的想法。活动过程以幼儿自由表达为主，教师以"主持人"的角色融入幼儿游戏，营造了一个宽松、自由、支持的活动氛围，有助于活动目标的达成。师幼交流环节，教师通过幼儿自评与他评的方式引导幼儿认识到大胆地表达自己的观点在辩论中的重要性，再次组织幼儿回顾社会技能口诀，加深幼儿对技能内涵的理解。此外，教师对幼儿在辩论中大胆表达、声音又大又好听的表现进行了表扬和鼓励，激发幼儿更愿意"大胆地说"，使幼儿在活动中获得的经验得到进一步提升与强化。

（2）活动实施建议

首先，要确保辩论活动能够顺利进行，教师在活动前应通过谈话、讨论或观看视频等方式帮助幼儿了解辩论的形式、组织方式、基本规则等。其次，教师在日常生活中要组织幼儿进行一些小型的辩论活动，帮助幼儿积累辩论经验。再次，活动前，教师要提醒家长和幼儿一起收集晴天、雨天的好处与坏处，丰富幼儿对辩题的认识。最后，活动过程中，教师不仅要直观地在黑板上呈现幼儿双方合理的观点(可以现场通过简笔画的形式呈现，也可以提前预设幼儿的答案，做好相应的图画准备)，还要在引导或鼓励幼儿发表观点时将社会技能口诀融入其中，并用肢体动作进行模拟，深化幼儿对"当众说话时，大胆挺起胸，声音又大又好听"的理解。

(成都市实验小学附属幼儿园高坎分园　杨丹　朱玲)

五、区角活动案例

自信包含完全的自我接纳、正确的自我评价、良好的社会适应三方面。《3—6岁儿童学习与发展指南》提出中班幼儿应"知道自己的一些优点和长处，并对此感到满意"。因此，班级的区角活动提供给幼儿发现自己的独一无二、认识自己的长处与不足的机会，逐步悦纳自己。幼儿在大胆表达、自我奖赏、同伴交往的过程中发展社会适应能力。中班幼儿仍处于他律阶段，教师在区角活动的指导过程中要注意用发展的眼光评价幼儿，帮助幼儿形成正确的自我评价，促进其自信品格的发展。

表演区

活动一：唱唱跳跳我最棒

活动目标：能大胆、自信地参加演唱、跳舞等表演活动；体验自信表演获得的快乐。

活动准备：小舞台环境创设(乐器、服装、观众座位)；幼儿已学会的律动音频、音箱、话筒(图7-5)。

活动过程：

1. 教师创设情境，激发幼儿表演兴趣。

师：我们学了很多儿歌和舞蹈，看看唱唱跳跳谁最棒！

2. 幼儿根据自己的情况，选择表演节目，进行练习、排练(独自或多人配合)。

3. 幼儿表演练习完毕，可主动邀请观众观赏。

4. 幼儿使用话筒进行节目介绍。

5. 幼儿根据节目内容，选择表演材料，大胆、自信地进行表演。

活动建议：

1. 教师可在每天过渡环节组织幼儿练习的节目内容，帮助幼儿熟练、巩固已学歌曲和律动。

2. 教师可与幼儿讨论交流后，共同创设小舞台，使幼儿对小舞台产生成就感，从而对表演活动更加感兴趣。

活动延伸：

教师可以在美工区，利用区角活动时间，让幼儿自己设计自己的节目单，选择绘画、剪贴等多种方法，运用线条、简笔画等图案进行表达与装饰。

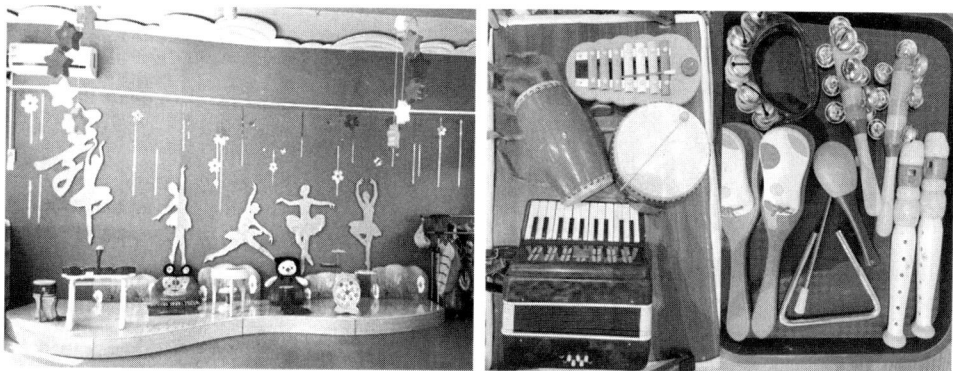

图 7-5 小舞台环境创设与材料投放

活动二：光影剧场

活动目标： 能用皮影大胆地表演故事，体验皮影艺术表演的乐趣。

活动准备：《龟兔赛跑》《西游记》等故事角色皮影，皮影表演舞台创设（舞台、幕布、投影灯）（图 7-6），观众座位。

图 7-6 皮影剧场环境布置与材料投放

活动过程：

1. 幼儿相互交流想要表演的故事，根据故事内容选择故事角色皮影。

2. 幼儿商量各自表演的角色，按角色进行故事排练。

3. 排练完毕，幼儿自主邀请其他幼儿当观众观看表演。

4. 幼儿一边操作各自的角色皮影一边讲故事，大胆地进行皮影表演。

活动建议：

1. 教师提供的故事角色皮影，一定要是幼儿感兴趣的故事，而且是幼儿熟悉的故事。教师应利用集体活动或过渡环节，让幼儿大量地听、讲这些故事，这样才能使幼儿在用皮影表演故事时，有故事可讲，更加自信地去讲。

2. 皮影故事表演前，教师可引导幼儿分工合作，如售票员、主持人、演员、观众、音响师、道具师等角色。幼儿可以选择自己喜欢的角色来扮演。

3. 角色分配上，教师可以发挥幼儿的主动性，让幼儿自主分配角色，切忌强迫幼儿扮演他们不愿意扮演的角色。

活动延伸：

教师可利用家园共育，让家长利用周末带幼儿去看看真正的表演，引导幼儿了解皮影的由来、皮影的制作等知识，激发幼儿对皮影表演的兴趣。对于幼儿喜欢的故事，教师可以鼓励家长与幼儿一同制作皮影，并进行表演，还可以鼓励幼儿将自己制作的皮影带到幼儿园，在区角活动时请同伴来欣赏自己的皮影故事。

活动三：手偶梦工厂

活动目标：用手偶进行表演，乐意自信表现。

活动准备：动物手偶若干、自制舞台、自制道具若干(图7-7)。

图7-7　手偶梦工厂材料投放与环境布置

活动过程：

1. 幼儿交流讨论表演内容(含故事、歌唱、律动)，选择手偶角色。

2. 教师带领幼儿根据表演内容，准备所需道具。

3. 幼儿进行手偶表演。

活动建议：

1. 教师可引导幼儿在自信主题绘本故事中，选择喜欢的角色，自制角色手偶，并与幼儿一同回顾故事内容，使幼儿在参加的过程中，获得沉浸式的体验和活动成就感，更加积极、自信。

2. 教师可以以表演者的身份参与到表演的活动中，用自己的实际表现去感染、熏陶幼儿。

活动延伸：

教师应积极开展主题活动，发挥主导示范作用，根据活动的需要为幼儿将文学作品与幼儿表演技能的指导相结合，帮助幼儿更好地理解角色中的语言、表情、声调等。

美工区

活动一：独一无二的我

活动目标：能认出自己及同伴的五官，喜欢独一无二的自己。

活动准备：若干张本班幼儿五官的照片。

活动过程：

1. 教师介绍美工区新投放的材料——本班幼儿五官的照片，举例引导幼儿辨认照片上五官的归属者。

2. 幼儿自主选择照片，寻找照片上五官的归属者。教师引导幼儿用语言表达辨认依据。

3. 教师和照片上五官归属者确认后，在照片背面写上其名字。

活动建议：

1. 教师投放的材料一定是本班幼儿熟悉的自己班级同伴、老师的照片，以便幼儿辨认。

2. 幼儿在表达辨认依据时，教师引导幼儿观察细节，用语言、动作等形容五官的特点。

3. 教师允许幼儿辨认错误，鼓励幼儿大胆地表达。

活动延伸：

教师可以将五官延伸到独一无二的身体器官、衣着打扮等"我"的特征上。

活动二：我的颜色

活动目标：制作自己喜欢的色卡，体验展示色卡的成就感。

活动准备：充足的红色、黄色、蓝色颜料，白色素描纸，调色板，画笔（图 7-8）。

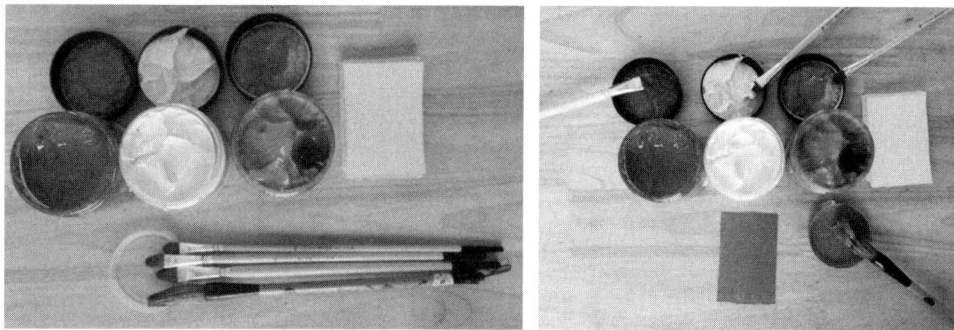

图 7-8　色卡制作材料及样式

活动过程：

1. 教师介绍取颜料和调色的方法。

2. 幼儿自主取一定量的红色、黄色、蓝色颜料在调色板上调色。

3. 教师指导幼儿将调好的颜色涂在裁剪成适当大小的白色素描纸上，制作色卡。

4. 教师请幼儿展示自己的色卡，分享这是什么颜色，为什么喜欢这个颜色。

活动建议：

1. 红色、黄色、蓝色的颜料要充足且方便幼儿取用。

2. 色卡分享环节，教师可引导幼儿从多方面讲述对颜色的喜欢，例如，这个颜色是用哪些颜色调配出来的？它带给你的感受是什么？你由颜色联想到的事物有哪些？

活动延伸：

教师可将幼儿创作的作品展示在美工区的墙面上，一方面强化幼儿制作色卡的成就感体验，另一方面展示出色彩的多样性，支持幼儿美术创作。

活动三：我能

活动目标： 能用绘画表达我能做的事，自信地展示自己。

活动准备： 彩笔、彩纸若干。

活动过程：

1. 教师引导幼儿思考自己能做的事情。

2. 幼儿画出自己能做到的事情。

3. 幼儿分享作品中表达的自己能做到的事情。

活动建议：

1. 教师不较真，包容幼儿在作品中展示的所有他认为能做到的事情。

2. 教师发现幼儿闪光点的时候，夸赞幼儿的努力而非聪明。例如，幼儿说"我能扫地"，教师可以夸奖他"老师看到了，每次你扫地的时候都很认真，把每一个地方都扫到了，而且越来越干净呢，老师表扬努力的你"，而不是"你真聪明"。

活动延伸：

1. 教师要做好家长工作，引导家长支持幼儿在家中做力所能及的家务劳动，发展幼儿的自主感、自信心、责任感等。

2. 教师可以利用晨间谈话时间，分享"我会而你不会"的事情，引导幼儿认识到，每个人都有自己的特长、能力，每个人都是与众不同的。

语言区

活动一：动物大作战

活动目标： 了解动物的特征，喜欢动物的独特。

活动准备： 动物模型若干(图7-9)。

活动过程：

1. 教师介绍新投放在语言区的材料——动物模型。

2. 幼儿自由探索使用动物模型的游戏。

3. 两名教师示范动物大作战的玩法：每人选择部分动物，一方出示一种动物(如狗)，另一方出示某方面比这种动物厉害的动物并用语言表达出来(例如，出示狼，狼比狗凶)。

4. 幼儿进行动物大作战游戏。

图 7-9 动物模型

活动建议：

1. 幼儿对动物模型很感兴趣，能长久地摆弄动物模型。教师应提供数量充足的动物模型，保障幼儿多种游戏的进行。

2. 游戏过程中做比较的动物的某一方面强即可，如尾巴长、颜色深、狼吃羊等。教师鼓励幼儿发现不同动物的各种特征。

活动延伸：

在户外活动的时候，教师可以引导幼儿观察户外植物的特征，发现每一株植物独特的地方，感受植物的独一无二。

活动二：故事大王

活动目标： 了解自信品格相关故事，乐意大胆地讲故事。

活动准备： 故事大王的话筒、绘本。

活动过程：

1. 教师隔周在语言区投放《小绿狼》《长颈鹿不会跳舞》等绘本。

2. 教师介绍语言区新投放的材料——故事大王的话筒。语言区的幼儿轮流向彼此讲本周的绘本故事，推选一位代表成为故事大王，拿到故事大王的话筒。

3. 故事大王在班级众人面前讲故事。

4. 当过故事大王的幼儿做评委，其他幼儿再次推选故事大王。新的故事大王拿话筒给班级所有幼儿讲故事。

活动建议：

1. 教师可根据本班幼儿讲故事的水平选择投放的绘本和更新绘本的时间。

2. 教师在幼儿讲故事时给予其充分的时间和空间，允许幼儿故事讲述过程中遗漏、想象。

3. 教师充分利用餐前过渡环节的时间让幼儿讲故事。

活动延伸：

1. 绘本的选择可拓展至多种品格的绘本故事。

2. 在餐前过渡环节，绘本故事讲完之后的时间也可以用来展示才艺，如唱歌、跳舞等。

活动三：情绪变变变

活动目标： 知晓不同情绪所处的情境，悦纳自己的情绪体验。

活动准备： 自制情绪卡片(图 7-10)。

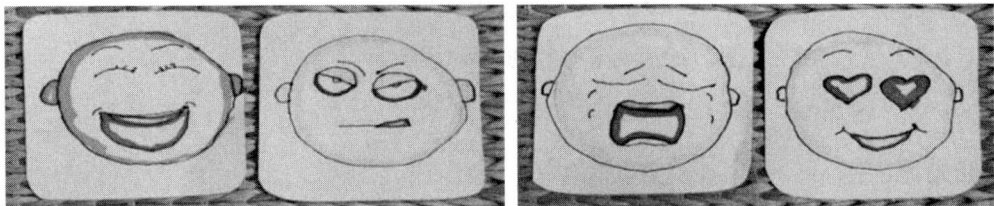

图 7-10　自制情绪卡片

活动过程： 幼儿选择情绪卡片，和同伴分享自己在什么情境下处于这种情绪中。

活动建议：

教师观察并了解幼儿的情绪状态，关注"难过""愤怒"等情绪传达的家庭教育现状及问题。

活动延伸：

1. 教师可以让幼儿自己制作情绪卡片。

2. 在家长课堂中，教师要强调父母的情绪状态对幼儿的影响，成人和幼儿都要学会正确地认识情绪、接纳情绪、抒发情绪。

(山西省康乐幼儿园　安多　常雨竹)

六、一日生活指导

(一)一日生活中幼儿品格与社会技能培养

自信品格的培养体现在幼儿一日生活的方方面面。社会技能"自我奖赏"和"大胆地说"贯穿同伴交往、师幼互动的全过程，但在一日生活各环节的体现略有不同，如有些环节需要重点指导，有些环节则可随机引导。本期主题品格与社会技能在一日生活中的重点培养环节见表 7-7。

表 7-7　品格与社会技能的日常重点培养环节

生活环节	品格：自信	社会技能：自我奖赏	社会技能：大胆地说
入园	√		√
盥洗	√	√	√
进餐	√	√	√
饮水			

生活环节	品格：自信	社会技能：自我奖赏	社会技能：大胆地说
如厕	√		√
午睡	√		
离园	√		√
集体活动	√	√	√
户外活动	√	√	√
区角活动	√	√	√
过渡环节	√		√

（二）一日生活中幼儿品格与社会技能指导要点

本题主题品格与社会技能在一日生活中的指导要点见表7-8、表7-9、表7-10。

表 7-8　一日生活中自信品格指导要点对照表

环节	指导要点
入园	教师通过点名游戏、才艺表演、玩转魔方等方式，引导幼儿积极主动表演和尝试。
盥洗	教师呈现七步洗手法和刷牙流程图，引导幼儿在规定时间内完成盥洗活动，完成者可为自己盖印章。
进餐	1. 教师引导幼儿学习正确的进餐方法，并做到光盘行动。 2. 吃完午餐后，教师可鼓励幼儿说一说自己当天中午的进餐体会。
如厕	1. 教师利用环境创设、教育活动等方式引导幼儿学会关注自己的大小便，如发现异常主动和老师说。 2. 教师利用教育活动和家园共育方式引导幼儿学会使用厕纸擦屁屁，学会的幼儿可和家长商量对自己进行奖励。
午睡	1. 教师要关注幼儿午睡情况，如发现幼儿有不睡午觉情况，鼓励幼儿大胆说出原因。 2. 教师与不爱睡午觉的幼儿进行沟通，如发现此幼儿成功入睡，待幼儿起床后可请该名幼儿用自己的方式对自己进行奖励。
离园	教师引导幼儿在离园时主动和老师、同伴说再见。
集体活动	教师组织符合幼儿年龄特点的集体活动，活动体现层次性，并鼓励幼儿大胆尝试较有难度的活动，挑战成功者可以用自己的方式庆祝。
户外活动	1. 教师通过早操环节鼓励幼儿尝试进行领操活动。 2. 教师组织集体活动时引导幼儿积极参与较有难度的游戏。 3. 教师为幼儿投放不同种类的自选玩具，并为幼儿创设与同伴合作的机会。
区角活动	1. 教师在图书区投放与自信相关的绘本巩固幼儿对自信的理解。 2. 教师鼓励幼儿在表演活动中大胆展示自己。 3. 教师投放不同种类的材料鼓励幼儿在美工创作时按照自己的意愿大胆创设，在制作过程中主动与同伴介绍。
过渡环节	教师利用餐前过渡环节请幼儿组织相应活动，引导幼儿在组织每次活动时与同伴解说游戏玩法。

表 7-9   一日生活中"自我奖赏"技能指导要点对照表

环节	指导要点
盥洗	教师关注幼儿洗手、刷牙时是否按照正确的方法并能够在规定时间内完成,完成的幼儿可奖励自己小贴画贴在自己的小册子上。
进餐	幼儿进餐时,教师提醒幼儿一口菜一口饭地吃,做到细嚼慢咽,不浪费粮食。幼儿如能做到光盘可自行到互动墙上打卡。
集体活动	教师组织相关的主题活动,引导幼儿了解自我奖赏的方法。
户外活动	教师在组织活动中有意识地增加富有挑战性的游戏。当幼儿获得成功时,幼儿可进行自我奖赏。
区角活动	教师利用区角活动时间让幼儿完成挑战任务。当幼儿获得成功时,幼儿可进行自我奖赏。

表 7-10   一日生活中"大胆地说"技能指导要点对照表

环节	指导要点
入园	教师引导幼儿在早上入园时主动和园长、老师打招呼。
盥洗	教师结合值日生活动引导幼儿提醒其他幼儿正确洗手和刷牙。
进餐	教师请一名值日生报菜名并学习描述菜品的营养价值。
如厕	幼儿在如厕时往往会忽视自己的大小便,教师可在日常活动中引导幼儿学会观察自己的大小便是否正常,如发现上火了,教师和幼儿讨论怎样解决此问题。如幼儿主动饮水,多吃水果蔬菜等。
离园	幼儿在整理衣服和书包时,教师要引导幼儿敢于向同伴或者教师寻求帮助;鼓励幼儿大胆地跟老师、小朋友说再见。
集体活动	幼儿在进行集体活动时,教师向幼儿发出提问,鼓励幼儿敢于积极回答问题,在回答问题时声音洪亮且完整。
户外活动	教师说完游戏规则时,鼓励幼儿积极主动地重复游戏规则。
区角活动	幼儿在区角游戏时,教师需关注幼儿游戏情况,必要时做到介入游戏并鼓励幼儿大胆与同伴交流游戏时遇到的问题。
过渡环节	教师带领幼儿做区角点评,采取点兵点将的游戏方式请幼儿和同伴分享游戏收获及遇到的问题。

(三)日常指导策略

1. 自信品格——一日生活

自信在幼儿期起着重要的促进作用。在某种意义上,越是自信的幼儿越能获得成功,越成功自信心就越强。一个自信的幼儿,他的性格也是活泼开朗的。与此相反,对自己缺乏信心的幼儿,在面对一些事情时会选择逃避,久而久之会导致自身的自卑感加深甚至是挫败感。生活处处皆教育,教师将自信品格的培养渗透在幼儿的一日生活中能帮助幼儿很好地感受自信带给自己的变化。此外,家园共育是幼儿园教育的重要组成部分,幼儿园只有与家庭密切配合、共商教育对策,才能使教育适应幼儿的需要,具体方式如下。

（1）幼儿园层面

①绘本阅读：教师带领幼儿共同学习相应绘本，幼儿在阅读时理解故事内容，感受语言魅力。阅读完毕，教师进行有效提问，鼓励幼儿积极回答问题。

②餐前互动：每天午餐前的等待环节，教师请一位幼儿大胆从容地为大家介绍当天的食物。

③区角点评：教师鼓励幼儿积极分享自己的收获。

④盥洗活动：教师向幼儿发出刷牙、洗手比赛邀请，请幼儿自愿参与比赛。

⑤户外活动：教师创设层次性不同的游戏，鼓励幼儿能积极参与较有难度的游戏。

⑥随机教育：教师在日常多多关注幼儿在幼儿园的表现，如发现幼儿出现对某种活动的逃避现象时，要积极鼓励幼儿。如幼儿仍处于逃避状态，教师可陪同幼儿一起完成或请幼儿邀请同伴帮助。当发现一些敢于挑战却未挑战成功的幼儿，教师要对幼儿做出肯定、表扬、赞美等进行鼓励。

因幼儿的发展水平不同，在活动时难免会出现完成程度不一致的情况，教师要特别关注未完成的幼儿，善于捕捉他们的闪光点，用激励的语言进行语言奖励。

（2）家庭层面

教师通过每月一次的家长课堂进行品格讲解，在开展品格课堂时多提供实例，在开展时设立问题与家长进行互动，向家长发送反馈表，请家长在规定时间内进行提交。教师认真查看反馈表，推优并在家长群分享起到互相学习促进的作用。

面对个别幼儿的问题，教师与家长进行单线沟通，请家长在日常为幼儿提供锻炼机会，例如，参加社区活动，邀请同伴做客，请他照顾同伴等。

2."自我奖赏"技能——师幼互动

在日常生活中，幼儿难免会遇到自己认为较为困难的事情，产生退缩的心理。这种现象可以说明幼儿缺乏一定的行动力。而自我奖赏可以很好地激励幼儿，如若幼儿在完成一件事情后能获得一定的奖励，大都会产生想要再次尝试的心理，从而提高幼儿的积极性，获得敢于突破困难的自信。

案例：小坤是一个性格比较内向的小男孩，爸爸妈妈很是宠爱。小坤平时在家中有任何要求或者不想做的事情，爸爸妈妈都会帮助他。新学期开始，小坤每天入园都会哭闹，这让老师们很是苦恼。一天早上，他还是一如既往地哭闹，老师又一次尝试着和他沟通，值得高兴的是他愿意说话了，哭喊着说："上幼儿园好难。"老师问他："你觉得哪里难？"他说："穿衣服难，洗手难，折纸难，游戏难……"

分析：小坤是家中老二，上面有个哥哥，爸爸妈妈因工作原因请了一个阿姨。阿姨在带小坤时，包办代替的现象比较多，爸爸妈妈虽偶尔陪伴小坤，但多数情况下也是以满足为主。久而久之，小坤的自理能力就有所欠缺，依赖性越发增强。进入幼儿园后，就出现了他所有事情都不会的问题。当看到其他幼儿被表扬时，小坤因自己没有被表扬而形成挫败感，对所有事情都不敢尝试，觉得自己无法完成。

教师指导：当小坤出现以上情况时，教师首先应蹲下身子和小坤建立平等关系，尝试和小坤进行沟通，用鼓励的语言激励他，并让他完成一些容易完成的事情，帮他建立成就感。其次，教师要尝试着增加活动难度，事先和小坤商讨，如任务完成可以自己奖励自己。例如，为自己贴贴画，选择自己喜欢玩的玩具，找个舒适的地方休息一会儿。当幼儿离园后，教师应主动与小坤家长取得联系，反馈小坤在幼儿园的情况及解决方法，在教育观念上达成共识。

3. "大胆地说"技能——互动游戏

虽然大部分的中班幼儿都敢于表达自己的想法，但仍有个别幼儿对任何事情都缺乏自信，当遇到自己没把握的事情时，不敢将自己内心的想法当众说出来。所以，在一日生活中，教师应有意识地鼓励幼儿大胆说话，这可以让教师更直接地走进幼儿心里，根据幼儿内心所求进行相关教育。游戏是幼儿期最喜爱的活动，是幼儿生活的主要内容，利用游戏法引导幼儿学习相应技能，使幼儿更加容易掌握。

(1)大胆猜谜语

游戏玩法：教师大声说谜语，提出看谁猜得又快又准的游戏要求，请幼儿快速抢答。

(2)词语接龙

游戏玩法：教师说第一个词语，请幼儿陆续进行词语接龙，观察哪些幼儿快速完成，哪些幼儿不敢将自己答案说出。

(3)我问你答

游戏玩法：教师充当记者，用采访的方式请幼儿回答问题。目的是观察幼儿能否表达自己的想法。

(四)生活体验活动

活动案例：垃圾分类

1. 设计思路

垃圾分类是一项重要的环保技能。中班幼儿经过前期经验的积累已逐步养成了垃圾分类的好习惯，但小班幼儿由于入园不久，在环保意识以及垃圾分类能力有待提高。因此，开展以大带小的垃圾分类活动，既能帮助小班幼儿提高垃圾分类的意识与能力，也能提高中班幼儿的成就感。带领幼儿走进社区宣传垃圾分类知识更是对幼儿的一种信任与尊重，能让幼儿在活动中获得自信。

2. 活动过程

(1)哥哥姐姐来帮忙

教师向幼儿说明活动规则，并鼓励幼儿积极主动带领弟弟妹妹进行垃圾分类的活动。

(2)设计宣传画——垃圾分类我先行

教师为幼儿提供材料支持，引导幼儿发挥自己的想象力设计垃圾分类宣传画。绘制结束后，教师带领幼儿走进社区宣传垃圾分类知识。活动结束后，教师给予幼儿一定的评价。

3. 活动总结

将以上两个活动紧密结合，不仅缓解了小班幼儿入园焦虑，还能帮助小班幼儿养成垃圾分类的好习惯。而中班幼儿在进行两种活动时更是对自己已有经验的强化练习，教师活动后的评价能有效地帮助幼儿梳理生活经验，感受成功带给自己的快乐。当幼儿感受到成功带给自己的快乐时，会想去不断挑战成功，成功的次数多了会让自己越来越自信，今后在任何活动时会主动参与并相信自己能成功。

（中国农业大学西校区幼儿园　张玉洁）

七、家园共育指导

（一）品格指导要点

对于自信品格的家庭教育指导，重点在于帮助家长提高自信品格对幼儿成长的重要性的意识，引导家长抓住身边的教育契机，找出符合幼儿性格特点并且有针对性地提高自信的方式方法。

1. 与家长配合为幼儿提供提高自信的环境

幼儿园可以通过开展一系列活动，为幼儿展示自我、提高自信提供环境。例如，教师可以在家长开放日，邀请家长一起来园，开展亲子活动。幼儿园可以通过亲子水果拼盘制作比赛，让每名幼儿有机会向老师、家长以及同伴介绍自己的作品，分享自己的成功。教师与家长应共同对幼儿的作品进行鼓励性评价，并给予小红花、小纪念品之类的物质奖励，让幼儿了解自己的优点，增强自信。幼儿园还可以借助亲子表演活动，在家长的鼓励和共同参与下，使得幼儿更有勇气上台表演。表演结束后，教师与家长的赞许也能让幼儿信心倍增。此外，幼儿园应提供能够让幼儿和家长大胆表现的环境，使幼儿更容易产生安全感，进而乐于与同伴互动。教师也可以及时介入，抓住教育契机、正向评价，为幼儿提高自信心奠定坚实的基础。

2. 鼓励家长利用亲子阅读提升幼儿的自信

幼儿园可以通过微信群、家长会等方式，向家长讲述亲子阅读的重要性以及亲子阅读对幼儿的影响力。家长可以选择一些关于提高自信的绘本故事，让幼儿产生情感共鸣。例如，《宝儿——一只没有羽毛的大雁》是一个关于生命的励志故事，幼儿可以从中学会面对缺陷、多看自己的优点、遇到困难要想办法克服或改变现状等；绘本故事《长颈鹿不会跳舞》可以告诉幼儿，就算有时候不能像别人一样去完成某件事情，但是也没有关系，可以用属于自己的方式方法来做，也会一样好，甚至更好，要对自己有信心，不能因为和别人不一样就失望放弃；绘本《小绿狼》可以帮助幼儿找回自信、做回自己；《纸袋公主》是一个颠覆以往公主、王子形象的故事，幼儿更喜欢聪明、机智有自信的公主，并愿意做和她一样的人。经过一段时间的亲子阅读，幼儿园可以举办亲子阅读比赛，请家长和幼儿一起为全班小朋友讲述一些有助于幼儿消除胆怯心理、增强自信的小故事，让幼儿在欣赏故事或续编故事的过程中，体验到成功的乐趣，树立起坚定的信念。

3. 指导家长学会在适当情境给予幼儿鼓励性评价

正向的鼓励性评价对培养幼儿的自信是非常必要的。教师要指导家长学会在适当的情境给予幼儿鼓励性评价。例如，幼儿刚刚学习拍球时，总是控制不好，想要放弃，此时家长应该做正确的示范并鼓励他"宝贝，你一定行的，加油"。如果他尝试之后，还是没有成功，家长要持续地给予鼓励"没关系的，再来一次，妈妈来陪你"。当幼儿终于成功时，家长要及时给予表扬"宝贝太棒了，妈妈就知道你一定行的"。教师要提醒家长，用言语对幼儿进行鼓励性评价时，要丰富评价语，少用笼统性的"好""不错"等评价词，多用"你真勇敢""你做得很漂亮""妈妈相信你可以做得更好""我们为你感到骄傲""我已经看到你的进步了"等评价语，忌用"怎么还是不行""你太让我失望了"这样的评价语。此外，教师还可以指导家长用点头、微笑、拍拍肩、摸摸头、亲昵的拥抱等非言语方式来表示对幼儿的鼓励或赞许。

4. 鼓励家长引导幼儿积极主动地探索与尝试

教师应引导家长在日常生活中为幼儿有意创设颇有挑战性的活动，引导幼儿主动探索、尝试。例如，幼儿如果非常喜欢将家里的小凳子搭建成"小桥"进行游戏，家长可以把家里的大椅子也拿出来当作幼儿的"工具"，加大难度，让幼儿过高低不同的"小桥"。幼儿若喜欢用家里的废旧报纸做手工，家长完全可以鼓励幼儿改变单一的玩法，让幼儿主动去探索、尝试。幼儿可以将报纸折叠成正方形，摆成一排，玩"青蛙跳荷叶"；也可以将报纸揉成纸团，玩投球游戏；还可以折成纸飞机、做成纸棍等。在不断探索和尝试的过程中，幼儿不断地积累成功和失败的经验，有利于幼儿自信心的增强。

5. 将幼儿园的活动延伸到家庭教育当中

环境是重要的教育资源。在幼儿园活动中，教师利用墙面制作"集赞小能手""送我一朵小红花"等板块，目的是通过引导幼儿在一日生活、学习中大胆表达出自己的优点，从而得到奖励的方式，提高幼儿自信。幼儿如果学会挖掘自身资源，懂得自我赞美的话，能够更加有效地提高自信心。教师可以利用这一点，指导家长将幼儿园开展的活动延伸到家庭中。在家里，家长可以和幼儿一起选择一块墙面，通过多种方式进行装饰，并鼓励幼儿开动脑筋、积极参与。接下来，家长可请幼儿将自己值得被夸赞的事情表述出来，并将对应数量的"赞"或"小红花"粘贴在墙面上。例如，早晨起床后，在没有家长提醒的情况下，主动洗漱；下楼的时候，遇到邻居阿姨，主动打招呼等。经过幼儿长时间的自我肯定，不仅幼儿能感受到自己有很多值得表扬、肯定的地方，增强自信，同时家长还能透过幼儿的视角看到一些平时容易被自己忽视的幼儿的进步与成长，能及时给予幼儿一些表扬和鼓励。

(二)社会技能指导要点

1. 自我奖赏

自己觉得做得棒。有些幼儿对自己的评价完全依赖成人，所以家长首先要创造和谐的家庭赏识氛围，及时鼓励幼儿，让幼儿欣赏自己，学会表扬自己，强化幼儿的自我激励，使幼儿真正做到接纳自己，认为自己真的很棒。

老师却没点我名。家长要对幼儿进行及时的开导和安抚，让幼儿明白，做得好是自己的行为，可以用自我奖励的方法，鼓励自己。例如，送给自己一朵红花，为自己竖起一次大拇指。

自己说："我很棒，表不表扬都一样。"家长要告诉幼儿做得很棒，不要在意别人评价，要学会自我赏识，提升自己的内驱力，正确认识自己、理解自己、爱自己。努力后获得的成功，是对自己最好的奖励与表扬。

2. 大胆地说

当众说话时。幼儿要看着他人的眼睛，不躲闪，不乱动，思路清晰、语言流畅地表述自己的想法。切记不要扭扭捏捏，支支吾吾，表达不清晰，让他人误解自己的想法。针对这一点，家长可以多带幼儿参加集体活动，为其提供锻炼自我、敢说话的机会。

大胆挺起胸。家长要告诉幼儿，和他人交流时，要自然、放松，大胆地表达自己的想法。如果遇到坏事情，不退缩、不忍让，挺起胸膛，大胆说话。家长还可以带领幼儿观看一些演讲比赛、辩论赛等节目学习挺胸抬头大胆说话。

声音又大又好听。家长要引导幼儿，在与他人沟通交流的时候，声音要大且好听，让他人听清楚。在说话开始之前，先要想好说什么、怎么说。切记不要大吵大叫，发出奇怪的声音，这是非常不礼貌的行为，尤其是在公共场所。

(三)你问我答

1. 美术课上，教师让幼儿画一幅画，有的幼儿还没开始就说"老师，我不会"，此时教师该怎么办

这是幼儿缺乏自信心的典型表现，教师此时要多加鼓励，给幼儿信心，要让幼儿敢动笔。无论作品如何，教师都要尊重他的创作，让其大胆地"画"。教师对幼儿的理解、尊重和鼓励，不但能提高幼儿对美术创作的喜爱，更能提高幼儿的自信。

2. 集体活动时，有的幼儿不敢主动参加，教师该怎么办

幼儿自我价值感较低，比较敏感、胆小，集体活动人数较多，幼儿很害怕犯错，甚至怕被其他幼儿嘲笑。因此，教师可以为幼儿安排一些简单且容易完成的活动任务。当幼儿完成时，教师应给予鼓励，并在全班幼儿面前表扬。这样幼儿会获得较大的信心，此后可能会逐渐融入集体活动中，体会到其中的乐趣。

3. 比赛过后，有的幼儿胜负欲很强，只能接受赢，一旦输了就会大哭不止，教师该怎么办

教师应该给予幼儿面对挫折的勇气，同时告知其家长不要对幼儿进行过度保护，也不要小心呵护、避免幼儿遭受失败。这样做会导致幼儿不能真正了解成功的价值，也不利于幼儿形成面对挫折的勇气。教师也要与幼儿多谈心，让幼儿拥有跌倒还能爬起、直面困难和正确对待输与赢的信心。

4. 幼儿过分依恋家长，家长该怎么办

这类幼儿在独立完成工作时，往往会不想做，没有自信，习惯性地依赖家长。因此，家长应适当放手，减少过分干涉幼儿的想法，让幼儿做自己想做和有挑战的事。在幼儿接受挑战时，尽量减少对幼儿的帮忙。家长应在对幼儿的保护欲和幼儿解决新问题的需要之间取得平衡，这样才能培养幼儿的自信和自尊。

5. 面对过于"听话"的幼儿，家长该怎么办

这样的幼儿往往缺乏主见，只听从别人的意见，长大后会出现很多问题，甚至形成讨好型人格。家长首先要给幼儿一些安全感，提高幼儿自信心；同时着重锻炼幼儿独立自主的能力，让幼儿学会独当一面，就算出了问题，家长也不要立马责备，要给幼儿一些鼓励。

6. 幼儿不敢尝试新事物，家长怎么办

家长应该调整幼儿应对难题时的畏惧心理，切记不要有"恨铁不成钢"的心理，强迫幼儿去尝试，要流露出发自内心的爱，经常、诚恳地给予幼儿鼓励，适当地支持幼儿去"冒险"，如尝试新事物，去一个没有去过的公园等，在这个过程中，幼儿会获得独立、冒险意识以及全面的自信。

(绥化市机关幼儿园　毕秀红　于录录)

第八章 节制品格：知足常乐

一、主题说明

◎情境链接

"这是我的，我发现的，你还给我。""梓义，你不是我朋友，我讨厌你。"最近，班上的小种子火气似乎特别大，经常对其他幼儿发脾气，情绪比较暴躁。幼儿的爸爸也很苦恼地跟老师说："他现在也不怕我，他妈妈因为调到其他地方工作，也顾不上家里，我也不知道该怎么办。"

从上述案例中可以看出，小种子的情绪控制能力并不好，稍有不如意就会大喊大叫、发脾气。相信一线教师在工作中也经常会遇到类似的幼儿。教师如何发挥自身专业性，开展系列有针对性的活动，引导幼儿学会合理表达情绪，克制情绪呢？这正是培养幼儿节制品格的内在要求。

所谓节制，是指在理性的指导下，对利益、欲望、情感等进行控制、调节，使之合理、得当。一个有节制的人，不会玩物丧志，不会沉迷于游戏，蹉跎岁月；一个懂节制的人，不会被愤怒的情绪牵制，也不会长时间沉湎于悲伤、痛苦；一个懂得节制的人，一定是一个自律的人，能够控制饮食、坚持锻炼，有良好的生活习惯；一个懂节制的人，能够控制自己的物质欲望，能够经受住诱惑，不迷失自己。一个人如果不懂得节制，就容易任性、放纵，甚至是乖戾。社会舆论有责任提醒人们，要做一个懂节制、能节制的人。提倡节制、养成节制的品德，应是建设和谐社会、文明国家，培育和践行社会主义核心价值观的重要举措。节制作为一种美德，其全面养成需要一个过程，我们不妨先从公共场所不大声喧哗、不暴饮暴食、不动辄发怒、友善待人等小事做起，逐渐养成习惯，进而形成一种品德。

本期主题主要结合幼儿生活经验及发展需求，从三个方面培养幼儿的节制品格。第一，控制欲望，如不暴饮暴食，不吃垃圾食品，不盲目消费，不攀比，不沉迷电子游戏等；第二，自律生活，如按时作息，坚持锻炼，坚持阅读或学习等；第三，控制情绪，如生气、难过的时候能合理宣泄情绪，及时调整情绪等。在这个过程中将通过社会技能"自我克制"教给幼儿控制情绪的办法，学会做情绪的主人。

二、主题目标

第一，意识到健康饮食对身体健康的重要性，愿意做好科学饮食、规律饮食。

第二，知道早睡早起对身体健康的重要性，能够按时入睡、按时起床。

第三，知道运动锻炼对身体健康的重要性，养成健身的好习惯。

第四，知道心情不好或要求没有得到满足时，不能大吼大叫或任性哭闹。

第五，能够在成人的引导下控制自己的物质欲望，不要求购买很多的玩具、衣物或其他物品。

第六，当与同伴发生冲突时能控制自己的情绪，愿意用沟通、协商或轮流的方式处理。

第七，在游戏或探索中尝试很多次仍失败时，能够平静地面对并自我调节。

第八，在玩玩具或游戏时，能够按照约定的时间结束，不拖沓。

三、环境创设

(一)主题墙

节制品格包括节制认知、节制行为和节制情绪三个维度。基于对这三个维度的分析理解，主题墙划分为浪费大王和节约能手、时间小管家、我的情绪小怪兽、等一等或快一点儿四部分内容。

1. 浪费大王和节约能手

这部分是为了帮助幼儿理解人与自然的关系，了解保护自然资源的重要意义。因此，教师可以从身边的小事入手，例如，以"小朋友发现班上就餐后有剩饭"的现象导入节约资源的话题，了解生活中需要节约的资源(水、电、纸等)，探讨针对不同资源的节约小方法(图 8-1)。

图 8-1 生活中的节约和浪费

2. 时间小管家

随着社会信息技术的发展，幼儿过度使用电子产品导致近视的现象逐渐低龄化。为了帮助幼儿通过自我节制养成规律生活与作息的良好习惯，保持健康的身体状况，教师可以从幼儿感兴趣的话题"身边的朋友为什么戴眼镜"入手，从而引发幼儿关于"家里有谁戴眼镜"的调查，以及"戴眼镜有什么不方便"和"怎样保护眼睛"的讨论。此外，教师还可以通过详细了解在幼儿园的作息时间安排，一起探讨制定出在家的合理作息时间表，引导幼儿认识到在家也应健康、有节制地生活（图 8-2）。

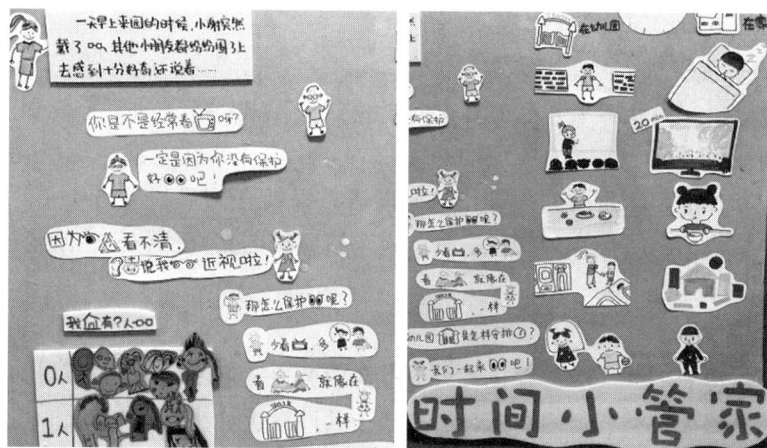

图 8-2　时间小管家

3. 我的情绪小怪兽

这部分首先可以用幼儿自己制作的调查表进行梳理和展示，让幼儿了解什么是情绪；其次可以与幼儿一起讨论，当同伴间产生矛盾或自己遇到困难而生气、难过时该怎么办；最后将一次完整的事件解决过程呈现在主题墙上，带领幼儿进行回顾，强化幼儿对自我控制情绪方法的掌握。

4. 等一等或快一点儿

幼儿在游戏活动中经常发生争抢玩具、不按规定时间结束游戏、收纳材料时间过长的现象。为了帮助幼儿在游戏中调整自己的心态，教师可以和幼儿一起讨论在游戏活动中什么时候可以等一等，什么时候需要快一点儿，并一起形成游戏中的规则，一并呈现在墙面上（图 8-3）。

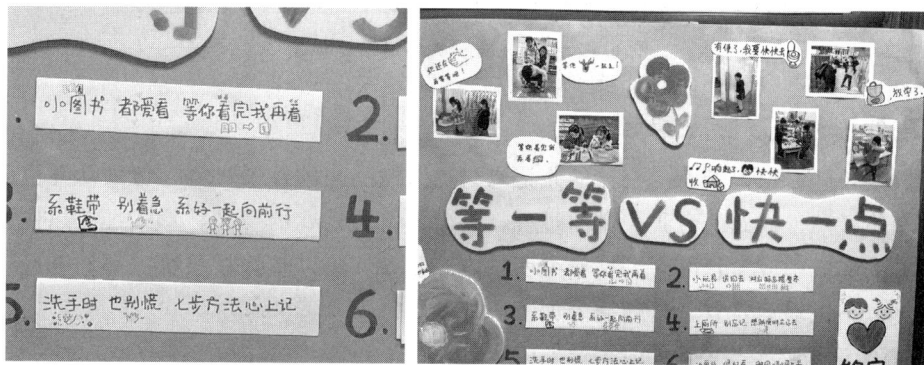

图 8-3　商定游戏中的规则

(二)家园共育栏

家园共育栏主要体现环境与家长的互动,首先,让家长了解本期节制品格主题下幼儿园的活动计划与安排,包括园内教学活动、家园活动(亲子活动、家长课堂、家访等);其次,向家长说明开展节制品格教育的重要意义,提供关于节约资源、规律生活、控制情绪、遵守规则四方面的家庭教育指导建议。

1. 主题内容告知

这部分可以用文字或图文并茂的方式向家长介绍节制品格主题下有关于节约资源、规律生活、控制情绪、遵守规则四方面的相关内容,让家长知晓本期主题活动安排。此外,教师还可以向家长推荐幼儿园的一日作息时间表,以及有关节制品格相关的绘本,如《让我安静五分钟》《我不随便任性》《肚子里有个火车站》《聚宝盆》《〈弟子规〉童话绘本:松紧带肚子》等。

2. 日常亲子陪伴

日常亲子活动展示墙可以设置在班级图书角的旁边,展示幼儿在家里快速收玩具的小妙招,推荐在家阅读各类节制的图书,还有亲子共同解决如生气、哭闹、未遵守作息时间等问题的过程图、适合的小方法、儿歌等,让幼儿将家中关于节制的经验迁移到幼儿园中(图8-4)。

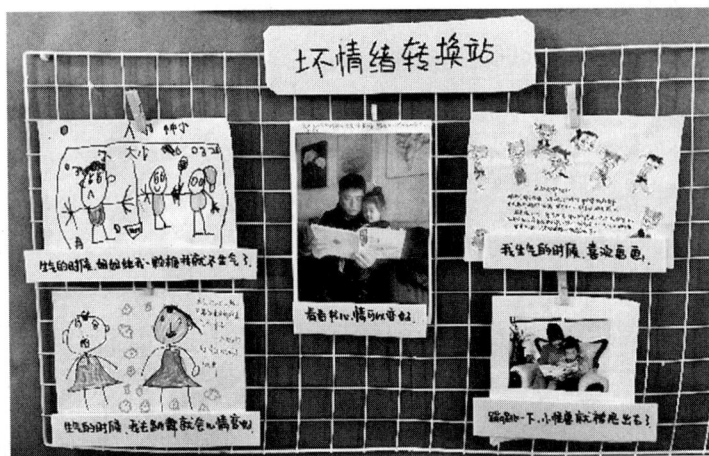

图8-4　亲子共同解决坏情绪流程图

(三)幼儿成长(学习)记录墙

幼儿成长(学习)记录墙主要让幼儿记录自己节制品格的发展过程,帮助幼儿直观地看到自己情绪激烈外放到能自我控制的过程,高度要符合幼儿的身高,形式主要以照片、幼儿绘画作品和教师或家长的简要文字说明的方式呈现,可以布置在班级内部幼儿经常路过的1.3米以下的墙面位置,具体内容如下。

1. 心情记录站

这部分主要是提供记录表,让幼儿记录自己每一天的心情(图8-5),教师从中了解幼儿在一段时间内的心情变化。幼儿也可以在平时进行翻阅与回顾，更直观地了解自己或同伴的情绪状况。

图 8-5 我的心情我知道

2. 我们的成长

这部分呈现幼儿与节制相关的小改变，例如，能够坚持一周听到音乐后及时收玩具，周末在家每天只看 20 分以内的电视或其他电子产品等。这面墙由两部分组成，分别为"成长的印记"和"成长的故事"。当幼儿在幼儿园或家庭中做到约定的任务或目标时，教师鼓励幼儿将自己的照片张贴在对应的"小任务"上。同时，教师也注重收集幼儿在改变过程中的小故事，引导幼儿主动与老师、同伴分享，并以故事书的形式进行记录，让幼儿与墙面进行互动(图 8-6)。

图 8-6 幼儿记录的关于自己改变的小故事

（成都市第十幼儿园 王艳林 范颖）

四、教学活动案例及反思

(一)品格绘本阅读活动

1. 节制品格绘本推介

培养幼儿的节制品格就是要引导幼儿学会尊重物质世界,学会过一种节俭、负责任的生活。具体来说,就是要让幼儿学会控制自己不合理的欲望,养成良好的饮食、作息与锻炼习惯,具备初步的自律意识,树立健康生活的态度。因此,本期主题我们从饮食节制、物欲控制等方面筛选了 4 本绘本作为教师开展绘本阅读活动的载体,具体见表 8-1。

表 8-1 节制品格绘本推荐及解析

绘本名称	主要内容	绘本中的"节制"
《肚子里有个火车站》	茱莉娅吃得太多、太快,饭菜一大块一大块地掉进肚子火车站里,堆得像小山一样高。肚子里的小精灵们被激怒了,他们游行示威、罢工抗议……肚子火车站里一片混乱。	节制饮食才不会生病,会让身体更健康。
《怎么才能不吃掉我的朋友?》	一只小恐龙把所有的朋友都吃到肚里去了,尽管他每次都很努力地克制,可还是忍不住。直到莫罗的出现……幸亏莫罗有一个神奇的口诀,才让自己幸免于难。从此,小恐龙也终于有了一个好朋友。	对自己喜欢的食物占有欲强、控制力差,节制意识还不稳定,往往需要他人的提醒。
《多了》	一只喜鹊不停地囤积各种各样的物品,最终当它连同整个巢穴和树枝一起坠落时才明白"少即是多"的道理。	控制物质欲望,按需取物或购买。
《世界上最大的房子》	有一只小蜗牛不甘于现状,他想拥有世界上最大的房子。当他明白沉重的欲望只会成为自己的负担后,带着小而轻巧的房子上路了……	沉重的欲望只会成为负担,贪心会带来大麻烦。

2. 教学活动案例

接下来我们以语言活动"肚子里有个火车站"为例阐述节制品格语言领域教学活动的组织要点,见表 8-2。

表 8-2 节制品格语言领域教学活动

	肚子里有个火车站	
活动环节	**活动设计**	
活动目标	认知目标:理解故事内容,知道节制饮食的重要性。	
	能力目标:能在老师的引导下大胆讲述自己的发现与理解。	
	情感目标:体会故事的诙谐、有趣,愿意在生活中节制饮食。	
活动准备	经验准备	幼儿对健康饮食有初步的想法及判断。
	物质准备	1. 绘本课件《肚子里有个火车站》。 2. 食物消化路线图(或动画片)。

续表

肚子里有个火车站	
活动环节	活动设计
活动过程	**一、出示绘本封面，激发幼儿的学习兴趣** 师：小朋友们，你们看这是什么地方，上面有什么？它们是谁？在做什么？ 师：今天老师带来了一个关于我们身体的故事，这个故事叫《肚子里有个火车站》。我们的身体里真的有个火车站吗？让我们快去看一看吧！ **二、阅读绘本第 1 至 9 页，引导幼儿了解肚子里的火车站及其作用** 师：这个小姑娘叫茉莉娅。她刚刚从幼儿园出来，走在回家的路上。突然，茉莉娅听见一阵"咕噜噜"的声音。 师：小朋友们，猜一下"咕噜噜"的声音是从哪里来的。为什么茉莉娅的肚子会发出"咕噜噜"的声音呢？ 师：肚子里的火车站有什么作用？ （品格元素：教师引导幼儿初步了解食物在肚子中的消化过程，为理解暴饮暴食的危害做铺垫） **三、阅读绘本第 10 至 14 页，引导幼儿感知吃饭时没有细嚼慢咽带来的危害** 第 10 至 11 页： 师：发生了什么？ 师：为什么这些面条还是又粗又长？大肉块像石头一样？菜叶子像被子一样？ 第 12 至 14 页： 师：小精灵们的心情怎么样？如果是你，你会怎么做？（教师让幼儿表演小精灵生气时的状态） 讨论：茉莉娅怎样吃午餐才不会把小精灵们弄疼？ （品格元素：教师引导幼儿感知食物没嚼碎就下咽给身体带来的危害） **四、阅读绘本第 15 至 22 页，引导幼儿感知食物消化的过程** 师：小精灵们用什么办法将食物变成泥？ 师：火车在运送变成泥的食物的过程中会经历什么？ 教师出示食物消化路线图（或播放动画片），帮助幼儿直观了解食物消化的过程。 **五、阅读绘本第 23 至 31 页，引导幼儿感知暴饮暴食带来的危害** 师：这一次茉莉娅肚子里的火车站又发生了什么？ 师：茉莉娅为什么会生病？ 小结：茉莉娅吃得太多、太快，吃的东西没有嚼碎，吃了冰的食物，因此就会肚子疼，不舒服。 （品格元素：教师带领幼儿感知吃饭不节制的行为，例如，吃得太多、太快，刚吃完热的又吃冰的食物，等等，并感知这样带来的危害，如肚子疼） **六、阅读绘本第 32 至 41 页，引导幼儿了解健康饮食的重要性** 师：茉莉娅的肚子为什么不疼了？ 师：火车站的小精灵们最喜欢什么样的食物？ 师：你们觉得自己的肚子里有没有一个火车站呢？怎么样才能让你们的火车站正常运转呢？ 总结：我们每个人的肚子里都有一个火车站，小精灵就生活在里面，它们帮助我们进行食物的消化，并将营养送到身体的各处，所以我们在进餐的时候要细嚼慢咽、吃一些营养的食物，它们更好消化，吸收起来也更快，身体也就更健康！ （品格元素：教师联系生活实际，引导幼儿养成良好饮食习惯）

续表

肚子里有个火车站	
活动环节	活动设计
活动延伸	一、区角延伸 教师将绘本《肚子里有个火车站》投放到图书区，供幼儿进行再次阅读，巩固对故事的理解与掌握。此外，教师还可投放与消化系统相关的绘本，如《一路顺风，便便!》《咕噜咕噜，消化开始》《如果不吃青菜》等；同时还可提供食物消化图，供幼儿阅读，有助于加深幼儿对消化系统的认识。 二、生活渗透 教师可在日常早、中进餐时引导幼儿进行细嚼慢咽，按需进食等，养成良好的饮食习惯。同时教师也可以引导家长在家庭生活中要关注幼儿日常饮食健康，不可暴饮暴食。

3. 活动反思

(1)活动特点

活动旨在帮助幼儿了解节制饮食的重要性。活动中，教师通过对绘本重点画面的解读，唤起幼儿对故事主要情节的记忆，围绕"肚子里的小精灵的罢工原因""如何让小精灵快乐工作"两个问题线索，调动幼儿已有经验来表达自己的理解和感受。在师幼、幼幼的交流中互相学习、互相借鉴，获取有益经验。

(2)活动实施建议

由于绘本故事较长，教师在活动时可选择几个重点画面进行解读，如"为什么茉莉娅的肚子会发出'咕噜噜'的声音呢""茉莉娅为什么会生病""茉莉娅的肚子为什么不疼了"。讲述小精灵用什么办法让食物变成泥时，教师可借助食物消化路线图进行讲解，帮助幼儿更直观地了解食物的消化过程。

(阳江市政府机关幼儿园　刘翠翠)

(二)品格社会领域教学活动

1. 节制品格的社会领域教学活动设计说明

节制品格在社会领域主要体现在人际交往和节约两个方面。对于中班的幼儿，在人际交往方面，重点需在活动过程中关注和培养幼儿的交往行为。首先，与同伴游戏时，不争抢玩具，与同伴发生冲突时，不乱发脾气；其次，是愿意和大家交换、轮流玩，需要等待的时候能够耐心等，不着急。另外，在人际交往的待人接物方面，教师可通过故事情境，引导幼儿知道不能随便对别人发脾气，大吼大叫、耍赖、任性哭闹不是解决问题的好方法。节制主题的社会领域集体教学活动，可以从"分享""轮流""交换"的角度来展开，核心就是不自私。玩游戏时愿意遵守游戏规则，大家一起轮流玩，而不是自己一个人霸占某个玩具；取用游戏材料时能够按需拿取，而不是一次拿很多或自己全部拿走。

2. 教学活动案例

接下来我们以社会活动"一起玩，不独占"为例阐述节制品格社会领域教学活动的组织要点，见表8-3。

表 8-3　节制品格社会领域教学活动

	一起玩，不独占
活动环节	活动设计

活动目标	认知目标：知道大家一起玩游戏时要轮流，游戏材料要大家一起共用，不能独占。
	能力目标：能够积极想出解决游戏权利冲突、游戏材料独占问题的办法。
	情感目标：在同伴交往中，对大家都喜欢的游戏、物品愿意轮流玩和分享。

| 活动准备 | 经验准备 | 幼儿已有和同伴一起玩玩具的体验，遇到过独占玩具的情况，能简单回忆起相关场景，并能表达自己当时的情绪。 |
| | 物质准备 | 1. 幼儿独占玩具或游戏的场景视频《益智区的新玩具》（可以提前给幼儿拍照或录像）。
2. 幼儿从家里带来各类玩具。 |

| 活动过程 | 一、引导幼儿介绍自己带来的玩具，相互一起玩玩具
1. 教师让幼儿介绍自己带来的玩具（是什么，怎么玩）。
师：小朋友们，你们今天来幼儿园都带来了什么？你能和大家一起分享你的玩具吗？（教师边介绍边示范玩法，以激发幼儿的参与兴趣和想一起相互玩玩具的意愿）
2. 幼儿相互交换玩具，大家一起玩。
师：这么多的玩具，你们愿意和大家一起玩吗？我们一起交换玩玩具吧。（教师不提示，让幼儿自然地交换玩具，互相交往）
二、呈现幼儿独占玩具的场景，引导幼儿初步感受"独占"和"分享"
1. 教师出示拍下的场景视频，引导幼儿观察。
视频内容：老师带来了一个新玩具投放在益智区，一名幼儿独占这个玩具一个人玩，其他幼儿过来争抢，谁都不愿意让步，最后玩具在争抢中被扯坏。
2. 师幼谈话，感受视频中的情境。
师：视频里面发生了什么事情？视频中的小朋友做得对吗？为什么？
小结：独占玩具会带来不愉快，争抢的后果是谁都玩不了新玩具，所以我们要学会分享。
（品格元素）师幼一起探讨独占、争抢玩具的后果，总结经验）
三、引导幼儿分享自己遇到的独占玩具情境及当时的心情
1. 教师请刚刚在玩玩具过程中玩得开心和不开心的幼儿谈谈自己的心情，说说原因。
师：刚刚在一起玩玩具的过程中你的心情怎么样？为什么？发生了什么？
2. 教师引导幼儿大胆讨论，表达自己的想法。
师：你在玩玩具或者游戏的过程中遇到过视频中那样的冲突吗？你有什么解决办法？
（品格元素）教师承上启发幼儿积极思考：在玩玩具过程中心情怎么样、遇到视频中出现的情况该怎么办，引导幼儿畅所欲言，大胆表达，提出解决办法）
四、师幼讨论探究解决游戏权利冲突、游戏材料独占问题的办法
1. 教师引导幼儿理解"交换玩"。
师：当自己有玩具，又很想玩其他小朋友的玩具的时候，可以怎么办呢？
2. 教师引导幼儿理解"分享玩"。
师：当玩具很少，大家又都很想玩的时候，应该怎么办呢？
3. 教师引导幼儿理解"轮流玩"。
师：当好玩的玩具只有一个的时候，大家都想先玩，怎么办呢？（可用石头剪刀布等方法来决定赢的人先玩，同时鼓励幼儿学会谦让，让对方先玩）如果一个小朋友玩了很久了，让后 |

续表

一起玩，不独占	
活动环节	活动设计
活动过程	面的小朋友等着急了，这时候该怎么办呢？（共同商量，你玩一会儿，我玩一会儿；你玩5分，我玩5分，要轮流着玩） （品格元素：教师归纳呈现不同的冲突，以帮助幼儿掌握不同的方法，真正理解并做到在同伴交往中，对大家都喜欢的游戏、物品愿意轮流玩和分享） 五、师幼小结，结束活动 师：好玩的玩具大家都爱玩，你玩玩，我玩玩，不争也不抢，大家都开心。
活动延伸	一、区角延伸 教师可以将幼儿带来的玩具布置在区角中，设立"玩具分享日"，鼓励幼儿主动与他人分享、交换，探索不同玩具的玩法，感受与人分享的乐趣，同时建立更好的同伴关系。 二、家园共育 教师可以与家长沟通，了解幼儿平时的分享意识，同时将幼儿的分享行为用照片或视频的形式及时记录，感受幼儿在交往行为中的变化。 三、生活渗透 在日常生活中，教师可以关注幼儿在各方面的分享意识，遇到同伴冲突时，引导幼儿尝试自主解决问题。

3. 活动反思

（1）活动特点

首先，活动目标明确，重点引导幼儿知道一起玩游戏时要轮流，游戏材料要一起共用，不能独占；同时三条活动目标具有可操作性，结合难度适宜的活动内容，层层递进实现活动目标。其次，活动以幼儿自己带来的玩具导入自然地过渡到幼儿独占玩具或游戏的场景，引发幼儿思考。最后，活动以问题讨论的方式引导幼儿思考解决游戏权力冲突、游戏材料独占问题的办法。整个活动氛围轻松愉悦，充分尊重幼儿自主表达的意愿，在教学活动中解决幼儿游戏或一日生活中的实际问题。

（2）活动实施建议

教师在与幼儿讨论探究解决游戏权利冲突、游戏材料独占问题的办法过程中，为了帮助幼儿更好地理解"交换玩""分享玩""轮流玩"的作用，可以增加幼儿操作练习的机会，让幼儿能更直观地理解、掌握不同的解决办法。

（长沙市芙蓉区教育局农园路幼儿园　陈蓉　管朝娟）

（三）品格综合领域教学活动

1. 节制品格的综合领域教学活动设计说明

将节制品格与五大领域活动有效融合，创设多元化的活动形式，深化节制品格的培养效果。节制主题中的健康领域活动涉及幼儿的身体健康及情绪方面的内容。例如，在饮食上懂得克制自己，保持健康的身体状况；在情绪上不会被消极的情绪影响，控制好自己的情绪等。科学领域则包括认知身体的消化系统，养成良好的饮食习惯；关爱大自然，保护自然资源等。艺术领域则可以鼓励幼儿以极简的线条、色彩、材料进行艺术表达，在创作中初步体会"大道至简"；编创表演游戏，表现在不同场景中如何控制好自己的情绪等。

2. 教学活动案例

接下来我们以健康领域活动"我们是快乐的好朋友"为例阐述节制品格综合领域教学活动的组织要点，见表 8-4。

表 8-4　节制品格综合领域教学活动

我们是快乐的好朋友		
活动环节	**活动设计**	
活动目标	认知目标：知道不能随便对别人发脾气。	
	能力目标：学会在别人无意中影响自己时克制自己的情绪。	
	情感目标：懂得珍惜朋友之间的友情，与他人愉快相处。	
活动准备	经验准备	1. 幼儿知道乱发脾气对身体不好。 2. 幼儿在与同伴游戏时懂得分享与谦让。
	物质准备	1. 熊猫乐乐和迪迪一起玩玩具的视频(乐乐手中的玩具不小心打到了迪迪身上，迪迪非常生气，冲乐乐大发脾气，转身离开)。 2. 音乐《你是我的好朋友》。 3. 两个小动物玩偶；笑脸贴画、哭脸贴画每人一个；四个情境图；"自我克制"技能口诀图片。
活动过程	一、儿歌导入，引出熊猫乐乐和迪迪，激发幼儿兴趣 师：小手小手拍一拍，小手小手摆一摆，小手小手看不见，变出两只小可爱。 师：哇，今天有两只可爱的小动物来做客啦！小朋友们鼓掌欢迎它们吧，它们的名字是乐乐和迪迪。 师：乐乐和迪迪是一对好朋友，可是发生了一件事，让它们不再是好朋友了，发生什么事了呢？ 二、播放视频，引发幼儿思考、讨论，师幼互动 师：乐乐和迪迪之间发生什么事了？ 师：迪迪为什么生气了？迪迪的做法对吗？ 师：小朋友们，你们有像迪迪一样生气的时候吗？生气会给我们的身体带来哪些影响呢？ 小结：迪迪的做法是不对的，乱发脾气不仅会对自己的身体不好，还会伤害朋友的感情，对于别人不是故意的伤害，我们要控制自己的情绪。 (品格元素：小动物的故事最容易触动幼儿的心灵，激发幼儿对于节制情绪的思考和判断) 三、情境讨论，引导幼儿感知情绪控制在同伴交往中的重要性 师：小朋友们一起玩的时候也会经常发生各种不开心的事情，那我们该怎么处理呢？一起来看看下面的情境图，说一说他们做得对不对。请给做得对的小朋友贴一个笑脸贴画，给做得不对的小朋友贴一个哭脸贴画。 场景一：小朋友琪琪正在用积木搭建一座大桥，淘淘从旁边走过不小心撞到琪琪身上，把大桥也碰坏了。琪琪生气地用手推淘淘说："你赔我的大桥，你赔我的大桥。" 请问琪琪的做法对吗？	

活动环节	活动设计
	我们是快乐的好朋友

活动环节	活动设计
活动过程	场景二：正在排队的蓝蓝鞋带开了，蓝蓝低头系鞋带的时候，不小心坐到了身后红红的脚上，红红大叫一声："哎哟"，蓝蓝马上向红红道歉，说自己顾着系鞋带，没注意到红红在后面。红红大方地笑一笑说："没事，没事。" 请问红红的做法是对的吗？ 场景三：盥洗室里，正在挂毛巾的彤彤不小心把旁边的毛巾碰掉了。站在一旁的西西生气地说："那是我的毛巾，你碰我的毛巾干吗？"彤彤赶紧捡起毛巾挂上，并向西西道歉，可是西西根本不理他。 请问西西的做法对吗？ 场景四：操场上，小伙伴们正热火朝天地玩投篮，轮到飞飞投篮时，飞飞非常兴奋，没控制好方向，把篮球扔到了身后，正好打到了晶晶的肩膀上。晶晶用手捂着肩膀，什么也没说，冲着飞飞笑了笑。飞飞不好意思地说："对不起。"晶晶愉快地说："没关系啦。" 请问晶晶的做法对吗？ 小结：这些情境都是小朋友们在幼儿园里经常碰到的事情，我们要向做得对的小朋友学习，控制好自己的情绪，和其他小朋友愉快地相处。 （品格元素：教师选取的场景在一日生活中非常常见，从熟悉的场景入手，激发幼儿的积极思考和对节制情绪的进一步认识） **四、出示"自我克制"技能口诀图片，以社会技能"自我克制"，强化幼儿控制情绪的方法** 图1：一只大老虎和一只小白兔 口诀1：一二三四五，不学大老虎，学做小白兔，脾气我做主 图2：两个好朋友手拉手 口诀2：一二三四五，都是好朋友，有话好好说，友情最长久 幼儿分组练习口诀，边说边做动作。 （品格元素：教师用朗朗上口的技能口诀和简单易学的手指谣让幼儿将自我控制技能了然于心，在反复的语言和动作表达中，潜移默化地改变自己的控制行为） **五、帮助幼儿巩固经验，在舞蹈中愉快结束** 师：小朋友们，我们手拉手围成一个大圆圈。我数一二三四五，请你们找到自己的好朋友，并和他拥抱一下。 师：小朋友们都找到了自己的好朋友，那就和好朋友跳一曲快乐的舞蹈吧。 教师播放《你是我的好朋友》，幼儿两人一组自由快乐地舞蹈。 总结：小朋友们，每个小朋友都是我们的好朋友。在生活中，我们要珍惜自己的朋友，控制好自己的情绪，有话好好说，不乱发脾气，这样你就会有越来越多的好朋友，老师和小朋友都喜欢你。回到家里，你们也要坚持控制好自己的情绪，不随便向家里的长辈发脾气，让我们都成为懂礼貌、爱微笑、阳光向上的小天使。 （品格元素：学会节制的目的是帮助个人追求幸福、和谐生活、保持快乐和内心宁静的重要途径，对幼儿来说，就是在幼儿园体验到更为快乐和充实的集体生活）
活动延伸	**一、家园共育** 教师可以鼓励家长在家中为幼儿设立一个情绪控制记录表，乱发脾气的时候就记录下来，帮助幼儿分析发脾气的原因，一起找到正确宣泄情绪的好方法。当幼儿再次遇到同类情况且幼儿能控制自己的情绪时，家长就记录下来，累计一段时间后，根据幼儿的表现给予适度

续表

我们是快乐的好朋友	
活动环节	活动设计
活动延伸	的奖励。家长和幼儿相互监督，一起学会控制情绪，共同营造温馨、和谐、互助、有爱的家庭环境。 **二、环境渗透** 教师可以创设"情绪记录墙"，为每名幼儿准备一本"情绪记录手册"，及时记录自己的情绪变化，将引起情绪变化的事情记录下来，每周组织一次"情绪交流会"，相互交流自己情绪变化的感受。教师还可以创设"最美的笑脸"墙饰，让每名幼儿画下自己笑脸的模样，用不同的美工材料进行装饰，让快乐的情绪感染大家，充盈在整个教室里。

3. 活动反思

（1）活动特点

活动目标层次分明，从认知、能力、情感三方面层层深入，引导幼儿学会判断和识别不良情绪的危害，懂得不乱发脾气、节制情绪，用合理冷静的方式来处理和同伴相处的小摩擦和小误会。有趣的儿歌导入、生动的小动物视频，都让幼儿第一时间将注意力聚焦在乱发脾气导致的不良后果上，激发幼儿的同理心，以及对乱发脾气应对事情的积极思考。日常生活场景的切入让幼儿的活动参与度更高，能够全情投入对每个场景的关注中。活动结束部分的舞蹈，让幼儿在放松快乐的气氛中感受有同伴陪伴一起跳舞的幸福感和充实感，从而强化节制情绪的认知和领悟。

（2）活动实施建议

在平时的一日活动中，教师要做好有心人，及时记录一些情绪控制问题的场景，用视频、图片或文字记录的方式进行积累汇总，这样在课堂上的场景测验中提供的素材就更有说服力和亲切感。由于时间局限，教师没有给予幼儿更多的表达机会。在简单判断场景中人物行为的对错之后，教师可以让幼儿说说遇到这样的情境时他们会怎么做，分享更多的方法和应对措施。

（中国人民解放军 96605 部队长缨幼儿园　董莉　刘畅）

(四)幼儿社会技能教学活动

1. 活动设计说明

幼儿期是一个人习惯养成的重要时期，而自我控制能力是幼儿社会化的重要能力之一。幼儿在家里和幼儿园出现任性、易怒、爱发脾气的问题与幼儿节制品格的发展有着密切的关系。若没有良好的节制品格，就难以养成良好的学习与生活习惯，更会对幼儿社会交往和人格品质的发展产生不良影响。

2. 社会技能"自我克制"教学活动案例

社会技能"自我克制"的技能口诀是：一二三四五，大学不老虎，要学小白兔；五四三二一，同学是姐妹，同学是兄弟。接下来我们以活动"学会控制情绪"为例阐述社会技能"自我克制"教学活动的组织要点，见表8-5。

表8-5　社会技能"自我克制"教学活动

学会控制情绪		
活动环节	活动设计	
活动目标	认知目标：知道与同伴发生冲突时要先控制情绪，不能打人或骂人。	
	能力目标：通过"自我克制"的口诀锻炼情绪处理能力。	
	情感目标：乐于与他人友好相处。	
活动准备	经验准备	幼儿有过跟同伴发生矛盾而生气的经历。
	物质准备	小白兔、小猴子、大老虎的图片各一张。
活动过程	一、故事导入 教师出示小白兔、小猴子和大老虎的照片，以故事引入激发幼儿活动兴趣。 师：小朋友们看一看，今天老师带来了三只小动物，他们分别是谁？（教师出示小白兔、小猴子和大老虎的图片）有一天在森林里，小猴子正在欢快地荡秋千玩耍。这时候，大老虎路过，小猴子不小心撞到了大老虎，大老虎特别生气地和小猴子说："你撞到我了，我要揍你！"小猴子吓得哭了起来。第二天，小猴子在森林里垂头丧气地走着，不小心撞到了小兔子。小猴子连忙说对不起。小兔子本来很生气，但是小兔子克制住了自己的愤怒，并且安慰了小猴子说没关系。（教师可以适当润色故事，将故事讲得更生动） 师：小朋友们，你们觉得故事中小白兔和大老虎谁做得对？为什么？ 二、深呼吸游戏，感受深呼吸的情绪稳定作用 师：小朋友们，今天我们一起学习一个让自己情绪稳定下来的方法，叫深呼吸，谁会做？请你来试一试。（教师鼓励幼儿自主做深呼吸） 师：下面请大家一起跟着老师的手势感受一下深呼吸，老师手抬起来是吸气，手放下是呼气，看看谁吸气的时间最长。（教师可以适当拉长或者放慢速度，让幼儿感受游戏的快乐） 师：小朋友们深呼吸之后有什么感受？我们在紧张、生气的时候可以让自己深呼吸尝试放松哟！ 三、学习口诀，初步尝试理解情绪克制的重要性 师：刚刚听了故事，小朋友们都觉得小兔子是正确的，因为他能够克制住自己的情绪，理解小猴子不是故意撞到自己的。那小朋友们平时有没有因为其他小朋友不是故意伤害到自己或者让自己生气的时候呢？你们又是怎么做的呢？你们有没有克制住自己的情绪呢？ 师：老师今天教给大家一个口诀，这个口诀的名称就叫"自我克制"。 师：一二三四五，不学大老虎，要学小白兔；五四三二一，同学是姐妹，同学是兄弟。请小朋友们重复一遍。 师：哪位小朋友记住这个口诀了，可以到前面来说一说。 四、情境判断，加强幼儿对口诀的理解 师：今天活动开始之前，小猴子找到老师说他有一些困难，想问问小朋友们要不要用"自我克制"的口诀。小朋友们能不能帮帮小猴子？ 情境一：小猴子刚刚换了一件特别好看的衣服准备出门，但是其他小朋友路过的时候，将地上的泥溅起来把他的衣服弄脏了。 情境二：小猴子和小狐狸在聊天，小狐狸故意骗他说在那边有一个小动物们的聚会，害得小猴子跑了好远也没有找到。 情境三：小猴子和弟弟妹妹一起玩耍，弟弟妹妹拿着树枝不小心打到了小猴子。 师：小朋友们，以上三个情境，你们能不能帮小猴子想想哪个情境下小猴子可以用"自我克制"的口诀？为什么？ 师：我们一起帮小猴子回忆一下"自我克制"的口诀吧。		

续表

学会控制情绪	
活动环节	活动设计
活动过程	**五、教师总结** 师：小朋友们，活动快结束的时候，小猴子和老师说，他特别感谢小朋友们能够教会他"自我克制"这个口诀。因为学会了口诀，他没有总是和其他小动物生气，现在森林里的小动物都越来越喜欢他啦！小朋友们，以后在生活中如果小伙伴或家人不小心伤害到了你，但也没有造成什么严重的影响，你如果有生气的情绪，便可以用上这个"自我克制"的技能口诀，帮助我们控制情绪。
活动延伸	**一、生活渗透** 教师可以引导幼儿将自己在生活中遇到的需要"克制情绪"的场景画下来，然后鼓励幼儿说一说当时都发生了什么，自己的心情怎么样，自己是如何控制自己情绪的。幼儿分享完之后，教师可以进一步提示幼儿下一次再遇到这样的情况就可以将今天学到的社会技能用起来。此外，在日常生活中，教师也要有意识地引导幼儿用社会技能口诀和深呼吸的方式来调整冲动的情绪，努力保持情绪的稳定。 **二、家园共育** 教师可以鼓励幼儿回家后将社会技能口诀给家长说一说，这个过程能够强化幼儿对社会技能口诀的理解和记忆。同时，教师也可以在班级联系群中给家长分享这个社会技能的口诀、内容以及日常生活中控制冲动情绪的方法，提示家长要为幼儿树立榜样，努力做情绪稳定的家长。

3. 活动反思

（1）活动特点

活动目标具体、明确，易于实施和理解。活动以小猴子与动物们的游戏冲突贯穿全过程，确保活动环节的递进性、连贯性和统一性。将技能口诀作为小猴子处理矛盾的一种方式融入故事情境之中，能够调动幼儿的助人情感，激发幼儿参与活动的积极性。总结环节将技能口诀的学习迁移到幼儿的日常生活经验中，进而向幼儿提出发展要求，体现了社会技能的应用性和指导性。

（2）活动实施建议

首先，教师可根据本班幼儿的兴趣与理解能力水平，对导入环节的故事情节进行适当调整，围绕着"同伴冲突""生气""愤怒"等负面情绪来丰富故事的角色冲突，调动幼儿帮小动物解决矛盾的兴趣。其次，导入环节结束后，教师可鼓励幼儿分享、展示他们解决同伴冲突的办法，让幼儿多说、多表达。最后，在活动中，教师要引导幼儿初步感知"故意"和"无意"的区别，当他人无意中给自己带来麻烦或使自己受损时能够控制生气的情绪，给予理解。

（北京儿童品格教育研究院）

五、区角活动案例

围绕节制品格，教师可以在每个区角中展示关于节制品格的主要内容，例如，展示幼儿节约粮食、购买物品时不贪多、不长时间看电视等关于节制的图片。各区角的多个活动的重点主要以培养幼儿节制品格为主，让幼儿在主题活动中体会和感受做到自我节制的好处，让每一个区角都成为提高幼儿节制品格的小空间。

语言区

活动一：故事盒子

活动目标：通过阅读与节制品格相关的故事，学会控制内心的欲望。

活动准备：准备与节制品格相关的绘本故事书，如《世界上最大的房子》《见啥要啥》《肚子里有个火车站》《小兔子学花钱》等。

活动过程：

1. 教师先介绍语言区新投放的《世界上最大的房子》《见啥要啥》《肚子里有个火车站》《小兔子学花钱》等节制品格绘本。

2. 教师指导幼儿在语言区进行自主阅读。

(1)教师结合投放的绘本介绍绘本主题和阅读的重点。

绘本《世界上最大的房子》中的重点是心中不要总是有太多的欲望，否则自己的负担会很重，要学会控制自己不适宜的欲望，享受当下。

绘本《见啥要啥》中的重点是乱买东西、乱要东西是不好的习惯，要懂得节制，每次只购买自己需要的物品。

绘本《肚子里有个火车站》中的重点是不要暴饮暴食，要根据自己的食量进食，否则会导致消化不良，身体不适。

绘本《小兔子学花钱》中的重点是购买物品时要有节制，不贪心，不能把想要的全都买回家，要根据自己的真正需求去购买。

(2)教师鼓励幼儿相互阅读，并讨论、交流故事中讲到了哪些节制行为，我们可以如何学习等内容。

3. 教师请幼儿分享自己故事中讲到的主要内容，并说说自己在生活中要如何做。

活动建议：

在幼儿自主阅读的过程中，大多幼儿会快速看完一本书，着急换下一本，或者一人多选几本，发生好几本都想看的情况。因为大多幼儿不能耐住性子，不愿意认真观察绘本的画面，理解角色情绪与对话，所以，在进区之前，教师要通过开放性、启发性的问题引导幼儿仔细阅读，培养幼儿的"定力"；同时，要建立区角规则，明确一次看一本书，看完一本才能看下一本的要求，以帮助幼儿养成良好的阅读习惯，避免出现贪多、不专注的情况。

活动延伸：

教师与家长协商好，引导幼儿每晚进行阅读活动，不要贪多，每天一个小故事，第二天到幼儿园分享自己阅读的故事内容以及自己在其中学到了什么、会在生活中如何进行。

活动二：图书漂流

活动目标：

1. 能够自觉排队取书，安静认真阅读。

2. 想与同伴交换书籍时，能够控制自己的情绪，安静等待。

活动准备：

1. 教师请每名幼儿带两本绘本或者有趣的书籍。

2. 教师为开展图书漂流做好准备，制作漂流规则、漂流登记表、图书标记卡。

活动过程：

1. 新书布置完毕，教师请幼儿参观图书区，引起幼儿的兴趣与好奇。

2. 活动开始前，教师请幼儿排队选取，安静认真地阅读。

3. 阅读完成的幼儿可以协商交换书籍，交换时记得耐心等待，体会图书漂流的好处，可以增加图书的阅读量，还可以分享图书的内容，增加趣味性(图 8-7)。

图 8-7　图书漂流进行时

4. 教师带领幼儿了解图书漂流的几种形式。

(1)同伴之间的交换是一种最小形式的图书漂流，资源置换。

(2)班级内部漂流，幼儿相互分享图书，可以把自己喜欢的图书带回家阅读，在限期内归还。

(3)班级之间漂流，即同一年龄段不同班级的幼儿之间相互交换，交换的区角可以设置在幼儿园大厅、转角等公共区域。

活动建议：

1. 置换活动开始前，教师与大家讲清楚漂流规则，及时记录漂流登记表，认真使用图书标记卡，使漂流活动顺利进行。

2. 不同类型的图书漂流活动可遵循由小到大的顺序来进行，先开始同伴之间的交换，然后是班级内部的漂流，最后再逐步加入不同班级之间的漂流。

活动延伸：

在本次活动中，幼儿了解了图书漂流活动的规则，教师可以根据此次活动规则开展益智教具漂流活动。通过漂流分享，幼儿能获得更多的益智操作。

活动三：故事广播站

活动目标：

1. 积极参与，能运用夸张的语言和肢体动作展示，绘声绘色地分享自己的有趣故事，吸引同伴的注意力。

2. 能认真倾听同伴的分享，控制自己的言语，不随意打断别人，倾听具体的故事内容。

活动准备：

1. 幼儿与家长精心选择一个大家感兴趣的故事内容，家长提前带领幼儿熟悉故事内容，对其中的情节进行精彩演绎。家长作为观众，为幼儿提供首演机会。教师对幼儿首演中出现的不足进行指导，改善幼儿的演出状态。

2. 教师自制或者废旧的话筒道具、广播台、观众席座位。

3. 教师根据报名顺序确定"小主播"的分享次序，请他们根据自己的时间提前进行准备和练习，举止要大方，声音要洪亮。

活动过程：

1. 教师首先对"小主播"要分享的故事进行简单介绍，再引出故事最精彩的环节或主题内容，完毕之后邀请"小主播"进行讲述。

2. "小听众"要认真倾听，不要在主播讲述过程中插话，以免打扰主播的分享。"小主播"分享完成后，抛出问题进行讨论或者提问，听取"小听众"的想法。"小听众"有问题也可以提问，"小主播"做解答，这样才更有交流的意义。

3. 教师对本次"故事广播站"的优点和不足进行总结。

优点举例："小主播"声音洪亮，口齿清晰，动作的展示也很自然，本次分享故事的主要内容讲述清楚，"小观众"越听越入迷。

不足举例：在问题交流时，有些幼儿不知如何问答(教师可鼓励幼儿认真倾听和思考，并大胆表达)。

活动建议：

1. 教师尽量选择故事进行分享，故事具有较强的趣味性、情境性，比儿歌、古诗更能吸引幼儿的注意力，能够吸引更多幼儿一起参与活动。针对部分讲述故事有困难的幼儿，教师可以鼓励他展示小儿歌或者古诗。

2. 幼儿分享的主题主要以节制品格为主，例如，控制不良情绪、不贪吃、不贪玩、节约粮食或物品等方面的故事，故事的选材要贴近幼儿的生活，让幼儿更好地与故事角色产生共鸣。

活动延伸：

当幼儿的故事分享较为熟练后，教师可以组织小组形式的故事角色创新展示，吸引小观众的眼球，这样观看的小观众就更加兴趣浓厚，自我控制的时间就会更久。小组形式的表演，也会让小主播专心钻研一个角色，角色才会更出神入化，以免有幼儿贪心表演较多的角色，影响表演效果。

美工区

活动一：心情小书

活动目标： 通过绘画心情小书的方式，寻找到控制自己情绪的方法。

活动准备：

1. 幼儿已具备关于情绪的前期经验。

2. 水彩笔每人一盒，绘画书每人一册，印章每人一个（用来奖励自己控制好情绪）。

活动过程：

1. 教师带领幼儿梳理各种情绪，强化幼儿对情绪的认知，如开心、生气、哭泣、讨厌、害怕、伤心、着急等。

2. 教师引导幼儿说一说可以通过哪种方式表达这些情绪。

开心：唱歌；生气：大叫；哭泣：听音乐；害怕：找朋友聊天……

3. 师幼讨论。

讨论：你是否了解自己经常出现的几种情绪（如开心、生气、哭泣、害怕等）？你会怎样做？

4. 教师引导幼儿根据不同的情绪用自己喜欢的方式绘画出调节情绪的方法，形成属于自己独一无二的心情小书，鼓励幼儿在日常生活中用心情小书记录自己的情绪状态，如用印章在自己的每日心情上做标记（图8-8）。

5. 教师定期组织"我的心情小书"分享活动，鼓励幼儿讲述自己调节、控制情绪的方法。

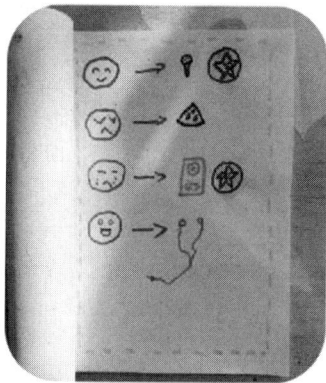

图8-8 心情小书

活动建议：

教师尽量鼓励幼儿去尝试开心、生气、哭泣、讨厌、害怕、伤心、着急等情绪的管理方法，并重复好的情绪管理方法，如唱歌、品尝美食、听音乐、找朋友聊天、大喊、睡觉等，快速调节好自己的情绪。

活动延伸：

教师鼓励幼儿将自己开心、生气、哭泣、讨厌、害怕、伤心、着急的情绪管理方法，如唱歌、品尝美食、听音乐、找朋友聊天、大喊、睡觉等分享给家人，并且做家人的小监督员，帮助家人调节不良情绪。

活动二：糕点自助

活动目标： 能够控制自己的食欲，适量制作好吃的糕点。

活动准备： 糕点图片，超轻黏土，五彩玉米粒，蛋糕盘，制作工具(图 8-9)。

活动过程：

1. 教师出示多种糕点图片，请幼儿观察认识，并介绍自己吃过的不同口味的糕点。

2. 教师引导幼儿了解糕点虽美味，但要适量，不可以多吃，否则易引起肠胃的不良反应。

3. 教师带领幼儿制作美味糕点。

(1)幼儿根据自己的想法，设计美味的糕点，过程中注意安全使用工具。

(2)教师请幼儿选取自己喜欢的各色超轻黏土动手操作。

4. 教师引导幼儿进行作品展示分享(图 8-10)。

图 8-9　超轻黏土和制作工具	图 8-10　幼儿的糕点作品

活动建议：

1. 教师为幼儿提供的材料要丰富一些，这样幼儿的选择会更多，作品效果也会更好。

2. 活动前，教师提好要求，请幼儿根据自己的"食量"制作糕点，注意"自助饮食"的量，明白不能暴饮暴食。

活动延伸：

活动中幼儿知道了就餐时要注意控制食量，教师引导幼儿去自助餐厅就餐时，要根据自己的食量选取食物，避免暴饮暴食。

活动三：我的小花朵

活动目标： 会用手指点画，来表现不同的花朵；在外面看到美丽的花朵不乱摘。

活动准备： 水彩颜料，纸，不同种类花朵的图片，开花的盆栽 3～4 盆。

活动过程：

1. 教师给幼儿出示多种花朵的图片，请幼儿观察认识花的种类，并相互介绍自己见过的花朵，说说它们的特征。

2. 教师再让幼儿近距离观察盆栽中的花，引导幼儿了解花朵虽然很美丽，但是如果随手采摘，花儿离开土壤很快就会枯萎，就会变得不好看。

3. 教师引导幼儿手指点画，制作不同的花。

(1)教师可以先为幼儿示范一下怎样用手指蘸取颜料并画在纸上。

(2)幼儿根据自己的日常经验和课上的观察，请幼儿用手指蘸取自己喜欢的颜料开始绘画，制作自己心中美丽的花朵。

4. 教师组织幼儿进行作品展示。

教师可以请幼儿把自己制作的花朵都摆放出来，然后大家一起赏花，互相介绍自己的花朵，但是不可以乱动乱"摘"花。

活动建议：

教师提供的颜料颜色多一些，这样幼儿的选择更多，画出的绘画作品会更好。教师尽量多提供一些真的花供幼儿观察，也可以给幼儿看一些鲜花被随意采摘后的反面例子。

活动延伸：

幼儿对花蕊产生了好奇，教师可以引导幼儿进一步观察花蕊，之后开展关于花粉传播的科学活动。

建构区

活动一：小小建筑师

活动目标： 能够控制自己的情绪，不争抢玩具，平心静气地与小伙伴交流合作。

活动准备： 纸箱、纸杯、奶粉桶、木制积木、叠叠高积木、小汽车、交通图示垫等（图 8-11）。

图 8-11　"小小建筑师"活动材料

活动过程：

1. 教师请幼儿自主选取搭建材料，选材的时候不拥挤，不推搡。

2. 教师引导幼儿利用自己选择的材料进行搭建，可以独立操作也可以与同伴合作进行。如果是与同伴合作搭建，教师提醒幼儿选取材料时要注意数量，不能自己霸占太多，否则会影响搭建的时间(图8-12)。

3. 教师巡回观察，给予幼儿适时的帮助。

4. 听到结束音乐，幼儿主动将材料收回原处，摆放整齐。

5. 教师在活动结束后进行总分享。

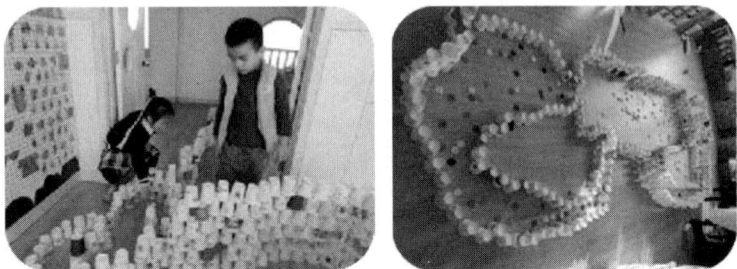

图8-12　小小建筑师选材搭建

活动建议：

1. 活动过程中，教师播放舒缓的轻音乐，让幼儿处在一个温馨又舒适的环境中，有利于幼儿活动的开展，也有利于稳定幼儿的情绪。

2. 教师在观察过程中，将幼儿的作品或者活动中出现的问题及时拍下来，在活动结束后进行总的分享。

活动延伸：

教师请幼儿将自己本次设计搭建的建筑绘画到纸上，并且进行改进和创意改善，下次活动时再次尝试新设计的搭建。

活动二：牢固的城堡

活动目标：

1. 活动过程中，遇到困难或阻碍时能够控制自己的情绪，不随意发脾气。

2. 学习平铺、架空、连接、扩宽、垒高以及城堡造型创意的方法，并提高搭建能力。

活动准备： 木制积木两箱，垒高技巧图，单一材料围封图，塔式图，架空图，转向、斜式、平式连接图，平面、规则平铺图，各种积木城堡造型图片，著名城堡建筑图。

活动过程：

1. 教师引导幼儿了解什么是城堡，城堡有什么特点。

(1)教师出示著名城堡图，带幼儿了解什么是城堡。城堡最初完全是为了防御而建造的，城堡也经常建在山顶上，目的很简单，任何敌人都很容易被发现，就可以随时做好防御准备。

(2)教师引导幼儿观察、认识城堡的特点：整座城堡展现出当时流行的风格，开阔的园林在主楼前展开，主楼外立面的砖砌痕迹清晰，拱形的窗户布满整齐细密的窗棂，与砖痕的风格统一。

2. 教师引导幼儿了解搭建时应注意什么(图8-13)。

(1)教师通过图片和示范操作引导幼儿了解搭建的基本方法：平铺、围合、连接、拓宽、对称、垒高、架空等，并尝试操作。

(2)教师鼓励幼儿选择自己想要搭建的造型尝试搭建。

(3)教师引导幼儿观察各种积木城堡造型的图片，丰富自己的城堡造型。

3. 教师引导幼儿将自己设计搭建的城堡介绍给同伴听。

图 8-13　城堡搭建

活动建议：

1. 幼儿在搭建时，教师一定先让他们尝试去进行自己的创意，然后再提供垒高技巧图，单一材料围封图，塔式图，架空图，转向、斜式、平式连接图，平面、规则平铺图，各种城堡造型以及著名建筑图。这样既可以保证幼儿自主创意，又能开阔幼儿的眼界。

2. 搭建过程中，教师可以引导幼儿尝试寻找牢固的建造方法，防止城堡坍塌。

3. 活动中若出现坍塌事件，教师鼓励幼儿要控制自己的情绪，不随意发脾气，不放弃。

活动延伸：

教师请幼儿回家后与家人继续搜寻关于城堡的内容，了解更多造型或者风格的城堡，根据学过的搭建方法，运用家里的可用材料搭建一座更有创意的城堡造型。

活动三：城市小司机

活动目标：

1. 了解基本的交通规则。

2. 游戏中能够遵守交通规则，懂得安全驾驶。

活动准备：

1. 城市跑道地毯、交通信号灯。

2. 各种类型的车辆：(1)消防车、救护车、警车、工程救险车、垃圾车、洒水车等特种车辆；(2)私家车、校车、出租车、旅游车；(3)油罐车、货车等专用运输车。

活动过程:

1. 教师引导幼儿了解交通信号灯的使用规则。

红灯停,绿灯行,黄灯亮了等一等。

2. 教师讲解行车规则,交流游戏玩法。

(1)车辆出行靠右走,过路口、拐弯或者通过环形路口要减速慢行。

(2)行驶在路上,要避让特种车辆。他们有紧急的任务,不可以耽搁。

(3)路线的选择,司机要根据目的地的距离选择路线,这样减少出现堵车或者绕路情况。

3. 教师请幼儿选择自己喜欢的职业或者角色,确定自己要驾驶的车辆。

4. 教师请幼儿根据交通规则安全驾驶车辆,如果出现堵车或者等待红灯的情况,请幼儿安静耐心等待,不着急,控制自己的情绪(图8-14)。

5. 在游戏中如果想要交换角色,同伴之间可协商解决。

6. 活动结束,教师请幼儿将车辆停靠在指定的或就近的停车场。

图8-14 城市跑道场景图及小司机们

活动建议:

1. 由于空间限制,一次参加的人员不要太多,以免出现拥挤或者争吵问题。如果过程中幼儿出现争辩的问题,教师先观察他们自己如何解决,必要时再介入。

2. 教师可以请幼儿平时多观察家长在开车时的状态,学习他们是如何应对堵车或者其他道路突发状况的,将学到的好方法运用到游戏中去。

活动延伸:

教师可以组织幼儿在户外开展此类游戏,请幼儿把家中的小车带来,将户外跑道设置成双向通行的马路,教师扮演交警指挥交通。当不同的灯亮起时,教师观察幼儿会如何去做,如果有闯红灯、不按正确车道驾驶等不遵守交通规则的情况出现,"交警"有权做出处理,让幼儿在游戏中学会了解交通规则,并能积极遵守规则,克制情绪。

(滨州市滨城区国昌幼儿园 姬秀丽 戚哲梅)

六、一日生活指导

(一)一日生活中幼儿品格与社会技能培养

节制品格是一种良好的道德修养，其培养目标包括节制认知、节制行为、节制情绪，通过晓之以理，动之以情，持之以恒，导之以行，让幼儿懂得勤俭节约、敬畏自然、爱护环境和物品的重要性，感受节制带来的快乐，从而养成勤俭节约的良好行为习惯。其中社会技能"自我克制"贯穿幼儿园一日生活的全过程，但在各环节的侧重点不同。本期主题品格与社会技能在一日生活中的重点培养环节见表8-6。

表 8-6 品格与社会技能的日常重点培养环节

生活环节	品格：节制	社会技能：自我克制
入园	√	√
盥洗	√	√
进餐	√	√
饮水	√	√
如厕	√	√
午睡	√	√
离园	√	√
集体活动	√	√
户外活动	√	√
区角活动	√	√
过渡环节	√	

(二)一日生活中幼儿品格与社会技能指导要点

本期主题品格与社会技能在一日生活中的指导要点见表8-7、表8-8。

表 8-7 一日生活中节制品格指导要点对照表

环节	指导要点
入园	教师提醒幼儿晨检自觉排队，上楼梯不追逐，不打闹，靠右走，手扶扶手有序上楼。
盥洗	1. 教师张贴节约用水标语，引导幼儿洗完手后马上关掉水龙头，不能在洗手池中玩水。 2. 教师在地面贴小脚印标识，引导幼儿自觉排队。
进餐	教师通过标志提示、奖励贴纸或印章等方式，引导幼儿不挑食、不掉饭粒，保持桌面和地面整洁干净，吃完饭后自己收拾餐位，把水果皮等垃圾倒进厨余垃圾桶，做好垃圾分类。
饮水	教师张贴节约用水标语，在地面贴小脚印标识，设置喝水值日生"水长"，引导幼儿自觉排队，接适量的水喝，接好水后及时拧紧水龙头。

续表

环节	指导要点
如厕	1. 教师引导幼儿上厕所对准厕所位大小便，不尿到厕所位外面，保持厕所清洁。 2. 教师在地面贴小脚印标识，设置厕所值日生"所长"，引导幼儿自觉排队，不浪费纸巾和水。
午睡	1. 教师通过播放睡前故事、起床歌，引导幼儿按时睡觉，按时起床。 2. 教师与幼儿共同制定午睡规则，引导幼儿有事举手示意，轻声对老师说。
离园	教师引导幼儿自觉排队。
集体活动	教师通过开展绘本欣赏、谈话、社会实践等多样化的活动，引导幼儿勤俭节约、爱护环境，争做光盘小达人、环保小卫士。
户外活动	1. 教师开展户外写生、植树、观察小动物等活动，引导幼儿热爱大自然，关爱小动物。 2. 教师通过队列指令游戏，引导幼儿学会排队，不随意离开集体。
区角活动	1. 教师与幼儿共同制定区角规则，设计区角标识。 2. 教师提供丰富多样的游戏材料，保证各类材料的数量，减少幼儿争抢玩具的行为。 3. 游戏结束时，教师通过音乐提示，引导幼儿快速停下来收拾玩具。
过渡环节	教师利用餐前时间，组织幼儿念唱感恩儿歌或古诗，引导幼儿学会珍惜粮食，感恩他人的劳动。

表 8-8　一日生活中"自我克制"技能指导要点对照表

环节	指导要点
入园	同伴把书包等个人物品不小心放在自己位置时，教师引导幼儿学会原谅同伴，对同伴说"没关系"。
盥洗	1. 在排队时当同伴不小心碰到自己时，教师引导幼儿学会理解别人，原谅对方。 2. 如果同伴不小心将自己身上弄湿，教师引导幼儿学会原谅对方，友好地解决问题。
进餐	教师引导幼儿吃完自己的饭菜、水果后，不能因为自己还想吃而拿同伴的食物。
饮水	同伴不小心弄湿自己的衣裤、鞋子时，教师引导幼儿原谅同伴，和平解决问题，及时更换衣裤、鞋子。
如厕	幼儿排队时被同伴不小心碰到，教师引导幼儿学会原谅对方。
午睡	幼儿睡不着时，教师通过抚摸、拍背等方式安抚幼儿情绪，引导幼儿不发出声音，不打扰他人。
离园	幼儿排队时被同伴不小心碰到，教师引导幼儿学会理解别人，原谅对方。
集体活动	1. 教师组织专门的社会技能教育活动，通过游戏的方法共同学习口诀技能，帮助幼儿理解控制情绪的重要性，掌握控制情绪的方法。 2. 教师和幼儿一起谈谈自己的好朋友，教师引导幼儿多发现同伴的优点、长处，从而增强班级的凝聚力。
户外活动	教师开展由易到难的闯关游戏，鼓励幼儿勇敢自信地面对困难、挑战自我。
区角活动	1. 教师鼓励幼儿和同伴一起玩，和大家交换玩具、轮流玩，需要等待时耐心等、不着急。 2. 当同伴不小心撞倒自己的作品时，教师引导幼儿学会原谅对方，友好地解决问题。

(三)日常指导策略

1. 节制品格——师幼互动

案例：可可是班上的"浪费大王"，吃饭总是把饭粒弄到衣服、裤子、餐位上，也会偷偷把食物倒掉。她在擦鼻涕、嘴巴，或者去小便时总是用好多张纸巾。她洗完手经常忘记关水龙头，接水时喝一些就把剩下的水倒掉。她看图书时翻书很粗鲁，很容易把图书撕烂。尽管家里有很多新玩具，可每次去商场看到喜欢的玩具，她还是会"死缠烂打"非要爸爸妈妈给她买。

分析：可可是独生子女，爸爸妈妈非常宠爱她。可可有任何需求，爸爸妈妈都会立刻满足她。尽管可可妈妈家里已经有很多衣服、包包，甚至有一些包包都没用过，但她还是经常买新衣服、新包包。可可妈妈自身做了不良的示范，对可可的浪费行为造成了很大的影响。

教师指导：教师可以通过绘本欣赏、情境讨论、角色扮演、动手操作、互动游戏、谈话等方式，帮助可可认识到勤俭节约的重要性，懂得珍惜粮食、玩具、水资源等，改正浪费的行为。同时，教师呼吁家长对可可进行珍惜粮食、勤俭节约的教育，自身也要给可可做好表率；对于可可不合理的要求，家长应该及时制止，并耐心进行引导。家园配合才能促进幼儿获得更大的进步，具体的活动和游戏内容如下。

(1)节约粮食

教师给幼儿讲述绘本故事《大米是怎么来的》，让幼儿了解大米的整个形成过程，感知粮食来之不易，体会农民伯伯的艰辛。

(2)节约用水

教师引导幼儿认识水对人类生存的重要性，知道现在世界上很多地方都严重缺水，请幼儿帮忙想想节约用水的好办法，设计一些节水标志。

(3)节约用纸/爱护图书

教师告诉幼儿纸巾和图书的纸都是用树木做的，如果我们不节约用纸，就需要砍很多树木，我们的环境就会变得光秃秃了。教师也可以让幼儿了解神奇的造纸术(准备温水—制作纸浆—打浆—添加胶水—用网框进行抄纸)，体验纸张回收再利用进行造纸的过程，感知造纸的辛勤劳动。

(4)珍惜玩具

教师引导幼儿理解爸爸妈妈赚钱的不易，学会关心父母，不能随意买玩具。同时，教师引导家长利用家里废旧物品，与幼儿共同制作玩具，既培养了幼儿变废为宝的环保意识，也可以锻炼幼儿的动手操作能力。自己亲手制作的玩具，幼儿会更加珍惜。如果家里有闲置的玩具，教师鼓励家长和幼儿一起捐给贫困地区有需要的幼儿，与更多幼儿分享快乐。

2. "自我克制"技能——师幼互动

案例：华华是一个非常聪明的男孩，爱动脑筋。在游戏中他总会有很多有趣的点子，动手能力强，能做出很有创意的作品，这吸引了好多幼儿和他一起玩。但他很容易因一些小事情和同伴闹矛盾。例如，在排队时别人不小心碰到了他，他就会很生气，马上用身体去撞别人。在区角游戏中，当同伴不小心撞倒他的作品时，尽管别人马上和他道歉，他也会很愤怒，眼睛瞪着别人，大吼道："你走开！"边说边用手去打别人。有一次玩游戏"猜猜我是谁"时，有个小朋友不小心把头转过去看他了，他非常生气，用手去打别人的头，大声说："哼！你干吗转过来偷看！我不想和你一起玩了！"

分析：当同伴不小心伤害到华华时，华华总是采取打人、大吼等激烈的方式宣泄自己生气的情绪。尽管同伴已经向他道了歉，但他还是不依不饶。华华的情绪管理能力较差，不会以恰当的方式表达、调节自己的消极情绪。

教师指导：

(1)当华华和同伴出现矛盾时，教师可以引导华华理解当同伴的行为影响或者伤害到自己时，要平和地表达自己的情绪，而不是用攻击的方式发泄出来；如果同伴是不小心的，不是故意的，要学会宽容、原谅同伴；当自己很生气时，可以尝试深呼吸或念口诀(一二三四五，不学大老虎，要学小白兔。五四三二一，同学是姐妹，同学是兄弟)，化解消极情绪，和同伴友好相处。

(2)教师还可以将幼儿生气的时候比喻成大火球，生动形象地引导华华要学会控制自己的情绪，生气的大火球不仅会伤害别人，也会伤到自己。

(四)生活体验活动

活动案例一："粮"全其美，不负"食"光

1. 设计思路

勤俭节约、珍惜粮食是中华民族的传统美德。粮食作为人类生存和发展的基础，在当今世界人口剧增的状况下成为一个重大的问题。在幼儿园里，幼儿挑食、偏食、剩饭的情况也时有发生。通过开展食物体验活动，让幼儿知道食物的来源，了解食物的生长过程，养成良好的饮食习惯，懂得敬畏自然、珍惜粮食，不挑食，不偏食，不剩饭，践行光盘行动。

2. 活动过程

(1)快乐种植，幸福收获

幼儿在种植园里劳作，松松土，播种子，浇浇水，施施肥，除除草，和同伴轮流照顾幼苗，一起讨论如何栽种幼苗。他们细心观察植物生长的过程，从种子慢慢长成小幼苗，长出叶、茎，开花结果，并记录在"植物生长日记"中。当植物已经成熟了，幼儿可以亲手

采摘自己种的菜或水果，也可以拿回家与家人分享自己的劳作成果。

教师通过种一种、看一看、闻一闻、摸一摸等多感官通道体验学习，让幼儿了解常见蔬菜和水果的名称、外形特征和营养价值。幼儿见证了一粒小小的种子从发芽到收获果实，感知生命自然生长的神奇，懂得食物的来源，满足了幼儿亲近大自然的需要，增进了幼儿对植物的情感。

(2)小小厨师，美味时光

幼儿可以把从种植园摘回来的蔬菜或水果拿到幼儿园小厨房里进行清洗。面对黑色的泥土，教师可以引导幼儿细心地用手指进行清洗。教师和幼儿用新鲜的食材，共同烹煮各式各样的食物、制作果酱等，体验烹饪的乐趣，并一起品尝健康、新鲜的美食。

(3)走进农耕，乐在田野

教师请家长利用假期带幼儿去农村，看一下农民伯伯是如何播种，锄草，施肥，浇水的，还可以体验插秧、割稻谷、打谷子、搬草垛、晒稻谷等农活，当一回"小农民"，让幼儿体验"粒粒皆辛苦"的意义，认识到每一粒粮食从春天播种到秋天收获这个过程蕴含了农民伯伯很多的汗水。

(4)光盘行动，从我做起

教师通过创设"光盘请亮灯"的区角墙面，鼓励幼儿吃饭践行光盘行动。如果幼儿把饭菜吃得干干净净，就可以自主点亮小黄灯。在集体中，教师可以通过榜样示范的作用，吸引更多幼儿加入光盘行动中去。

3. 活动总结

从播下种子、每天浇水、收获农作物到动手制作美食，点点滴滴皆可以成为幼儿宝贵的学习体验。教师通过多元的体验活动，让幼儿更深入地了解食物的来源，懂得珍惜粮食的道理，逐渐养成节约粮食的习惯和良好的进餐礼仪。

活动案例二：我的情绪·我做主

1. 设计思路

幼儿的情绪情感具有不稳定、易冲动等特点。为了让幼儿保持愉快的情绪状态，促进心理健康发展，从中班幼儿的发展水平和特点出发，教师开展"我的情绪·我做主"专题活动，帮助幼儿认识情绪，了解消极情绪给人带来的不良影响，学会用恰当的方式表达情绪，调控消极情绪。

2. 活动过程

(1)情绪小怪兽——认识情绪

教师通过欣赏绘本故事《我的情绪小怪兽》，开展"你演我猜"(一人做表情，另一人猜情绪)以及"情绪变变变"(幼儿用肢体语言和面部表情表现不同的情绪)的游戏，让幼儿通过肢体语言和面部表情来探索情绪的世界，初步感知人的情绪是多种多样的，有快乐、伤心、生气、害怕的情绪……每一种情绪都有不同的颜色，不同的情绪也会有不同的表情和动作。我们可以通过表情、动作和语言等感受别人的情绪。

（2）我的心情驿站——记录/表达情绪

教师通过创设"我的心情驿站"主题墙——黄色代表开心，蓝色代表难过，红色代表生气，黑色代表害怕……帮助幼儿用不同颜色来表达不同的情绪。幼儿每天回班后，根据自己的心情更换颜色，并自制"我的情绪日记"，记录自己每天的各种情绪。在区角活动中，幼儿可以和同伴在"情绪屋"里自由地分享自己的情绪——开心的时候，把快乐的心情和大家分享；生气/害怕/伤心的时候，大家会帮助自己一起想办法解决。

（3）情绪小妙招——调节情绪

教师以讨论、游戏、绘画、做手工的方式，帮助幼儿认识到消极情绪对人的不利影响，掌握化解消极情绪的方法。生活中我们都会遇到一些让人生气/难过/害怕的事情，这些情绪对我们身体是有危害的，并不能解决问题。当我们出现一些不好的情绪时，可以深呼吸、念口诀、暂时离开让你不舒服的地方、大哭一会儿、想一些开心的事情、散步、画出自己喜欢的情绪、和好朋友分享等，这样心里就不那么难受了。

3. 活动总结

通过丰富多样的学习体验活动，幼儿初步了解到不同情绪对人身体的影响——积极的情绪能让我们的身体变得更健康，而不好的情绪对我们的身体是有危害的，学会识别、接纳自己的情绪，用平和、友好的方式表达情绪，并积极尝试各种方法调节自己不好的情绪，大胆做情绪的小主人。

（广东省育才幼儿院二院　吴玉琼　孔敏仪）

七、家园共育指导

(一)品格指导要点

对于节制品格的家庭教育指导，重点在于辅助家长帮助幼儿在心理、生理上能够克制自己，成为一个自律且身心健康发展的人，并实现人类与自然界的良性互动。与此同时，解决家长常见的一些困惑或问题，使幼儿形成良好的思想道德修养。

1. 携手家长形成教育合力从而帮助幼儿形成节制品格

首先，教师可以通过有计划、有目的地举办家长会、家访、家长课堂等形式的系列活动，提前让家长了解幼儿自我约束行为的特点。定期开展家长沙龙，能够使家长畅所欲言，发表自己的看法，互相帮助解决实际教育问题。多种形式的家园合作，能够切实帮助家长树立正确的教育观念，关注幼儿节制品格的发展水平，实现幼儿的全面发展。其次，教师应注重与家长日常的沟通。教师不仅自己要了解幼儿的性格特点和在家的表现，也要让家长了解幼儿在幼儿园的表现，将幼儿园的常规要求告诉家长，让家长在家中以同样的规则要求幼儿，形成教育合力。针对幼儿缺乏节制的行为，教师应依据专业知识，分析、探究幼儿行为背后的原因，和家长共同商讨具体的教育方法，以促进幼儿节制品格的形成。

2. 帮助家长树立科学正确的家教观从而引导幼儿学会节制

教师帮助家长树立科学、正确的家庭教育观，辅助家长全面了解、尊重幼儿的生理发展特点及身心发展规律，更要关注幼儿隐性的品格，如自我节制的水平等。科学的家庭教育观需要家长从独立个体的成长需要角度出发，正确地看待幼儿出现的一时的缺乏自我节制的行为，能够明白教育幼儿的最终目标是促进幼儿各方面的发展，而不只是注重一时的教育成果。例如，当幼儿出现缺乏节制的行为时，家长不要盲目地责骂或惩罚幼儿，而是要了解其行为背后的原因，与幼儿一起探讨该行为可能会带来的后果，让幼儿明白自我节制的具体做法。借助每一次真实的生活情境，让幼儿感受自身的行为带给自己或他人的影响及后果，使幼儿明白在与人交往时应该遵守怎样的规则、在自我控制不住时应如何节制，慢慢内化规则，发展节制品格，从而提高自我节制的发展水平。在正确且科学的家庭教育观中不仅有自我的节制，还有关于自然与社会的正确的节制观念。例如，热爱大自然，关爱小动物，保护自然资源，抵制乱砍滥伐和捕杀动物，勤俭节约等行为。尤其要从身边的小事做起，例如，刷牙时记得关水龙头，不能让水一直流淌；洗完手记得把水龙头拧紧等，为社会的可持续发展及幼儿的全面发展夯实基础。

3. 引导家长针对不同幼儿因材施教从而促进幼儿节制品格的发展

家长的教育行为会影响幼儿节制品格的发展，通常认为放任型的父母容易培养出性格开放、节制能力弱的幼儿；民主型的父母则由于多采取引导、说理等方式，更易培养出节制能力强的幼儿。但是，民主型的教养方式并不一定有助于所有幼儿节制品格的发展。俗话说，世界上没有两片完全相同的树叶，那么在家庭中也没有通用的教养方式。教师要根据对幼儿的了解和分析，引导家长因材施教，有意识地调节自己的教养方式，选择适宜的方法。例如，对于有节制意识的幼儿，家长应有所回应，将节制意识内化为规则；而对于无节制意识的幼儿，适度的约束、延迟满足则是最佳的教育方式。此外，对于不同性别的幼儿，教师也应引导家长区别对待，做到观点上一视同仁，行动上有所区分，尤其要关注男孩节制品格的发展，要更加留心男孩的言行，采用严慈相济的引导方式，将幼儿置于平等的地位，多沟通交流，建立亲密且和谐的亲子关系，必要时进行严格管教，做到张弛有度。

4. 支持家长针对具体情境实践摸索从而帮助幼儿习得节制品格

幼儿成长的过程即学习的过程。节制品格的掌握也需要学习，教师需要指导家长通过教育让幼儿习得关于节制的基本知识，主要包括为什么要节制、节制的内容、节制的方式、何时需要节制等。在为什么要节制方面，家长应结合具体情境，主动耐心地为幼儿解释需要节制的原因，例如，幼儿和其他幼儿一起玩时，遇到想要的玩具，则需要换位思考，考虑对方的想法，从而和大家交换轮流玩，等待的时候耐心、不着急。在节制的内容方面，除了大家通常关注的对行为的节制，家长还应告诉幼儿注意对情绪情感的节制，例如，当别人无意中影响了自己时，能够克制自己的情绪；知道大吼大叫、耍赖、任性哭闹不是解决问题的好方法；玩游戏或探索时尝试了很多次还是失败，能够平静地面对等。在节制的方式方面，家长可以充分发挥榜样作用，以身作则，使幼儿通过观察家长从而学习掌握有效的节制的方法，例如，生气时可以通过听舒缓柔和的音乐得到缓解，在需要发泄情绪时深呼吸等。在何时需要节制方面，家长要做到心中有数，例如，让幼儿知道做事情要有度，自己喜欢的东西也不能一味地索取，要"取之有度，用之有节"；对于自己喜欢看的动画片，一次只看约定的集数，看完后不再吵闹着多看；当玩玩具、游戏的时间结束时，能快速地停下来；吃东西有饱腹感之后，不能因为遇到喜欢吃的东西就继续吃，不暴饮暴食；家长不能满足自己不合理的要求时，能够坦然接受；每天能按时睡觉、按时起床等。除此之外，家长也要灵活对待。例如，幼儿正处于情绪崩溃的边缘，此时家长若还一味提醒他"勇敢的孩子不可以哭"，幼儿感受到的便不是要学会节制，而是学会压制，家长应适时允许幼儿将不良情绪发泄出来。

(二)社会技能指导要点

自我克制

一二三四五。家长要告诉幼儿，遇到情绪过于激动的时候，要先在心里默默数"一二三四五"五个数字，目的是使自己的情绪先平静下来。

不学大老虎，要学小白兔。除了在心里默数使心情平静外，家长还要教给幼儿一些自我调节的方法，例如，告诉他们，当他们控制不了自己的情绪时，不要像大老虎一样大吼大叫、凶巴巴的样子，默想"不能打人"或"不能摔东西"，使幼儿逐渐控制住自己的情绪。在控制住自己情绪的情况下，家长要通过亲子之间的对话让幼儿正确认识自己的情绪，告诉幼儿要像小白兔一样，聪明伶俐，头脑冷静，温柔说话，明白事理。家长和幼儿可以通过谈话使幼儿了解自己的情绪来源，例如，询问幼儿妈妈或爸爸看见你很生气、难过，发生了什么事；之后进一步问幼儿，你有什么感觉，以此让幼儿了解自己的情绪来源，以便下次更好地控制自己的情绪。

五四三二一。幼儿试着调节心情后，可以再次默默数数，来放松心情。

同学是姐妹，同学是兄弟。在幼儿与同伴发生冲突并互相原谅后，家长要告诉幼儿与同伴在以后的生活中都要团结友爱，同伴、伙伴是我们最亲密的朋友，虽然会有小矛盾，但还是要善意地对待和解决。我们时刻都能感受到善意的存在，如一个善意的眼神、一句温柔的话语、一个温暖的怀抱等，使幼儿感受到同伴的友情，感受兄弟姐妹般的情感，逐渐形成正确的友爱道德情操。

(三)你问我答

1. 幼儿不能准时来园，经常迟到，教师该怎么办

在家长方面，教师需要告诉家长每天按时入园能够帮助幼儿形成良好的节制品格，使家长知道按时来园的重要性并及时给予应对策略和方法。在幼儿方面，当幼儿按时来园时，教师要及时表扬，并且要适当鼓励幼儿；当幼儿迟到时，教师要询问迟到的原因，若由于幼儿自身的原因，及时激励幼儿按时来园。

2. 游戏时间结束时，幼儿不能立即停下手中的玩具，教师该怎么办

在游戏前，教师要与幼儿约定游戏规则，到结束时该结束了就必须结束，养成守约定、言而有信的习惯。当幼儿能够控制自己，及时结束游戏时，教师可有适当的鼓励。幼儿依旧不能控制自己时，教师需与幼儿强调之前的约定。

3. 在幼儿园里，幼儿间会发生冲突，但有的幼儿会很难控制自己的情绪，出现伤人的情况，教师该怎么办

有攻击行为的幼儿，往往是不善表达，不能很好地用语言解决问题并且不善于控制自己的行为，难以与他人建立友好关系，缺乏正常交往经验，长此以往将会影响其性格、能力、情感等发展。教师要对幼儿的行为及时表态，让幼儿明确自己行为的对与错。平时的生活中，教师可以充分利用绘本，使幼儿明白攻击性行为对其他人的伤害。同时，教师要与幼儿的实际生活联系起来，在提高幼儿的控制能力的同时，帮助幼儿学会表达自己的需求，形成家园共育的合力，促进幼儿发展。

4. 在幼儿园里，幼儿在游戏和活动中很难集中注意力，怎么办

教师要与家长进行沟通，引导家长发现日常的错误观念和行为，同时告诉家长怎样做才能给幼儿的行为以尊重和理解，不随意打断幼儿，一旦幼儿开始做某件事的时候，就不得以任何理由去打断他们，尊重幼儿的任何一种专注的活动。

5. 幼儿没有时间观念，在家和幼儿园做事都很拖沓，怎么办

幼儿只有在体会到磨蹭会给自己带来损失之后，才会自觉地快起来。因此，在家中和幼儿园，都要让幼儿为自己的磨蹭承担后果，让幼儿自己去品尝磨蹭的自然后果，家园配合共同改掉幼儿磨蹭的毛病。

6. 幼儿在幼儿园里比较有节制，在家没有，怎么办

作为家长切记一定要和幼儿园的常规要求保持一致，常与老师进行沟通，并要与幼儿约定好，说好的事情不可变更，并且按承诺的来完成，完成了有奖励，完不成会有相应的处罚（不能满足某些要求）。

7. 幼儿平时挑食，但见到爱吃的就无节制，怎么办

教师要通过家访或谈话，了解幼儿挑食的原因和日常表现，帮助家长发现日常家庭饮食是否存在不足导致幼儿长期挑食，倡导调整家庭饮食。同时，教师要建议家长和幼儿一起制定规则，例如，吃完饭 1 个小时后才能吃一些健康零食，每次限量，让幼儿约束自己，如果不按照规则进行，要短暂剥夺幼儿吃零食的权利。

8. 幼儿遇到喜欢的玩具就一定要买，怎么办

家长在日常生活中要有意识地对幼儿的需求"延迟满足"，让幼儿学会自律自控。对待幼儿的"一定要买"的情绪失控，家长可以冷处理，让幼儿独自冷静下来。幼儿不哭闹后，家长再跟幼儿解释不买玩具的原因，让他意识到家里已经有足够多的玩具，他现在提出要买玩具的要求是不合理的。幼儿因为延迟满足而变得有耐心，更有自控能力，也就会适当地减少失控的行为。

9. 幼儿看动画片时很难遵守时间，怎么办

幼儿看动画片不遵守时间，没有自控能力是一个非常正常的现象。作为家长要提前与幼儿约定看电视的时间，且要狠下心约束他，共同商议看电视的规则，严格执行，提升幼儿的自控能力。在时间到了后，家长可与幼儿一起进行亲子游戏等，帮助幼儿转移注意力。

10. 幼儿在家遇到不顺心的事情就发脾气，怎么办

不管幼儿为什么发脾气，必须让幼儿明白这种行为毫无意义，发脾气不能帮助他克服挫折，逃避责任，让家长改变主意。对于家长来说，置之不理是帮助幼儿摆脱发脾气习惯的最好方法，因为幼儿发脾气的目的多数是想引起家长或身边人的关注，并试探其态度从而达到他的目的，不妨选择不关注，不理睬，让幼儿自己发泄一下，之后讲明道理和要求，几次过后，幼儿就会意识到发脾气没有什么用，还是少用为好。

11. 幼儿缺乏节约意识，例如，洗完手不关水龙头，白纸画一笔就不画了，怎么办

好习惯不是一朝一夕养成的，需要我们身边人做出榜样和示范，身教重于言教。同时，要想让幼儿有节约的意识，就一定要让幼儿实际地去接触劳动，体会辛劳，才能发自内心理解节约的意义。在此基础上，家长还可以和幼儿一起讨论水的再利用、纸的合理使用等，使幼儿学习到节约的方法。

(北京市第一幼儿园　王舒　仉蕊)

第九章 分享品格：独乐乐不如众乐乐

一、主题说明

　　分享是一种重要的亲社会行为，也是一种非常有效的人际交往策略。在教育过程中，成人既要尊重幼儿的物权意识，支持幼儿维护自己的权益，但同时也要引导幼儿与同伴友好相处，学会与同伴相互分享，体会分享的快乐。案例中宇轩舍不得把自己的油画棒借给凡凡，看到凡凡有需要而自己能够提供帮助时，不愿意"牺牲"自己的利益，拒绝了凡凡的请求，可看出宇轩缺乏人际交往与分享的意识。《3—6岁儿童学习与发展指南》指出"人际交往和社会适应是幼儿社会学习的主要内容，也是其社会性发展的基本途径。幼儿在与成人和同伴交往的过程中，不仅学习如何与人友好相处，也在学习如何看待自己、对待他人，不断发展适应社会生活的能力"。

　　那么，成人如何教育幼儿学会与人分享呢？激发幼儿主动分享的意愿呢？本期品格主题将从"我眼中的分享""分享的心情""我的分享行为"三个方面，引导幼儿全面认识分享的价值，培养幼儿积极的分享情感，教给幼儿分享的方法和策略。此外，社会技能"分享"将分享的关键要素以儿歌的方式教给幼儿，帮助他们感知分享的"好处"；而社会技能"我的卡片盒"既能够锻炼幼儿自我安排的能力，也能作为幼儿与同伴分享的策略，增进互动成效。通过系列分享活动，能让幼儿感受到同伴交往的快乐，能在分享中获得温暖和能量。

二、主题目标

第一，愿意主动与人分享，体会分享带来的快乐和幸福。

第二，能够理解分享的含义，知道有好的东西要与同伴进行分享。

第三，在集体教学活动中能够和同伴沟通、合作，并能和同伴分享自己的发现。

第四，在区角活动中，能与同伴友好相处和合作，学会与同伴分享活动成果。

第五，在跟老师、家长和同伴交往的过程中，愿意分享并表达自己的想法。

三、环境创设

(一)主题墙

《3—6岁儿童学习与发展指南》对小中大班幼儿的分享行为提出了不同程度的发展目标，小班是"在成人指导下，不争抢、不独霸玩具"；中班是"对大家都喜欢的东西能轮流、分享"；大班是"有高兴的或有趣的事愿意与大家分享"。因此，基于中班幼儿的生活经验及分享品格发展水平，主题墙主要从三个方面进行创设，即我想跟你说、我们一起玩、我来教你做，具体内容如下。

1. 我想跟你说

这部分主要是帮助幼儿了解情绪有好、有坏，不管是高兴的事情还是伤心的事情，都不要闷在心里，都是可以和好朋友一起分享的。例如，教师可以鼓励幼儿分享自己过生日的心情和愿望(图9-1)。

图9-1　我想跟你说

2. 我们一起玩

这部分主要呈现幼儿分享自己喜欢的食物、玩具等。幼儿平时非常喜欢将图书、玩具带到幼儿园与同伴分享，外出旅游回来喜欢带当地特色食物与同伴分享（图 9-2）。

图 9-2　我们一起玩

3. 我来教你做

这部分展示在本主题下开展的"大带小"系列活动，以及幼儿升入中班后在日常活动中的表现（图 9-3）。幼儿在帮助和指导弟弟妹妹的过程中，学会关爱、互助和分享，充分地体会到自己长大了，作为哥哥姐姐的自豪感油然而生。活动主要分为三类，即日常活动、户外体育活动、学习活动。当分享品格主题活动结束时，教师可以带领幼儿进行回顾，梳理自己所学到的本领，为自己的成长变化感到骄傲和自豪。

图 9-3　我来教你做

(二)家园共育栏

家园共育栏主要体现环境与家长的互动，首先让家长了解本期分享品格主题下幼儿园的活动计划与安排，包括园内教学活动、家园活动（亲子活动、家长课堂、访谈等）；其次向家长说明培养幼儿学会分享意识的重要性并给出对应的家庭教育指导建议。

1. 主题内容告知

这部分主要向家长介绍本月品格主题活动内容为"分享"主题,并在家园联系栏中呈现分享品格主题相关内容,让家长知晓本期主题活动安排。例如,在周计划中体现分享内容的集体教学活动,在生活活动中引导幼儿学习相互轮流、分享的内容等。家园共育板块中向家长分享在日常生活中如何培养幼儿学习轮流、分享的相关文章。

2. 日常亲子陪伴

这部分主要围绕分享品格指导家长开展相关的亲子活动,通过为家长发送链接、文章等方式向家长推荐有关分享的相关文章;通过家长进课堂等方式鼓励家长积极参与分享品格的培养;通过家长会、访谈、美篇等方式向家长介绍在家中培养幼儿分享品格的方法。例如,家长可以在日常生活中和幼儿一起阅读有关分享的绘本,鼓励幼儿经常参与家务劳动,拿放餐具、收拾桌面、洗自己的小袜子等。家长还可以鼓励幼儿有喜欢的食物能够先给家里的长辈吃,不独占。如果是多个孩子的家庭,家长要有意地引导幼儿与哥哥姐姐、弟弟妹妹友好相处,有好玩的、好吃的要学会分享。对于幼儿会分享的行为,家长及时给予肯定,帮助幼儿巩固良好意志品质的养成。

(三)幼儿成长(学习)记录墙

幼儿成长(学习)记录墙的环境创设主要以幼儿为主,用来记录幼儿分享品格的发展过程,帮助幼儿直观地看到自己与同伴分享的过程,包括区角、集体、户外、过渡环节等。

1. 区角活动分享

这部分主要展示幼儿在各区角活动中所掌握的技能、自己的发现与收获等,用简笔画或幼儿活动的图片配上简单的文字来呈现,旨在帮助幼儿了解自己在区角游戏的规则,以及自己有哪些好方法和收获可以和同伴分享。一般来说,这部分内容会呈现在班级进门或外墙比较显眼的地方,在入园、离园及散步环节可组织幼儿一起观察图片并说一说自己的理解。

2. 我的新本领

这部分主要用来集中展示幼儿在分享方面的成长与变化(图9-4)。中班幼儿经过一年多的幼儿园生活,已经较好地适应和熟悉集体生活了,在与同伴的交往过程中已经表现出分享的意识,但是在分享的过程中也经常会出现打闹、争抢的问题。大部分幼儿仍是以自我为中心的行为表现居多,分享的对象和方式比较单一。为了给幼儿创造更多与同伴轮流、分享的机会。我们开展多种活动促进幼儿分享品格的养成。例如,开学初开展"大带小"的活动,让中大班的幼儿教弟弟妹妹区角玩具的玩法,教弟弟妹妹穿衣服,再将自己的经验和本领分享给弟弟妹妹。在值日生的工作中幼儿能学会为他人、为班级服务。在新闻播报活动中幼儿能将自己感兴趣的玩具、绘本故事或学到的新知识与同伴进行分享。总之,幼儿在分享的过程中责任意识、动手能力、交往能力、语言表达能力等方面均得到发展。

图 9-4 我的新本领

（北京市海淀区富力桃园幼儿园 杨海霞 马雪晴）

四、教学活动案例及反思

(一)品格绘本阅读活动

1. 分享品格绘本推介

分享是指个人拿出自己拥有的物品或思想情感与他人共享，从而与他人共同拥有物品或思想、情感，并使他人受益的行为。幼儿的分享一般会经历三个阶段，小班幼儿由于高度的自我中心，以及初步建立了物品所有权的意识，因此分享的行为较低；中班幼儿出现"均分"的情况，即分享了就要求有回报，并且只愿意跟喜欢的人分享；大班幼儿才能出现"慷慨"的分享行为，他们的分享是希望能够给对方带来快乐。因此，教师要通过系列活动帮助中班幼儿从"互惠式"的分享发展到"自愿给予式"的分享，不断强化幼儿对分享的积极情感体验。因此，本期主题我们从分享带来的幸福体验出发，精选了 4 本适合中班幼儿阅读的绘本故事作为教师开展绘本阅读活动的素材，具体见表 9-1。

表 9-1 分享品格绘本推荐及解析

绘本名称	主要内容	绘本中的"分享"
《林桃奶奶的桃子树》	林桃奶奶家门口的桃子树结满了桃子，松鼠、山羊、老虎……一个传一个，最后所有的动物都跑来找林桃奶奶要桃子吃。	在分享的世界中，人与动物也能和谐相处，暖心分享。

续表

绘本名称	主要内容	绘本中的"分享"
《小熊的咕嘟粥》	小熊喜欢熬粥并且愿意将自己的粥分享给好朋友们，小动物们尝到了粥的美味，同时也放入了自己的感谢。	分享的内容可以是物品也可以是情感，传递快乐，享受快乐。
《这是我的!》	三只青蛙每天都争吵不休，谁也不想让。洪水来了，三只青蛙一起努力战胜洪水，他们学会了分享，学会了照顾对方，成为最好的朋友，过上了快乐的生活。	在人际交往中，既要建立物权意识，同时也要能够与他人共享资源。
《分享——并不总是很容易》	小兔邦妮的表弟要来家里玩，妈妈叮嘱她，要和表弟一起分享。结果，表弟抢了邦妮心爱的玩具，把她的床当成蹦床，还打碎了她的盘子，邦妮真的很生气。	分享不是失去，而是换一种角度的拥有。

2. 教学活动案例

接下来我们以语言活动"林桃奶奶的桃子树"为例阐述语言领域教学活动的组织要点，见表 9-2。

表 9-2　分享品格语言领域教学活动

林桃奶奶的桃子树	
活动环节	**活动设计**
活动目标	认知目标：理清故事线索，知道分享能够带来更多的快乐和收获。
	能力目标：能用较完整的语言大胆地复述故事中的关键对话。
	情感目标：愿意在生活中主动与人分享，体会分享的快乐。
活动准备	经验准备　幼儿对桃树有初步的印象。
	物质准备　1. 绘本课件《林桃奶奶的桃子树》。 2. 音乐《春野》。
活动过程	一、出示绘本封面至林桃奶奶浇水的部分，激发幼儿兴趣 师：你看到了什么？这是一棵什么样的树？（教师引导幼儿观察画面） 师：为什么故事里的山、大地、天空都是粉色的？看到粉色，你们的心情怎么样？ 小结：这个故事的名字叫林桃奶奶的桃子树，我们一起来看看故事里发生了什么。 二、讲述林桃奶奶给小动物们分桃子的内容，引导幼儿感知林桃奶奶分享的快乐 (一)小松鼠、山羊、老虎跟林桃奶奶要桃子 师：是谁第一个发现了林桃奶奶的桃子？他是怎么跟林桃奶奶说的？（教师邀请幼儿扮演林桃奶奶，询问是否愿意满足小松鼠的请求） 师：山羊和老虎是怎么跟林桃奶奶说的？老虎们请求林桃奶奶多给他们一些桃子，你们来数一数林桃奶奶给了老虎多少个桃子。 师：其他小动物们都看到老虎吐在地上的桃核，他们会怎么做？如果有很多很多的动物都想吃桃子，林桃奶奶还愿意给他们吗？ (二)其他动物都纷至沓来跟林桃奶奶要桃子 师：小朋友们仔细观察，这一次来了哪些动物？

	林桃奶奶的桃子树
活动环节	活动设计
活动过程	师：这些动物的心情怎么样？ 师：看到这么多动物都想吃桃子，林桃奶奶会怎么做呢？ （教师扮演林桃奶奶，幼儿扮演小动物，模拟故事情境） （三）乌龟一家也想吃桃子，但林桃奶奶只剩最后一个了 师：虽然乌龟一家也想吃桃子，但林桃奶奶只剩最后一个了，她会把最后一颗桃子给乌龟一家吗？ 师：乌龟会怎么跟林桃奶奶说呢？如果你们是林桃奶奶，你们会怎么做？ 小结：林桃奶奶将自己辛苦种出的桃子都分享给了小动物们，哪怕就剩下最后一个桃子，也想办法让所有的乌龟都能吃到。 （品格元素：教师引导幼儿感受帮助别人、给人带来快乐的幸福感） **三、阅读绘本至结束，引导幼儿感知林桃奶奶的分享让她拥有了更多** 师：林桃奶奶家门口怎么长出这么多的树？都是谁种的？ 小结：林桃奶奶虽然把桃子全部分享给大家了，但是到了第二年，满山遍野长满了桃子树。林桃奶奶的一棵桃树变成了满山遍野的桃树，一棵桃树的桃子变成了很多很多的桃子。热心的分享让林桃奶奶获得更多的桃子和快乐。 （品格元素：教师引导幼儿感知分享不是失去而是在传播爱，将爱分享给别人，才能获得更多的爱） **四、师幼角色扮演模拟故事场景，体会分享的快乐** （一）准备真实的水果 教师提前按故事中桃子的数量，准备幼儿经常吃的水果，切成相应的数量。 （二）师幼互动分享，引导幼儿复述故事中的关键对话 教师播放欢快的背景音乐，一位教师读故事旁白，另一位教师扮演林桃奶奶，幼儿扮演故事中的小动物。师幼共同表演故事中林桃奶奶跟小动物们分享桃子的情境，引导幼儿用小动物的情绪状态复述故事中的关键对话。 （品格元素：教师引导幼儿在真实的情境中体会分享的快乐）
活动延伸	**一、领域延伸** 幼儿看过《林桃奶奶的桃子树》绘本后，对桃树产生兴趣，在班级内以"桃"为话题开展科学探索活动。教师可以带领幼儿春天寻找幼儿园里的桃花，观察桃花的外形特征，讨论、比较、发现它有哪些变化，调查桃花的种类；夏天观察桃子和桃叶，调查桃子的食品；秋天和冬天观察桃树的外形，调查桃木制品等，并用自己喜欢的方式进行记录。 **二、区角延伸** 教师可以在美工区开设"桃花朵朵开"活动空间，将活动材料（油画棒范画2幅、油画棒、彩色水粉颜料、调色盘、水、绘画纸若干、毛笔6支）投放在美工区，引导幼儿学习用油水分离法画桃花，并将作品展示在成品区，激发幼儿与同伴分享交流的热情，提高幼儿的口语表达能力。 **三、家园共育** 教师可以建议家长利用周末带领幼儿到公园、郊区等地游玩，通过拍照、录像、绘画等方式，收集春天的信息，引导幼儿发现春天景物的变化，欣赏桃花美丽的景色，带到幼儿园向老师、同伴分享自己的发现。

3．活动反思

（1）活动特点

由于故事情节简单，为了帮助幼儿在简单的故事情节中体会林桃奶奶大方分享的品格，教师在活动过程中注重以启发性提问的方式，引导幼儿感受自己和小动物心情的变化，强化幼儿对分享的积极体验。教师在引导、小结的过程中重点帮助幼儿充分理解分享不是失去而是在传播爱，将爱分享给别人，才能获得更多的爱。

（2）活动实施建议

故事中林桃奶奶给小动物的桃子数量是不一样的，小动物们留下桃核的方式、传播林桃奶奶桃子熟了的方式也不一样，因此教学过程中教师可适当关注幼儿在这些信息方面的兴趣。此外，该教学活动的关键是要帮助幼儿意识到分享不是失去而是另一种收获，因此，教师要有意识地引导幼儿体会分享时的满足感与幸福感，还可联系幼儿生活实际，让幼儿体会分享后的收获。

（威海市环翠区机关幼儿园　郭莹莹　张明明）

（二）品格社会领域教学活动

1．分享品格的社会领域教学活动设计说明

培养分享品格就是要引导幼儿在人际交往中，愿意与他人分享物品、美好的情感体验、劳动成果。在分享认知方面，教师要帮助幼儿理解分享的含义，知道分享是一种人际交往策略，懂得分享的人更容易得到大家的欢迎，被群体接纳。在分享能力方面，教师要通过集体教学活动的形式，引导幼儿学会用分享的方式加入同伴的活动、结交新朋友或化解同伴之间的矛盾，并掌握分享的基本原则，如互惠原则等。在分享情感方面，教师要通过各种类型的活动，帮助幼儿感受分享的乐趣，激发幼儿主动分享的意愿等。

2．教学活动案例

接下来我们以社会活动"分享我的小故事"为例阐述分享品格社会领域教学活动的组织要点，见表9-3。

表9-3　分享品格社会领域教学活动

分享我的小故事		
活动环节	活动设计	
活动目标	认知目标：感知分享在人际交往及个人情绪疏导中的作用。	
	能力目标：能够大胆地讲述发生在自己身上的分享故事。	
	情感目标：感受分享的乐趣，愿意与同伴分享。	
活动准备	经验准备	1．幼儿能够自主表达"开心""难过""生气"三种情绪。 2．幼儿有过"击鼓传花"的游戏经验。
	物质准备	1．一个绘有"笑脸""哭脸""发怒"三种表情的六面骰子。 2．幼儿愉快玩耍、争抢玩具、想加入同伴游戏却失败等情境的照片。 3．一个皮球，欢快的背景音乐。

续表

分享我的小故事	
活动环节	活动设计
活动过程	**一、师幼讨论同伴交往中遇到的问题，引出主题** 教师呈现幼儿愉快玩耍、争抢玩具、想加入同伴游戏却失败等情境的照片。 师：这几天老师在小朋友们玩游戏的时候给你们拍了不少照片，让我们一起来看一看，照片里都有谁，他们在做什么。 师：照片里有的小朋友在一起开心地玩，有的小朋友玩的时候发生了抢玩具的事情，还有的小朋友想跟别人一起玩，但是被拒绝了。你们有什么办法帮助照片里遇到困难的小朋友呢？ 小结：大家都喜欢的玩具要一起轮流玩，要相互分享，遇到难过的事情可以跟老师、好朋友说一说，大家一起帮忙想办法。 **二、皮球传给谁，谁来说一说** 师：看来小朋友们有不少想要和大家一起分享的事情呢，那么老师要邀请一位新朋友来和我们一起做游戏了。这位新朋友就是魔法骰子，它上面有三种小表情，请你说一说，它们分别是什么，你最喜欢哪一种，为什么呢。 师：这些表情代表着什么样的心情呢？你们有没有过这样的心情呢？ 师：表情骰子请来了它的好朋友皮球，要邀请小朋友们和它一起做游戏。我们轮流传球，当音乐停止的时候，皮球在谁的手里，谁就要来抛骰子，然后说一说，你什么时候会有这样的表情。 教师介绍游戏规则，并请幼儿围坐成圆形进行游戏。教师要引导幼儿根据自己的经验进行回忆，并以响亮的声音大胆表述自我。同时，在幼儿分享时，教师要引导其他幼儿认真倾听，学会尊重。 （品格元素：教师用游戏的方式引导幼儿展开讲述、进行分享，幼儿注意力更集中、参与积极性更高） **三、故事说不完，乐衷于分享** 师：今天我们听了那么多故事，你们的心情是什么样的？ 师：分享是一件令人愉快的事情，懂得分享的人更容易得到大家的欢迎。我们平时在玩游戏的时候，可以通过分享来加入小伙伴的游戏，还可以交到新朋友。在分享的过程中，自己的快乐也会传递给别人，大家会变得更加快乐。 （品格元素：教师总结，帮助幼儿进一步理解分享的意义，感知分享行为的作用）
活动延伸	**一、家园共育** 教师可以鼓励幼儿多与爸爸妈妈说一说幼儿园的趣事，和爸爸妈妈一起将自己想要分享的事件画下来，制作成小卡片，放入卡片盒中。幼儿可以从自己的卡片盒中抽取卡片，并将卡片上的内容分享给别人。 **二、生活渗透** 在日常活动时，教师可以鼓励幼儿大胆地自我表述，和老师、同伴说一说自己遇到的各种事情，讲一讲自己的心情是什么样的。 **三、环境渗透** 教师可以在班级主题墙上设立"我想对你说"板块，鼓励幼儿将自己制作的卡片张贴上去，并看着卡片说一说发生了什么事情、自己的心情如何。教师也可以设立一个地方放置幼儿的卡片盒，粘贴幼儿制作卡片的过程的照片，通过环境创设进一步激励幼儿分享的兴趣与渴望。

3. 活动反思

（1）活动特点

活动目标明确，重点引导幼儿大胆表达自己经历的事件以及事件中自己的心情变化。三条活动目标指向具体，难度适中，具备可操作性。活动以讨论、游戏的形式开展，易于激起幼儿的兴趣，提高幼儿的专注度与积极性。在轻松快乐的氛围中，多数幼儿能够声音响亮地进行自我表述，尤其说到感兴趣的地方时，幼儿几乎都停不下来。

（2）活动实施建议

在游戏环节，部分幼儿情绪会比较激动，教师在游戏开始前要说清楚游戏规则，在游戏过程中还要注意引导幼儿认真倾听他人的分享。

（东莞市横沥镇实验幼儿园　张艳　姚燕瑜）

(三)品格综合领域教学活动

1. 分享品格的综合领域教学活动设计说明

分享是一种重要的亲社会行为，培养幼儿的分享品格有助于其健全人格的发展，也是幼儿社会化的内在要求，因此，教师在集体教学活动中要有意识地创设分享情境，鼓励幼儿相互交流。在健康领域，教师可以将分享品格培养融入健康饮食、情绪调节、体育活动，例如，分享自己喜欢吃的蔬菜及其营养价值，新学会的调节情绪的方法，体育运动中学会的技能、经验和感受等。在科学领域，教师可以鼓励幼儿在探究的过程中相互分享探究的方法、过程与结果。在艺术领域，教师可以围绕主题作品，引导幼儿分享自己的创意和作品。

2. 教学活动案例

接下来我们以健康领域活动"蔬菜营养知多少"为例阐述分享品格综合领域教学活动的组织要点，见表9-4。

表 9-4　分享品格综合领域教学活动

蔬菜营养知多少		
活动环节	**活动设计**	
活动目标	认知目标：了解常见蔬菜的营养价值，感知均衡饮食的重要。	
	能力目标：能大胆地分享自己知道的常见蔬菜的营养价值。	
	情感目标：愿意多吃蔬菜，努力做到不挑食、不偏食。	
活动准备	经验准备	1. 幼儿认识常见蔬菜：芹菜、西红柿、胡萝卜、小白菜、莴笋。 2. 幼儿提前与家长简要了解常见蔬菜的营养价值。
	物质准备	1. 介绍蔬菜营养价值的动画片。 2. 介绍芹菜、西红柿、胡萝卜、小白菜、莴笋及其主要功能的图片。 3. 水彩笔、白纸每人一份；儿歌《找朋友》；手偶小狗。
活动过程	**一、师幼情境互动，引入主题** 手偶小狗(教师扮演)：我的名字叫点点，平时最爱吃肉骨头、火腿肠，就是不爱吃蔬菜。今天吃得特别饱，我要去找小猫玩，走到半路肚子疼，不好，不好，哎呀呀，肚子胀胀好难受。	

续表

蔬菜营养知多少	
活动环节	活动设计
活动过程	师：点点肚子为什么会难受？ 师：点点肚子不舒服是因为他吃的蔬菜太少，但吃了很多肉，导致消化不良。 师：点点为什么不喜欢吃蔬菜呢？ 小结：因为点点不喜欢蔬菜的味道、不喜欢蔬菜的口感。 **二、引导幼儿了解常见蔬菜对人体的作用** 1. 教师引导幼儿说一说、画一画自己喜欢吃的蔬菜。 师：点点这么难受该怎么办呢？ 师：老师请来了动物医生，我们听听动物医生是怎么说的。 师（教师扮演动物医生）：蔬菜里含有各种营养，是我们健康成长的重要伙伴，我给点点吃一点儿含有芹菜的狗粮，点点的肚子就不疼了。 手偶小狗：吃蔬菜对身体有这么大的作用，我以后也要多吃蔬菜。小朋友们，你们都喜欢吃什么蔬菜呢？ 师：点点不认识蔬菜，请小朋友们把自己喜欢吃的蔬菜画下来。 2. 教师请幼儿分享亲子调查结果。 师：请小朋友们对照自己画的蔬菜，分享一下你们和爸爸妈妈一起做的蔬菜营养大调查吧。 3. 教师将幼儿共性的调查结果粘贴在小黑板上，进行总结。 小结：老师把小朋友们分享的蔬菜在黑板上进行了汇总，发现小朋友们和爸爸妈妈的调查都非常的全面，原来吃蔬菜对人体有这么大的作用。相信点点听了小朋友们的分享，知道了蔬菜对身体的作用，一定不会只吃肉，而是荤素合理搭配，均衡饮食。 4. 教师带领幼儿观看动画片，丰富幼儿对蔬菜种类及营养的认识。 师：在我们的生活中，除了小朋友们说的几种蔬菜，其实还有很多蔬菜。接下来我们一起来看看动画片中为我们介绍了哪些蔬菜，它们对我们的身体有哪些作用吧！ 小结：有的蔬菜可以促进身体的发育，让我们长高。有的蔬菜可以提高身体免疫力，让我们少生病。有的蔬菜里有丰富的粗纤维，促排便，让我们身体更轻松。 **（品格元素：教师通过绘画活动、亲子调查分享，鼓励幼儿把自己喜欢吃的蔬菜及原因、跟爸爸妈妈一起收集的蔬菜的营养知识分享给老师和小朋友；又通过动画片讲解给幼儿分享蔬菜的营养价值。整个过程形成自由、积极、主动的师幼分享氛围，引导幼儿体验分享经验与知识的快乐）** **三、游戏互动，强化幼儿对常见蔬菜营养价值的认识** 1. 教师引导幼儿基于蔬菜及其功能进行配对。 师：蔬菜宝宝们知道小朋友们那么喜欢它们。它们也来到咱们班做客啦。这里有个百宝箱，看看谁能把蔬菜宝宝请出来。 师：××小朋友拿出来一张可以让我们眼睛亮、不得夜盲症的图片，它是谁呢？（教师请幼儿依次拿出宝箱中的卡片：胡萝卜和小眼睛图片、芹菜和消化图片、西红柿和白色皮肤图片、莴笋和健康身体图片） 师：蔬菜宝宝们都被小朋友们请了。它们要和小朋友们一起做游戏。请小朋友们将蔬菜和蔬菜的功能图片配对。 2. 教师创编游戏，巩固幼儿对蔬菜功能的认识，结束本次活动。 师：蔬菜宝宝要和小朋友们玩的游戏叫"找朋友"。 师：在音乐结束时，你要找到相应蔬菜的功能。

续表

蔬菜营养知多少	
活动环节	活动设计
活动延伸	一、家园共育 教师可以请幼儿回家扮演"小记者"了解家人爱吃的蔬菜和不爱吃的蔬菜,并把学到的蔬菜营养知识分享给家人;还可以提示家长利用周末时间和幼儿一起制作美味的食物,注重荤素搭配、营养均衡。 二、环境渗透 教师可以在班级里进行今日美食播报活动,让幼儿分享今日蔬菜里的营养;还可以调查幼儿不喜欢吃的蔬菜,统计后一起辩论不喜欢吃的蔬菜该不该吃。

3. 活动反思

(1)活动特点

活动目标紧紧围绕蔬菜营养价值的分享这一要点,从认知、能力、情感方面引导幼儿认识蔬菜的作用,鼓励幼儿分享自己知道的蔬菜营养知识,鼓励幼儿在生活中多吃蔬菜,均衡饮食。教学目标层层递进,确保整个活动不偏离。活动过程中教师采用启发式提问,引导幼儿大胆表达自己的想法,并在有趣的游戏中,巩固幼儿对蔬菜价值的认识。

(2)活动实施建议

首先,活动前的家庭亲子调查,教师可以提前准备一份调查表,帮助幼儿与家长按照表格的样式进行调查与梳理,使调查活动严谨、规范。其次,调查结果分享环节,教师可将幼儿的调查表投屏到班级显示屏,确保所有幼儿都能看清,增强分享的互动性。最后,蔬菜与其主要功能的配对游戏,教师可设计得更有趣一些,一方面增强幼儿的参与性,另一方面深化幼儿对蔬菜营养价值的认识。

(威海市机械工业局幼儿园　孙森林　刘潇钰)

(四)幼儿社会技能教学活动

1. 活动设计说明

随着年龄的增长,中班幼儿的社会交往能力不断提升。如何锻炼幼儿的分享意识是中班幼儿教师及家长需要重点解决的问题。"分享"和"我的卡片盒"是中班幼儿"分享"这一品格中的两项重要社会技能。

2. 社会技能"分享"教学活动案例

社会技能"分享"的技能口是:好东西,分给人;好玩的,轮流玩;高兴事,都来听。接下来我们以活动"分享让我很快乐"为例阐述社会技能"分享"教学活动的组织要点,见表9-5。

表 9-5　社会技能"分享"教学活动

	分享让我很快乐
活动环节	活动设计
活动目标	认知目标：理解分享的意义，知道分享是人际交往的一种重要方式。
	能力目标：能够用自己的语言较清楚地讲述可以分享的内容和基本原则。
	情感目标：体会分享的快乐，萌发主动与人分享的情感。
活动准备	经验准备　幼儿对"分享"的含义有一定了解。
	物质准备　1. 绘本《不许碰，这都是我的》。 2. 幼儿班级任意活动区有关分享玩具的照片一张。 3. 有关不分享或抢玩具内容的视频一个。 4. 每个小朋友准备一个想要分享的物品、一件想要分享的事情。
活动过程	**一、呈现幼儿日常生活中不分享或抢玩具的情境，引发幼儿共鸣** 师：小朋友们，你们从视频中看到了什么？你们觉得这样做对吗？ 师：我们都想玩同一种玩具该怎么办呢？ 小结：当小朋友遇到都想玩的玩具时，我们要学会分享，抢玩具是不对的。 **二、阅读绘本《不许碰，这都是我的》，师幼讨论分享的内容** 师：故事里的贝贝小朋友最喜欢说哪句话？ 师：当贝贝很霸道地表示"这是我的"，其他小朋友怎样表现的？ 师：贝贝之后有了什么变化？ 师：小朋友们除了分享物品，还可以分享什么？ 小结：小朋友们不能抢别人的东西，自己的玩具要乐于分享，主动邀请小朋友一起玩游戏或者一起做有趣的事。除了物品，我们还可以与他人分享游戏、想法和好心情。让我们一起来说"分享"口诀，"好东西，分给人；好玩的，轮流玩；高兴事，都来听"。 **三、师幼讨论，了解分享时应遵守的基本规则** 师：小朋友们，我们在分享物品、游戏以及想法和心情的时候都要注意什么呢？让我们一起来说一说吧！ 师：老师把我们可以分享的东西进行分类，都贴在黑板上了，大家看看都有什么。（教师在黑板上呈现三张图，分别代表分享的物品、游戏、想法） 第一类：物品分享 基本原则：1. 与人分享的物品要是好的，自己也喜欢的，而不是把自己不喜欢的东西给别人。2. 别人的物品即使再好，没有得到允许也不能拿或抢。 第二类：游戏分享 基本原则：1. 一起玩游戏时要遵守游戏规则，不能破坏游戏。2. 在玩游戏时要学会轮流和等待。 第三类：想法或心情分享 基本原则：1. 当别人分享时要认真听，表达对人的尊重。2. 不要轻易阻止别人的分享，或者否定别人的想法。 **四、播放欢快的音乐，引导幼儿现场分享，体会分享的快乐** 师：小朋友们最想跟你们的好朋友分享什么呢？是你最喜欢的玩具、好吃的食物、有趣的游戏还是你今天的心情呢？去找到你的好朋友，跟他说一说吧！（教师鼓励幼儿大胆分享） 小结：今天我们阅读了绘本《不许碰，这都是我的》，也学习了"分享"的口诀，小朋友们以后无论是在幼儿园还是在家，都可以用好我们今天学习的口诀，分享自己的好玩的、好吃的、有意思的事儿哟！

续表

分享让我很快乐	
活动环节	活动设计
活动延伸	**一、家园共育** 教师在班级群中分享当天学习的社会技能，包括技能目标、培养重点、培养方法等；同时将"分享"的含义及对幼儿成长的重要性与家长分享，与家长共同建立"分享时光"教育时段，鼓励家长教育引导幼儿乐于分享，并且捕捉幼儿分享的瞬间上传到班级相册中，在家长群中写一写幼儿有关分享的成长变化。 **二、生活渗透** 在日常一日生活中，教师要关注"分享"的情况，组织班级教师集中开展以分享为主题的日常教育，引导幼儿在游戏、生活、学习中都形成乐于分享的意识，如好玩的游戏项目轮流玩；阅读绘本时，好的绘本要分享等。 **三、环境渗透** 教师可以根据"分享"口诀，制作图文并茂的口诀展示图，张贴在区角对应的墙面上，形成班级文化；同时配有幼儿分享时刻的照片，随时更换促进幼儿分享意识的提高。

3. 活动反思

（1）活动特点

活动目标凸显社会技能"分享"的内涵要求，同时符合中班幼儿年龄段发展需要，由于中班幼儿更易于动手操作，因此本活动通过与班级幼儿现场分享，让幼儿获得切实的感受。由于中班幼儿乐于表达，因此本活动通过绘本故事的阅读、讨论和表达等形式让幼儿深刻感知分享的意义。"分享"口诀巧妙融入整个活动当中，支持幼儿主动学习。活动根据"分享"口诀的具体内容，通过讨论绘本故事以及分享时需遵循的基本原则逐步加深幼儿对口诀内容的理解和掌握，让幼儿从多重感官去感受分享，同时也能更好地帮助幼儿理解"分享"技能的内涵及意义。

（2）活动实施建议

由于中班幼儿逐渐由具体形象思维向抽象思维转变，幼儿的理解能力在逐渐加强，教师可以在活动中给予幼儿更多的表达机会，说一说与他人分享的意义，让幼儿思考并真正理解"分享"对自身成长的意义。在活动中，教师可以增加表演环节，例如，幼儿之间遇到好玩的玩具或开心的事情进行分享，游戏邀请幼儿一起玩等场景的表演。表演后，教师组织幼儿一起总结"分享"技能口诀，并说一说感受。这样有助于加深幼儿对于分享体验的获得感以及提高"分享"技能在实际生活中的运用能力。

（沈阳市铁西区实验幼儿园　张雪　张艺）

4. 社会技能"我的卡片盒"教学活动案例

社会技能"我的卡片盒"的技能口诀是：如果不知做什么；查查我的卡片盒；决定以后赶快做。接下来我们以活动"卡片盒的秘密"为例阐述社会技能"我的卡片盒"教学活动的组织要点，见表9-6。

表 9-6　社会技能"我的卡片盒"教学活动

卡片盒的秘密	
活动环节	活动设计
活动目标	认知目标：知道无聊的时候要主动想办法做一些有意义的事情。
	能力目标：能够用自己喜欢的方式设计自己的卡片盒的内容。
	情感目标：逐步养成对个人的活动计划、选择的能力。
活动准备	经验准备　幼儿有自己做计划的经验(活动前先让幼儿尝试做好活动计划)。
	物质准备　1. 卡片、盒子、画笔、装饰材料等人手一份。 2. 教师自己制作的卡片盒样例。
活动过程	一、谈话导入，引出"卡片盒"主题 师：区角活动中，你们有没有按照计划进行游戏呢？ 师：有没有不知道去哪个区做游戏的小朋友？谁有好主意帮帮他？(幼儿自由讨论) 师：老师有一个办法，请看，这里有个神秘的宝贝，它的名字叫卡片盒(教师出示自己制作的卡片盒样例)。当我不知道自己要做什么的时候，就打开这个卡片盒，选择一张卡片，看看上面有什么活动，然后我就知道自己要做什么了。 师：哪个小朋友想来看看我的卡片？猜猜我的游戏计划？(教师与幼儿互动，展示卡片内容) 师：你想不想也拥有一个这样的卡片盒呢？今天我们一起来给自己设计一个属于自己的"卡片盒"吧！ 二、引导幼儿尝试设计卡片盒的卡片内容 师：小朋友们，你最喜欢做的游戏是什么？你最爱玩的玩具是什么？你最爱看的图书是哪一本？(教师引导幼儿自主回答) 师：接下来我们一起做我们的卡片盒。老师这里有很多卡片，小朋友们可以把自己想做的、喜欢做的事情画在卡片上。(教师分发盒子、画笔、卡片、装饰材料) 师：每个小朋友可以画很多张。你们可以多想一些，或者你们有没有想完成的一些小任务，都可以画在你的卡片上。(教师巡回指导，对存在困难的幼儿给予及时的帮助、提示和鼓励) 师：小朋友们画完自己的卡片，可以利用班级里的装饰材料为自己的卡片盒做上装饰，让自己的卡片盒看起来更漂亮。 三、引导幼儿分享卡片盒内容 师：现在请小朋友们把你们做好的卡片盒拿到前面来和大家分享一下。请你说说你都画了什么。(教师请幼儿到前面分享卡片盒的内容) 师：什么时候需要打开我们的"卡片盒"呢？如果选中一张卡片，我们要怎么做？(教师引导幼儿说出按照卡片上的内容进行游戏) 小结：我们可以用一个口诀来提醒自己使用卡片盒，这个口诀是："如果不知做什么；查查我的卡片盒；决定以后赶快做。"请小朋友们和老师学习一下这个口诀吧。 四、小组互动玩卡片，自然结束本次活动 师：现在，小朋友们可以到其他小组从卡片盒中抽卡片，猜猜卡片上的小游戏是什么，一起分享你们的卡片游戏吧！ 师：今天我们一起制作了我们的卡片盒，当我们不知道做什么的时候就可以取出我们神秘的卡片盒，说说口诀、抽取卡片，按照我们设计的游戏计划开始游戏喽！

卡片盒的秘密	
活动环节	活动设计
活动延伸	**一、家园共育** 教师在班级群中分享当天学习的社会技能，包括技能目标、培养重点、培养方法等；同时鼓励幼儿回家后和爸爸妈妈制作"家庭卡片盒"的任务，让爸爸妈妈在家中运用"我的卡片盒"技能培养幼儿的计划性与选择性、做事情的主动性。例如，幼儿在家里没有想好要玩哪个玩具或者做什么游戏的时候，家长可以引导幼儿通过自己的卡片盒来做决定。 **二、生活渗透** 在日常生活中教师要有意识地关注幼儿的分享习惯，当幼儿不知道、没想好、决定不了自己要做什么的时候。例如，幼儿在幼儿园区角活动前没想好自己要做的游戏，户外游戏前没想好自己要做的游戏，过渡环节没有想好自己要玩的手头玩具等，教师可以引导幼儿去查看自己的卡片盒，从卡片盒中找到自己想做的事情。 **三、环境渗透** 教师可以根据口诀的含义，用图文并茂的方式展示口诀内容。可以在教室中呈现一个大型卡片盒，当班级出现碎片化时间或者每天饭后活动时间，教师可以通过卡片盒帮助幼儿选择"当下活动"，渲染卡片盒的用途；同时还可以呈现幼儿运用卡片盒的情境，加深幼儿对技能的理解。

5. 活动反思

(1)活动特点

"神秘盒子"之类的物品是幼儿非常喜欢的玩具之一，卡片盒的活动很好地融合了幼儿的兴趣与幼儿需要掌握的技能(计划性)。幼儿参与"我的卡片盒"技能训练时，兴趣十分浓厚。在活动过程中，幼儿在不知道或者不确定选择何种区角活动时，可以通过卡片盒巧妙地选择区角。幼儿在游戏情境驱使下进行选择，幼儿的计划性在此过程中能够被充分锻炼，进而增强幼儿主动性，促进幼儿的人格健全发展。

(2)活动实施建议

在活动实施过程中，教师要注意卡片盒是辅助幼儿进行选择的工具，可以利用卡片盒帮助幼儿进行锻炼，但是不能让幼儿完全依赖卡片盒进行选择。教师可以根据幼儿使用卡片盒的具体情况，调整使用卡片盒的次数。例如，在利用卡片盒进行一周区角选择之后，教师可以让幼儿尝试自主选区，而后根据幼儿选择情况调整使用卡片盒的情况，以此来帮助幼儿迁移使用卡片盒的经验学会自我选择，从而锻炼其计划性。

(威海经济技术开发区皇冠幼儿园　车晓红　张璐)

五、区角活动案例

伴随着中班幼儿自我意识的觉醒，幼儿会在游戏中出现独霸行为，难以感受同伴交往的快乐。区角活动是幼儿自发探索、自主学习的场所，因此，在班级区角中创设适宜的环境、提供适宜的材料，渗透有利于引发、支持幼儿喜欢分享、能分享、会分享的教育环境，支持幼儿把自己喜欢的物品、劳动成果、美好的情感体验、经验及想法等与同伴分享，帮助幼儿认识到分享的意义，体会分享的快乐，学会如何分享，并在区角游戏中不断地练习，使分享逐渐成为幼儿美好品格的一部分，体现到日后的生活、学习乃至工作中。

语言区

活动一：分享妙妙屋

活动目标：愿意将自己发生、发现的新鲜、有趣的事情讲给同伴、老师听，能清楚地进行自我表达。

活动准备：

1. 教师提前将舒适的沙发（或是一顶小帐篷）、相互交谈分享的图片布置成温馨的环境，留出幼儿想要分享的照片、图画等展示的空间（图 9-5）。

2. 纸和画笔。

图 9-5 "分享妙妙屋"环境布置

活动过程：

1. 教师组织幼儿交谈，引发幼儿表达的愿望。

师：小朋友们，我们每天都会发生很多事情，你有没有听过别人给你讲一些发生在他身上或他发现的新鲜、有趣的事情？

师：你在幼儿园、在家、在外边玩的时候有没有发生或发现一些新鲜、有趣的事情？

师：当你发生或发现一些新鲜、有趣的事情，你想要讲给谁听？

2. 幼儿自由结伴分享自己发生、发现的故事。教师观察、倾听，发现分享中有教育价值的环节，进行鼓励与引导。

3. 教师小结：鼓励幼儿说一说与同伴分享后的感受，体会分享的快乐。

活动建议：

1. 教师鼓励幼儿大胆、自然讲述自己的所见所闻和经历的事情。

2. 教师引导幼儿在同伴分享时注意倾听。

活动延伸：

1. 教师鼓励幼儿将与同伴一起分享的趣事以绘画的表征方式进行记录，可以作为素材分享给其他小朋友或者家人。

2. 教师鼓励幼儿将自己的心情、对事物的情感体验在语言角中的小帐篷里与好朋友分享。

活动二：会发声的绘本

活动目标：听分享品格相关绘本，理解绘本中的内容，愿意与同伴分享自己的感受。

活动准备：分享品格相关绘本，故事音频点播器及使用方法墙饰，图书小标识(图9-6)。

图9-6 "会发声的绘本"活动材料

活动过程：

1. 教师介绍语言区新投放的辅助阅读材料——故事音频点播器，激发幼儿听故事的兴趣。

2. 教师鼓励幼儿在书柜中选取分享品格相关故事绘本，点播相应的故事音频，根据音频内容从前至后有顺序地翻页阅读。

3. 教师引导幼儿安静倾听故事音频，认真观察和理解绘本中的画面内容，了解故事的情节线索。

4. 幼儿结合故事绘本逐页讲述故事内容。教师鼓励幼儿分享绘本与音频同步阅读的体验感受。

活动建议：

1. 书柜中图书的摆放应与故事音频点播器中的音频顺序相一致，帮助幼儿学会有序阅读和收放图书。

2. 教师可以在书柜及图书上制作相应小标记或书签，让幼儿能根据标记或书签找到相对应的品格绘本。

活动延伸：

1. 教师可以利用一日生活中过渡环节组织幼儿进行"我爱讲故事"活动，鼓励幼儿将听到的、看到的故事讲述给同伴及老师。

2. 教师可以鼓励幼儿发现周围生活中蕴含分享品格的绘本，带到幼儿园来进行分享。

活动三：我有好书要分享

活动目标： 喜欢看书，能够大方地将自己喜欢的书分享给同伴。

活动准备： 一个摆放分享图书的书架，分享卡书签、红色印泥、擦手纸（图 9-7）。

图 9-7　"我有好书要分享"活动材料

活动过程：

1. 区角活动前，教师让分享图书的幼儿面向全体幼儿告知"今天我要分享图书啦"。

2. 区角活动时间，幼儿自取要分享的图书，讲给同伴听。

3. 听分享的幼儿为分享的幼儿"点赞"，在一个"分享卡书签"上每人印一颗"心"，同时说一说为什么点赞。

活动建议：

分享图书不止停留在讲述中的故事，教师可以支持幼儿从自己独特的视角分享对这本书的喜爱，如颜色、图案、画面、故事里的感情等。

活动延伸：

1. 幼儿玩一段时间这个活动后，可以不拘泥于只在区角分享好书。教师可以将活动扩展到一日生活的过渡环节中，如餐前、餐后等环节。

2. 教师可以开展"好书漂流"活动，鼓励幼儿将同伴从家带来的好书以及班里的好书带回家和家长一起分享、阅读。

3. 教师可以鼓励幼儿自制一本属于自己的"我的阅读小记"，将自己在幼儿园中看到的、听到的好书进行记录，带回家中与父母进行阅读感受、阅读收获的分享；也可将在家中、图书馆等地亲子共读的好书记录在"我的阅读小记"中，在幼儿园将自己喜欢的好书与其他幼儿进行获得性分享。

活动四：小熊让路

活动目标： 喜欢讲述故事《小熊让路》，体会故事中的空间分享。

活动准备： 绘本故事《小熊让路》，《小熊让路》操作卡片（图 9-8）。

图 9-8 《小熊让路》操作卡片

活动过程：

1. 幼儿自主阅读绘本《小熊让路》，熟悉故事角色和情节。

2. 教师出示故事《小熊让路》操作卡片，激发幼儿进一步探索卡片的兴趣。

师：小朋友们，桌面上有很多《小熊让路》故事中的操作卡片，我们可以用这些卡片来讲述故事。

3. 幼儿自由探索操作卡片。教师鼓励幼儿分角色操作卡片表演故事内容。

4. 教师引导幼儿分享游戏感受。

活动建议：

1. 教师可以在此活动前将故事《小熊让路》投放到图书区，让幼儿熟悉《小熊让路》故事内容。

2. 提供的操作卡片不限定故事情节，教师可以提供两种及以上的情节线索，让幼儿有充分的选择权，加深对空间分享的理解。

活动延伸：

1. 教师可以开展关于空间分享的讨论，鼓励幼儿结合自己的生活、游戏经历进行分享。

师：在地方小的情况下，应该与他人分享空间，这样才会得到别人的关心和帮助，自己才会感到快乐。在幼儿园，小朋友们会进行哪些空间分享呢？

2. 教师可以将《小熊让路》故事情境与表演区进行结合，以剧目表演的展现形式进行空间分享。

3. 教师可以将故事《小熊让路》分享到班级群中，鼓励亲子进行空间分享的讨论，广泛收集生活中属于空间分享的情境，并将自己的获得带回幼儿园进行分享。

自然角

活动一：我有小鱼一起养

活动目标：愿意把自己家的小鱼带到班里和小朋友们一起养，学着照顾小鱼。

活动准备：幼儿从家里带来的小鱼，饲养小鱼的工具(吸管、水盆、针筒、一次性水杯等)，鱼食、抄网、计时器，记录表(图9-9)。

图9-9　"我有小鱼一起养"活动材料

活动过程：

1. 我给小鱼换换水。

(1)如何给小鱼换水?

教师鼓励幼儿结合生活经验分享自己的观察和发现。

(2)将小鱼留在鱼缸中如何换水?

教师鼓励幼儿大胆猜想、自主实践，尝试运用小鱼模型和已有材料进行探索。教师适时提供支持，鼓励幼儿反复多次尝试，感知"虹吸原理"。

(3)教师鼓励幼儿将自己的实践进行记录和分享。

2. 我给小鱼喂喂食。

(1)小鱼多长时间喂一次食?每次喂多少?

教师鼓励幼儿结合自己的生活经验分享自己的观察和发现。

(2)教师请幼儿尝试给小鱼喂食，计时器计时10分，将没吃完的鱼食捞出来。

(3)教师请幼儿在记录表中做喂食记录，避免重复喂食。

活动建议：

1. 活动中幼儿可以有分工也有合作，可以一起猜想、合作实践、分工操作、做记录等。

2. 在幼儿换水实践活动前，教师和幼儿讨论活动注意事项，如有序取放材料，不弄湿衣物等。

活动延伸：

1. 教师可以鼓励幼儿回家后运用"虹吸原理"尝试为家中鱼缸换水，并将自己的实践感受带回幼儿园进行分享。

2. 教师鼓励幼儿搜集生活中多种运用"虹吸原理"的换水工具，进行尝试和分享。

3. 教师可以将幼儿实践出的多种换水方法的记录展示出来，供大家分享借鉴。

活动二：我有鱼宝宝要分享

活动目标：乐意与他人分享自己养殖的鱼生的鱼宝宝，理解社会技能"分享"的口诀"好东西，分给人"，体验分享带给他人和自己的快乐。

活动准备：干净的水瓶或小鱼缸、鱼宝宝（图9-10）。

图9-10 "我有鱼宝宝要分享"活动材料

活动过程：

1. 有养殖鱼宝宝愿望的幼儿自带干净的水瓶或小鱼缸，接受小鱼主人的馈赠。

2. 教师支持、鼓励幼儿之间以不同形式来表达感谢，并用拍照、摄像的形式记录幼儿分享的精彩瞬间，并分享给幼儿。

3. 教师引导幼儿说一说分享小鱼宝宝时自己以及同伴的表情、语言等，帮助幼儿体会分享行为能带给他人以及自己的快乐。

活动建议：

教师可以提示幼儿在手持小鱼缸进行赠送分享时，虽然心情会很激动，但是也要注意适当控制，保护好小鱼宝宝和自己的安全。

活动延伸：

教师可以鼓励幼儿将在家养殖小鱼的情况分享给赠予自己小鱼宝宝的人和其他同伴，继续感受分享带来的快乐。

活动三：鱼的秘密我知道

活动目标：积极参与与同伴分享鱼类相关信息的活动。

活动准备：家中养殖的小鱼及其照片、视频，在动物园、海洋馆、水族馆等观察鱼的图片、视频、信息，关于鱼类的图书、图片、故事、视频、信息等的收集，养殖鱼记录表。

活动过程：

幼儿根据自己的兴趣不断地关注和收集有关各种鱼的材料、信息，并陆续带到班中进行展示和分享（图9-11），在分享中不断丰富自己的认知、体验分享带来的快乐。

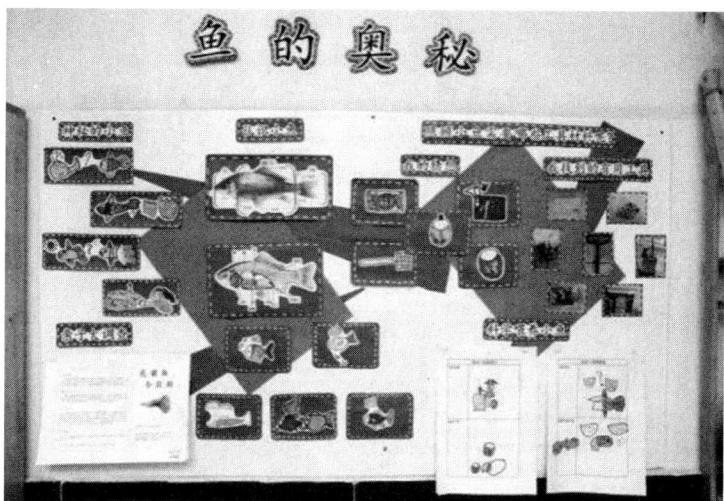

图 9-11　幼儿分享并展示的各种鱼的信息

活动建议：

1. 教师可以将幼儿分享的家中养殖鱼的材料分类整理好，布置在自然角。

2. 教师可以关注幼儿在分享活动中的困惑，鼓励幼儿大胆提问，并支持幼儿通过多种资源寻找答案。

活动延伸：

教师可以开展"鱼"的主题活动，并鼓励家长以多种方式支持幼儿针对"鱼"开展更广泛、深入的实践、探索活动，例如，参观水族馆，支持幼儿一起照顾家中的鱼，看关于鱼的图书、电影、纪录片等。

角色区

活动一：美物博览会

活动目标：愿意将自己收集到的美物（结合幼儿最近的兴趣、需要，或是社会热点进行一类美物的收集、分享）带到班中与同伴一起欣赏、游戏，并能保护好自己和别人的物品。

活动准备：幼儿将自己收集的有关冬奥会的物品带到班中，教师为幼儿准备一面墙和一个柜子（或架子）来展示、摆放所带来的物品（图 9-12）。

活动过程：

1. 教师引导幼儿制定美物博览会规则，注意对自己和他人的美物进行爱护。

2. 教师引导幼儿将自己带来的美物展示在墙上或柜子上。

3. 教师引导幼儿在遵守参展和参观规则的情况下自主和同伴介绍、欣赏美物。

活动建议：

1. 教师应要求幼儿不要带贵重、易碎、有危险性的物品，所带物品适合幼儿把玩，如有以上物品想要分享，可拍成照片和视频进行分享。

图 9-12　冬奥美物分享

2. 教师可以引导幼儿用完整的语言、丰富的词汇来介绍自己的美物。

活动延伸：

1. 教师可以鼓励幼儿继续收集相关美物，进行介绍、分享，或进行更换，不断丰富大家的相关认知。

2. 教师可以鼓励幼儿将分享到的美物带回家与家人分享，还可以分享自己对美物的喜爱、认知、获得同伴分享的感受以及同伴间进行物物分享的游戏体验。教师也请家长积极配合，将幼儿的分享以音频、视频、家长复述、文字表述等多种形式记录下来分享到班级家长群，与老师、幼儿、家长分享幼儿的分享以及自己的感受等，扩大分享的广度与深度。

3. 教师可以组织"美物漂流"活动，与本年龄段其他班级进行交换分享。

活动二：美物分分类

活动目标：根据物品的不同特征进行多种分类。

活动准备：毛绒玩具、绘本、玩具车、人偶等物品，分类用标签纸（图 9-13）。

活动过程：

1. 幼儿观察所有物品，尝试用不同颜色的标签纸贴在物品上进行分类。操作中，同伴间需要一起商量确定该怎么分，如有不同意见，需要充分地说明各自的理由，最后达成一致。

2. 教师引导幼儿将物品按类摆放到一起，并做类别标签。

图 9-13　"美物分分类"活动材料

活动建议：

一段时间里每天的分类都可以不一样，只要幼儿能说出如此分类的理由就可以。

活动延伸：

班级中的各个活动区物品、家中物品，都可以让幼儿来分类整理，并分享自己的分类理由。

活动三：美物分享会

活动目标：

1. 愿意和同伴一起为自己或同伴的美物做宣传，将美物分享给更多的人。

2. 体验与同伴一起对美物进行分享的快乐。

活动准备：玩具车、玩偶等美物，制作海报的材料。（图 9-14）

图 9-14　"美物分享会"活动材料

活动过程：

1. 教师鼓励幼儿大胆想象、尝试，为美物做宣传准备，如制作宣传海报，编一段推广词等。教师观察幼儿的探索和尝试，及时给予支持。

2. 教师鼓励幼儿分享自己是如何与同伴一起将美物分享给他人的，分享自己的宣传好方法。

3. 教师鼓励幼儿说一说在同伴的分享中自己了解了什么，体验分享带来的收获。

活动建议：

教师应创设开放的游戏环境，支持幼儿实现自己的想法、愿望和活动计划，保障活动场地，让活动游戏按同一方向贯通进行。

活动延伸：

1. 教师可以鼓励幼儿运用多种资源广泛收集多种宣传方式。

2. 教师可以引领幼儿走出班级，运用了解到的宣传方式与本年龄段其他班级进行分享。

3. 教师可以提示家长和幼儿一起搜集生活中的海报、讨论海报的种类、作用和意义。

（北京市大兴区亦庄镇中心幼儿园　张翠　孙菲）

六、一日生活指导

(一)一日生活中幼儿品格与社会技能培养

分享是德育的重要组成部分，是道德修养的外在体现，也是幼儿社会性行为的重要组成部分。幼儿在从家庭步入幼儿园的过程中，需要逐步建立起分享的意识，锻炼与人分享的行为习惯，从而帮助幼儿建立更好的人际关系。社会技能"分享"和"我的卡片盒"贯穿同伴交往、师幼互动的全过程，但在一日生活各环节的体现略有不同，如有些环节需要重点指导，有些环节可随机引导。本期主题品格与社会技能在一日生活中的重点培养环节见表9-7。

表9-7　品格与社会技能的日常重点培养环节

生活环节	品格：分享	社会技能：分享	社会技能：我的卡片盒
入园	√	√	
盥洗	√	√	
进餐	√	√	
饮水	√		
如厕	√		
午睡	√	√	
离园	√	√	
集体活动	√	√	√
户外活动	√	√	√
区角活动	√	√	√
过渡环节	√		√

（二）一日生活中幼儿品格与社会技能指导要点

本期主题品格与社会技能在一日生活中的指导要点见表 9-8、表 9-9、表 9-10。

表 9-8　一日生活中分享品格指导要点对照表

环节	指导要点
入园	教师用谈话的方式，引导幼儿主动与老师打招呼，并分享自己的心情。
盥洗	教师引导幼儿轮流排队洗手。
进餐	1. 教师为幼儿分享各种食物的营养价值。 2. 教师引导幼儿取餐时主动排队。
饮水	教师引导幼儿懂得喝水的重要性，与同伴交流分享喝水的好处及正确的喝水方法。
如厕	教师引导幼儿排队如厕，并帮助幼儿形成良好的如厕习惯。
午睡	教师引导幼儿分享睡前小故事。
离园	教师借助离园游戏、谈话活动、整理衣物的过程，和幼儿进行语言、肢体互动，分享一天中开心有趣的事情。
集体活动	教师利用多种活动形式让幼儿能够在集体活动中分享自己的物品、想法和情感。
户外活动	1. 教师在幼儿与同伴发生矛盾或者冲突的时候，指导幼儿尝试用协商、交换、轮流、合作等方式解决冲突。 2. 教师鼓励幼儿和同伴一起玩。
区角活动	1. 教师引导幼儿遵守区角规则。 2. 教师提供丰富多样的区角游戏材料，鼓励幼儿在区角活动中乐意与别人分享游戏材料。
过渡环节	教师引导幼儿分享一些小故事，或者玩猜谜语等游戏。

表 9-9　一日生活中"分享"技能指导要点对照表

环节	指导要点
入园	教师引导幼儿主动和老师及同伴分享自己的心情和在家发生的趣事。
盥洗	教师引导幼儿和同伴排队轮流使用水龙头。
进餐	1. 教师引导幼儿把纸巾放在大家都能够到的地方，方便大家使用。 2. 教师引导幼儿在取餐和送碗时排队，轮流取餐、放碗。
午睡	教师让幼儿分享睡前小故事。
离园	教师引导幼儿取书包和换鞋子时主动排队进行。
集体活动	在集体活动中，教师多创造机会让幼儿进行分享，如分享玩具、食物等。
户外活动	1. 教师让幼儿在玩各种体育器械时，懂得和同伴分享，制定轮流使用的规则。 2. 教师在户外活动中不推挤、不争抢，能够轮流排队。
区角活动	1. 教师引导幼儿遵守区角规则。 2. 教师引导幼儿一起分享区角材料。

表 9-10 一日生活中"我的卡片盒"指导要点对照表

环节	指导要点
集体活动	1. 教师组织专门的社会技能教学活动，反复多次重复技能。 2. 教师引导幼儿了解卡片盒的用途。
户外活动	1. 教师引导幼儿知道用正确的方法加入同伴游戏的重要性。 2. 教师借助卡片盒帮助幼儿选择自己喜欢的游戏。
区角活动	1. 教师引导幼儿选择自己喜欢的区角进行活动。 2. 教师引导幼儿打开卡片盒提醒自己按照卡片的计划进行游戏。
过渡环节	教师利用餐后时间，开展丰富的活动，如争做小小值日生。

(三)日常指导策略

1. 分享品格——物品分享游戏

在当今家庭中，家长的娇生惯养、隔代的溺爱，逐渐让幼儿养成了独享的习惯。幼儿独自拥有玩具、食物、衣服甚至大人的爱。当很多幼儿在一起玩耍时，很容易出现争抢玩具等现象。长期的独宠和被关注会让幼儿觉得自己得到的一切都是理所当然的，对人和事物也就很难学会感恩。在这种情况下，适时地进行分享教育就显得尤为重要了。

那么，如何教育幼儿学会分享呢？专家认为，分享是幼儿教育的基础；如何教幼儿学会分享，也是每一名幼儿教师应该关注的重要问题。在幼儿园活动中，我们都会有意识地引导幼儿与同伴、与教师、与爸爸妈妈分享。

案例：区角活动时间，娃娃家的晓彤和小美两个人都想要白雪公主，那是小美从家带来的会唱歌的白雪公主。小美说："这是我的，你让你妈妈给你买一个吧！"晓彤说："这是幼儿园的玩具，大家都能玩。"小美说："这是我从家带来的，就是我的。"老师听到了她俩的谈话，走到娃娃家和笑笑玩起了做美食的游戏，并邀请晓彤一起来玩。小美抱着白雪公主说："我的娃娃正好饿了，想吃点儿比萨。"晓彤说："好啊，我们这里正好有比萨，可以分享给你的白雪公主，那你能不能把白雪公主给我玩一会儿？"小美有点儿舍不得。老师说："我们再给白雪公主做点儿蛋挞吧？"小美说："好啊，好啊，我也要一起做蛋挞。"老师说："行，那你可以让晓彤帮忙照顾一下白雪公主吗？"小美说："好啊，谢谢晓彤。"老师说："大家一起分享才是最快乐的。"大家都开心地玩了起来。活动结束后，老师请晓彤和小美来分享区角游戏的感受，小美和晓彤都表达了自己分享的快乐。

分析：幼儿在家中是众星捧月，想要什么大人就给什么，好吃的东西总是先让幼儿吃，好玩的东西也是想要什么大人就给买什么。于是无形中滋长了"唯我独享""唯我独尊"的心理，从而使幼儿形成了"我的东西是我的"的观念，不愿将自己的东西与别人分享。小美就是这样，她觉得白雪公主是她从家带的，所以是她的玩具，不愿意和小朋友分享。

教师指导：分享是与他人在情感和物质上的共享，是一种亲社会行为，有助于更好地与他人交往，建立良好的社会关系，以适应社会生活的需要。教师通过角色扮演的方式巧妙介入，让两名幼儿互相分享，并从中体会到了分享的快乐。

2."分享"技能——师幼互动

"分享"技能是为了培养幼儿乐于分享的亲社会行为，舍得把自己的东西、想法和情感分享给别人。"分享"技能的口诀是：好东西，分给人；好玩的，轮流玩；高兴事，都来听。学习"分享"技能有助于提高幼儿的沟通能力，建立良好的人际关系。

案例：户外自主游戏活动时，老师请小朋友们选择自己喜欢的器械区进行游戏，轩轩、浩浩和冉冉同时跑向独轮小车，但是那儿只有两辆小车，冉冉没有抢到，很不开心。这时，老师并没有立刻上前干预，只是在旁边默默观察。只见冉冉跑到轩轩面前，和轩轩商量能不能一起玩。轩轩说："这个车是我先拿到的，你和浩浩一起玩吧！"于是冉冉低着头思考了一会儿，没有直接去找浩浩，而是从球筐里抱了一个篮球，过来对轩轩说："咱们一起来推球吧？"这次轩轩答应了，但是两个小朋友各推一边，独轮车很难保持平衡，这时轩轩说："这样不行，还是我一个人推吧？"冉冉说："行，那你先推，完了给我。"轩轩一个人推着球玩得很开心，已经忘了和冉冉的约定。冉冉多次要求换人，可是轩轩只顾着自己玩。最后冉冉过来求助老师，老师借此机会，让冉冉、轩轩和浩浩一起巩固了"分享"技能口诀，让他们自己想办法解决问题。只见三个小朋友用石头剪刀布的方式决定谁先来推车，然后依次轮流进行游戏。活动结束后，老师请三位小朋友分享自己在游戏中遇到的问题和解决办法，小朋友们听完以后把热烈的掌声送给了他们。

分析：三名幼儿都想玩推小车，可是只有两辆小车，抢到小车的轩轩和浩浩玩得很开心。冉冉没有抢到，但是也很想玩，自己也想办法和小朋友商量，但是没有成功，最后想到求助教师，经过教师的引导，问题得到解决。

教师指导：教师在指导的过程中，并没有直接干预幼儿，而是通过观察，引导幼儿运用学过的"分享"社会技能，自己想办法解决问题，最后在游戏结束后和小朋友分享他们遇到的问题和想出的解决办法，表达了自己和他人分享带来的快乐。

3."我的卡片盒"技能——师幼互动

社会技能"我的卡片盒"是为了培养幼儿对个人活动的计划性和选择性，让幼儿在卡片上画出自己喜欢的活动，放进标有"家庭、幼儿园、户外"的卡片盒中，在不知道做什么的时候，可以看看自己的卡片盒。

案例：自主游戏活动开始了，小朋友们都兴高采烈地选择自己喜欢的游戏和好朋友玩了起来。一会儿，老师发现宇鹏还在椅子上满脸愁容地坐着，于是上前询问情况："宇鹏，你想玩什么游戏呢?"宇鹏还是板着脸不说话。平时宇鹏很喜欢玩建构材料，于是老师邀请他一起去建构区。这时宇鹏说："我和欣欣说好了今天要一起搭儿童公园的，但是她和小宝去'超市'玩了。"于是老师和宇鹏商量可以和欣欣明天再搭儿童公园，今天先选别的游戏。他还是犹豫不决，于是老师建议他打开自己制作的卡片盒，选择一个自己喜欢的游戏。最后，宇鹏选择了和小朋友一起在美工区画画，画了一幅漂亮的儿童公园的画。

分析：由于欣欣的临时变卦，宇鹏不开心，不知道该选什么游戏。通过教师的引导和卡片盒的帮助，宇鹏选择用绘画的方式实现了自己构建儿童公园的想法。

教师指导：教师在和宇鹏沟通的过程中发现问题，并积极寻找解决问题的办法，让宇鹏能够借助卡片盒根据自己的喜好自主选择游戏。

(四)生活体验活动

活动案例一：快乐的聚餐活动

1. 设计思路

通过体验与同伴一起就餐的过程，幼儿能够理解并掌握用餐礼仪，能与他人共享美食。

2. 活动过程

(1)创设共同就餐的情境，激发幼儿参与活动的兴趣

师：小朋友们，让我们开着小汽车去餐厅一起吃饭吧。

师：请小朋友们选择自己喜欢的位置就座。

教师播放家庭聚餐的图片，请幼儿观察图片中的小朋友是怎么和家人就餐的。

师：我们也要端正坐好，安静等待就餐。

(2)学习就餐礼仪

①饭菜做好了，教师带领幼儿一起去取餐盘。

教师示范正确的做法：安静走到餐桌前，先取一个盘子，然后取小碗和勺子。

教师请幼儿安静取餐盘。

礼仪小结：就餐时，要安静，坐端正，静等待，盘碗勺，要放好。

②教师带领幼儿讨论：我们在就餐时需要注意什么呢?(不洒饭、不用手抓，不说笑，不挑食……)

③教师请幼儿观看一段家庭聚餐视频，引导幼儿认识到好吃的食物要与他人进行分享，不能独食。

礼仪小结：吃饭时，不言语；扶住碗，拿好勺；好吃的，要分享；不剩饭，做光盘。

师：如果在就餐时，有小朋友又说又笑，是不是就破坏了我们安静的就餐环境?所以为了让每个人都能共享文明的就餐环境，我们每个人都要遵守就餐礼仪。

教师请幼儿用餐，引导幼儿分享不同口味的点心。教师巡回指导。

餐后礼仪：幼儿吃完饭后，教师引导幼儿用抽纸擦嘴巴，并将餐盘送回回收处。

要求：把残渣倒入指定盆中，餐具分类摆放。

礼仪小结：吃完饭，擦嘴巴，送餐盘，不推挤。用餐礼仪要牢记，人人夸我好孩子。

（3）餐后散步

在散步时，教师和幼儿一起回顾用餐礼仪，分享故事《大公鸡和漏嘴巴》。

3. 活动总结

通过本次活动，幼儿学会了用餐礼仪，懂得了好吃的食物要与他人分享，不能独自享用，懂得节约，不剩饭菜，体验了和同伴分享食物、共同用餐带来的乐趣。

<h3 align="center">活动案例二：中秋节</h3>

1. 设计思路

中秋节是我国的传统节日，通过活动让幼儿了解中秋节的习俗及来历，感受家人团聚的美好氛围。

2. 活动过程

（1）故事导入：嫦娥奔月

师：中秋节有很多美丽的传说和故事。小朋友们，你们有谁了解的，请来讲一讲。

师：相传，远古有一个名叫后羿的英雄，射下九个太阳，并严令最后一个太阳按时起落，为民造福。后羿因此受到百姓的尊敬和爱戴，娶了一位美丽善良的妻子，名叫嫦娥。一天，后羿从西王母那里得到了不死药。据说，服下此药，能即刻升天成仙，但是后羿不忍离开自己的妻子，就把药交给嫦娥保管。有一个心术不正、名叫逢蒙的人听说后，就去偷窃，偷窃不成就要加害嫦娥。情急之下，嫦娥吞下不死药飞到了天上。由于不忍心离开后羿，嫦娥便飞到离人间最近的月亮上成了仙，一直住在月亮上的广寒宫。后羿听说嫦娥奔月之后，就在后花园中摆上香案，放上嫦娥平时最爱吃的蜜食鲜果，遥寄对月宫里眷恋着自己的嫦娥的思念。百姓闻知嫦娥奔月成仙的消息后，纷纷在月下摆放香案，向善良的嫦娥祈求吉祥平安。

（2）了解中秋节的习俗（团圆饭、赏月、吃月饼）

师：请小朋友们说一说自己在家是怎么过中秋节的。

师：中秋节我们都要吃月饼，谁能说一说月饼是怎么制作的？有哪些食材？

（3）欣赏月饼并了解月饼的制作过程及食材

教师总结月饼的制作过程并介绍当天的食材。

（4）亲子环节（制作月饼）

师：现在小朋友们快来和爸爸妈妈一起制作一个属于我们的月饼。

（5）分享环节（品尝月饼）

教师引导幼儿将自己制作的月饼和好朋友进行分享品尝。

3. 活动总结

本次活动来源于幼儿的生活，让幼儿通过亲身体验更深刻地了解我们的传统节日——

中秋节，知道中秋节的来历及习俗，通过制作月饼的过程让幼儿体验其带来的乐趣，通过分享环节让幼儿感受和好朋友分享带来的快乐！

（晋中市榆次区博乐幼儿园　温翠红　马晓丽）

七、家园共育指导

(一)品格指导要点

分享是亲社会行为的一种表现，对于这一品格的家庭教育指导，重点在于帮助幼儿逐步树立分享的意识，养成愿意与人分享的行为习惯，进一步感受分享带来的快乐。

1. 引导家长树立正确的分享观念

分享行为是一种把自己的物品分给或借给他人使用，并从中获得愉悦和满足的社会行为，它具有以下特征：主动、自愿；与他人共享；内心产生愉悦的情感体验。[①] 在日常生活中，很多家长会强制幼儿进行分享，例如，"因为你是哥哥，所以你必须和妹妹分享零食""他是客人，所以你必须和他分享玩具"等。这种强制的"分享"行为，不仅不能使幼儿感受到分享的快乐，还会使幼儿因为失去物品的所有权而感到伤心。所以教师可以通过家长会、家长课堂、离园反馈等多种途径引导家长树立正确的分享观念，尊重幼儿的物品所有权，不强制幼儿进行分享。当幼儿不愿意分享时，家长要耐心倾听幼儿内心真实的想法，并鼓励幼儿大胆向对方表达自己不愿意分享的原因。

2. 鼓励家长为幼儿创设良好的分享机会

幼儿在与环境的互动中，通过直接感知、亲身体验、实际操作的形式进行学习。在培养幼儿分享意识和分享行为的过程中，教师可以鼓励家长为幼儿创设良好的分享机会。例如，在家庭生活中，当幼儿主动和成人分享自己喜欢的食物时，家长要欣然地接受，并表示真诚的感谢，可以说"谢谢宝贝和我一起分享，我好喜欢它"，在这一过程中，幼儿会体会到分享所带来的愉悦感。相反，如果每次都拒绝幼儿的分享，说"你吃吧，妈妈不爱吃"或者假装吃，久而久之，幼儿主动分享的意愿会越来越低。家长还可以在社会生活中，为幼儿创设良好的分享机会。例如，在春游时，家长可以帮助幼儿准备一些零食，如蛋糕、饼干、海苔、水果沙拉等，鼓励幼儿和其他小朋友分享；在生日宴会上，可以让幼儿邀请好朋友一起来分享生日蛋糕；还可以和幼儿一起收拾自己不用的图书、玩具等，捐赠给需要的小朋友，在鼓励幼儿参与分享的过程中，让幼儿感受与体验分享的快乐。

3. 鼓励家长给幼儿讲述关于分享的绘本

教师可鼓励家长给幼儿讲述一些关于分享的绘本，利用有趣的故事对幼儿的分享意识进行启发教育。例如，《彩虹色的花》讲述了彩虹色的花愿意把自己的宝贝花瓣送给有困难的小动物，自己却被覆盖在白雪下面，来年春天又重新生长的故事；《今天运气怎么这么好》中大灰狼乌鲁本想和好朋友分享大餐，却被好朋友们分享了各种美食，这让幼儿感受到被分享也是一件十分快乐的事情；《林桃奶奶的桃子树》表达了分享能够带来更多的收

---

① 蒋志英：《浅谈幼儿分享行为的培养》，载《家教世界·现代幼教》，第 10 期，2020。

获，只有把自己的爱分享给别人，才会获得更多的爱；《小机灵和小迷瞪》可以让幼儿体会到好朋友之间共同面对困难、经历困难也是一种分享；《这是我的!》反映了只有让幼儿切身感受到分享带给彼此内心的获得，才能让他们真正地愿意分享、学会分享。

4. 鼓励家长发挥榜样作用

好模仿是幼儿的年龄特点之一，家长的一言一行都在潜移默化地影响着幼儿。所以在培养幼儿分享习惯的过程中，家长要充分发挥榜样示范作用。在日常生活中，家长可以向朋友分享自己喜欢的食物、书籍、心情等，并勇于在幼儿面前表达分享后的心情，让幼儿在潜移默化中理解分享带来的快乐。在家庭中，可以每日晚饭后设置"分享时刻"，爸爸妈妈可以互相分享当天的心情或有趣的事，循序渐进地引导幼儿主动分享自己的幼儿园生活。家长可以利用传统节日，如新年走亲访友，和亲戚朋友分享美食、礼物等，引导幼儿萌发愿意分享的意识，习惯分享的行为，从而体验分享的乐趣。

(二)社会技能指导要点

1. 分享

好东西，分给人。成人需要在幼儿有分享意愿和行为时，给予充分的肯定和鼓励。例如，家长可以鼓励幼儿在重大节日时给好伙伴分享亲手制作的小礼物；或者在幼儿过生日的时候，把生日蛋糕带到幼儿园与其他小朋友们一起分享；还可以把自己比较喜欢的小贴画带到幼儿园和其他小朋友们一起分享等，逐步培养幼儿的分享意识。

好玩的，轮流玩。带幼儿外出游玩时，家长可以鼓励幼儿自己想出解决办法。遇到玩具材料少、幼儿多时，家长可以引导幼儿轮流玩，也可以鼓励幼儿说出轮流分享的好方法。

高兴事，都来听。家长可以在家庭生活中引导幼儿和大家分享自己在幼儿园的心情、经历过的有趣的事等。家长也可以在家庭中创设每日"分享时刻"，鼓励幼儿积极大胆分享自己的所见所闻。

2. 我的卡片盒

如果不知做什么。幼儿有时候会不太清楚自己想做什么，例如，游戏前还没想好做什么，而且爸爸妈妈忙没有空陪自己玩，或者自己不知道要做什么游戏，家长可以让幼儿打开自己的卡片盒。

查查我的卡片盒。家长可以引导幼儿讨论卡片内容，鼓励幼儿用自己喜欢的方法设计、装饰自己的卡片，引导幼儿知道当不知道做什么事情的时候，可以打开自己的卡片盒，选择一件事情。

决定以后赶快做。家长可以引导幼儿在众多卡片中能够尽快做出选择，锻炼选择的果断性，并且在选中自己的卡片之后能够尽快付诸实践，锻炼幼儿的主动性、选择能力及行动力。

(三)你问我答

1. 幼儿在家不愿意分享怎么办

家长不强迫幼儿进行分享，可以强化幼儿在幼儿园分享的行为，给予鼓励和表扬。家长在家给幼儿创设分享的环境，例如，有好吃的、好玩的，鼓励幼儿和家人分享。此时家人要欣然地接受并给予表扬，让幼儿体验到分享的快乐，减少"这是专门给你做的""这些全都是你的"等语言刺激。家长还可以和幼儿一起读一些关于分享的绘本，如《彩虹色的花》《这是我的!》《金色的房子》等，通过生动形象的故事让幼儿理解分享的意义。

2. 在幼儿园可以通过哪些活动引导幼儿树立分享意识

教师可以创设班级特色活动，例如，开展"宝宝生日会"，鼓励同伴间分享礼物和祝福；开展"好书分享"活动，鼓励幼儿从家中带来自己喜欢的图书和大家一起分享；开展"身边的新鲜事""天气播报"活动，鼓励幼儿分享自己周围发生的新鲜事以及天气情况。此外，教师还可以通过幼儿园的大型活动培养幼儿的分享意识，例如，新年活动时请幼儿给全园老师、幼儿分享自己班制作的美食、窗花等，在集体分享的氛围中潜移默化地帮幼儿树立分享意识。

3. 当幼儿在众人面前不愿意分享时，家长该怎么办

分享是一种主动与他人共享的过程。幼儿对自己的物品有支配权，当幼儿不愿意分享时，家长要尊重幼儿，尤其是在公共场所，不能碍于面子强迫幼儿进行分享。家长可以鼓励幼儿自己说出不爱分享的原因，也可以帮助幼儿说明不想分享的原因，给予幼儿充分的理解与尊重，让幼儿明白自己对自己的物品有绝对的掌控权，可以选择给谁分享，也可以选择不分享，没人能强迫自己。

4. 幼儿很爱与他人分享，但是遇到不爱与他分享的同伴时，就很不开心，该如何引导

家长应该对幼儿乐于与他人分享的行为给予肯定和表扬，但同时也要引导幼儿明白分享是不计回报的，可以跟幼儿聊一聊与他人分享后的心情是什么样的，让幼儿体会到分享最重要的是带给自己的快乐，获得的友谊，而不是期待着别人给予回报。家长可以使用生动形象的故事进行引导，例如，在故事《鼠小弟的又一件小背心》中，鼠小弟虽然没有了小背心，但是他获得了快乐。

5. 幼儿一起玩玩具时不愿意分享，教师应该怎么引导

在共情的基础上进行引导，教师可以对幼儿说"我知道你很喜欢这个玩具，想接着玩，但是轮到××小朋友玩了"；移情引导，即让第一名幼儿（等待玩的）说一说自己的感受，引导第二名幼儿（不愿意轮流的）站在他人的角度理解他人不开心的情绪；停止游戏，请两名幼儿自己想一想有哪些轮流的好办法，如沙漏计时、每人一局等；继续游戏，在双方对轮流规则达成一致的基础上，鼓励幼儿要遵守游戏规则，轮流玩，不独占，培养幼儿的秩序意识。

6. 在班级"好书分享"活动中，幼儿总是不愿意把家里的图书带到幼儿园和小朋友分享，该如何引导

首先，成人要耐心倾听，了解原因，和幼儿心平气和地进行交流，了解幼儿不愿意和同伴分享的真正原因。其次，成人要"对症下药"，积极引导，例如，很多幼儿不愿意分享是因为害怕失去，可以告诉幼儿分享并不代表着失去，不仅能收获友谊，还会把书从幼儿园带回来。最后，通过家园共育强化幼儿的分享行为，教师要对幼儿积极分享的行为在集体面前进行表扬，同时积极向家长进行反馈，家长也要给予及时的肯定、表扬与鼓励，让幼儿体验到分享的快乐。

7. 幼儿长大了，自己的小衣服和不玩的玩具，看过的图书不愿意分享给其他的弟弟妹妹，就得留着，家长应该怎样引导

增强幼儿的参与意识，家长可以和幼儿一起收拾不用的衣服、玩具，和幼儿一起商量怎么处理这些物品；让幼儿了解分享的意义，和幼儿分析把这些物品分享给别人的意义，例如，"爱心传递"会给别人带来帮助，获得友谊，会为自己的衣柜留出更大的空间，可以装更多新的衣服和玩具等；正面强化，对幼儿的分享行为给予及时肯定、表扬。

8. 如何让家长了解幼儿在幼儿园的分享情况

教师可以通过家长会、班级公众号、每周播报等形式向家长介绍幼儿在幼儿园的分享情况，还可以通过每日离园反馈、家长约访、线上一对一交流、幼儿成长记录册等一对一的形式及时向家长反映幼儿在幼儿园的分享情况。

（北京市朝阳区群星幼儿园　吴红霞　马建芳）

附录　品格亲子活动样例(责任)：
快乐劳动·幸福成长

一、活动背景

责任是一种职责和任务，是一个人不得不做的事或一个人必须承担的事。一个具有高自尊、自信且做事独立的人格特质的人，也一定是一个有责任、敢担当的人。因此，在日常生活中，在教育教学过程中，作为教师和家长，我们都要有意识地培养幼儿的责任心，让幼儿从小学会对自己负责、对他人负责、对集体负责，长大后才能对社会负责，成为社会主义的建设者和接班人。

中班幼儿的责任意识在逐渐萌发，他们也初步有了责任的行为表现。根据幼儿责任品格的年龄发展特点并结合责任品格主题和即将迎来的"五一"劳动节，特开展责任品格亲子活动"快乐劳动·幸福成长"。希望家长和幼儿一起通过"快乐劳动者""感恩劳动者""体验劳动"等多种活动，培养幼儿对自己、对他人、对集体的责任意识，增进亲子之间的情感关系与互动。

二、活动目标

1. 知道劳动节的真正意义，了解简单的劳动技能，亲身体验劳动的辛苦，并在劳动活动中感受承担责任给自己带来的成就感。

2. 通过快乐劳动体验活动，懂得关心他人，关心身边的事，提高责任感和社会适应能力。

3. 认识典型劳动者，萌发热爱劳动、珍惜劳动成果的情感。

三、活动对象

幼儿园中班幼儿和家长(每个家庭一位家长)

四、活动时间

4月第4周(供参考)

五、活动地点

幼儿园操场(供参考)

六、活动准备

1. 幼儿园领导组织中班年级组教师一起讨论此次活动的内容和流程安排。

2. 教师制作亲子活动横幅，横幅标题为"责任品格亲子活动——快乐劳动·幸福成长"。

3. 主持人准备并熟悉亲子活动开场欢迎词(见附件1)、结束总结词(见附件2)。

4. 教师提前三天或视情况而定向家长发送亲子活动通知(见附件3)。

5. 在活动前各班教师组织幼儿参观幼儿园保安、厨师、清洁工等工作人员劳动的真实场景。

6. 教师准备亲子活动音乐。

暖场音乐：《陪我长大》；

亲子手语：《感恩的心》；

结束音乐：《听我说谢谢你》；

体验劳动背景轻音乐：《劳动最光荣》。

7. 教师提前安排从事有代表性职业的家长，如医生、警察、消防员、教师等，让这些家长提前准备自己在工作领域中的特殊技能。

8. 教师做好节目音乐、服装、各班级桌椅摆放等彩排的准备工作。

9. 亲子共同准备。

(1)经验准备：家长和幼儿围绕劳动的话题聊一聊都有哪些常见的职业，这些职业主要做哪些工作；查一查关于劳动节的来历等相关资料；在家尝试制作水果沙拉等食物。

(2)材料准备：蔬菜、饺子皮、汤圆粉、水果、果汁、锅具等(各家庭根据本班级具体要求准备)。

(3)亲子手语《感恩的心》以及律动《听我说谢谢你》，需提前一周由教师将动作通过录制视频，发到微信群布置给家长，引导家长和幼儿一起在家中练习(律动动作可参照网上已有的视频)。

七、活动流程

1. 主持人致欢迎词，向家长和幼儿介绍本次活动的目的、流程和意义。

2. 快乐劳动者。

(1)走秀表演：警察、医生、教师、厨师、理发师、快递员等家长代表身穿职业服装进行走秀。(具体职业结合本班级家长实际情况而定)

(2)职业现场表演。

厨师现场表演：蓑衣黄瓜、拉面等。

科学馆工作人员表演：科学小实验(干冰)、机器人表演。

警察现场表演：队列口令、军体拳。

当地特色表演(根据各地方特色的实际情况而定)。

注：具体职业表演根据实际情况而定，但尽量表演安全性高且易操作的内容。

3. 感恩劳动者。

教师播放音乐，各班级幼儿面向家长跟随音乐《感恩的心》表演舞蹈。舞蹈结束后，幼儿给劳动者（家长）一个拥抱，送上一句祝福的话，还可以为劳动者按摩、捶背等表示感谢。

4. 体验劳动。

按各班级提前准备的主题活动进行，中1班：水果拼盘；中2班：水果沙拉；中3班：包饺子；中4班：包汤圆；中5班：做蛋糕；中6班：剥毛豆、花生。（注：各班级主题活动结合本班情况而定）

5. 分享劳动果实。

幼儿亲手为劳动者（家长）端上制作的食物，共同分享与品尝。

6. 教师总结活动。

今天的亲子活动到这里就要结束了。今天我们以"责任"为主题开展了一系列的亲子互动活动。在活动过程中，幼儿了解了简单的劳动技能，亲身体验了劳动的辛苦，在劳动活动中感受承担责任给自己带来的成就感，希望在今后的生活中愿意自己的事情自己做，成为一个有责任心的小朋友，在班级也能够做老师的得力小帮手。现在，请大家一起说出我们今天活动的口号："劳动最光荣。"

7. 教师带领全体家长和幼儿一边做动作一边演唱歌曲《听我说谢谢你》。

8. 活动结束。

八、活动延伸

1. 教师对快乐劳动活动进行总结，引导幼儿对"爸爸妈妈真辛苦"的话题进行交流、谈谈感受，让幼儿体会父母的辛苦，激发幼儿愿意在家中分担家务的意愿；引导幼儿想一想回家后可以帮助家长做什么并与家长共同商量，制订家务劳动计划。教师根据已制订的家务劳动计划，开展"家务劳动之星"打卡活动，实现家园共育。

2. 各班级进行"我是快乐小帮手"活动，利用晨间谈话或生活课时间，给幼儿讲解劳动技能（擦桌子、挂毛巾、扫地等）。各班选出每天的小值日生，帮助教师做好班级各项日常服务工作。

3. 教师组织"我能行"劳动技能大比拼，以年级组为单位进行穿衣服、叠被子、系鞋带等比赛。

4. 教师进行"我真棒"活动总结，颁发"家务劳动之星""班级值日之星"奖状，鼓励幼儿热爱劳动，并让幼儿在劳动活动中感受承担责任给自己带来的快乐。

九、活动建议

1. 由于本次亲子活动以年级组为单位，劳动体验环节在操场各班级提前划分好的区域进行（幼儿园可根据本园操场大小等实际情况灵活处理）。

2. 为保障本次活动的顺利开展，请幼儿园务必做好物质准备、人员准备、安全保障等方面的工作。

十、附件

附件1 活动开场欢迎词

尊敬的各位家长，亲爱的小朋友们：

大家上午好！感谢各位家长百忙之中来参加本次责任品格亲子活动！

亲爱的小朋友们，有责任心的孩子是什么样的呢？小朋友们说得太好了，在日常生活中的很多方面都可以体现出责任心，如对自己负责、对他人负责、对集体负责，这样长大以后才能对社会负责，成为社会主义的建设者和接班人。

通过本次责任品格亲子活动，让幼儿懂得关心他人，关心身边的事，理解父母，促进亲子关系，让亲子陪伴更有质量。希望本次活动大家能百分之百参与，快乐劳动，幸福生活！

附件2 活动结束总结词

在本次活动中，我们看到来自各行各业的家长代表所带来的精彩表演，家长们真的是太优秀了。在亲子劳动体验中，大家全程很投入，亲子一起默契十足地做出很多美食，表现得非常出色。本次活动也让我们每个小朋友现场感受到了劳动者的工作状态、亲身体验到了劳动的辛苦，在劳动活动中感受了承担责任给自己带来的快乐，实现了本次"责任"主题活动目标。

我们的身边都是勤劳敬业的工作者，他们每天都在自己的工作岗位上默默奉献与付出。在这里我想对亲爱的教师们、家长们道一声：您辛苦啦！现在请大家和老师一起进行歌曲表演《听我说谢谢你》，来表达对劳动工作者的感谢吧！

附件3 亲子活动通知(邀请函)

×××幼儿园责任品格亲子活动——快乐劳动·幸福成长

活动通知

尊敬的(幼儿姓名)家长：

您好！为迎接劳动节的到来，让幼儿对"五一"劳动节有更深刻的认识和了解，引导幼儿了解简单的劳动技能，亲身体验劳动的辛苦，并在劳动活动中感受承担责任给自己带来的快乐。我园将开展"快乐劳动·幸福成长"的主题活动。活动中将通过快乐劳动者、感恩劳动者、体验劳动等亲子活动环节，帮助幼儿通过活动，体验劳动者的辛苦，让幼儿学会关心他人，关心身边的事，提高幼儿的责任感和社会适应能力。

需要家长配合以下事项。

1. 活动时间____年____月____日上午。(幼儿园自定)

2. 活动准备：活动前一天晚上亲子讨论，家长和幼儿围绕劳动的话题聊一聊都有哪些常见的职业，这些职业主要做哪些工作；查一查关于劳动节的来历等相关资料，同时准备亲子制作食物的食材、锅具、餐具等，并在家教幼儿尝试制作（物品较多，为了活动开展顺利，请家长积极配合准备）。

3.活动当天幼儿将进行现场美食制作，为了幼儿的安全，请准备好适合幼儿使用的刀具，时刻关注幼儿的制作安全，如有任何特殊状况请找现场的班主任和保健医生。

4.亲子手语操《感恩的心》，请家长按照群里老师发的音乐和律动视频同幼儿一起练习。

5.活动结束后，家长和幼儿彼此聊一聊本次活动心得，引导幼儿分享自己一天的收获，并写下活动反馈。

诚挚期待您的参与！

×××幼儿园

年　月　日

（东莞市南城中心幼儿园　李丹　毕华丽）